古代ギリシア社会史研究

# 古代ギリシア社会史研究

——宗教・女性・他者——

桜井万里子著

岩波書店

# 目　次

## II　女　性

# III　他者

付　論

# 序　論——アテナイ史の再構築に向けて——

「ポリス」は古代ギリシア人が生み出した、独特の性格をもつ小規模な国家ないしは政治共同体であった。今では人類共通の財産となっている古代ギリシア文化の遺産は、その大半が、ポリスなくしては創り出されなかったと言っても過言ではない。本書はこのようなポリスの本質を理解するために、ポリス社会の実相に可能なかぎり接近しようとする試みである。

ポリスは、近代語で言いかえることのできない特殊性を備えた国家であった。それはしばしば「都市国家」と訳されるが、はたしてこれは適切な訳語であろうか。都市国家と言いかえることで、少しでもポリスを理解できたような気になる危険があるのではないか。都市国家という語は、古代のシュメール人やフェニキア人の国家、あるいは中世イタリアのジェノヴァやヴェネツィアについても使用される。しかし、同じ「都市国家」という語で指し示されるこれら国家は、決して同質であったのではなく、類似点はあったとしても、相互に異なる特質を多々もっていた。したがって、今後、研究の進展によって「都市国家」の概念が精度を高め、古代シュメールにも古代ギリシアにも適用できる歴史学上の概念になった場合はさておき、現段階においてはポリスを都市国家と呼ばずに、「ポリス」というギリシア語をそのまま用いるほうが望ましいのではないか、と考える。さらにまた、ポリスは、国家とは言っても近代国家とはまったく性格も機構も異なっていたから、我々が日ごろ親しんでいる国家という概念をポリスに当てはめようとしても、その正確な理解が得られるとは思えない。もちろん、ポリスの本質を解明することは、近代および現代の国家と社会を考察する際に有効な、ひとつの分光光度計を提供することになろうし、また、その逆の場合もあろう。

それを期待しつつ、本書では個別の事例を取り上げ、具体的に対象に迫るという方法をもってポリスの本質解明に努めたい。

さて、その個別の事例として選ぶのは、アテナイである。ポリスの本質を捉えるためのモデル・ケースとしてアテナイが最適、と考えたからである。

前五、四世紀のアテナイは、政治制度、経済、文化のいずれについても、古代ギリシア世界のなかで際立って高度な発展を遂げたポリスであった。アテナイはポリスの潜在的可能性を最大限に現実の上に顕在化させた、と言ってもよいだろう。トゥキュディデスの史書においてペリクレスは「アテナイはギリシアの学舎である」、と語っている(II 41.1)。この言葉は、アテナイ人であるトゥキュディデスの身贔屓によるものと割り引いて受け取るべきかもしれない。しかし、ハリカルナッソス出身のヘロドトスも、エーゲ海北岸カルキディケの出身であるアリストテレスも、アテナイ人ではないにもかかわらず、アテナイにやってきて、そこを長期滞在の場あるいは生活の場とした。彼らが後代に残した仕事は、アテナイとの関わりなくしては生まれなかったであろう。アテナイは、現代だけではなく、古代においても人を惹きつけて止まないポリスであった。

古代ギリシアに存在したポリスの総数は、おそらく一〇〇〇に近かった。そのなかには、例えばスパルタのような、際立った独自性を備えたポリスも稀ではなかった。したがって、古代ギリシアの歴史を研究するには、アテナイだけを対象とするのでは十全ではない。それにもかかわらず、ポリスの潜在的可能性を最大限まで実現させたのがアテナイであるならば、やはり、アテナイはそれだけいっそう他のポリスよりも重要な研究の対象であると言わなければならない。これまでの研究がアテナイに集中しがちであったのは、残存する史料の圧倒的多数がアテナイに関連したものであるという理由からばかりではなく、右に述べたようなアテナイの占める独特の位置に由来してもいるのである。

本書は、このアテナイというポリスについて、その成立時から前五世紀の最盛期を経て、前四世紀初頭に変貌の兆しが現われるに到るまでを、前五世紀を中心に考察する。ただし、その際に宗教、女性、メトイコイ(在留外人)(1)に焦点を当てた。このことについて、少し説明を加えておきたい。

言うまでもなく、ポリスの主体は市民権を有する成年男子であった。前四八〇年、アテナイは迫り来るペルシア軍に対し全国土を明け渡して戦うと決意し、女や子供は国外に疎開、男たちは全員が軍船に乗り組んだ。このときアテナイの将軍の一人テミストクレスは市民たちが乗り組んだこの軍船二〇〇隻があるかぎり、自分たちには強大な国家と国土があると語った、と伝えられている。(2)ポリスの主体が市民であることを物語る格好の例として、しばしば引き合いに出されるエピソードである。確かに、古典期のアテナイはまさしく市民共同体であった。

それにもかかわらず、本書では具体的な考察の対象を宗教、女性、メトイコイとする。このような方法の有効性についての確信は、近年の研究動向を顧みたとき、ますます深まるばかりである。過去二〇年間、ポリスの歴史を見なおそうとする動きが顕著だからである。

ほぼ二〇年前まで、前古典期から古典期へ、あるいは貴族政から民主政へ、というポリス発展の歴史は、大きな枠組みとして捉えれば、血縁社会から地縁社会への移行として理解されてきた。(3)血縁社会の段階であった前古典期には、フュレー(部族)、フラトリア(兄弟団)、ゲノス(氏族)などの血縁に基づく社会集団に人々は所属し、貴族たちはそれぞれの所属するゲノスを勢力基盤として政治に実権をふるった、と説明されていたのである。(4)

このような見方に疑問を抱く者もいなかったわけではない。特にマックス・ウェーバーは、フュレー、フラトリアが、ポリスに存在していたにもかかわらず、部族社会の特質を強く残しているとされるエトノス(5)には存在していなかった事実を指摘している。(6)しかしながら、この問題に真剣な検討が加えられ始めたのは一九七六年になってのことであった。この年、ほとんど同時に刊行されたブリオとルセルの研究(7)によって、血縁社会から地縁社会へというポリス発展の図式は根底から問い直されることになったのである。

ルセルは、フュレー、フラトリア、ゲノスと呼ばれる社会集団が、その語義に反して、実際には血縁原理に基づいて編成された組織ではない、と結論した。(8) 他方のブリオは、ゲノスという語が前古典期には「出自」、「種族」、「尊属」、「卑属」等の意味で普通名詞として使用されていて、例外的に、神官職を独占するなど、宗教的な特権を享受していた特定の名門のみがゲノスと呼ばれる集団を形成していたのであって、ゲノスが「氏族」を意味する血縁的社会集団を指す語として使用されるようになるのは、古典期になってからである、と、従来の図式を覆す見解を提示した。

ルセルとブリオの見解は、ポリス発展の歴史の解釈に関して共通点が多いのではあるが、ゲノスについてのルセルの解釈はブリオとはやや異なる。ルセルはゲノスを宗教的団体と解し、ポリス成立期に貴族たちが主要な祭祀に対する権限を独占するために組織した団体であり、国家成立以前の血縁社会から連続して存続する集団ではなかった、と説明している。血縁に依拠していないゲノスは、それゆえ、家族の生活には介入しないが、貴族がポリスの政治について発言する際の主要な基盤の一つではあった。ただし、それは貴族社会の構成原理としての集団ではなかった。ゲノスの成員すべてが貴族だったわけでも、逆に、すべての貴族がいずれかのゲノスに所属していたわけでもないからである。たとえば、第一級の名門アルクマイオニダイがいずれかのゲノスに所属していた証拠はない。

それまでの通説では、前古典期に貴族たちはそれぞれ、先祖伝来の土地と祭祀を共有する血縁集団であるゲノスに所属し、これを勢力基盤として政治支配を実現させた、と想定されていた。しかし、ルセルはゲノス成員がすなわち貴族である、という図式を否定し、また、ゲノスがポリスの政治に影響力をもっていたことをも否定する。たしかに、もし前古典期においてゲノスが政治的に強力であったならば、クレイステネスは改革時にゲノスの存続を認めはしなかっただろう、というルセルの指摘(9)は説得的である。

そうであるならば、では、彼ら貴族はどのような組織を通じて政治的影響力を実際の社会において行使したのだろうか。貴族と平民との身分の違いは、アテナイ社会の構造上にどのように明示化されていたのだろうか。

前古典期の社会の組織については、興味深い仮説がシュミット＝パンテルによって提示されている。[10] その見解によれば、貴族が支配の実権を握っていた前古典期のギリシアのポリス社会において、市民資格を実質的に確定したのは、シュンポシオン(饗宴)や狩猟、祭祀、合唱、青少年に対する教育的訓練、スパルタに見られる共同食事などの集合活動(collective activities)への参加であった。前古典期アテナイ社会ではこのような集合活動はいわば連鎖を形成していた。参加者はこのような集合活動の経験を共有することによって、相互のあいだに血縁・地縁の関係を超えた絆、言い換えれば共同体意識を醸成した。

集合活動というプラティック(日常的実践)[11]に携わる集団は、コイノンまたはコイノニア(いずれも「共同の」を意味するコイノスという形容詞の名詞形)と呼ばれ、その内部では平等が抽象的レヴェルであれ実現していた。そして、前古典期のポリスの政治は、このような種々の集合活動の実践を通して遂行されていたのである。言い換えれば、それら集合活動が、ポリスの政治制度として機能していた。したがって、貴族政の時代には、集合活動への参加という事実こそが、市民(貴族)を非市民(平民)と区別する行動上の基準となっていた。そして、平民の一部が新しい社会階層として力を増強させて、市民権を要求し始め、いわば、前古典期の社会的危機にポリスが直面したとき、どの集合活動に新興勢力の参加を認めるかについて、選別と排除と実験が長い時間をかけて行なわれ、そのなかで特定の活動のみが政治的権利を行使する場としての結構を固めていったのである。

こうして、民主政が確立した古典期においては、共同統治の装置である民会、法廷、行政役職を除き、他の集合活動は政治への回路を閉ざされてしまった。それは、政治が共同(コイノン)の担当する領域から分離して、独自の範疇を形成することを意味していた。残余の集合活動は、古典期にも前古典期と同様に続けられたものの、民主政下の社会においては政治の領域でも私的領域でもない、共同の領域(コイノン)を形成することになった。

さて、右に紹介した仮説において、集合活動のための集団は、前古典期の貴族の権力装置として機能していた。この機能は、従来はゲノスが果たしたと考えられていた機能に近い。シュミット＝パンテルの仮説は、前古典期の社会が具体的にどのように動いていたのかに思いを巡らせようとしたとき、従来の通説に替わる仮説として魅力的であると認めざるを得ない。しかし、集合活動に参加できるのが貴族のみであったとすれば、そこには選別と排除の論理が、たとえ暗黙的なそれであったとしても、働いていたはずである。集合活動に参加する一人一人の貴族の参加資格は、何によって裏付けられていたのか。

貴族を貴族たらしめているのは高貴な生まれと富、つまり出自と家産である。血縁集団たるゲノスの存在は疑問視されるようになったが、それは、血縁関係の重要性までをも低く評価することを意味してはいない。(12) 家族は社会の基本的単位としての位置を前古典期から、いやそれ以前から維持し続けており、古代ギリシアの歴史を通じて親族の絆は強かった。ただ、その親族の範囲はかなり限定されており、これにはアンキステイアという名称が与えられていた。(13)

初期のポリス社会における貴族の権力基盤を解明するためには、いわゆる「ホメロスの社会」の様子が参考になるだろう。フィンリーによれば、この社会では狭い範囲内での家族の絆は強かったが、これと並んで、血縁集団の外側にそれとは別の強力で、拘束性もよりいっそう強い関係が築かれていた。そのなかでも特に優位であったのが、貴族の「オイコス(家)」、ただし、奴隷やお抱えの平民からなる郎党、貴族身分の従者、相互に連帯の盟約を結んだ親族や友人をも含む集団であった。(14)

このように、「ホメロスの社会」において貴族たちが依拠していたのは、オイコスであって、氏族に相当するような規模の大きな社会的組織はそこに見当らない。前古典期のアテナイでも実情に大差はなかったのではないだろうか。貴族たちは、世襲のオイコスを立脚点としたうえで、多様な集合活動への参加を通して、政治への参加を果たし、ポリスを運営していた。このように考えていけば、当時の実相に迫る生き生きとした社会像も浮かび上がってくるであろう。

他方、平民に目を向ければ、政治を掌握していた貴族たちの周囲に、彼らもそれぞれ自己のオイコスを維持しながら生活していた。平民については、ヘシオドスが『仕事と日々』の中に描いた農民像からの類推が許されるだろう。自分自身が平民であるヘシオドスは、裁判(政治)に携わるのは貴族たちであることを諾々と受け入れている。自分がそれに参与しようとは思ってもいない。しかし、少し後の時代、アテナイに例をとれば前六世紀初頭には、彼と同様の立場の農民たちの政治への発言力は高まってくる。貴族政から民主政への移行の推進力となったのは、ヘシオドスのような立場の農民たちであった。[15]

では、このころ貴族と平民とはどのような関係にあったのだろうか。前六三二年頃のアテナイで、キュロンが僭主制樹立を目指してアクロポリスを占拠したとき、これを知った人々がみな駆け付けてアクロポリスを包囲し、キュロンの野望は潰えた、と伝えられている。この事件を叙述するとき、トゥキュディデスはアクロポリスを包囲した人々を「アテナイ人たち(*οἱ Ἀθηναῖοι*)」と呼んでいる(Thuc. I 126)。貴族と平民を含むポリス共同体成員がこのように呼ばれている。通常はアテナイ人の中の貴族たちが政治を掌握していたが、このキュロンの反乱に対するように、共同体の保持ということになれば、平民も関与したのである。

ところで、前四世紀のアリストテレスは、「裁判と行政職とに参与すること」をもってポリスを構成する市民(ポリテス *πολίτης*)の定義としている。[16] この定義によれば、市民権とは民会、裁判、行政役職への参加の権利を意味する。この定義を前古典期の貴族政の時代に適用すれば、政治を担当していた貴族のみが市民であったことになる。[17] 先に紹介したシュミット゠パンテルの見解では、「市民」をこのような狭い意味に限定している。たしかに、この定義に従えば、民会と民衆法廷へは参加できても、行政役職に就けなかった多くの平民たちは、市民ではなかった。だが、現実には、僭主になろうというキュロンの企ての実現を阻止しようと、一般の民衆すなわち平民たちは行動した。彼らもアテナイ人として、前五九四年のソロンの改革以前から民会には参加できた、と解してよい。[18] 当時、平民は市民ではあるが、貴族に比べ劣格的な位置にあった、とする解釈の方が無理はない。したがって、本書では、前古典期については、アリストテレスの定義からは離れ、貴族と平民を含むアテナイというポリス共同体の成員を市民と呼ぶことにする。

ただし、このような意味での市民のすべてが市民としての自覚をもっていたかどうかということになると、それは疑わしい。特にソロンが導入あるいは再確認した財産級[19]のなかで最も下のテーテス級に属する者のなかには、中心市まで出かけたこともない、ましてや、民会に出席したこともない者もいただろう。日々、生き延びるだけで精一杯の者は一人、二人ではなかったはずだ。

極端な場合を考えてみよう。再び、『仕事と日々』を参考にする。ヘシオドスは麦の脱穀を終えた後、「オイコスを持たぬテース(テーテスの単数)を雇え」(『仕事と日々』六〇二行)と助言する。種蒔きが始まる前に一年間雇用するテースを確保するためである[20]。このテースはヘシオドスが住む村アスクラの村民、つまりヘシオドスと同じ共同体の成員であったのだろう。アテナイのテーテス級に相当する者のなかにも、ヘシオドスが描くテースと同様の境涯にある者がいたにちがいない。オイコスを持たず、雇われた他人のオイコスで一定の期間に限り生活する。雇ってくれる者がいない時、彼らはどうしたのだろうか。エスカティアのような共有地[21]に小屋を建てて、あるいは、山岳の洞穴に寝起きし、もの乞いでもしたのかもしれない[22]。そのような彼らであってもアテナイ共同体の一隅を占める存在であった。ただし、土地も家も持たないテースの場合、彼らがアテナイという共同体の成員であるという確定は、容易ではなかっただろう。彼らの立場は微妙で、曖昧だった。このような底辺に近いところで生きていた者たちをも包摂して(ただし、その前に、おそらくペイシストラトスの治世に、彼らの経済的な上昇があったに違いない[23])実現したのが、アテナイ民主政であり古典期のアテナイの繁栄であった。

クレイステネスの改革以降は、アテナイ市民はデーモスへの登録を経て市民権を獲得した。この場合の市民権とはアリストテレスの定義による市民権とほぼ一致する。では、前古典期にこれに相当するような貴族、平民をふくめたアテナイ人の登録制度が存在したのだろうか。その機能を果たしたのがフラトリアであった、という見解[24]が現在までのところ有力である。ただし、全市民がいずれかのフラトリアに所属する、というほど、前古典期のフラトリアが古典期のデーモスと同じように、包括的で徹底した登録制度を実践していたのか、疑問は残る。[25]いったい、前古典期の社会にそれほど整然とした秩序が確立していたのだろうか。

もっとも、フラトリアがポリス成立以前から存在していた、という旧来の説を踏襲するかと思える研究も最近発表されている。ただし、以下に紹介するように、それは決して旧来説に戻るのではなく、独自の見解を提示している。すなわち、ランバートは最近の研究で、フラトリアがきわめて古く、ポリス成立以前からの組織であったことは、その語義からも疑いない、との立場をとっている。[26]その見解によれば、フラトリアは原初的で基本的な共同体成員資格と相続に関する規定とを統轄する組織であって、元来、共同体としてのアテナイの全成員が所属する組織であった。他方で、ポリスとしてのアテナイの枠組み、すなわち政治的組織として存在したのが、フュレー／トリッテュス／ナウクラリアという編成の組織であった。デーモスが古典期に果たした役割、つまり市民登録の場としての役割を前古典期に果たしたのは、このフュレー／トリッテュス／ナウクラリアというシステムであった。ただし、フュレー等の制度が制定された時期については、ランバートも確定していない。

さて、近年の研究の傾向をルセル、ブリオ、シュミット＝パンテル、ランバートを例に引きつつ紹介してきたが、彼らの見解を今どう評価すべきか、異なる対象の研究を続けてきた身としては逡巡せざるを得ない。ただ、血縁社会から地縁社会へという従来の単線的図式を準拠枠としてポリスの発展について考えることは、もはやできない、ということは言えるだろう。同時に、古典期には、前古典期とは質も編成原理も異なる社会が成立していたことも、否定できない。クレイステネスの改革はきわめてドラスティックであり、社会の内質もこれを境に変化した。ただし、それは、血縁社会から地縁社会への変化としては説明できない性格の変化だったのである。

その変化の要因はさておき、変化の実際を身を以て明示した好例としてキモンをあげることができる。前古典期のエートスを内在させていた彼は、時代の質的転換と折り合いをつけながらアテナイを隆盛に導く立て役者となった。最盛期のアテナイを代表するペリクレスは、キモンより一世代後の生まれである。ペリクレスと対比させながらキモンの生き方を時代のなかに位置付けることで、アテナイ社会の変貌を具体的に捉えることもできるであろう。[27]

しかし、変化の波にもまれた個人の姿はキモンの例に認めることができるとしても、アテナイのポリスとしての発展の過程を辿りつつ、ポリスの本質に至ろうとするためには、このような大きな変革の前後を通時的に捉える必要がある。ところが、政治改革によってその都度大きな変更を加えられるのは、政治制度、法制である。従って、このような国制、法制について、比較的に残存状態のよい古典期の史料から改革後の状況は知ることができても、同じ史料中に見いだされる前古典期についての叙述は、信頼できる情報とはなり得ない。それは古典期に生きた人間の認識に基づいて発せられた言説であるから、それに依拠して改革以前の実相に迫ろうとしても十分な成果は望めない。

一方で、宗教や女性に関係する諸制度は、改革の直接の対象とはならなかったために、改革以前の時代の遺制が、場合によっては改革後の新しい状況のなかに持ち越されがちである。たとえ古典期の新しい衣装をまとった姿で描かれていても、目を凝らすならば、その衣装の下の前古典期の装いが透けてみえることもあるだろう。このような理由から、前古典期の史料がごく僅かであり、改革後の古典期の史料が比較的多いという条件の下で、前古典期から古典期への変化の過程を通観するには、宗教や女性を対象とすることは、現時点ではきわめて有効な方法であろうと考える。さらに、民主政が導入され、ポリス共同体成員の全員がアリストテレスの定義する「市民」となった古典期のアテナイにおいて、女性や外国人といった「他者」がポリス社会において占める位置は市民の自己認識を映しだす鏡となるとすれば、古典期についても本書が設定した視座はポリスの本質に到るために有効であるだろう。

本書には古代ギリシア史研究を志して以来これまでに発表してきた主要な論文一一篇と新たに書き下ろした一篇を収めた。修士論文を書き改めた「エレウシスの祭儀とアテナイ民主政の進展」を最初に発表して以来すでに二十数年が経つが、その間、関心の向かうところも刻々と変化した。日本の、そして世界の情勢の変化とそれは無関係ではあり得なかった。研究の対象が宗教、女性、在留外人というように多岐にわたっているのは、そのような理由によるのだが、しかしそれは、その時々自分として最も鋭く対象に迫ることができ、また、最も豊かにイマジネーションをふくらませ得る問題を選んだ結果でもあった。それでもなお、常に根底にあったのは、ポリスとは何かを通時的、全体的に捉えたいという問題意識であったから、全体の一貫性を保ち得た、と考えている。

最後にそれぞれの論考の意図について簡単に解説しておきたい。全体はすでに述べた対象にしたがって三部に分かれる。各部の冒頭に置いた論考は、それぞれ、宗教、女性、他者に関する全体的な見取り図を提示するという意義をもつ。とは言え、いずれも単なる概説ではなく、それぞれ独自な問題意識のもとに生まれたものである。

I - 第一章「ポリスと宗教」では、まず、古代ギリシアの宗教の特質を、パンヘレニックな四大祭典を例にとって解説し、それらの祭典がギリシア世界のなかですでに確固とした位置を占めるようになった後にとられたアテナイの宗教政策を分析した。具体的には、アテナイがエレウシスの秘儀を、自国の覇権確立のイデオロギー的支柱として活用し、結果としてこの秘儀が全ギリシア的な規模の祭儀へと成長した、その過程を実証した。

同第二章「エレウシスの祭儀とアテナイ民主政の進展」は、このエレウシスの秘儀が地方のゲノスの祭儀から国家的祭儀へと移行する過程の最終段階を、財政面に注目して論証したものである。ただし、先に紹介したように、ゲノスについて近年の研究は本論考成立時の定説を大きく変更する方向へと動いている。それにもかかわらず、ここでも考察はいまだ今日的意義を失ってはいないと考える。

同第三章「エレウシニア祭と二枚の碑文」では、エレウシニア祭が地方の宗教的名門ゲノスの掌握していた祭儀から国家主導の祭儀へと変貌したことを、碑文の分析を通して明らかにした。

II - 第一章「ポリス社会における家族と女性」はギリシア世界における結婚の形態の変遷を、前一〇世紀頃から前四世紀まで概観すると同時に、アテナイにおいて一夫一婦の婚姻制度の確立と民主政の確立とが緊密に関連していたことを、国家とオイコスとの関係を軸に考察したものである。

同第二章「二つのテスモフォリア祭」では、アテナイのテスモフォリア祭には中心市における祭とローカルな祭の二種類がある、と想定し、デーモス制度と結びついたローカルなテスモフォリア祭は、婚姻関係を公的に承認する制度のないアテナイで、市民の正妻たちがそれぞれのデーモスにおいて互いを承認し合う場としての意義をもっていた、との見解を提示した。

同第三章「エピクレーロス制度とオイコスの存続」は、残存する関係史料を網羅的に調査して、アテナイに特徴的なこの制度の全容を明らかにし、さらにこの制度がポリス社会におけるオイコスの位置の変化と連動して、古典期に前古典期とは別の意義をもつ制度へと変化していったことを実証した論考である。

同第四章「姦通法成立の歴史的背景」では、合法殺人の法と姦通法とを比較対照させつつ、国家とオイコスとの関係の変化、言い換えれば国家のオイコスへの介入の強化を指摘し、アテナイの婚姻制度の確立と姦通法の密接な相関関係を検証した。

同第五章「女性の地位と財産権」は、女性の経済的権利を法制上のそれと実生活上のそれとの両面から考察し、私的レヴェルではかなり主体的に経済的活動をする余地は存在したが、土地所有者となる途はほとんどなかったこと、しかし、ヘレニズム期に向けてその権利が拡大する要因がすでに古典期の社会に内在していることを明らかにした。

III - 第一章「市民にとっての他者」は、古典期に市民が自己認識を確立する過程で他者として措定した対象を、包括的に取り上げて検討を加えた。その過程はポリスが完成度を高めていった過程でもある。このような認識を得たうえでさらに、ペロポネソス戦争後の民主政回復の模索のなかで、市民の他者認識の変容が自己変革につながる可能性を内在させていたことを、具体的に史料を分析して指摘した。

同第二章「前四〇三年の「和解協定」をめぐって」は一の論考でも考察の対象とした前五世紀末の民主政回復の際に、「三十人僭主」によって没収された財産の返還について定められた規定を分析し、そこにスパルタ側の意向が反映していたことを明らかにした。

同第三章「ベンディデイア祭創設の社会的意義」は本書の結論部に位置する論考としてこの度書き下ろした。トラキアの女神ベンディスの祭祀がアテナイに導入された事情について、碑文史料の分析により従来の見方とは全く異なる解釈を提示し、この解釈に基づいて前五世紀末のこの祭儀制定の意味の解明を試みた論考である。閉鎖的であるとしばしば指摘されてきたアテナイ民主政は、自己と他者との差異を認めたうえで、これを尊重しつつ他者を生かそうとする政策を、ベンディデイア祭制定にあたって採っていたことが明らかになった。それは、これまでには知られていなかったアテナイ民主政の正の側面のひとつである。このような結論が導きだせるとは、研究に着手した時点では予期していなかった。女性についての、あるいはメトイコイについての研究を進めてきて、アテナイ民主政の負の要素をいくつも指摘する結果となり、時に戸惑いすら感じたのだが、本書の結びとなる論考においてこのような見解を提示することができたことに、いささかの喜びを感じている。

付論「「雅量」の人・キモン――そのエートスのアテナイ民主政における位置――」は、クレイステネスの改革がもたらした社会の変質の具体相を、転換期を生きたキモンの例に求めたものである。

最初の論文を発表してから現在までの二〇年余のあいだに新しい研究が陸続と現われてきている。しかし、本書に収めた各論考は、それぞれ発表の時点での研究史上の意義をすでに持っていると考える。以後の研究を取り入れて書き改めることをあえて避けたのは、そのような理由による。そのかわりに、旧稿を最新の研究状況のなかにおいて再評価できるように、それぞれの論考に補論を付した。

なお、本書ではギリシア語をカタカナ表記にする時、母音の長短は原則として無視したが、「デーモス」、「クレーロス」のように慣用に従ったものもある。また、引用文中の〔　〕内は著者による補いである。

（1）　本書III - 第一章二九二―二九九頁、参照。

（2）　Hdt. VIII 61.

（3）　F. Engels, *Der Ursprung der Familie, des Privateigentums und der Staates*, 1884, Kap. V（エンゲルス／戸原四郎訳『家族、私有財産、国家の起源』岩波文庫、一九六五年、一三一―一五八頁）。G. Glotz, *La Cité grecque*, Paris, 1928, 3; V. Ehrenberg, *The Greek State*, Oxford, 1960, 11-16; G. Busolt und H. Swoboda, *Griechische Staatskunde*, München, 1926, 128-135. ミュケナイ諸王国崩壊後の暗黒時代にギリシア人の社会は再び国家成立以前の部族社会に回帰していた、という考え方については、Ehrenberg, op. cit., 11 参照。

（4）　ゲノスの概念については、W. R. Connor, *The New Politicians of Fifth-century Athens*, Princeton, 1971, 11 参照。そこでコナーは、「一ゲノスに所属するすべての家族は共通の祖先の出であると自認し、かつ六つの絆で結ばれていた」と説明し、グロートが要約した六つの絆を以下のように列挙している。

①共同の宗教儀式。
②共同の墓地。
③財産相続に関する諸権利の相互分担。
④援助、防衛、および危害の救済を相互に行なう義務。
⑤ある特定の事態、特に孤児となった娘やエピクレーロスがいる場合の結婚の権利と義務の相互分担。
⑥場合によっては、共有財産や独自の世話役や会計担当役の所有。

（5）　エトノスは、古代ギリシア北部に見られた社会的、政治的集団で、ポリスよりも結合のゆるい国家を形成した。ポリス成立の前段階としての社会集団である、と見なす解釈もあるが、むしろ、前国家の段階から分岐してポリスとエトノスとが成立し、両者が並行して存続していた、と想定すべきであろう。Cf. I. Morris, *Burial and ancient society: The rise of the Greek city-state*, Cambridge, 1987, 6.

(6) M. Weber, "Agrarverhältnisse im Altertum", *Gesammelte Aufsätze zur Sozial- und Wirtschaftsgeschichte*, Tübingen, 1924, 95-97(ウェーバー/渡辺・弓削訳『古代社会経済史』東洋経済新報社、一九六七年、一八一－一八三頁)。

(7) D. Roussel, *Tribu et cité*, Paris, 1976; F. Bourriot, *Recherches sur la nature du genos*, 2 vols., Paris, 1976.

(8) C. W. Hedrick, "Phratry shrines of Attica and Athens", *Hesperia* LX (1991), 241-268 は、フラトリアがデーモスと同様の地縁的集団であった、とみなしている。

(9) Roussel, op. cit., 70-72. ルセルとブリオの見解に対する評価については、近く刊行される R. Parker, *Athenian Religion: A History*, Oxford, 1996, 61-66 から多くの示唆を受けた。同書の校正刷りを参看する機会を与えて下さったパーカー教授の御好意に感謝したい。

(10) P. Schmitt-Pantel, "Collective Activities and the Political in the Greek City, (tr. by L. Nixon)", O. Murray and S. Price(eds.), *The Greek City from Homer to Alexander*, Oxford, 1990, 199-213.
なお、同じ観点から特に公的共同食事に注目して著されたのが、同著者による *La cité au banquet: Histoire des repas publics dans les cités grecques*, Rome, 1992. 共同飲食にまつわる宗教儀礼の意義の、特に前古典期における重要性については、O. Murray, "Sympotic History", Murray, *Sympotica: A symposium on the Symposion*, Oxford, 1990, 5-6 参照。

(11) プラティックについては、シャルチエ/福井憲彦訳『読書の文化史：テクスト・書物・読解』新曜社、一九九二年、一一三－一四五頁、参照。

(12) M. I. Finley, *Ancient History: Evidence and Models*, London, 1985, 91.「ルセルであれ、他の誰であれ、ギリシア世界のエトノスとポリスのいずれにおいても血縁関係が重要であったことを否定するほど不明ではあるまい。」なお、C. G. Starr, *Individual and Community: The Rise of the Polis, 800-500 B. C.*, New York/Oxford, 1986, 29-30 は血縁関係の意義をより低く評価する。107, n. 40 も参照。

(13) 父方と母方のイトコの子までの範囲。Cf. Dem. XLIII 51.
(14) M. I. Finely, *The World of Odysseus*, London, 1977, 105.
(15) ヘシオドスについては本書II - 第一章一三五—一三七頁、参照。
(16) Arist. *Pol.* 1275a.
(17) Arist. *A P* 4.2にある、「(ドラコンによる制度では)参政権は武器を自弁できる人々に与えられていた」という記述は後世の捏造であるとみなされている。なお、アリストテレス/村川堅太郎訳『アテナイ人の国制』岩波文庫、一三九頁、註8参照。
(18) P. J. Rhodes, *A Commentary on the Aristotelian Athenaion Politeia*, Oxford, 1981, 141.
(19) 財産級については、Arist. *A P* 7および本書II - 第一章一四五頁、参照。
(20) M. L. West, *Hesiod: Works and Days*, Oxford, 1978, 309.
(21) エスカティアについては、岩田拓郎「古典期アッティカのデーモスとフラトリア——「ヘカトステー碑文」の検討を中心として——」『史学雑誌』七一編三号、一九六二年、一五一—一六頁、参照。
(22) 共同体内でのもの乞いについては、Hesiod. *Erga*, 395; Theognis, 992参照。
(23) Arist. *A P* 16参照。
(24) Rhodes, op. cit., 69.
(25) 本書II - 第一章一五〇頁、およびP. B. Manville, *The Origins of Citizenship in Ancient Athens*, Princeton, 1990, 186 - 187参照。
(26) S. D. Lambert, *The Phratries of Attica*, Ann Arbor, 1993, 261-267.
(27) 付論「「雅量」の人・キモン」参照。

# I 宗教

# 第一章　ポリスと宗教

## はじめに

オリュンポスの十二神を中心とする神々にまつわる神話は今日でも広く親しまれているが、古代のギリシア人がこの神話をそのまま信仰の対象としていたわけではない。彼らの宗教には確定した教義も教典もなかった。古代のギリシア人にとって宗教とは、祈りや瞑想によって神と対話をすることではなく、また戒律を守ることでもなく、何よりも供犠や祭儀挙行などの行為そのものであった。古典期のアテナイを例にとってみると、確認されている主要な祭儀の開催日だけでも年間一二〇日に上る。(1) アッティカのエルキア区の供犠暦には年に二七日、五六回の供犠が記載されている。(2) このような点から見ただけでも、行為としての宗教が古代ギリシア人の社会生活の諸相に大きな影を投げ掛けていたと想定することができる。本稿では内政、外交を含めたポリスの政治と宗教とのかかわりかたをギリシア世界全体を視野に入れつつ考察したい。具体的には前五世紀、即ち最盛期のアテナイに注目し、ギリシア世界におけるその勢力拡大のダイナミズムの中で宗教がいかなる機能を果したか、あるいはアテナイ市民が宗教にいかなる意味を託していたか、を明らかにする。

前四三一年に始まり、ほぼ三〇年にわたりギリシア世界の大部分をまきこんでつづけられたペロポネソス戦争は、勢力拡大をつづけるアテナイとそれを恐れたスパルタを中心とするペロポネソス側との対立であったが、ペルシア軍の二度にわたる遠征の撃退に成功した前四七九年から戦争勃発までのほぼ五〇年間は、いわゆる「五十年史」とよばれる期間で、アテナイの勢力伸長とそれに対するスパルタの警戒心の増大が衝突の極点に達するまでの過程がこれに相当する。「五十年史」についてトゥキュディデスの記述は関連事件の列挙に止まり(I 89-118)、ヘロドトスやプルタルコスも断片的な記録を残すのみで、その重要性にもかかわらず、残存史料が少ないことは惜しまれる。(3) ここで試みる宗教的側面へのアプローチは、この「五十年史」の史料の欠をいささかなりとも補い、アテナイの勢力拡大の過程を新たな相貌で描くことになるかもしれない。しかしそれへの前提として先ず、全ギリシア世界の信仰の対象であった、即ちパンヘレニック(全ギリシア的)な神域であったオリュンピアとデルフォイについて、それぞれをめぐる政治的力関係を通観したい。それによって、国際関係においてとったアテナイの行動選択の意義および特質を、より明確にとらえることができると考えるからである。

## 一　パンヘレニックな神域

暗黒時代が明けて間もない前八世紀にギリシア世界各地にポリスが誕生し、またその世紀の後半には植民活動によってギリシア世界そのものが拡大し始めた。それゆえ最近では前八世紀を「ギリシア・ルネサンス」と表現する学者もいる。(4) 神殿の建立が始まったのもこの世紀であり、前七〇〇年までには少なくとも七〇個所の祭祀所が存在し、その半数近くがすでに神殿を擁していた。(5) 前九世紀の神域としては一二個所ほどが現在知られているが、そのいずれにも神殿が建てられていた痕跡が見られないことからも、(6) これは際立った事象であったと言えよう。ミノア、ミュケナイ時代には王宮内に祭祀用の特定の部屋が設けられていた点と対照させるならば、独立した神殿の建設はポリスという新たな理念を有する国家の成立に呼応した共同体的営為であり、特定個人の支配からの自由という意味があったことが知られよう。

パンヘレニックな四大祭典の一つであるオリュンピア祭が創設されたのもこの世紀の七七六年であった。以来紀元三九五年まで祭典は四年に一度挙行された。他の三祭典、ピュティア祭(デルフォイ)、ネメア祭、イストミア祭はそれぞれ前五九〇年、五七三年、五八一年に創設された。これら四大祭典の神域はいずれも発掘が進められてきているが、その遺跡を見くらべても、オリュンピアとデルフォイが他の二神域よりも規模と富において遥かにまさっていたことは明らかであり、神域内に立ち並ぶ、諸ポリスからの宝物を納める宝物殿はギリシア世界にあまねく聞こえた両神域の名声の高さを伝えている。中でもオリュンピア祭は最古であり、第一の名声を誇った。[7] ペロポネソス半島西部に位置するこの地の発掘は神域が前一一または一〇世紀までさかのぼることを示している。[8] エリス人ヒッピアスの作成した祭典の勝利者リストによれば、前八世紀の間の多くの勝利者はペロポネソス西部の出身者であり、従ってこの世紀にはペロポネソス半島の人びとのみが祭典に参加したと見ることもできる。[9] 勝利者表にみられる勝利者の出身地から判断すると、前七世紀の末までには祭典はパンヘレニックになったようである。神域に並立していた宝物殿の多くは前六世紀の建設で、最古の三殿は西方の植民市、シュバリス、メタポントゥムそれにゲラによって奉納され、その他の宝物殿もエピダウロス、キュレネ、セリヌス、メガラなどドーリス系のポリスのそれが多く、当時オリュンピアはこれらのポリスに重視されていたことがうかがわれる。[10]

神域の支配および祭典の主催権は古典期にはエリスに所属していたが、それ以前の事情について詳しいことは不明である。その初期においてはどの国にも所属していなかったと見るか、[11] あるいは近隣のピサまたはやや北方のエリスに所属していたと見るか、[12] 見解は様々で、伝承の彼方から確たる事実を摑みだすことは不可能に近い。パウサニアス(VI 22. 2)によれば、第八回オリュンピア祭にピサ人はアルゴスのフェイドンを導き入れ、祭典を両者が掌握したという。これは前七四八年に相当するが、疑わしいとみなされており、フェイドンの治世の推定年代より推測して前七世紀半ば、あるいはより限定して第二八回オリュンピア祭即ち前六六八年のことと考えられている。[13] この時エリスはスパルタの協力を得てフェイドンを倒したという。その後もピサとエリスとは祭典の主催権をめぐって一再ならず戦闘を交わしたが、前五八八年より少し後に、エリスに反旗を翻したピュロス治下のピサはそれに加担した周辺諸部族とともに徹底的に破壊された(Paus. VI 22. 3-4)という。パウサニアスはまた、前五八〇年にエリス人の間から選ばれた二人のヘレノディカイと呼ばれる委員が祭典を管掌することとなった、と記す(V 9. 4)。これらの伝承より、神域と祭典の主催権がエリスに最終的に帰属することになったのは前五八〇年より少し前とする見解もあるが[14]、前五七六年以前という伝えを受け入れる研究者もおり[15]、年代の確定は困難である。いずれにしてもこのころにエリスはオリュンピアの神域と祭典を最終的に掌握したが、実際にピサが壊滅したのは前四七一年のことで、この時の戦利品でゼウスの神殿と神像とが造られたという(Paus. V 10. 2)。

ストラボン(VIII 336)とディオドロス(XI 54)の伝えるところによれば、前四七一／四七〇年にはエリスのシュノイキスモスも成就され、散在する村落共同体からなっていたエリスは単一のポリスへと統合された。以後エリスが民主的政体へと変化したか[16]、あるいは従前の寡頭体制の緩和を見ただけであったか[17]、見解は分かれるが、このシュノイキスモスは当時アルゴスに亡命していたテミストクレスの影響の結果であったかもしれない[18]。エリスの軍事力はつねに弱小であったし[19]、ピサも小国であった。オリュンピアがパンヘレニックな神域として他を圧していたのは、むしろこのように大国の支配下になかったことによるところが大きかった、ということもできよう。

大国の傘下にないという点ではデルフォイの神域も同様であった。この神域は主神アポロンの下す神託を求めて、ギリシア世界ばかりでなく小アジアのカリアなどからも人々が訪れた。神域は前九世紀末までさかのぼるが[20]、その名声が全ギリシアに聞こえるようになったのは前八世紀以降、とくに植民市を建設するに際して神託伺いをすることが一般化してからであった[21]。前六世紀末にスパルタ王クレオメネスの兄弟、ドリエウスが植民市建設に失敗した件に言及して、ヘロドトスは記す、「しかしドリエウスはその際、どの地に植民地を建設すべきかを、デルフォイの神託に尋ねもせず、またそうした折に古来から定められた慣行も何一つ守らず、憤激に駆られるまま、船をリビアに向けて進めたのである」(V 42)[22]。この記述は植民の際にデルフォイの神託を求めることが慣行化していたことを伝える。

植民市建設に神託の果した役割の有名な例としては、テラが前六三〇年頃に建設したキュレネの場合がある[23]。旱魃に苦しむテラに対してアフリカのリビアに植民するよう神託が下された。キュレネはその後ギリシア有数の富裕なポリスへと成長する。ここに、デルフォイが地中海沿岸の地理や植民活動の現状に関して蓄積した情報の中から適切な勧告を出した例をみることもできよう。諸ポリスが植民市建設に関する神託を求めることが度重なる間に、このような情報の入手、蓄積も可能となったのであろう。しかし、後に全シケリア(シチリア)の植民市において祭祀の対象となった開国神アポロンの祭壇をナクソスが建立したのは、この植民市建設時の前七三五年頃のことであった(Thuc. VI 3. 1)。この時期にはまだ上述のような情報蓄積がデルフォイにできてはいなかったはずで、神託を求める側の目的は、ポリス建設という神聖なる企てに対して神の認可を得るところにあったと推測される[24]。しかし初期の植民者たちが、他でもないデルフォイに神託を求めた理由は明らかではない。神域の建設当初より、コリントスとエレトリアがデルフォイと緊密な関係を有していたと推測されており[25]、これら二ポリスが初期の植民活動に積極的であったことが示唆を投げかける。おそらくこれらのポリスがシュラクサイやクマエに植民するさいに、地理的に近く、自国に縁の深いデルフォイのアポロン神に認可を求め、それが度重なり、しかも両ポリスの植民活動が順調に進められるにつれ、この慣行が一般化したのであろう[26]。

神託を求めて各地からやってきた人びとの多くはコリントス湾のイテア港に上陸し、さらに神域まで七曲りの道を登った。このイテア港を支配していたクリサ(またはキルラ)が信者に通行税を課そうとしたため第一次神聖戦争(前五九五年頃—五八六年)が起こった。クリサを攻撃し、壊滅させたのは、アンフィクティオニア参加の諸市であったと後の伝承は言うが(Aischin. III 107-112)、実際には当時デルフォイにアンフィクティオニアは存在していなかったらしい。おそらくテッサリア、アテナイ、シキュオンなどデルフォイを支配下に収めたい勢力が連合してクリサを攻撃したのであろう。[27] 戦後、肥沃なクリサ平野はアポロン神に捧げられ、デルフォイの独立が宣言された。また前五九〇年には第一回ピュティア祭が開催され、[28] 以後同祭はオリュンピア祭に次いで重要なパンヘレニックな祭典となった。

クリサを攻撃したのがアンフィクティオニアであった、と後に伝えられるにいたったのはなぜであろうか。テッサリアはかねてよりアンテラのアンフィクティオニアの一員であったらしい。[29] アンフィクティオニアとは特定の祭祀をその神域の周辺に(*ἀμφί*)所在する(*κτίονες*)複数の共同体がともに維持し、挙行するために結成した一種の同盟であった。アンテラの他にデロス、カラウレイア、オンケストスなどのアンフィクティオニアが存在したと伝えられているが、いずれについても詳細は不明である。[30] もっとも多くの史料が残存しているのはデルフォイのアンフィクティオニアに関してであるが、古典期の史料によればこのアンフィクティオニアはデルフォイだけでなく、アンテラに所在するテルモピュライのデメテルの神域をも管理していた。[31] 従って、第一次神聖戦争後に、勝利した側が既存のアンテラのアンフィクティオニアの管轄範囲をデルフォイまで拡張し、ここにデルフォイのアンフィクティオニアが成立したと推測できる。[32]

アンフィクティオニアの会議は年に二回の会期をもち、春と秋のいずれの会期でもテルモピュライとデルフォイの二個所で会議が開かれた。[33] 会議を構成し、各自が一票の投票権をもつ二四人のヒエロムネモンと呼ばれる委員は、以下の一二のエトノス(*ἔθνος*)から派遣された。

テッサリア人＝2(名)、フォキス人＝2、デルフォイ人＝2、ドーリス人＝2(本土所属、ペロポネソス所属、各1)、イオニア人＝2(アッティカ所属、エウボイア所属、各1)、ペライビア－ドロピア人＝2、ボイオティア人＝2、ロクリス人＝2(東部所属、西部所属、各1)、アカイア－プティオティス人＝2、マグネシア人＝2、アイニス人＝2、マリス人＝2。

この構成を見るかぎり、古典期の主要国の力関係はまったく反映されていないことが明らかであろう。これらエトノスの定住地域を地図上に記すならば、おおよそ二辺が三二〇キロメートルと一八〇キロメートルの矩形、即ちアルゴリス湾南東とエウボイア島の南東端を結ぶ辺と、エウボイアの東北沿岸からオリュンポス山側面まで延びる辺からなる矩形を呈する。(34) この範囲内のエトノスは相互に隣接するとともに、テルモピュライまたはデルフォイに他者の領域を侵犯せずに到達できた。このように、デルフォイのアンフィクティオニアは、その言葉の意味する通り、神域(この場合は、デルフォイとアンテラの二個所)の周辺に居住する人々の諸集団の同盟であった。しかもその集団は、ポリスという組織に基づくのではなく、ギリシア民族の構成集団であり、ポリス成立以前にすでに存在していた部族的集団であるエトノスを基本単位としている事実に注目すべきであろう。古典期の大国の一つであるアテナイは、ポリスとしてではなく、イオニア人の一集団として毎年一人のヒエロムネモンを派遣したのであり、したがってアテナイはシュノイキスモス以前にこの権利を得ていたと推測されている。(35) 古典期のもう一方の大国スパルタにいたっては、「ペロポネソスのドーリス人」に含まれないために、本来は会議の投票権を有しておらず、時おりヒエロムネモンを派遣しているものの、これは本土すなわち北部ギリシアのドーリス人の権利を委譲されたからに過ぎなかった。(36) スパルタにとってそれは屈辱的であったにちがいない。とくにアテナイのみは、会議における投票権を単独で有するポリスとしての立場を誇りえたのであるから。前四四八年の第二次神聖戦争(Thuc. I 112)はスパルタのこのような不満が関連していたのであろう。

古代ギリシアの代表的な神域であるオリュンピアとデルフォイについて、神域と祭典の管理権を有する主体についてこれまで概観してきた。その結果、いずれについても、大国の支配が及んでいなかったことが明らかになった。それこそは両祭典がパンヘレニックなそれとして、とくに重視されつづけた要因の一つであろう。さらに注目されるのは、オリュンピアを管掌したエリスが、前四七一―四七〇年にいたるまでポリスとしての組織化を果していなかったことである。それ以前は、各所に散在する村落共同体を統括する寡頭政国家であったらしい（Arist. *Pol.* 1306 a）。デルフォイのアンフィクティオニアもポリスによって構成されておらず、その構成単位はエトノスに基づいていた。いずれの場合もポリスという組織の原理、理念が発揮される場はここには用意されていない。両神域の成立の早期であったことをこれは示しているとともに、パンヘレニックな神域にはギリシア世界古来の社会組織の編成原理が働いていたことをも伝える。この原理に基づく神域の運営が望ましいと了解され、その後に出現した新たな組織であるポリスを単位とする編成への変更は試みられなかったと解することができる。つまり古典期のギリシア世界を構成する主要な国家形態であるポリスの、ポリスとしての論理や言い分が通用する場がそこにはなかったのであろう。それゆえにこそオリュンピアとデルフォイとが、パンヘレニックな神域および祭典として繁栄しえたといえるのかも知れない。従って、エリスがシュノイキスモスを果し、ポリスとして変貌したとき、事態の変化をそこに認めた人々も少なくなかったにちがいない。敏捷にそれに対応したのはアテナイであった。しかしここでは、事の核心に入る前に、古典期にいたるまでのアテナイの宗教政策、とくにパンヘレニックな祭祀へのそれを見ることにしよう。

## 二　ペイシストラトスの宗教政策

前六三二年のいわゆるキュロンの反乱は、貴族政下のアテナイ社会の動揺を伝えて、興味深いが、反乱の契機となったのは、前六四〇年のオリュンピアの祭典の優勝者であったキュロンなる貴族出の男が、ゼウスを祀る最大の祭の日にアクロポリスを占領すべしとのデルフォイの神託を受けたことであった。キュロンはこれを誤ってオリュンピア祭の日と思い込んで反乱を実行し、失敗した（Thuc. I 126）。この事件はオリュンピア、デルフォイともにすでにアテナイの国政を動かしうるほどの影響力をもっていたことを示している。

しかし、前古典期にとくに際立っていたのは、ペイシストラトスとその子や孫の宗教政策であった。彼は二度の亡命の後、齢五〇を過ぎた前五四六年に政権の確立に成功し、以後前五二八／七年に病死するまで僭主としてアテナイを治め、さらに息子のヒッピアスが後を継ぎ、ヒッピアスの子ペイシストラトスも前五二二／一年にアルコンを務めた。従って、ヒッピアスが前五一一／五一〇年に追放されるまでの僭主政下の政策は、ペイシストラトスとその一族（ペイシストラティダイ）の政策として一括して論じることとする。[39]

僭主政下の宗教政策は、その詳細は明らかではないが、一部は文献史料より、また一部は発掘の成果よりうかがい知ることができる。アクロポリスの南麓には、前四世紀のディオニュソス劇場の下に前六世紀末の年代と推定されるオルケストラや小さな社を伴う建築物の跡があり、[40]これはディオニュソスの祭祀がアッティカの北部エレウテライから中心市アテナイに移されたという伝え(Paus. I 38. 8)と結びつけられ、ペイシストラトスが都市のディオニュシア祭を国家祭儀として創設したという推測が出されている。[41]さらにアッティカ東部沿岸のブラウロンはペイシストラトスの出身地であったが、このブラウロンのアルテミス神の神域をアクロポリスの南西隅に建造したのもペイシストラティダイであると見られる。一族の守護神としたのであろう。[42]また、エレウシスのテレステリオンがこの時期に拡張されているが、これもペイシストラトスに帰せられている。[43]

さらに、前五六六年に始まったというパンアテナイアの大祭の創設者をペイシストラトスとする史料(*Scholia ad Aristid*. III 323 Dindorf)があるが、これは疑わしい。[44]しかし、アクロポリスのアテナ女神へ奉納された大理石像が、前五四〇年代以降に大幅に増加していること、アテナ女神とフクロウが両面に描かれた銀貨がはじめて鋳造されたのもこの時代であること、などはペイシストラティダイがアテナイの守護神アテナへの信仰を盛んにし、中心市アテナイの威信を高めんとしたという推測を裏づける。[45]ペイシストラトスが亡命から帰国する際にアテナ女神への信仰を利用して民衆の支持を得た経緯(Arist. *AP* 14. 4; Hdt. I 60. 4)を考慮に加えれば、この推測はさらに説得性を増すと思われる。

アクロポリスの西南に位置するオリュンピエイオンとアポロン・ピュティオスの神域とは、ヒッピアスの子ペイシストラトスと関連させて考えられている。アルコン就任の記念として彼はアポロンに大理石の祭壇を奉献した。トゥキュディデスが引用するその碑銘「この碑をヒッピアースの子ペイシストラトス、その官職在年中に／ピューティオンの社にましますアポローンに捧げまつる」[46]は、イリッソス河畔から出土した祭壇の断片二枚(ML 11)の字句と合致している。トゥキュディデスはまた同人によるアゴラの十二神の祭壇の献納にも触れている(同所)。同じくイリッソス河畔に位置したオリュンピエイオンの礎石は前五一五年頃の建造とみられている。ペイシストラティダイの追放後、神殿は未完のままに長きにわたり放置され、紀元一三二年頃ハドリアヌス帝によって完成された[47]。

このようにペイシストラトスとその一族が、アテナイの祭儀の充実、振興に力を注いだことはほぼ間違いない。ところで、上述のオリュンピエイオンはオリュンピアのゼウスを祀る神殿であったと見なしうるが[48]、オリュンピエイオンおよびアポロン・ピュティオスの神域の設置からだけでは、僭主一家がオリュンピアとデルフォイに親近感をもち、接近策を試みたのか、あるいは対抗意識をもち、両神域からの直接の影響を少なくするため、国内に独自に神域を設置したのか、判断するのは困難である[49]。しかし、アルクマイオニダイ家のクレイステネスがデルフォイのアポロン神殿の建造請負契約を結び、契約内容以上の立派な神殿を完成させ、デルフォイの支持を得て、ヒッピアス追放に成功したという伝え(Hdt. V 62-65)と対比させると、ペイシストラトス家はこのようにデルフォイの神域に積極的に進出することはしておらず、従って同家がデルフォイそのものと緊密な関係を有してはいなかったと解することができる。

オリュンピアとの関係はどうであろうか。後にマラトンの戦いで活躍するミルティアデスの父キモンは、ペイシストラトスが原因での亡命中にオリュンピアの戦車競走に優勝し、四年後(前五二八年)[50]の再度の勝利のときにはペイシストラトスに勝ち名乗りを譲ることで彼と和解し、アテナイに帰国した(Hdt. VI 103)。これはペイシストラトスがオリュンピアとその競技における優勝を重視していたことを示しているが、僭主一家とオリュンピアとの直接の関係を伝える史料はない。オリュンピア、デルフォイいずれの神域についてもその権威を認めながら、不即不離の関係を維持したのであろう。

他方、デロスの神域に対するペイシストラトスの行動は積極的で、前の二神域に対する態度と対照的である。彼は同島の神殿の周囲に埋葬されている遺体を掘り出して島の別の場所に移し(Hdt. I 64)、神域の清めを敢行した。アテナイがイオニアの母市であるという主張はソロンがすでに詩に著わしている(Arist. *AP* 5. 2)が、これをさらに補強するための行動だったのであろうか。ペイシストラトスがナクソスを攻略し、この島を盟友であるナクソス人リュグダミスに僭主として統治させたのは、おそらくこれより前のことである。それ以前のナクソスはキュクラデス諸島の中でも最有力のポリスであった。デロス島における宗教的な機能を有する最古の建造物は前七世紀の「ナクソス人の家(オイコス)」であって、ペイシストラトスの介入以前の前七―六世紀に同島を支えていた主力はナクソスであった[51]。ペイシストラトスはナクソスを攻略することで、同市のデロスにおける優位をも覆してから、デロス進出をはかったのであろう[52]。

ペイシストラトスの外交政策としてさらに注目すべきは、シゲイオンの奪取である。ソロンの改革に先立って行なわれたアテナイのエーゲ海北東沿岸シゲイオンへの植民は、レスボス島ミュティレネの反撃をうけたが、コリントスの僭主ペリアンドロスの調停によってこの地はアテナイの領有となった(Hdt. V 95)。しかし後になってこの地はレスボス人に掌握されてしまったらしく、ペイシストラトスは武力をもってこれを奪還し、息子ヘゲシストラトスに支配させた(Hdt. V 94)。また、キュプセロスの子ミルティアデスは、ペイシストラトスの治世下にドロンコイ人の要請でケルソネソスを支配することになった。ヘロドトスはそれをペイシストラトスの支配を嫌っての行動であったというが(VI 34-36)、その後の両家の関係が敵対的でなかったことから、むしろそれはペイシストラトスの外交政策の一環であったと考えたほうが適当とみなす見解が、最近は優勢である。[53] 以上のような僭主政下アテナイのエーゲ海北東部への進出は、前五世紀のアテナイの対外的活動を予告するものとして興味深い。

ペイシストラトス一族の支配は、僭主政とはいうものの後代の評判は良く、ヘロドトスは彼が国制を変更することなく、善政をしいたといい(I 59. 6)、トゥキュディデスも、旧来の制度慣習が維持されたと記している(VI 54. 5–6)。このようないわば静的な内政に比較して、いま概観した対外政策は遥かに活発で、アテナイの新たな方向性を打ち出しているといえよう。そのような背景をも視野に入れるならば、デロス島の浄祓は、イオニア諸市の母市であるという名目を内外に強く印象づけてエーゲ海への進出政策を支える理論的根拠をつくりあげる、という意図から実施されたと推測することも可能であろう。そして今や我々の関心は前五世紀のアテナイの動向へと向かう。

## 三　エレウシスの秘儀をめぐる国際関係

いわゆる「五十年史」に関する史料が少ないことはすでに触れたが、それでも「五十年史」の後半については、碑文史料の活用によって文献史料のみでは知りえなかった事実の経過が明らかにされてきている。[54] しかし、前半の前四五〇年代までは碑文史料も少なく、この期間の経緯については不明な点が多い。そのような状況の中で、前四六〇年頃のものと推定されているエレウシスの秘儀に関するアテナイ民会決議(*IG* $\mathrm{I}^3$6＝*IG* $\mathrm{I}^2$6)が残存していることは注目すべきであろう。たとえそれが偶然による残存にすぎないとしても、わずかに残された史料は最大限に活用すべきであるし、分析の結果は、史料の少ないこの時期のアテナイとギリシア世界とに従来と異なる新たな角度から光を当てることになるかもしれない。しかも、エレウシスの秘儀が古典期のアテナイにとって重要な祭儀であったことはすでに明らかである。[55] 従ってこの *IG* $\mathrm{I}^3$6 と番号の付された碑文が我々にとって未知の多くの情報を内蔵しているかもしれないという期待は、根拠がないわけではない。

大理石柱に刻字され、中心市のエレウシニオンに建てられていたこの決議は、高さ〇・八九メートル、幅〇・三四メートル、厚さ〇・二〇メートルの角柱と他に六枚の断片が現存するが、上部と下部が破損しているので、全体の大きさを確定することはできない。欠損部分はさほど大きくはないと推定されている。(56) 石柱四面中の三面(A、B、C)に文字が刻まれており、秘儀の財政に関する規定が記載されているC面については第二章で論考を加えた。(57) C面とともに比較的残存状態の良いB面には秘儀開催のおりに実施される「神聖休戦(*αἱ σπονδαί*)(58)」に関する規定があり、秘儀をめぐるアテナイの外交関係を知るための貴重な史料といいうる。その主要部の内容は以下の通りである。

「スポンダイは、ミュスタイ(59)とエポプタイ(60)および他国人に所属する随伴者と財貨、そしてすべてのアテナイ人に及ぶべきこと。スポンダイの期日は、メタゲイトニオンの月の中日から始まり、ボエドロミオンの月を通してピュアノプシオンの月の上弦の一〇日まで〔とする〕(61)。スポンダイは、神域を使用するかぎりのすべてのポリスにおいて〔あるべきこと〕、またそこに〔即ち〕同上のポリスに所在するアテナイ人たちにもあるべきこと。また、小秘儀(62)においてスポンダイはガメリオンの月の中日からアンテステリオンの月を通してエラフェボリオンの月の上弦の一〇日まで〔とする〕。」(*IG* I$^3$ 6B 8-47)

期間を定める詳細な記述の方法から、スポンダイは当該民会決議によって制定されたと見なすことができよう。ところで、前四世紀以前のギリシアでは「神聖休戦」は四大祭典とエレウシスの秘儀そしてアスクレピエイア祭においてのみ実施された。(63) これら祭儀の「休戦」はそれぞれ同質の制度として論じられることが多い。(64) しかしそれは事実に合致するであろうか。秘儀のスポンダイを他の「神聖休戦」、とくに比較的史料に多く言及されているオリュンピア祭の「休戦」と比較対照するという方法によって、この問題の解決に当たりたい。

まず用語の検討から始めよう。スポンダイはスポンデー(*ἡ σπονδή*)の複数形で、スポンデーとは神々に捧げるために祭壇あるいは地面に液体、主にブドウ酒を注ぎかける宗教儀礼を意味する。二者間の合意・条約締結の際にこの儀礼を交わして誓いを立てたことから、古典期には個人間あるいは国家間の合意・条約を指す語として複数形スポンダイが用いられ、なかでもとくに休戦、和平条約について使用されるようになった[65]。我々の史料 *IG* I³ 6B に記されているスポンダイは、すでに見たように期間を限定する語句が付されているので、単なる宗教儀礼としてのスポンデーの複数形であるのではなく、「休戦」を意味していると考えてよいであろう[66]。エレウシスの秘儀に関しては、残存史料に見るかぎり「神聖休戦」に対し一貫してこのスポンダイという語が当てられている。

他方、オリュンピア祭の場合について史料を検討すると、時にスポンダイの代わりにエケケイリア(*ἡ ἐκεχειρία*)という語が使用されている場合があることに気付く。トゥキュディデスは以下に見るように、両語をとくに区別することなく使用している。

「ラケダイモーン側は使節を送って、自分たちが重装歩兵部隊を出発させた時には、まだラケダイモーンにはスポンダイのしらせが届いていなかったのだから、自分たちに課せられた判決は公正を欠いていると抗言をこころみた。しかしエーリス側は、自分らが関知する限りではその時すでにエケケイリアに入っており(彼らは先ず自国住民に対して伝えたので)、したがって自分たちはスポンダイのつもりで行動を控え、……(以下略)[67]」(V 49. 2-3)

前四二四年のオリュンピア祭の「休戦」期間中に武力行使をしたという理由で、スパルタは祭典への参加を禁じられたが、引用部分はスパルタと祭典主催国エリスの間で応酬された、この咎めに関する論争の一部である。用語に注意深い歴史家であるトゥキュディデスが右のように二語を厳密な区別をしないで使用していることは注目に値しよう[68]。

オリュンピア祭の「神聖休戦」については、その制定に関する伝承が残っている。プルタルコスは、スパルタのリュクルゴスがエリスのイフィトスを助けてオリュンピアの「休戦」の制度(*ἡ Ὀλυμπιακὴ ἐκεχειρία*)を定めたという伝承を伝え、アリストテレスがその証拠としてオリュンピアにあるイフィトスの円盤を挙げている、と記す(Plut. *Lycurgos* II)。旅行家パウサニアスおよびトラレスのフレゴンはともに、イフィトスが定めたといわれる「休戦」制度について語る時、エケケイリアなる語を用いる(Paus. V 20. 1; Phlegon *FGH* 257 F. 1(3))。従って、アリストテレスが見たというイフィトスの円盤にはスポンダイではなく、エケケイリアという話が記されていた、と見なしてよいと思われる。(69)

四大祭典の「神聖休戦」にスポンダイという語を当てている例は、先に引用したThuc. V 49を含め数例ある(Aischin. II 12; Thuc. VIII 9. 1; Paus. V 2. 1)が、いずれも文献史料中に見いだされ、残存の碑文史料にその例はない。他方、エケケイリアなる語を使用する例は、ピュティア祭に関するアンフィクティオニアの法規(前三八〇年)を記した碑文史料中に一例(*IG* II² 1126. 48–49)残っている。それゆえ四大祭典中少なくともオリュンピア祭とピュティア祭については、「神聖休戦」の公式名称はエケケイリアであったと推測できる。他方、エレウシスの秘儀の場合、文献、碑文史料ともに一貫してスポンダイという語が用いられている。先に取り上げたスポンダイ制定の決議が示すように、エレウシスの秘儀の「神聖休戦」の公式名称はスポンダイであったと見て差し支えあるまい。

さて、祭儀のための「神聖休戦」はそれを告知するため主催国が布令役を派遣した。この布令役をエレウシスの秘儀の場合には、スポンドフォロイ(*οἱ σπονδοφόροι*)あるいはスポンダイを触れる者たち(*οἱ ἐπαγγελλάντες τὰς σπονδάς*)と呼んでいることが前四世紀の文献および碑文史料より知られる(Aischin. II 133; *IG* II² 1672. 4, 106, 227)。他方、オリュンピア祭の場合にはテオロイ(*οἱ θεωροί*)という語が用いられている。その用例は前二世紀のアイトリア同盟決議中に「オリュンピア祭を触れるテオロイ(*τοῖς τὰ Ὀλύμπια ἐπαγγελλόντοις θεωροῖς*)」としてはじめて現れる(*SIG*³ 629. 26)。他方、このテオロイが祭典告知のために各ポリスを訪れた時、その地で彼らを迎え入れ、もてなす役がテオロドコイ(*οἱ θεωροδόκοι*)であり、このテオロドコイについては前三六四年の史料にその存在が確認できる

(*SIG*$^3$ 171. 2)。したがって、前四世紀前半にはすでにテオロイ／テオロドコイという制度が成立していたと見なすことができる。[70]

オリュンピア祭に関してテオロドコイという制度が存在していたのに対し、エレウシスの秘儀の場合はどうであろうか。スポンドフォロイを迎え入れる役の存在は前四世紀に確認されていない。ところが前二世紀の史料には秘儀のスポンドフォロイを受け入れる役割を担う人びとがテオロドコイという名称で現れる。北部ギリシア、テッサリアのゴンノスの決議がそれで(*Arch. Ephem.* 1914, 10)[71]、テオロドコス(テオロドコイの単数形)を任命するという趣旨のものである。この決議にはアテナイから派遣された使節が持参した要請、即ちアテナイの評議会決議がそのまま引用されている(9-47)。この評議会決議ではスポンドフォロイはエレウシニア祭、パンアテナイア祭、秘儀の三祭儀のスポンダイを伝えることになっており、彼らを受け入れる役を果すテオロドコスをアテナイのプロクセノスとする、と定めている。ここにスポンドフォロイ／テオロドコイという制度の存在が確認できる。このテオロドコイという名称はオリュンピア祭のそれから借用していることは明らかであり、秘儀に特有のスポンドフォロイなる用語はそのまま保持しておきながら、それからの派生語をつくらずにテオロドコイという既成語を使用したということになる。

この事実は何を物語っているのであろうか。第一に、前四世紀に秘儀のスポンドフォロイとオリュンピアのテオロイとはその相違が明確に意識されていたのに対し、前二世紀には両者の相違はもはやほとんど意識されていなかった、ということであろう。当のゴンノスがスポンドフォロイを誤ってテオロイと呼んでいることがそれを裏付けている(v.3)。それゆえ、前二世紀のアテナイ人はオリュンピア祭について使用されてきたテオロドコイなる語を秘儀に関して借用することに躊躇しなかったのであろう。長年使用してきたスポンドフォロイという役職名については、さすがにこれを他の語と混同することはしていない。第二に、スポンドフォロイの役職を創設した時点では、つまりスポンドフォロイとテオロイとの相違が明確であった時には、これら布令役スポンドフォロイを受け入れる役職を諸ポリ

スが設置するという制度がいまだ成立していなかったと解することができる。(72)

以上から、「神聖休戦」については前五―四世紀に関する限り、オリュンピア祭とエレウシスの秘儀との間で用語上に明確な区別が存在していたことは明らかとなった。この事実は、現在いずれも「神聖休戦」と呼ばれている秘儀のスポンダイとオリュンピア祭のエケケイリアとが、相互に内容の異なる制度であったことを示しているのではないかと考えられる。そこで次に、エケケイリアとスポンダイの公布手続きを比較してみよう。

先に触れたスパルタによるオリュンピア祭のエケケイリア侵犯にふたたび目を転じると、トゥキュディデスの記述に従う限り、スパルタ側の言い分とエリス側の主張との間に食い違いのあることが明らかである。スパルタ側はエケケイリアはその告知がスパルタに届いた時点で始まると考え、他方、エリス側は自国住民に対しエケケイリアを伝えた時点から休戦期間に入ると見なす。つまり、エケケイリアが発効となる時点について両者の間に解釈の相違が存在した。ここで両者の共通の認識としてあるのは、エケケイリアは通告されることによって効力を発するという点である。しかし現在のような情報伝達の方法が存在しない当時にあっては、通告はギリシアの各地で同時に実行されるというわけにはいかなかった。そのために、先にみたような論戦が交わされることになってしまった。通告によってエケケイリアが発効する(73)――ここにパンヘレニックな祭典としてのオリュンピア祭の特質が顕現しているということができよう。主催国の通告によって自動的にエケケイリアは効力を発する。しかし各ポリスはその通告が自国に到達する時点までそれを知ることができない。エケケイリア制度が抱えるこのような矛盾がスパルタとエリスとの論争を生む結果となった。誤解を生み易い曖昧な内容をもつこのエケケイリア制度は、イフィトスの円盤上にその規定が記されていたに違いない。

他方、秘儀の場合には以下に見るように、明らかに異なった手続きがとられていた。スポンダイを制定した前掲 *IG* $I^3$ 6B では期間がアテナイの暦に従って明示されていることが注目されるが、スポンダイの通告手続きには残念ながら当史料は触れていない。欠損してしまった部分に記載されていたのかもしれない。ところが、時代はやや下がるが、前四世紀半ばの史料がこの点について示唆を与えてくれる。アイスキネスは前三四七年、ギリシア諸国の中で唯一フォキスのみはスポンダイを受け入れない（*οὐ δεδεγμένους*）ばかりかスポンドフォロイを捕えてしまった、と記している（Aischin. II 134）。ここより、スポンダイを受け入れるか否かは通告を受けた国の意志によるということが知られる。つまり、通告だけではスポンダイは発効しなかった。このようなスポンダイの特質がより鮮明に現れている碑文史料がある。前三六七年のアテナイの民会決議（Tod 137）によれば、アイトリア同盟がスポンダイを受け入れたにもかかわらず、同盟に所属するトリコニオンの市民はスポンドフォロイの身柄を、「ギリシア共通の法に違反して *παρὰ τοὺς νόμους τοὺς κοινοὺς τῶν Ἑλλήνων*」(15-16) 捕え、拘禁してしまった。それゆえ、アテナイの評議会は直ちに、アイトリア同盟に赴いてスポンダイの布令役を解放するよう求める使節（*κήρυκα*）を選出する決議をした。ここでアイトリア同盟側の行動に二段階があったことが認められる。即ち、(1)スポンダイの受け入れ、(2)同盟の中のトリコニオン市民によるスポンドフォロイの捕捉、拘禁。この(1)と(2)の行為は相互に矛盾、対立する。(1)という前提があるからこそ(2)の行為がギリシア共通の法に反するという表現になったのであろう。

　アイトリア同盟側の行動がこのように(1)と(2)の二段階に明瞭に識別されていることは、(1)の行為、即ちスポンダイ受け入れに関して何か特定の手続きがとられたことを物語っている。特定の手続きとは、スポンダイという用語そのものが示すようにスポンデーの儀礼であったにちがいない。[74] アテナイから派遣されたスポンドフォロイとの間でスポンデーの儀礼が取り交わされ、ここにスポンダイの受け入れが確認された。スポンダイの期間については *IG* $I^3$ 6B の規定があり、相互に誤解が生じることはなかった。以上がエレウシスの秘儀のスポンダイ発効にいたるまでの手続きであった。オリュンピア祭のエケケイリアと明らかに異なることが確認できたといえよう。

　このような理解のもとに再度 *IG* $I^3$ 6B の規定を見直してみると、スポンダイの意義、性格がより鮮明になってくる。「神域を利用する限りのすべての国々 *τεῖσι πόλεσιν ὅσαι χρôνται τôι ἰερôι*」(29-32)、即ち秘儀に参加しようとするポリスはスポンダイを受け入れることが前提となっている。(75) ここにはアテナイと秘儀参加を希望する国との間のいわば双務的《バイラテラル》な条約が成立している。(76) そしてスポンダイの期間中、アテナイにおいてすべてのアテナイ人とともに秘儀に参加する外国人の安全が守られるように、スポンダイを受け入れたポリス内においても秘儀参加者およびすべてのアテナイ人の安全が守られることになる。

ではオリュンピアのエケケイリアの場合、主催国エリスと祭典参加の他の国との関係は、具体的にどのようであっただろうか。この問題に示唆を与える史料が最近発表された。(77) 一九六五年にオリュンピアの神域内南東部から出土した青銅板は縦二三・〇センチメートル、横八・〇センチメートルのほぼ長方形で、七行にわたって文字が記されている。難解なその内容は、校訂者ジーヴェルトの解釈に従えば、エリスの控訴審判決であり、裁判担当者はエリスの書記一人と複数のマストロイであった。(78) 判決はアテナイに対するボイオティアの損害賠償とテスピアイに対するテッサリアの損害賠償との両方を認めた第一審判決を破棄し、アテナイに対するボイオティアの賠償のみを認めている。(79) 校訂者は対象となっている事件を前四八〇年のテルモピュライの戦いの後のペルシア軍によるアッティカ蹂躙と関連させる。この時ボイオティア軍はペルシア軍と行動をともにしたと考えられ、しかもそれはエケケイリアの期間中であった。(80)
このような史料の解釈に従うならば、エケケイリア侵犯に関連してエリスの国際法廷によって出されたこの判決では、加害者、被害者のいずれでもないエリスがオリュンピア祭の主催国として、エケケイリアを侵犯したボイオティアにアテナイへの損害賠償を命じている。エケケイリアがエリスと祭典参加国との双務的な協定でないこと、またそれは本来ギリシア世界に普遍的におよぶべきものと見なされていたことが、これによって明らかであろう。このように、エケケイリアは秘儀のスポンダイと似て非なる制度であった。

## 四　デロス同盟とエレウシスの秘儀

前四六〇年頃、アテナイはエレウシスの秘儀に関してオリュンピア祭のエケケイリアと似て非なるスポンダイの制度を制定した。その意図はどこにあったのであろうか。前四七八／七年に成立したデロス同盟がその後のアテナイの勢力伸長の土台となったことは改めていうまでもない。前五世紀半ばには同盟は「帝国」へと変貌さえした、と言われている。[81] ところで同盟成立の時点でアテナイは数十年後には歴然となる権力志向を抱いていたのであろうか。この問題は、トゥキュディデスとヘロドトスの解釈の相違にまでさかのぼり、解決はそれほど容易ではない。ペルシアに対抗して前四八一年に結成されたギリシア連合の統率権は、前四七八年にスパルタからアテナイに移動したが、この統率権を握るにあたり、アテナイはむしろ受動的であったとみるのが前者であり、ヘロドトスはアテナイがそれを奪い取ったと、積極的姿勢を暗示している。[82] つまり、トゥキュディデスに従えば、前四七八年の時点でアテナイは未だ覇権獲得の意志を有していなかったが、ヘロドトスに従えば、すでに権力への志向が存在していたことになる。

アテナイを盟主とするデロス同盟が結成され、ギリシア連合は有名無実化した。デロス島に同盟の金庫が置かれ、そこが会議開催の場所となったのは、エーゲ海の中央に位置するという地理的好条件があったにしろ、何よりも同島がイオニア人の聖地だったからであった。トゥキュディデスは古い時代にイオニア人や周辺の島々の住民が集まり祭典を催したと記し、その証拠として『デロスのアポロン讃歌』の一節を引用している。[83]

「さればそのときデーロスに、ポイボスよ、御心をこよなく楽しませたもうた、そこには裳裾ひくイオーニアびとら集い……」(Thuc. III 104. 4)

この『讃歌』は前八世紀ごろに成立したとされており、[84] 従ってそのころすでにデロスはイオニア人の聖地であった。

先に言及したペイシストラトスの政策も、当時すでにデロスへの影響力を有することが政治的に有利をもたらすと見なされていたことを示している。(85)

しかし、デロスはあくまでイオニア諸市の聖地であり、アテナイはそれら諸市の母市としての存在を主張しうるに過ぎなかった。また、パンヘレニックな神域としてすでにギリシア世界全体に存在の意義が了解されていたオリュンピアやデルフォイに比較して、デロスは神域の規模に遜色はないにしても、(86) その権威と影響力はとうてい両神域に匹敵しえなかった。従って、デロス島が同盟の根拠地として選ばれたことについては、参加ポリスにイオニア諸市が多かった同盟の、結束を強固にするという意図をそこにみることができるとしても、そこからアテナイのギリシア世界における覇権への意志をうかがい知ることはできない。

エレウシスの秘儀のスポンダイはオリュンピアのエケケイリアと一見類似していたが、四大祭典以外に類似した制度が制定されたのはこれが初めてのことであった。(87) アテナイの国内の神域で開催される祭儀に、パンヘレニックな制度に酷似した制度を導入したのである。制定したアテナイの意気込みは想像に難くない。

エレウシスの秘儀は死後の安寧を約束する側面と、農耕祭儀の側面とを備えていたが、とくに後者はエレウシスが農耕発祥の地であるというテーゼと結びついていた。(88) そしてデメテルがもたらした農耕という恵みをギリシア各地へ伝える使者の役を果したのはトリプトレモスであった。(89) この農耕発祥の地という観念は秘儀の最古の文献史料である前六〇〇年頃に成立した『ホメロス風デメテル讃歌』には未だ現れていない。またトリプトレモスもそこではエレウシスの貴族の一人に過ぎず、とくに重要な役割を与えられてはいない。(90) トリプトレモスが農耕を伝播する使者の役割を与えられて変貌するのは、前五一〇年から前四八〇年頃にかけてであったと、最近の研究は壺絵の分析から指摘している。(91) つまりこの間に農耕伝播の使者としてのトリプトレモスの役割が盛んに喧伝されたらしい。僭主政下にエレウシスの神域内のテレステリオンが拡張されたが、それがこのトリプトレモスの農耕伝播が強調された時期と一致しているのは偶然ではあるまい。

トリプトレモスの農耕伝播の旅が対象とした地域ははっきりとはしないが、前四六二年ころ書かれたソフォクレスの作品『トリプトレモス』の残存する断片から知り得るところでは、この作品中でトリプトレモスはイタリア、カルタゴとイオニアを旅している[92]。クセノフォンの『ヘレニカ』によればトリプトレモスが最初に農耕を伝えた場所はペロポネソスであった(Xen. *Hell.* VI 3.6)。これらの土地の分布が、カルタゴは別として、ギリシア世界の特定地域に偏っていないことから判断して、トリプトレモスには全ギリシア世界に農耕を伝播する役割が課されていたと解することができる。全ギリシアへの農耕伝播というテーゼはイソクラテスの『パネギュリコス』(Isoc. *Paneg.* 28-30)にいたって、もっともはっきりと表出されることになる[93]。そこではアテナイが全ギリシア世界のリーダーたるにふさわしいという作者の主張の根拠の一つとして、この農耕の伝播が挙げられている。このように、トリプトレモスの農耕伝播に、ひいてはエレウシスの秘儀に、パンヘレニックな意義を付与しようという運動が前五一〇年頃から展開されたのであり、ソフォクレスの『トリプトレモス』もその一翼を担っていたと解することもできよう。その一つの結実としてIG $I^3$ 6B に明記されているスポンダイの制定、一見したところオリュンピアのエケケイリアと類似した制度の制定があった。

前四九〇年と四八〇年の二度にわたり来寇したペルシア軍を撃退するにあたってアテナイ軍はめざましい功績をあげたが、ヘロドトスが駄目押しともいうべきギリシア側のプラタイアとミュカレにおける勝利をエレウシスのデメテルと結びつけていることは注目すべきであろう。史家は記す。

「また〔戦闘が同日であったことのほかに〕もう一つ符合したことは、両戦場ともその付近にエレウシスのデメテルの社があったことである。すなわち、プラタイア地区における戦いが、デメテルの社のすぐ近くで行われたことは、前に述べたとおりであるが、ミュカレでもそれと同様になることになっていた。」(Hdt. IX 101)[94]

ペルシア戦争における勝利とエレウシスのデメテルとのこの連繋には、アテナイの世論操作が関与していたと推測することも可能であろう。

このように、トリプトレモスの農耕伝播という神話をつくり上げ、さらにペルシア戦争の勝利とデメテルとを関連させるというように、神話のレベルで秘儀をパンヘレニックな祭儀にする動きを進めたアテナイは、さらに、内政、外交のいずれにも影響を及ぼす積極的な方策としてスポンダイという制度の制定を実施したと解することができる。

エケケイリアと類似の制度を導入したその意図はこのように意義づけられるが、類似しながらも異なり、またその相違が明確に意識されていた制度を創設したのは何故であったのであろうか。前四六〇年代のギリシア世界の力関係の中で、通告だけで成立してしまう制度は、アテナイとしても望むべくもなかった。秘儀に参加するポリスと個別の双務的協定を結ぶことがもっとも現実的であっただろう。その際にデロス同盟内の諸ポリスがさしあたっての対象となるのは自然の帰結であった。先に訳出した *IG* $I^3$ 6B 27-36 に見られる、スポンダイが神域を利用するポリスに滞在するアテナイ人に及ぶとの条項は、直接にはスポンドフォロイの身の安全を目指しているのであろうが、結果的にはまさにこのアテナイの意図に合致することになった。このころすでに同盟諸ポリスには、エピスコポイ(*οἱ ἐπίσκοποι*)やフルラルコイ(*οἱ φρούραρχοι*)など種々の役人として、あるいは兵士として、少なからざるアテナイ市民が滞在していた[95]。国内のすべてのアテナイ人にスポンダイが及ぶ(*IG* $I^3$ 6B 16-17)と同様に、公務の目的で同盟諸ポリスに滞在するアテナイ人も、スポンダイを享受できたのである。かくして、外貌に関してはエケケイリアに類似した制度を導入することで、秘儀をパンヘレニックな祭典にまで成長させようとしながら、実際にはデロス同盟内のポリスとその市民をアテナイ国内で挙行される秘儀に参加させる、という二重の意図がスポンダイの制定には潜んでいた。この二重の意図は、前四二〇年代と推定される、評議会および民会決議(*IG* $I^3$ 78)にいっそう鮮明になって結実している。そこにおいては、アテナイ市民と同盟諸ポリスとがデメテルへ初穂を奉納するよう定めた規定とは別に、それ以外のギリシア諸ポリスへ、もし望むならば初穂を奉納するよう、命じるのではなく、勧奨する旨定められている。同盟を「帝国」化するための政策の一環としてパンアテナイア祭を利用する動きは、前四五〇年代のエリュトライに関する規定中にすでにうかがうことができるが[96]、それに先立ち、アテナイの支配の意志がそれほど露骨に表出していない秘儀が取り上げられたのであろう。スポンダイの期間をアテナイの暦に基づいて定めている点には、自国の暦を秘儀参加ポリスに押し付ける態度が現れており、後の貨幣・度量衡統一令[97]に通じるものがある。スポンダイ制定の規定にはこのように、以後のアテナイの同盟諸ポリスへの様々な政策を先取りするかのごとき特質が潜んでいた。*IG* I³ 6C に見られるデメテルの聖財をエレウシスからアクロポリスに移動するとの規定[98]は、同盟金庫をデロスからアテナイのアクロポリスへ移動(前四五四年)するに当たって良い口実になったという推測をすら促す。

他方、スポンダイ制定にいたるまでの秘儀をめぐるアテナイの対応を顧みるならば、すでに明らかにしたように、ペイシストラティダイ以来の、秘儀をパンヘレニックな祭儀に高めようとの運動の延長線上にスポンダイ制度を位置付けることが可能である。そして、同じく先に見たように、ペイシストラトス以来の外交政策が前五世紀のアテナイのそれと方向を一にしていたことを重ねあわせて考えるならば、スポンダイ制定はアテナイの支配への意志という脈絡の中で読み取ることができる。すでに、エリスはポリスへと脱皮を済ませていた。国力においてアテナイにはるかに及ばないにもかかわらず、ポリスという同等の国家形態を獲得し、しかも、パンヘレニックな祭典の主催国としてボイオティアに対しアテナイへの賠償を命じるほどの権威を誇ることができるエリスに[99]、アテナイが対抗意識を燃やしたことは大いにありうるであろう。スポンダイの制定はまさにこの状況下で行なわれた。このように、秘儀を媒介にアテナイの権威を高めようとする動きに注目するならば、それは様々な様相を示しながらも、前六世紀僭主政の時代から一貫して存在していたことが明らかであり、デロス同盟成立の段階ですでにアテナイが、強弱は別としても、ギリシア世界における権力への志向を抱いていたと結論せざるをえない。

しかし、秘儀そのものに注目するならば、それは以上のような政策的意図からはなれ、アテナイのペロポネソス戦争敗北後もパンヘレニックな祭儀としての名声を高め、スポンダイは全ギリシアに受け入れられるにいたった。[100] 秘儀がより普遍的な意義をギリシア世界の中で獲得したことを、この事実は示している。その意義についての考察は、しかしながら、本稿の設定した問題の外にある。今後の課題としたい。

(1) Cf. H. W. Parke, *Festivals of the Athenians*, London, 1977, 26-27.

(2) *LS* 18.

(3) R. Meiggs, *The Athenian Empire*, Oxford, 1972, 2-3; S. Hornblower, *The Greek World 479-323 B.C.*, London/New York, 1983, 6.

(4) Cf. "Final General Discussion, The Meaning of 'Renaissance' and Reasons for its Occurrence in the 8th century B. C.: Continuity versus Discontinuity", R. Hägg (ed.), *The Greek Renaissance of the Eighth Century B.C.: Tradition and Innovation, Proceedings of the Second Intrenational Symposium at the Swedish Institute in Athens, 1-5 June, 1981*, Stockholm, 1983, 208-210.

(5) J. N. Coldstream, *Geometric Greece*, London, 1977, 317.

(6) Ibid.

(7) オリュンピアとオリュンピア祭については、村川堅太郎『オリンピア』中公新書、一九六三年、が参考になる。

(8) A. Mallwitz, *Olympia und seine Bauten*, München, 1977, 77-84; L. H. Jeffery, *Archaic Greece: the city-states c. 700-500 B. C.*, London, 1976, 167; C. Rolley, "Les grands sanctuaires panhelléniques", Hägg (ed.), op. cit., 109-114.

(9) Hippias, *FGH* 6F2; Coldstream, op. cit., 181.

(10) R. A. Tomlinson, *Greek Sanctuaries*, London, 1976, 59.

(11) P. Cartledge, "The Greek Religious Festivals", P. E. Easterling and J. V. Muir, *Greek Religion and Society*, Cambridge, 1985, 105.

(12) エリスに所属—— Mallwitz, op. cit., 77-78; Jeffery, op. cit., 162.
ピサに所属—— H. Swoboda, "Elis", *RE* V 2 (1905), 2383-2384.

(13) Coldstream, op. cit., 155; Jeffery, op. cit., 168.

(14) Swoboda, op. cit., 2390-2391.

(15) Jeffery, op. cit.

(16) Swoboda, op. cit., 2392-2393; A. Andrewes, *A Historical Commentary on Thucydides* IV, Oxford, 1970, 60-61.

(17) A. Hönle, *Olympia in der Politik der griechischen Staatenwelt von 776 bis zum Ende des 5. Jahrhunderts*, Bebenhausen, 1972, 162-164.

(18) Meiggs, op. cit., 88.

(19) Jeffery, op. cit., 169.

(20) Rolley, op. cit., 110.

(21) W. G. G. Forrest, "Central Greece and Thessaly", *CAH*, III-3 (2nd ed.), Cambridge, 1982, 306-308.

(22) ヘロドトス／松平千秋訳『歴史』中、岩波文庫、一九七二年、一四一頁。

(23) 拙稿「古代ギリシア・アーケイック期初期の植民活動——ギリシア人と先住民」『歴史と地理』三四五、一九八四年、二—六頁、参照。

(24) A. J. Graham, *Colony and Mother City in Ancient Greece*, Chicago, 1983 (2nd ed.), 25-26.

(25) Rolley, op. cit., 110; Coldstream, op. cit., 322. また Coldstream の発言 "Final General Discussion", R. Hägg (ed.), op. cit., 114 参照。

(26) Graham, op. cit.

(27) Jeffery, op. cit., 73-75.

(28) Marmor Parium, *FGH* 23 9. ただし、前五八六年または五八二年との解釈も可能。

(29) Jeffery, op. cit., 72-73.

(30) G. Roux, *L'amphictionie, Delphes et le temple d'Apollon au IV^e siècle*, Lyon, 1979, vii.
(31) Ibid., 1.
(32) Jeffery, ibid.
(33) Roux, op. cit., 3.
(34) Ibid., 4.
(35) Ibid., 2.
(36) Ibid., 5-6.
(37) J. V. A. Fine, *The Ancient Greeks: A Critical History*, Cambridge, Mass./London, 1983, 47.
(38) 本章二三頁、参照。
(39) J. K. Davies, *Athenian Propertied Families: 600-300 B.C.*, Oxford, 1971, 445.
(40) J. Travlos, *The Pictorial Dictionary of Ancient Athens*, London, 1971, 537-539.
(41) Parke, op. cit., 125-126.
(42) Jeffery, op. cit., 98.
(43) G. E. Mylonas, *Eleusis and the Eleusinian Mysteries*, Princeton, 1961, 78-88.
(44) J. A. Davison, "Notes on the Panathenaea", *JHS* 78 (1958), 28-29.
(45) Jeffery, op. cit., 97-98.
(46) トゥキュディデス／久保正彰訳『戦史』下、岩波文庫、一九六七年、八〇頁。
(47) Travlos, op. cit., 402-403.
(48) M. P. Nilsson, *Geschichte der Griechischen Religion*, I, München, 1967, 512, n. 9.
(49) 相互に対立する二種の見解については、Hönle, op. cit., 62-65 参照。
(50) H. T. Wade-Gery, *Essays in Greek History*, Oxford, 1958, 156-158.
(51) W. G. G. Forrest, "Euboea and the islands", *CAH* III-3, 258.

(52) Tomlinson, op. cit., 63.
(53) Hönle, op. cit.; Jeffery, op. cit., 96; A. Andrewes, "The Tyranny of Pisistratus", *CAH* III-3, 404-405.
(54) Meiggs, op. cit., 18-22, 206.
(55) 拙稿「エレウシスの秘儀とポリス市民」『史境』八、一九八四年、二九―三七頁、参照。
(56) *IG* $I^3$, 6. 当該決議の推定年代(前四六〇年頃)には再検討の余地があるが、ここでは立ち入らない。
(57) 本書Ｉ‐第二章、五五―六九頁。
(58) エレウシスの秘儀のスポンダイはパンヘレニックな祭典の類似の制度とともに、the sacred truce, la trêve sacrée, die Waffenruhe などの訳語が当てられ、一括して論じられることが多い。本稿では、そのような扱いは誤りであることを明らかにするが、ここでは行論の便宜上とりあえずこの訳語を使用する。
(59) 秘儀の入信者一般、とくに初級の者を指す。
(60) 秘儀の入信者の中の上級の者を指す。Cf. K. Dowden, "Grades in the Eleusinian Mysteries", *Revue de L'Histoire des Religions,* 197(1980), 409-427.
(61) メタゲイトニオンは今日の八月から九月にかけて、以下、九―一〇月、一〇―一一月。この五五日間のスポンダイは大秘儀のためのもの。大秘儀については、Ｉ‐第二章、注30参照。
(62) 小秘儀についてはＩ‐第二章、注29参照。ガメリオンは一―二月、以下、二―三月、三―四月。
(63) G. Busolt u. H. Swoboda, *Griechische Staatskunde*, II, München, 1926, 1263-1264.
(64) G. Rougemont, "La hiéroménie des Pythia et les《trêves sacrées》d'Eleusis, de Delphes et d'Olympie", *BCH* 97 (1973), 75-105は「神聖休戦」に関する史料を網羅的に集めた貴重な研究であるが、いずれの祭儀の「休戦」も同質との前提に基づいており、また「休戦」を、祭儀参加者の身の安全(asylia, asphaleia)を保証するという限定的な目的を持つ二国間の協定であると解する(101 ff.)。W. K. Pritchett, *The Greek State at War*, III, Berkeley/Los Angeles/London, 1979, 223, n. 226も同様。他方、P. Siewert, "Eine Bronze-Urkunde mit elischen Urteilen über Böoter, Thessaler, Athen und Thespiai", *Berichte über die Ausgrabungen in Olympia*, 10(1980), 244, n. 99, 100は、「休戦」を、侵犯されることが多かっ

たとしても国際的な休戦状態を本来は意味すると、まったく異なる解釈を出しているが、「休戦」がいずれも同質であるか否かを問うことはしていない。
(65) J. Casabona, *Recherches sur le vocabulaire des sacrifices en Grèce*, Aix-en-Provence, 1966, 253-265.
(66) Ibid., 258.
(67) トゥキュディデス／久保正彰訳『戦史』中、岩波文庫、三三〇頁。なお、行論の便宜のため訳語を一部変更した。
(68) P. Karavites, "Spondai-Spendein in the Fifth Century B.C.", *AC* 53(1984), 70.
(69) オリュンピアの「休戦」の公式名称がエケケイリアであるとの指摘は、管見の限りでは、H. Popp, *Die Einwirkung von Vorzeichen Opfern und Festen auf die Kriegführung der Griechen im 5. und 4. Jahrhundert v. Chr.*, Diss., Erlangen, 1957, 128 n. 167 に見られるのみである。
(70) L. Ziehen, "Theoroi", *RE* V 5A-2(1934), 2240. なお、オリュンピアに関して「スポンドフォロイ」が使用されている唯一の例として、Pindaros, *Isthmia*, 2. 22 がある。このスポンドフォロイは、Paus. V 15. 10 や *Olympia* V, Berlin, 1896, Nos. 59-122 などに言及されているスポンドフォロイと同じく、オリュンピアにおいて奉納品を管掌する役職を指す語であろう。これについては拙稿 The Eleusinian *Spondai* and the Delian League", *KODAI* 5(1994), 30 参照。
(71) ただし、P. Foucart, "La fête des Éleusinia", *REG* 31(1919), 190 に再掲のテキストによる。
(72) 後に明らかにするように、デロス同盟の諸ポリスがスポンダイの当面の対象であった時には、スポンドフォロイの受け入れ機関として同盟の機構が利用されたことは、十分に考えられる。
(73) エケケイリアのこの特質については、Popp, op. cit. がすでに指摘している。
(74) 本章三二頁、参照。
(75) 本来個人として入信する秘儀へのポリスの参加とは、何を意味するのであろうか。大秘儀の翌日はパネギュリコス(大祭典)の日であった(P. Foucart, *Les mystères d'Éleusis*, Paris, 1914, 358)。諸ポリスはこの祭典に参加したのかもしれない。しかし、個人参加を旨とする秘儀をギリシア世界に広めるに際して、ポリスを対象として、上からの掌握をアテナイがここで試みていると推測することも可能であろう。なお、当該碑文史料C面には個人を対象とする入信手数料の規定(本書I-

第二章、五六—六〇頁、参照)がある。

(76) 当該碑文A面は残念ながら残欠が甚だしいが、第四三行に *ἀπὸ χσυμβολο͂ν* (条約によって)なる語が見出される。当該箇所の symbola (条約)については P. Gauthier, *Symbola*, Nancy, 1972, 158-160 参照。

(77) Siewert, op. cit., 228-248.

(78) ヘラノディカイより高位の役人で、前五世紀には他に Inschriften von Olympia 2 (=L. H. Jeffery, *The Local Scripts of Archaic Greece*, Oxford, 1961, 220, No. 1)に見出される。

(79) Siewert, op. cit., 241-244.

(80) Ibid., 245-248; Hdt. VIII 33-31, 50, 66.

(81) Meiggs, op. cit., 152.

(82) 馬場恵二「デロス同盟とアテナイ民主政」『岩波講座世界歴史』2、一九六九年、一八—二一頁、参照。

(83) トゥキュディデス/久保訳、中、一二一頁。

(84) A. N. Athanassakis, *The Homeric Hymns*, Baltimore/London, 1976, 79-80.

(85) 本章二九頁、参照。

(86) Cf. Tomlinson, op. cit., 74.

(87) 古典期において四大祭典のほかに「休戦」制度を有していたのは秘儀とアスクレピエイアであり(本章三一頁、参照)、後者が盛大になるのは前五世紀末以降である。Cf. Nilsson, op. cit., 808.

(88) 本書I-第二章五二—五三頁、参照。

(89) N. J. Richardson, *The Homeric Hymn to Demeter*, Oxford, 1974, 194-196.

(90) *Hym. Dem.* 153, 474.

(91) I. K. & A. E. Raubitschek, "The Mission of Triptolemos", *Hesperia*, Suppl. XX (1982), 109-117.

(92) A. C. Pearson (ed.), *The Fragments of Sophocles* II, Cambridge, 1917, 239-253.

(93) 本書I-第二章五二頁、参照。

(94)　ヘロドトス／松平訳、下、三〇一頁。

(95)　Meiggs, op. cit., 214-219; 馬場恵二「デロス同盟におけるアテネの支配」『西洋古典学研究』二六、一九七八年、四五—五二頁、参照。

(96)　ML 40. 3-4. なお、前五世紀後半のアテナイの対同盟宗教政策については、笠原匡子「宗教政策から見た前五世紀アテナイの対同盟政策」『関学西洋史論集』一二、一九八三年、一—一三頁、が参考になる。

(97)　ML 45. なお、伊藤貞夫『古典期のポリス社会』岩波書店、一九八一年、二〇三—二一七頁、参照。

(98)　本書I-第二章五七—五九頁、参照。

(99)　本章三七頁、参照。

(100)　本章三六頁、参照。

（本稿の一部は昭和六一年度科学研究費補助金による研究成果である）

〔**補論**〕

本論文の中の第三節と第四節とで提示した見解は、英文論文“The Eleusinian Spondai and The Delian League”, *KODAI: Journal of Ancient History* 4 (1994), 27-36 として最近発表した。

この見解の萌芽は、アメリカのスタンフォード大学におけるジェイムスン、ラウビチェク、両教授の指導のもとでの一九八一年から八二年にかけての研究生活の中で生まれたものであり、それはラウビチェク教授との連名で、短いエッセイの形で発表した(“The Eleusinian Spondai (*IG* I³ 6, lines 8-47)” in *Φιλία Ἔπη* (Tribute to Gerge Mylonas), vol. 2, Athens, 1987, 263-265)。その一方で、一九八二年に帰国して以来、独自に研究を深化させて成ったのが本論考であった。本論考を発表して八年の後にその中で提示した見解を英文で発表したのは、欧米の研究動向に照らして、いまだにその意義は失われていない、と判断したからである。

この英文論文脱稿後に刊行されたM. H. Jameson, D. R. Jordan and R. D. Kotansky, *A Lex Sacra from Selinous*, *GRB*

*Monographs* 11, North Carolina, 1993は、シチリアのセリヌスから出土した鉛板に刻字された聖法の初の校訂テキストと、その英訳および詳細で厳密な注釈から成る。その刻字の年代は前五世紀半ばあるいはそれより少し前、と推定されている(p. 48)。この鉛板のコラムA第七行に、「エケケイリア(*ἐχεχειρία*)」の語が見いだされるのである。以下はその箇所の試訳である。

「供犠はコテュティア祭の前に、そして、オリュンピア祭がやって来る四年に一度のエケケイリア(の前)に(行なわれること)。」

これは知られる限り、碑文に現われるエケケイリアの最古の用例である。この箇所より、オリュンピア祭のための休戦の正式名称がエケケイリアである可能性はこれまで以上に高まった、と言えよう。さらに、セリヌス人が、エケケイリアを受け入れるか、拒絶するか、選択できる事柄ではなく、むしろ所与の事実であると受け取っている様子が、右に引用の二行から窺える。この点も、エケケイリアはエリスが休戦を宣言することで発効した、と考察した本論考の趣旨と一致している。

また、エレウシスの秘儀のスポンドフォロイに言及している前四世紀の碑文史料としては(本章三三頁、参照)*IG* II$^{2}$ 1672の他に、前三八〇—三五〇年頃の秘儀に関する法(K. Clinton, "A Law in the City Eleusinion Concerning the Mysteries", *Hesperia* 49(1980), 263, v. 26)を追加しておきたい。

本論文の前半部で概説したパンヘレニックな神域については、本論考の発表から今日までの間に、多くの研究成果が現われている。特に、各神域で発掘が精力的に進められていることが、この傾向を促進させている。関連の文献については、E. Østby, "Twenty-five years of research on Greek sanctuaries: a bibliography", in N. Marinatos and R. Hägg (eds.), *Greek Sanctuaries: New Approaches*, London and New York, 1993, 192-227に詳しい。

# 第二章　エレウシスの祭儀とアテナイ民主政の進展

## 一　エレウシスの祭儀について——問題設定のために——

古典期のアテナイでは、毎年、秋のボエドロミオンの月にアッティカ西部のエレウシスにおいて秘儀が挙行され、ギリシア各地より参加者が集まった。この秘儀にはアテナイ市民だけではなく、他ポリスの市民も、女や奴隷も加入することができた。それが盛大に執り行なわれ、また、アテナイ市民にとって身近な行事であったことは、アリストファネスの喜劇などからも窺い知ることができる(1)。エレウシス関係の祭儀には、この秋の大秘儀のほかに、アグライにおける小秘儀やエレウシニア、プロエロシアなどがあり(2)、その全貌が明らかになっているとは言えないが、アテナイ市民の宗教生活の中で大きな位置を占める祭儀であったことは確かである(3)。

ところで、古代ギリシアでは国家と宗教とが非常に緊密に結びついていたと言われている(4)。また、アリストテレスが民主政発展のために有用な方策の一つとして私的な祭儀を公共の祭儀へと統合することを挙げている(Arist. *Pol.* 1319b)のも、古代ギリシア人の宗教に対する考え方の一面を示すものとして興味深い。本稿はエレウシスという一地方の私的祭儀が(5)、高い名声を享受する国家祭儀へと発展した過程を、ポリス社会のうちに位置づけようと試みたものである。ポリス社会におけるこの祭儀の位置および意義を論究することは、国家と宗教との関係について一つの具体像を描くことになるであろう。また、先のアリストテレスの言葉を想起すれば、エレウシスの祭儀の発展、隆盛と、ポリス社会の発展および民主政の進展との間に何らかの内的連関を想定することも可能と思われる。

## 1　エレウシスの祭儀の意義

前三八〇年、ギリシア諸ポリスの間に抗争が繰り返されていた時、イソクラテスはアテナイこそ諸ポリスが一致団結する際の指導者にふさわしいと主張し(Isoc. *Paneg*. 20)、さらにその理由の一つを次のように述べた。

「さて、まず第一に、人間の本性が最も必要としたものは、我々のポリスによって与えられた。……と言うのも、デメテルは娘コレが誘拐されてから以後、放浪して我々の地へとたどり着き(7)、秘儀加入者以外の者には耳にすることが許されていない善き行為をもって我々の父祖に対し恵み深くふるまい、現世最大の二つの贈物をした。一つは大地の実り(＝穀物)であり、これにより我々は獣の生活から脱け出すことができた。他の一つは秘儀で、これはその加入者に生命の極まりと永遠の世界とについて甘美な希望を与える。我々のポリスは神の愛《め》で給うのみではなく人々を愛するところでもあるので、そのような良き贈物の主《あるじ》となるや、独り占めせずにあらゆる人に分ち与えた。我々は今もなお秘儀を毎年挙行しており、穀物については、その効能、栽培とそれから生じる利益とをすべてみなに教示したのである。」(Isoc. *Paneg*. 28-30)

イソクラテスはここで、エレウシスに伝わるデメテルとコレに関する神話を念頭に置いて語っている。その神話を基礎に置くエレウシスの祭儀が古典期のアテナイ人にとっていかなる意義を有していたか、我々はこのイソクラテスの言葉の中にそれを見出すことができる。それは次の二要素に分けられるであろう。

①加入者にこの世の極みを超えた永遠の幸を約束する秘儀。(8)

②農耕祭儀。さらに、アッティカが農耕の発祥地であるという観念。(9)

これらはエレウシスの祭儀の二つの基本的な特質を成す。まず①に注目するならば、永遠の幸を求めて秘儀に加入することは、個人の決意に発する行為であり、言わば個人の次元の信仰として捉えることができよう。

他方、②の要素について言えば、エレウシニアをはじめエレウシスの祭儀は元来豊作を祈願する農耕祭儀であって、秘儀もこの農耕祭儀的特質を失わず、内在させていた。穀物の女神デメテルへの農民の信仰はすでにヘシオドスによって表明されている(Hesiod. *Erga* 465-469)。デメテルを主神として崇拝するエレウシスの宗教が、農作物の収穫を最大の関心事とする農民の心を強く捉えたことは容易に理解できる。さらに、古典期のアテナイ市民の多数が中小土地所有農民であり、ポリスの経済生活が基本的に農耕を基盤としていたことを考慮すれば、農耕祭儀としての要素は、日常の市民生活に、従ってまたポリス社会に、より直接的な関わり合いを持っていたであろうと推測できる。[10] すなわち、秘儀が個人的次元の信仰に基づく祭儀と捉えられ得るのに対し、エレウシスの諸祭儀の農耕祭儀的側面は、言わば共同体的次元のそれと考えることができるであろう。エレウシスの祭儀はこのような二元性をもっていたのである。

## 2　ゲノスの祭儀から国家祭儀へ

エレウシスの祭儀は、もとは特定のゲノスの祭儀であった。[11] 従って、ある時期に(短時日にであれ、徐々にであれ)ゲノスの祭儀から国家祭儀への転換があったものと考えてよいであろう。

この転換の時期やその状況について、特にこれをとり上げて論考の対象とした研究はほとんどないが、簡単に触れている研究者は多く、その見解はニュアンスの相違はあるが、前七世紀末頃、あるいは前六世紀初頭のソロンの時代とする傾向が強い。その論拠はおおよそ以下の通りである。

(1)　エレウシスはもと独立国であった。ところで、デメテルがコレを捜し求めてエレウシスへやって来た神話をうたう『ホメロス風デメテル讃歌』(以下、『讃歌』と略す)には、アッティカの中心市としてまた国家としてのアテナイの名も、アテナイのエレウシスへの介入を示唆する言葉もまったく見られない。それゆえ、『讃歌』はエレウシスのアテナイへの併合以前に書かれたものであろう。[12] この『讃歌』の成立年代は大体前七世紀末であるから、[13] 併合はおそらくその直後である。そして併合後間もなく、アテナイ国家は祭儀をも掌握したと考えられる。[14]

(2) アテナイ国家による祭儀の掌握が併合直後であることを証明するものに以下の二史料がある。

(イ)アンドキデスI111「……なぜならば、評議会は、秘儀の翌日にエレウシニオンにおいて開かれることを定めるソロンの法に従い、その日にはそこで開かれることになっていた。」[15](傍点引用者)

(ロ)前四一〇—三九九年にかけて編纂された国法の一部である国家供犠暦。[16]

(ロ)の法規はソロンの法を改訂して作成されたものであるから、大要においてソロンの法を反映していると考えられる。そしてこの供犠暦に、エレウシスの祭儀に関する規定が含まれている。

これら二史料のいずれもが、ソロンの時代にエレウシスの祭儀が法的に国家の統轄下に入っていたことを、示している。[17]

右に挙げた見解については、次の疑問を提出することができる。まず(2)に挙げられた二史料は果して確かにソロンの時代の事情を伝えているものであろうか。アンドキデスの言う「ソロンの法」とは、必ずしもソロンの手になる前六世紀初めの法を指しているわけではない。むしろアンドキデスの場合、当時の人々の呼び方に倣って、前四一〇年以降に改訂された法一般を指してこう呼んだのであるらしい。[18]

(ロ)の史料についても、前四一〇—三九九年にかけての国法の編纂は、ソロンの手になる法や、それ以降の諸法規を改訂、編纂したものであったから、必ずしもソロンの時代の状況そのものを反映しているとは言えない。例えば、国家供犠暦中のエレウシス関係の規定に記された神々の中に認められるイアッコスは、『讃歌』にはまったく言及されていない。この神は、アテナイからエレウシスへの行列が秘儀の一部となり、その行列の発する叫び声が神格化して誕生した神である。[19]『讃歌』成立直後のソロンの時代に、すでにイアッコスの神格化が確定していたとする考えにはやや無理があろう。また、供犠暦でトリプトレモスが他の神々より高額の犠牲獣を受けていることは、[20]この神がとりわけ重要な位置にあったことを示していると考えられるが、このトリプトレモスは『讃歌』の中では単にエレウシスの貴族の一人にすぎず、特に重要な存在ではない。さらに、このトリプトレモスは前六世紀末の黒絵式壺絵に初めて描かれ、初期赤絵式壺絵において非常にポピュラーとなっている。これらの点から見て、トリプトレモスがエレウシスの神々の中で特に重要な存在となったのは、前六世紀末から前五世紀にかけてであったと推測できる。[21] 以上から、国家供犠暦中のエレウシスの祭儀に関する規定に限って言えば、それはソロンよりも後の時代に成立したものと見られるべきであろう。

このように、(2)に挙げられている二史料は、ともにソロンの時代におけるエレウシスの祭儀の位置をそのまま証明するものではない。併合直後、国家がこの祭儀を掌握したというのは、史料的根拠の不十分な、単なる推論と言わねばならない。

また、やや下ってペイシストラトスの時代までには国家の祭儀となったとする見方もある。[22] この見解は主に、ペイシストラトスの時代にエレウシスの神域が大きく拡張されたことを明らかにした発掘成果[23]に基づいているが、それ以外に積極的にこの見解を支持する史料はない。[24] 従って、これもまた確実な根拠の上に立つ見解とは言えない。

以上のように、ゲノスの祭儀から国家祭儀への転換の時点については、それを具体的に示す証拠史料が残存せず、確かなことは不明であると言わねばならない。

## 二　国家による祭儀掌握の過程

前節2で述べたように、エレウシスの祭儀について、ゲノスの祭儀から国家祭儀への転換の時期およびその事情を直接に示す史料はないが、この祭儀に対する国家の介入が強化されていく過程を現存する史料から一部なりとも跡づけることは可能である。しかし、この国家が祭儀を掌握していく過程の考察は、残されている史料の性格から、祭儀の外的な側面、すなわち祭儀運営の制度的な側面に限られることになろう。

## 1 史料の検討

(1) エレウシスの祭儀に関係する碑文史料の中でも特に古いものの一つ、*IG* I² 6 は、前四六〇年頃のものと考えられており、A、B、Cの三面から成る。A、Bは残欠が甚だしいが、A面は秘儀の際の瀆神行為および秘儀への他市の人々の参加に伴う法的問題を取り扱い、B面は、「神聖なる休戦」(25) に関連する規定を記したものである。一方、C面は秘儀を執り行なう際の諸規定を記載したもので、残存状態は他の二面に比べてはるかに良好であり、貴重な史料となっている。(26) それゆえエレウシスの祭儀の制度内容を詳しく伝えるこのC面を我々はまず検討しなければならない。その内容は以下の如くである。

「……一オボロスを各ミュステス〔秘儀加入者〕より……。そしてヒエロポイオイ(27)は各ミュステスより一日ごとに二分の一オボロスを受け取るべきこと。」(88-92)

「デメテルの女神官(28)は、小秘儀(29)の時には各ミュステスより一オボロスを、大秘儀(30)の時にも各ミュステスより一オボロスを受け取るべきこと。」(92-97)

「〔受け取った〕オボロスの総額は、一六〇〇ドラクマを除き二柱の女神のものたるべきこと。そしてこの一六〇〇ドラクマからデメテルの女神官は年度期限内に支出された額を、支出された額通りに支払うべきこと。」(97-103)

「エウモルピダイおよびケリュケスは各ミュステスより犠牲獣から得られた収益全部を受け取るべきこと。」(103-106)

「男女を問わず、規定の年齢に達しない者をミュステスとして加入させてはならない。但し、かまどより加入を許された者[31]はこの限りではない。」(106-109)

「ケリュケスは各ミュステスを一人ずつ加入させるべきこと。エウモルピダイもまた同様に為すべきこと。もし多数を一括して加入させたならば、一〇〇〇ドラクマをもって処罰されるべきこと。ケリュケスおよびエウモルピダイの中の抽籤により当たった者がミュステスを加入させるべきこと。」(109-114)

「さて神聖なる貨幣の用途をつかさどる権限は、アテナイ人がその意向を有する限りは、アクロポリス所在のアテナ女神の聖財の場合[32]と全く同様に、アテナイ人に所属すべきこと。そしてこの貨幣をヒエロポイオイはアクロポリス所在の神殿内において保管すべきこと。」(115-121)

「エウモルピダイはまた、孤児たちの保証人を彼ら自身の間に持つべきこと。そして孤児たる子供たちとミュステスたちとは、それぞれ序段《プロテレイア》の犠牲の儀式を行なうべきこと、エレウシスで犠牲を捧げるミュステスは〔エレウシスの〕聖域内の中庭で、中心市《アステュ》で犠牲を捧げるミュステスは〔中心市所在の〕エレウシニオンにおいて。」(121-129)

「祭壇担当の神官、二柱の女神の塵払い役《ファイデュンテス》、および至聖なる神官は、彼らそれぞれが、各ミュステスより二分の一オボロスを、二柱の女神のための聖なる奉仕料として、受けとるべきこと。」(130-133)

この法規から以下の諸点を窺い知ることができる。

〔イ〕一〇六行までは秘儀関係の収益に関する規定である。その中の九七行までは加入者おのおのの支払う手数料が記されており、性別や身分差なしに、一律同額である。手数料として次のものが挙げられている。

①冒頭残欠部に記されていた役職者(但しその具体的な呼称は残欠)に一オボロス。

②ヒエロポイオイに一日ごとに二分の一オボロス。

③大、小秘儀の時にデメテルの女神官に一オボロスずつ。

④一三〇—一三三行記載の神官たちおのおのに各二分の一オボロス、計一・五オボロス。

以上のうち②については、ヒエロポイオイなる役職は一般には主として供犠執行に携わっていたことから推論すれば、おそらくは秘儀の際の犠牲の儀式の手数料ではあるまいか。「一日ごとに」とは、その儀式の回数が複数であったからか、または任意に何回でも参加できたからであろうか。

また①については確かなことは不明。行事運営全体に関する一回払いの手数料であろうか。

他方③は秘儀を執り行なう神官への手数料であろう。デメテルの女神官がこれを受領する。

九七—一〇三行より、①・②・③の手数料は、一たんデメテルの女神官のもとに集められ、一六〇〇ドラクマを残し、他は二柱の女神の聖なる貨幣となって、一一五—一二一行より知られるように、アテナイ人の、すなわち国家の管轄下に入る。手数料の受け取り手は単に受領掛であって、手数料が直ちに受領者の収入になるわけではない点に注意しなければならない。さらに、女神官は一六〇〇ドラクマをその年度の祭儀関係諸経費の支払いに充てる。すなわち、この女神官は祭儀の会計掛をもつとめている。

④は碑文末尾にあり、その記載方式から見て、国家の統御下に入らず、神官たちの手許に残ったであろう。ただし、個々の神官は単に手数料の受領掛であって、おそらく受け取った金額は一たんデメテルの女神官のもとに集められ、前記の一六〇〇ドラクマに加算されるか、または秘儀関係の全神官への報酬となったのではあるまいか。なぜなら、エレウシスの高位の神官であったヒエロファンテスやダイドゥコスなどの名[33]はここには現われていないので、おそらくこれら高位の神官は手数料徴収の雑務には携わらず、下位の神官にこれが委ねられていたのではないかと考えられるからである。

一〇三—一〇六行は犠牲獣からの収益に関する規定で、各ミュステスが捧げた犠牲獣から得られる収益のすべては[34]、エウモルピダイおよびケリュケスの手に委ねられる。それ故、供犠関係収益のイニシアティヴは両ゲノス側にあったであろうと考えられる。そこから推論するならば、手数料についても、国家の法規によって規定される以前には、両ゲノスが権限を有していたのかも知れない。そうであれば、八八行以下の手数料に関する一連の法規は、国家が民衆の立場を背景に、手数料について両ゲノスの専横を抑え、金額を制限して、身分その他の別なく一律の金額にするという、ミュステスの利益尊重の趣旨で成立させたものであろう。見方を変えれば、それは両ゲノスの特権切り崩し策であった。

〔ロ一〇七―一一四行は秘儀執行に関する規定で、エウモルピダイとケリュケスの両ゲノス員より抽籤で選出された者が、ミュステスの加入式を行なう資格を持った。すなわち、潜在的には両ゲノス全成員が加入式を行なう権能を有していたことになる。

他方、複数のミュステスを一括して一度の加入式で済ませることを禁ずる規定は、当時秘儀加入希望者の数が増加する傾向にあったことを示していよう。そしてこの簡便な方法の禁止は、秘儀の威信低下を防ぐ目的を持っていた。

〔ハ一一五―一二一行は二柱の女神の聖なる貨幣に関する規定である。これより、聖なる貨幣に関する権限はアテナ女神の聖財と同様に、アテナイ人の、すなわちアテナイ国家の掌握するところとなり、貨幣の用途を決定する主体はアテナイ人となった。一方、アクロポリスにおいてそれを管理する仕事はヒエロポイオイなる委員会に委ねられた。

この部分の規定は、財政面での祭儀と国家との関係を語っている点で、特に重要であるが、それについては後に再検討を試みることとする。(35)

〔ニ一二一―一二九行は孤児およびその他のミュステスの行なうプロテレイアに関する規定である。孤児はおそらく秘儀において何らかの特権を与えられていたのであろう。(36)孤児とその他のミュステスは秘儀に先立ち、供犠(プロテレイア)を行なわねばならない。このプロテレイアの儀式に参加する時に、孤児は孤児としての資格を調べられたのであろう。孤児であることの保証人となるのがエウモルピダイの一員であったことは、プロテレイアの儀式のイニシアテイヴを持っていたのがエウモルピダイであったことを、示しているのではなかろうか。

(2) *IG* $I^2$ 6C と内容的に連関している *SEG* X 24 は、その年代が前四四九／八年または四四八／七年頃と推定されており、民会決議の追加条項を記載している。[37] その末尾部分に欠損があるが、他の部分の伝存状態は比較的良好である。以下はその内容である。

「テスピエウスが動議した。爾余の事項については、評議会〔の決議〕に従う。アテナイ人より五人が選出され、これら五人はおのおの四オボロスを受領し、彼ら五人のうちより一人が票決によって〔この五人の委員会の〕書記役を担当すべきこと。」(6-10)

「これらの者は、アクロポリスにおける建造事業担当の委員会が神殿および神像に関する管理《エピスタタイ》の役に当たる場合[38]と同様に、二柱の女神の財貨の管理《エピスタタイ》の役に当たるべきこと。職務忌避があってはならない。」(10-14)

「選出された五人は、もし二柱の女神への返済の遅れているものがあれば、評議会に出頭し、それを明示して徴収すべきこと。」(14-17)

「〔これら五人は〕エレウシスにおいて二つの祭壇[39]の間で誓いを為し、一年任期で役職を勤めるべきこと。また今後もこれと同様にこの役職の担当者たちが毎年選出されるべきこと。」(17-20)

「これら五人は二柱の女神の年毎の収益をも管掌し、もしその一部が欠けていることを知ったときには、これを是正すべきこと。」(20-22)

「会計検査役《ロギスタイ》は、エレウシスにおける支出はエレウシスにおいて検査し、中心市における支出は中心市において、棟梁《アルキテクトン》のコロイボス[40]とリュサニアスとをエレウシニオンに召喚の上で検査し、ファレロンにおける支出はファレロン所在の神殿[41]において検査致すべきこと。」(23-28)

「〔選出された五人は〕今後、何が最も必要不可欠であるかを神官達および評議会とともに評議して〔二柱の女神の

財貨の〕支出をつかさどるべきこと。」(28‐30)

「〔検査の際に必要があれば、ロギスタイは〕クテシアスの手許に財貨を引き渡した時の関係役職者にまでさかのぼって召喚すべきこと。」(30‐32)(42)

「そしてこの決議をエレウシス、中心市、およびファレロンのエレウシニオンにおいて、〔それぞれ〕石碑に刻み記すべきこと。」(32‐34)(43)

この碑文内容からは以下の諸点が窺われる。

〔イ〕この追加条項が目的としているのは、五人からなるエピスタタイという委員会の創設である。その主要な職務内容は、二柱の女神の財貨を管理するとともに毎年の歳入の保管に携わり、しかも財政運営に関してもイニシアティヴをもっている。それ故に、このエピスタタイなる委員会は大小の秘儀の際の収入のうち、一六〇〇ドラクマを除いた残余の金額の保管から支出までをつかさどる権限をもっていると解してよいであろう。しかもこの権限こそは先の*IG* I²6C においてヒエロポイオイが掌握していたものであるから、ヒエロポイオイの職務が前四四九／八年または前四四八／七年にエピスタタイによってとって代わられたことを、この *SEG* X 24 は語っているのである。

〔ロ〕財政運営面について神官たちも発言権を有していた点(28‐30)は、彼らが特定のゲノスの成員であったのであるから、ゲノス側の財政面における権限の残存と見なすことができる。言い換えれば、ゲノスの特権への固執の動きに対する、国家の側の譲歩と解することができる。

〔ハ〕第三一行のクテシアスは、メリットおよびウェイド＝ゲリーに従えば、前四六〇年頃アクロポリスにおいて二柱の女神の貨幣を受け取った最初のタミアイの一人であった。すなわち、*IG* I²6C にあるように、前四六〇年頃よりアクロポリスにおいてヒエロポイオイが貨幣の管理・運用面を担当していたが、この貨幣は実際はタミアイなる委員会の手許で金庫に保管されていたようである。(44) 従って、ヒエロポイオイからエピスタタイへと貨幣管理の仕事が移ると、タミアイおよびエピスタタイが貨幣に関する職務を担当することとなった。なお、この両委員会は前三二九／八年の会計文書中に並記されている(*IG* II² 1672. 1-4 et al.)。

## 2 ヒエロポイオイについて

我々は前項において、二枚の碑文史料から、前四四九／八年または四四八／七年に、エレウシスの聖なる貨幣を管理する主体が、ヒエロポイオイからエピスタタイへと変化した事実を捉えることができた。しかし、その変化が何に起因するかはこれまで必ずしも明らかにされてはいない。この問題を解決するには、ヒエロポイオイが如何なる種類の役職であったのかを知らなくてはならない。

エレウシスのヒエロポイオイの構成員については、これまで二通りの見解が出されている。すなわち、他のアテナイのヒエロポイオイと同様に、アテナイ人一般より選出された委員たちによって構成されているとする説(A)と、構成員はエレウシスの宗教的名門であるゲノスに属していたとする説(B)の二つがそれである。ディッテンベルガー(45)、エーラー(46)、ブゾルト(47)、ソコロウスキ(48)、フィーヴァー(49)がA説をとるのに対し、クウロニオテス(50)、ピカール(51)はB説をとる。その主張の概要は次の如くである。

A説 アテナイの他のヒエロポイオイはすべてアテナイ人一般より選出された人々によって構成されている。エレウシスのヒエロポイオイも同様であると考えられる(52)。

B説 エレウシスのヒエロポイオイは、前五〇〇年頃の *IG* I² 5(53) では供犠を行なうように定められている。したがって、この役職はある種の宗教的権威を備えていた。おそらくエレウシスのゲノスの成員によって構成されていたのであろう。

以上の説はともに十分な説得性に欠けている。すなわち、A説は、エレウシスのヒエロポイオイが他のアテナイのヒエロポイオイと同質の役職であるという前提の上に立って出された見解であるが、この前提は、特にエレウシスが元来独立していたうえに、併合後も特殊な位置にあったこと、関係ゲノスが祭儀に関する諸特権を古典期にも保持していたことなどの特殊な事情を考慮するならば、直ちに受け入れることはできない。

B説について言えば、アテナイにおいて、供犠執行の権限は神官以外のアテナイ人一般より選出された役職者にも認められていた(Arist. *AP* 54. 6)。それゆえ、供犠に携わっていたことから直ちに、エレウシスのヒエロポイオイが特別な宗教的権威を備えていたと結論することはできない。

このように、従来の見解はいずれも論拠不十分であると言わねばならない。我々はあらためて、このヒエロポイオイについて検討を加える必要があろう。

エレウシス関係のヒエロポイオイに直接関連のある史料は、*IG* $I^2$ 5, 6, 76, 311, *SEG* X 24 および国家供犠暦[54]である。その中で、ヒエロポイオイという役職名が現われているのは *IG* $I^2$ 5,[55] 6C,[56] 76,[57] 311[58] であり、それぞれ *ἱεροποιοί 'Ελευσινίων, ἱεροποιοὶ 'Ελευσινόθεν, ἱεροποιοὶ 'Ελευσῖνι* と表記されている。これら相異なる形容詞を伴うヒエロポイオイが果して同一の役職であるのか否か、まず明確にしなければならない。

*IG* $I^2$ 76 に言及されている初穂奉納の儀式はエレウシニアの祭儀において行なわれたらしい。[59] それゆえこの碑文中に現われるヒエロポイオイはエレウシニアの祭儀に関与していたであろう。したがってこのヒエロポイオイ(*ἱεροποιοὶ 'Ελευσινόθεν*)は *IG* $I^2$ 5 のエレウシニアのヒエロポイオイ(*ἱεροποιοὶ 'Ελευσινίων*)と同一の役職であったと考えることができる。

次に、普通は必ず「ヒエロポイオイ」の語に付加されている形容詞句が、[60] *IG* $I^2$ 6C 中のヒエロポイオイには付されていない。他方、*IG* $I^2$ 76 および 311 のヒエロポイオイは同一役職であることがツィーエンによってすでに論証されているが、[61] 両者は相異なる形容詞を伴っている。これらのことは、エレウシスのヒエロポイオイに関しては、形容詞

犠牲を捧げられる神々

| *IG* $I^2$ 5(評議会および民会決議) | | LSS 10 A(国家供犠暦) | |
|---|---|---|---|
| 犠牲を捧げられている神 | 備考 | 犠牲を捧げられている神 | 備考 |
| ヘルメス・エナゴニオス | エレウシニアの前に供犠 / ヒエロポイオイが供犠を執行 | テミス | エウモルピダイが供犠を執行 |
| カリス | | ゼウス・ヘルケイオス | |
| ポセイドン | 祭儀の時に供犠 | デメテル | |
| アルテミス | | ペルセフォネ(コレ) | |
| テレシドロモス | | エウモルポス | |
| トリプトレモス | | ドリコス | |
| プルウトン | | イアッコス | |
| ドリコス | | ポリュクセノス | |
| 2柱の女神 デメテル | | トリプトレモス | |
| 2柱の女神 コレ | | ディオクロス | |
| | | ケレオス | |
| | | ヘスティア | |
| | | アテナ | 供犠執行者不明 |
| | | カリス | |
| | | ヘルメス・エナゴニオス | |
| | | ……… | |
| | | ヘラ(?) | |
| | | ゼウス | |

注） 下線は両史料に共通のもの.

句が省略されたり、やや異なる形で表わされても、誤解や混乱を招くおそれがなかったこと、すなわちエレウシスの祭儀に関与するヒエロポイオイなる役職は、一種であったことを示していると考えられる。

以上から、前掲の史料に種々の呼称で現われるヒエロポイオイは、たとえ年月の変化によって職務内容に変化があったとしても、同一の役職であったと言える。この点を確認した上で、関係史料を検討することとする。

(1) *IG* $I^2$ 5はエレウシニアの祭儀の際に、「エレウシニアのヒエロポイオイ」が神々に犠牲を捧げるよう定めているが、表に見られる通り、この神々は前五世紀末の国家供犠暦(*LSS* 10 A)中の神々とその多くが一致している。この一致はしばしば指摘され、それゆえ、国家供犠暦中のこの部分の規定はエレウシニアの祭儀に関するもので

あるとされている。(62)

さて、エレウシニアに関するこれら両法規中に共通に見出される神々に注目するならば、エレウシスの祭儀において特に重要な位置にある神々への供犠を、国家供犠暦でエウモルピダイが執り行なうことになっているのに対し、この供犠暦より約一〇〇年前の *IG* I² 5では、エレウシニアのヒエロポイオイが行なっていることが知られる。

もしこのヒエロポイオイが、アテナイ人一般の中より選出された人々から成る役職であるとするならば、前五〇〇年頃に一旦は国家が掌握した供犠執行の権限を、一世紀近く後の、民主政がより一層進展した時点で、再び特定のゲノスに譲り渡してしまったことになる。これは当時の時代の趨勢に反しており、したがって、むしろ前述の仮定そのものが妥当ではなかったと考えるべきである。このヒエロポイオイがエウモルピダイ家と何らかの関係を持つ役職であったと考える方が、より整合的であろう。

(2) *IG* I² 6C に現われるヒエロポイオイは、その構成員の資格・数・選出方法などについて何も明記されておらず、また職務内容の詳細についても言及されていない。この点については、既に我々が検討した、約一〇年後のエピスタタイ新設の際の構成員および職務内容に関する詳細な規定(63)と比較するならば、その相違は明白である。ここから推論すれば、ヒエロポイオイは *IG* I² 6C の法規成立時に新設されたのではなく、既存の役職であって、以前から二柱の女神の聖なる貨幣の管理に関与していたのであろう。

このヒエロポイオイの職務は前四六〇年頃、すなわち *IG* I² 6C の法規成立時から約一〇年後の前四四九／八年、または前四四八／七年に、エピスタタイによってとって代わられている。(64) もし、仮にこのヒエロポイオイがエピスタタイと同様にアテナイ人一般より選出された委員会であって、二柱の女神の聖なる貨幣がアテナイ人の管掌するところとなった時点(すなわち *IG* I² 6C 記載の法規の制定時)から聖なる貨幣の保管に携わるようになったのであれば、約一〇年後になぜ同質のエピスタタイを設置し、それに職務を肩代りさせる必要があったであろうか。特に、このエピスタタイが当時としてはやや異例とも言うべき種類のエピスタタイであったことは、その新設の際のモデルとして挙げられているアクロポリスのエピスタタイが、当該エピスタタイとやや性質を異にしている点から推測できる。[65] このように当時異例であった役職を新設してまでヒエロポイオイにとって代わらせたのは、このヒエロポイオイが、アテナイ人一般から選出されたエピスタタイとは性質を異にする存在であったからと考えるのが最も妥当であろう。

(3) 前四二二年頃の $IG\ I^2$ 76 の民会および評議会決議によれば、奉納された初穂を保管する穀倉《シーロス》の建造は、棟梁《アルキテクトン》とヒエロポイオイとに委ねられている。[66] たとえそれがどのように小規模のものであれ、神域に何らかの手を加えるという行為には、多少なりとも宗教的権威をその身に備えた者の介入が必要だったのではなかろうか。事実、ゲノス出身の神官の権威が低下する傾向にあった頃の前三五〇／四九年に、エレウシスの神殿領確定を行なったのは、アテナイ人一般より選出された一〇人と評議員五人とによって構成された委員会であったが、実際に神域の境界標石を設置したのは、最高位神官のヒエロファンテスとダイドゥコスとであった。[67] 今、問題としている穀倉については、棟梁《アルキテクトン》は実際の建造に従事する者として名を挙げられているのであるから、ヒエロポイオイこそがその宗教的権威を備えていた者と考えるべきであろう。

以上の諸点を考慮するならば、エレウシスのヒエロポイオイは、アテナイ人一般より選出されたアテナイ国家の役人であるよりも、エレウシスの祭儀と密接な関係にある人々によって構成された、より特殊性の強い、やや私的色彩を有する役職であったと判断せざるを得ない。

それでは祭儀関係者とは、より具体的には如何なる人々であろうか。頼るべき史料は少なく、軽々に結論を出すことは控えねばならない。しかし、アリストテレス『アテナイ人の国制』三九章二節、「〔エレウシスの〕神域は……、古来の慣習に従いケリュケスとエウモルピダイとが管理する」という記述から、かつては神域とともに神域所在の聖なる貨幣もエウモルピダイとケリュケス、両ゲノスの管理するところであった、と推測することもできよう。しかしこの場合、さらに一歩進めて両ゲノスの歴史的位置をも考慮する必要がある。

両ゲノスの一方、エウモルピダイはエレウシスのゲノスであり、その祖先エウモルポスは『讃歌』においてデメテルが秘儀を教示した貴族たちの一人として名を挙げられている(475)。エウモルポスの後裔という正当なる理由によってこのゲノスは、祭儀がアテナイ国家に掌握された後も、祭儀をつかさどる中心的勢力となっていた。

このエウモルピダイに比し、ケリュケスと祭儀との関係の由来は明らかではないが、「それはもともとアテナイのゲノスであり、アテナイ人の立場を代表するという形でエレウシスの祭儀に関与するようになった」という見解が今日優勢である。[68] 祭儀における役割に関して、ケリュケスがエウモルピダイより一段劣っていることは史料検討の際に見た通りである。また、エレウシス関係の聖法解説委員《エクセゲテス》はエウモルピダイの成員のみがなり得たのであり、[69] 聖法解説《エクセゲシス》に関するエウモルピダイの特権を侵犯したケリュケスの一人は、激しい非難を受けた(And. I 116)。さらに、前四三五／四年には、国費によってプリュタネイオンにおいて食事を供されるアエイシトス(*ἀείσιτος*)の特権は、エレウシスの祭儀の神官の中でヒエロファンテスにのみ許されていたらしく、他の諸神官にこの特権が認められるようになるのはもっと後になってである。[70] これらの事実からも、いまここに引いた見解の妥当性は高いと考えられる。

この両ゲノスの立場の相違から見て、かつてのエレウシス側勢力の代表たるエウモルピダイが聖なる貨幣の管理権を有していた、という想定も可能である。しかも、(1)に挙げた国家供犠暦では、エウモルピダイのみが供犠担当者として定められており、また、史料 *IG* I$^2$ 6C を検討した際にすでに論及したように、プロテレイアのイニシアティヴを持っていたのもエウモルピダイであったらしい。[71] これらのことから推論するならば、断定は控えねばなるまいが、ヒエロポイオイはエウモルピダイ成員の中より選出された者によって構成されていた、と見るのが妥当ではなかろうか。

いずれにしても、エレウシスのヒエロポイオイは祭儀と特に深い関係を持つ人々によって構成されていた。前四五〇年頃、聖なる貨幣をつかさどる権限がヒエロポイオイからエピスタタイへと移ったことの意味も、ここから説明できるであろう。但しそれは後に述べることとし、今はこの権限移譲の後のヒエロポイオイのあり方について、一言しておく必要があろう。

*IG* I² 76によれば、前五世紀末、このヒエロポイオイは、アテナイ市民および他市から二柱の女神に奉納される初穂に関する職務、すなわちエレウシスへもたらされた初穂を受け取り、それの売却金で神々への供犠を行なう仕事に携わっていた。供犠終了後の残金はエピスタタイのもとに手渡されていることも、前四二二/一―四一九/八年の *IG* I² 311から明らかである。その後はこのエレウシスのヒエロポイオイに言及した史料はない。しかし、*IG* II² 140および1672より、前三五三/二年までには評議会が初穂に関する責務を負うこととなり、またエレウシスのヒエロポイオイが行なっていた供犠も、評議会によって(実際には評議会議員の中より選出された「評議会のヒエロポイオイ」によって)執り行なわれたことが知られている。(72) おそらく、前三五三/二年には、もはやエレウシスのヒエロポイオイは存在しなくなっていたのであろう。

さて、このように前五、四世紀におけるエレウシスのヒエロポイオイの変遷の跡を辿ることができるとすれば、次に、この変遷の意味するところを考察しなければならないであろう。

## 3　祭儀への国家の介入強化の過程

これまで見てきたように、前四六〇年頃までにエレウシスの祭儀の財政面はアテナイ国家の管掌するところとなり、財貨の運用等の権限は民会決議によってアテナイ人の、すなわちアテナイ国家の掌握するところとなった。(73) しかし、実際に聖なる貨幣の保管・運営に当たっていたのは依然としてエレウシス側勢力を代表するヒエロポイオイであった。約一〇年の後、ヒエロポイオイの職務はアテナイ人一般より選出された五人のエピスタタイによってとって代わられたが、財貨の使途については祭儀の神官達も評議会と同等に発言権を有していたことは[74]、注目に値する。すなわち、前四六〇年頃までに聖なる貨幣に関する最高の権限は、名目的にはアテナイ国家に移ったにせよ、それ以降もエレウシス祭儀関係者が多かれ少なかれ貨幣管理に携わっていた。この事実は、祭儀への国家の介入の強化に対するエレウシス側の抵抗の存在を示唆していよう。ヒエロポイオイが聖なる貨幣についての実権を失った時にもなお神官たちが貨幣使途について評議会と同等に意見を述べることができた事実は、それが国家の側の譲歩であったと同時に、エレウシス側の抵抗が、次第に国家によって圧倒されていく方向にありながらも、なお甚だ根強いものであったことを示し、従って以後のヒエロポイオイの権能の変化も、その根強い抵抗がアテナイ国家の支配のもとに屈服していく過程を示していると解することができる。これは、より私的で地方的な祭儀であるゲノスの祭儀が国家の祭儀として制度的にしっかりと組み込まれていく際の一過程として注目されねばならない[75]。それ自体一つの祭祀共同体であるポリスが、私的祭儀を国家祭儀へと統合することにより民主化の促進をはかるという図式[76]にこれを重ねて見るならば、この変化の意義は一層明らかであろう。それは正に、アテナイにおける民主政進展とそれに伴うゲノスの衰退の傾向とを如実に語る事例であり[77]、同時に、そのような時代の潮流に抗ったゲノス側の根強い動きを具体的に我々に伝えている一例と言えるであろう[78]。

## 三　エレウシスの祭儀とアッティカのデーモス

前節において、エレウシスの祭儀関係の碑文史料を検討した結果、国家がゲノスの祭儀を掌握していく過程の一部を明らかにすることができた。前五世紀にすでに国家祭儀としての名声の高かったエレウシスの祭儀は、実際には国家が全面的にこれを掌握するには至らず、時代の推移に従って程度の差はあるにしても、制度的にもゲノスの祭儀の残滓を留めていた。従って、この前五世紀はエレウシスの祭儀に関する限り、ゲノスの手から国家の手へ祭儀の諸権限が移行する過渡的な時期であった、という印象を受ける。このように前五世紀の流動的な状態から推論すれば、少なくともエレウシスの祭儀については、実態はどうであれ、初めて国家の手で祭儀が催され、名目的にせよ国家祭儀となった時期は、それほど古きにさかのぼらないのではないか、という想定が可能となる。しかし、すでに見てきたように、直接それを教えてくれる史料は皆無であり、必然的に間接的な史料に頼って推論するという方法をとらざるを得ない。

## 1　デーモスの供犠暦

(1)　近年出土し発表された前三六〇―五〇年頃のものとされているエルキア区の供犠暦は、[79]デメテルへの供犠を中心市のエレウシニオンにおいて行なっていたことを語っている。

「メタゲイトニオンの月の一二日に、中心市所在のエレウシニオンにおいて、デメテルに一〇ドラクマ相当の羊一頭。」(*B* 1-5)

ところで、この暦に記されている神々への供犠の大部分はエルキア区内で為されており、中心市において行なわれているのは五六例中デメテルへのそれを除いて僅か三例にすぎない。[80]それらはアポロン・リュケイオス、ゼウス・ポリエウス、アテナ・ポリアスへの供犠であるが、[81]これら三柱の神々へはエルキア区内においても犠牲が捧げられており、[82]デメテルへの供犠のみが特異な例であったと言うことができる。

エルキア区は、中心市所在のエレウシニオンにおいてはデメテルへの供犠を行なったが、自区内では行なわなかった。そうであるからと言って、決してエルキア区で農耕祭儀が軽視されていたのではないことは、この暦そのものが語っている。大地の女神ゲーへの供犠も行なわれており(*E* 16-21)、とりわけ、スキロフォリオンの月の三日には、アテナ・ポリアス(*A* 57–65)、アグラウロス(*B* 55–59)、ゼウス・ポリエウス(*Γ* 59–64)、ポセイドン(*Δ* 56–60)、パンドロソス(*E* 65–?)[83]へ犠牲が捧げられることになっている。この五柱の神々への供犠は、中心市で開かれたアッレトフォリアの祭に呼応するものであり、このアッレトフォリアの祭はエレウシスの祭儀やスキロフォリア(スキラ)の祭と同様、もともと農作物の豊穣を祈願して催されたものであった[84]。このように農耕と関連深い祭儀を自区内で行なっているにもかかわらず、農耕神として農民の信仰を集めていたデメテルに対してはエルキア区は自区内で供犠をせず、中心市のエレウシニオンへと出かけて行ったのである。このことは、エルキア区がデーモスとして行なうデメテルへの供犠が単なるデーモス内のそれに留まるものではなく、直接にエレウシニオンに、そしてさらにエレウシスに結びついていたことを示していると考えられる。

(2) アッティカのデーモスの祭儀について伝える史料としては、他に、テトラポリスの供犠暦を記した出土史料がある[85]。これはかなり残欠の甚だしい碑文であるが、マラトン区の供犠暦を記した第二コラムは比較的伝存状態が良好で、そのおおよその内容を知ることができる。

この暦で供犠の対象となっている神々は、呼び名のみを抽出すれば次の通りである。

半神《ヘロス》と半女神《ヘロイネ》(3)[86]、クウロトロフォス(6, 14, 31, 37, 42, 46)、半女神(8, 20, 22)[87]、ゲー(9, 13, 17)、テレテ(10)、ダイラ(12)、ゼウス・ヒュパトス(13)、イオレオス(14)、半神フェライオスと半女神(15)、アリストマコス(19)、ネアニアス(21)、[・]ラシレイアの半神と半女神(23–24)[88]、ヘッロティオンの半神と半女神(25)、アカイア(27)、モイライ(28)、ヒュッテニオス(30)、トリトパトレウス(32, 52)、アカマンテス(30)、アテナ・ヘッロティス(35, 41)、エレウシスの女神(43, 48)、コレ(44)、ゼウス・アンタレウス(47)、クロエ(49)、ガリオス(51

これらの神々あるいは半神の多くは、アッティカの一部の地域で供犠の対象とされていて地方性が強く、国家的な規模で祀られてはいなかった[89]。この暦の中で国家祭儀と直接に関連していると見られるのは次に訳出するエレウシスの神々への供犠のみである。

「ボエドロミオンの月に、秘儀の前に……(欠)……九〇ドラクマ相当の牛一頭、一二ドラクマ相当の羊一頭、クウロトロフォスに[90]……(欠)」(5-6)

「メタゲイトニオンの月に、エレウシスの女神に、九〇ドラクマ相当の牛一頭、コレに一二ドラクマ相当の山羊一頭、九ドラクマ相当の若豚三頭。」(43-44)

「アンテステリオンの月に、エレウシスの女神に、二〇ドラクマ相当の孕んだ豚一頭、メイデュロス近傍[91]のクロエ[92]に孕んだ豚一頭……」(48-49)

それぞれの供犠の行なわれた場所は明らかではないが、初めの供犠は大秘儀、次はエレウシニア、第三の供犠は小秘儀に関連しているらしい。特に四四、四八行には「デメテルに」ではなく「エレウシスの女神に('Ἐλευσινίαι)」という表現が用いられており、このマラトン区の供犠暦にはデメテルという名称は見出されない。以上から推論するならば、このマラトン区もデメテルへの供犠を行なう場合、古くからギリシアの農民に信仰されてきた一般的なデメテルではなく、エレウシスのデメテルがその対象となっていた。またそれが国家祭儀としてのエレウシスの三祭儀と時期を同じくしている点も注目される。

以上のように、デーモスがデメテルへ犠牲を捧げる場合、それはエレウシスの祭儀との関連の下に行なったのであり、エレウシスとの直結性は明らかであると言えよう。しかもそれは他の国家祭儀の場合とは異なる、特に密接な連関であったらしい。パイアニア区[93]、プレアリオイ区[94]の祭儀の規定を記した碑文史料にエレウシスの祭儀に関連した項目が多いことも、この点と無関係ではないと思われる。

また、前述の前四二一/〇年の初穂に関する決議[95]によれば、初穂はデーモスごとにそれぞれのデーマルコス(「区長」)が集め、デーマルコス自身が直接エレウシスへと赴いてヒエロポイオイに手渡すという方法がとられ、奉納された初穂の額はデーモス別に記録された[96]。この事実もまた、エレウシスの祭儀とデーモスとの直接的連繫を示唆していると解してよいであろう。

## 2　パンアテナイア祭とデーモス

それではエレウシスの祭儀を除く他の国家祭儀に、デーモスはどのように関与していたのであろうか。ここではアテナイの最も代表的な祭儀であるパンアテナイアの祭[97]に注目することとする。

この全アテナイ人のための祭に関しては、先に挙げたエルキア区およびマラトン区の暦には何らの記述も、見出されない。しかし、『スダ』には「彼ら〔デーマルコスたち〕はパンアテナイア祭を指揮した[98]」とあり、またアリストファネス『雲』の古註には「彼らはパンアテナイアの行列を整理、指導した[99]」と記されている。デーマルコスはデーモス員たちの先頭に立って、その行列を指揮したのであろう。すなわち市民はデーモスごとに一団となって中心市での祭に参加したのである。おそらく祭儀の間も必要があればその都度、デーモスごとにまとまって行動したものであろう。市民が祭にデーモス単位で参加することは、デーモスが国制の基本単位である以上、ごく自然なことである。それが最も単純、明快なグループ編成であるが故に、便宜的方法として採られたのだと考えることもできよう。

前三三五／四—三三〇／二九年のパンアテナイア祭の規定を記した碑文史料[100]には、次のような条項がある。

「〔ヒエロポイオイは〕アテナ・ポリアスおよびアテナ・ニケに四一ムナで購入した牛のすべてを犠牲として捧げ、〔それらの牛の〕肉をケラメイコスにおいてアテナイ市民団《デーモス》(τῶι δήμωι τῶι Ἀθηναίων)に分配すべし。そして分配さるべき部分を各デーモスへ(εἰς τὸν δῆμον ἕκαστον)各デーモスが送り込む行列参加者《ペンポンテス》〔の数〕に応じて配分すべきこと。」(B, 21-25)

この条項を注意して読むならば、建前として重要なのはアテナイ「市民団」への肉分配であって、その分配の便宜的方法として「各デーモスへ……」が定められていることが知られる。パンアテナイアの祭儀については個々のデーモスの参加ではなくアテナイ市民としての参加がまず問題であった。

さらに、このパンアテナイア祭の規定には、各デーモスが行なう供犧への言及は見出せない。一方、四一ムナという高額の国費[101]が犧牲用の牛の購入に当てられているが、デーモスの供犧暦に記された供犧用経費の小額であることを参考にすれば、この四一ムナはパンアテナイア祭の全犧牲用経費であったという可能性もある。[102]以上のことは、エルキア区、マラトン区の供犧暦にパンアテナイア祭関係の供犧がまったく記されていないこととともに、パンアテナイア祭において各デーモスがデーモスとして自費で供犧を行なうことはなかったことを示していると考えられる。すなわち、市民はデーモス単位のグループに分かれてパンアテナイアの祭儀に参加したものの、デーモスの費用負担で供犧を行なうことはなかった。パンアテナイア祭の時には、国家の負担で捧げられた犧牲獣の肉を全参加市民が食するという光景が想像されるのである。

もちろん、この祭儀と特にゆかりの深いいずれかのデーモスが自発的に供犧を行なう場合はあったであろう。また、後出の前三六三／二年のサラミニオイ・ゲノスの供犧暦[103]にはパンアテナイア祭の時の供犧が記されている(v. 88)ことから推論して、一部ゲノスは旧来の慣習に従ってゲノスとして供犧を行なったと考えられる。また、財力ある市民は、そう望んだ時には自発的に犧牲獣や奉納物を捧げるために持参し、それゆえ、行列に参加する人々が手に手に奉納物を持っていたこともあり得たであろう。

パンアテナイア祭については以上の通りであるが、それ以外の国家祭儀についても、エルキア区、マラトン区の供犧暦は共に何も記していない。おそらくパンアテナイア祭と事情は似ていたであろうと考えられる。国家祭儀の時の供犧のために多額の費用が国庫より支出されていたことも[104]、この推論の妥当性を示しているのではなかろうか。

このように、一般の国家祭儀は、アテナイ市民であるデーモス員にとって自己のデーモスの負担なしに国家の費用で楽しむことのできる機会であった。他方、エレウシスの祭儀に関しては、前項で明らかにしたように各デーモスはデーモスごとにデメテルやその他の神々に犠牲を捧げたのである。

## 3　サラミニオイの供犠暦

これまでデーモスの祭儀に関して論考を進めて来たが、ゲノスの祭儀について語る史料としては前三六三／二年のサラミニオイ・ゲノスの供犠暦[105]がある。この暦で犠牲を捧げられている神々または英雄の名を抽出すれば以下の通りである。

クウロトロフォス(85)、イオレオス(86)、アルクメネ(85)、マイア(86)、ヘラクレス(86)、ハレの半神[106](86)、アンティサラの半神(86)、半神エピピュルギディオス(86-87)、イオン(87)、エウリュサケス(88)、アテナ(88)、アポロン・パトロオス(89)、レト(89)、アルテミス(90)、アテナ・アゲラア(90)、ポセイドン・ヒッポドロミオス(90-91)、半神ファイアクス(91)、半神テウクロス(91)、半神ナウセイロス(91)、テセウス(92)、ゼウス・フラトリオス(92)、アテナ・スキラス(93)、スキロス(93)

ここにはデメテルをはじめとするエレウシス関係の神々は見出せない。一方、アテナイの市民生活と関係の深いアテナ、アポロン・パトロオス、ゼウス・フラトリオスへの供犠は行なわれている。アテナイ市民の一集団としてアテナへの供犠を欠かすことはできなかったであろうし、またアテナイのゲノスの一つとしてフラトリアの大祭すなわちアパトゥリア祭においてゼウス・フラトリオスに供犠することも必要であった、さらに、全アテナイ人の父祖たるアポロン・パトロオスに供犠するのも自然であろう。[107]言いかえれば、これらの神々への供犠を行なうことは、アテナイ市民としての正統性の証とも言うべきものであった。

それでは、デメテルはアテナイ市民にとって如何なる意義をもつ神であったであろうか。古典期のアテナイの公式文書に、誓いの言葉として次のような語句がしばしば見出される。「ゼウス、アポロンおよびデメテルに誓うべきこと。」(108)

また、ポルクス(ポリュデウケス)『オノマスティコン』八巻一二二章には次の一文もある。

「彼ら(陪審者たち)はアルデットスのディカステリオンにおいて、アポロン・パトロオスおよびデメテルおよびゼウス・バシレウスに誓った。」

そしてこれら三柱の神、すなわちゼウス、アポロン、およびデメテルは「誓いの神々(ὅρκιοι θεοί)」と呼ばれていたと言われる。(109)

このようにゼウス、アポロン・パトロオス、デメテルの三柱の神への誓いは古典期のアテナイでなかば公式化していたようである。(110) このことは、アポロン、ゼウスとともにデメテルもまた市民生活に深く入り込んでおり、市民にとって親しく、重要な存在と見なされていたことを示していよう。それにもかかわらず、前四世紀中葉にサラミニオイ・ゲノスとしてデメテルへの供犠を行なってはいない。このゲノスの成員はゲノス員としてエレウシスの祭儀に参加することはなく、デーモス員として参加したのであろう。他方、パンアテナイア祭の場合には、前節で述べたようにデーモスごとに祭儀の場に臨みながらも、時にデーモスのグループから離れ、ゲノスとして供犠を行なっている。

このサラミニオイがデメテルへの供犠を行なわなかったのは何故であろうか。一般に社会生活において、宗教的側面は最も保守的で、時代的な変化を受け入れるのが遅い部分であるが、ゲノスがその成立の起源または由縁を神または半神にありとしていたのであれば、ゲノスにとって旧来の父祖の慣習を護持することは重要なことであったに違いない。また、当時「スニオンの人々」と「ヘプタフュライの人々」の二派に分かれていたサラミニオイの成員にとって、同一ゲノス員という共同体意識を支えるものとして、旧来のゲノスの祭儀を共同で執り行なうことは非常に重要な意味を持っていたであろう。従って、サラミニオイの供犠暦は前四世紀中葉の状況を反映しているのではなく、サラミニオイ・ゲノス成立の後、[111] ゲノス員がアッティカ各地に分散移住し、前述の二派を形成するに至る以前[112]に行なわれていた祭儀の有様を伝えていると考えるべきであろう。その時代には、「エレウシスのデメテル」はまだ全アテナイ人の信仰を集めるには至っておらず、「エレウシスの祭儀」も特定ゲノスの祭儀に留まっていて、一部の市民が個人で祭儀に参加することはあっても、国をあげての祭とはなっていなかった。そうであるからこそ、サラミニオイもデメテルへの供犠を行なわなかったのであろう。

このように、残存史料に見る限り、エレウシスの祭儀とデーモスよりも古い共同体であるゲノスとの間になんら連関を見出すことができないのである。また、デーモス制度設定以前のアテナイの国制の基本的単位と言うべきフラトリアがエレウシスの神々へ供犠を行なったという記録も残存史料に関する限り見出せないことも付言すべきであろう。

## 4　僭主政との関係

エレウシスの神域の構造は、すでにそのおおよそが発掘により明らかになっている。[113] この発掘成果によれば、ほぼペイシストラトスの僭主政の頃にエレウシスのテレステリオンが大規模に拡張されたばかりではなく、それまでは海に面する南側が神域の正面であったのに対し、この頃にアテナイからエレウシスへ至る道に通じる北門が正門となり、神域内の建造物の配置全体がアテナイの方向へ正面を向ける形へと変化している。[114] 以上によって、僭主政の時代にはエレウシスの祭儀とアテナイとの間に緊密な関係(それも多少なりとも祭儀がアテナイへ従属するという関係)が成立していたことが考古学的に立証されたと言えるであろう。そしてこの大事業を行なったのは、多くの研究者が推測するように、[115] おそらくペイシストラトスであった。

僭主にとって対メガラ政策の戦略上、エレウシスの地理的位置は重大な意味を持っていたに違いない。また、デメテルを祀る農耕祭儀であるエレウシスの祭儀尊重は、ディオニュソスの祭儀の場合と同様、市民をして農事に専念させようとする彼の勧農政策に適合するものであった[116]。僭主の座を獲得する際アテナ女神に対する民衆の信仰に頼るところの大きかったペイシストラトスが[117]、農民の関心をエレウシスの祭儀の方へと向かわせて彼らを政治参加よりむしろ農耕中心の生活に満足させるという、一種の政治的プログラムを案出したと推論することも可能である。しかしペイシストラトスがエレウシスの祭儀を後援したとしても、祭儀がその当時すでに古典期に見られるような制度上の地位を確立していたか否かという点は、史料的制約ゆえに明らかではない[118]。

アテナイの国制という視点から見れば、すでに論述したように、一般のゲノス、フラトリアとエレウシスの祭儀との連関は見出すことができない。他方それとは対照的に、デーモス制度との連関は非常に密接であったらしいことが残存史料から窺える。そしてペイシストラトスが奨励したといわれるパンアテナイア祭[119]は、民主政期においても、エレウシスの祭儀に比べ、デーモスとの直接的連関は薄弱であり、逆に、ゲノスとの連繋の一例を知ることができる。このような事実に注目した場合、エレウシスの祭儀とデーモス制度との間に特に密接な連繋が存在することは認めざるを得ないであろう[120]。

## 四　むすび

前節で明らかとなったエレウシスの祭儀とデーモスとの連繋を成り立たせていたのは、デーモスが地縁的共同体であったことから見て、祭儀の持つ農耕祭儀的要素、言い換えれば共同体的次元の信仰であったと言えよう。この共同体的次元の信仰が市民にとってどれほど意味の深いものであったかを、先にも述べた初穂の奉納の例から見てみよう。

*IG* $I^2$ 76 の初穂奉納決議によれば、アテナイの各農民は自分の土地の収穫物のうちの大麦六〇〇分の一、小麦一二〇〇分の一をエレウシスの神々へ初穂として納めることが定められ、同盟諸市にも同様のことが求められ、さらにま

た同盟外の諸市にも奉納が勧められている。[121] この初穂は売却され、売却金のほとんど全額が犠牲獣や奉納物の調達およびその関連経費に当てられている。[122] この決議は特にアテナイ以外の諸市にも奉納を求めている点で国威昂揚の目的を含んでいたにせよ、民会がこのような市民一人一人に奉納を義務づける決議を為し得たのは、何よりも一般民衆の間にエレウシスの神々への信仰が根をおろしていたからであろう。[123]

さて、この初穂はすでに述べたようにデーマルコスによって集められ、デーモスごとに奉納されたのであるが、前三五三／三五二年には最もよく集められると民会が判断する、おそらく別の方式で集められることになった。[124] この徴収方式の変化の原因は明らかではない。所属デーモスと実際の居住地とが異なる者が多くなり、デーマルコスによる徴収が不便となったためと考えるべきか、あるいは前四世紀にはすでに始まっていたといわれるデーモスの内的変質[125]と関連があるのであろうか。いずれにしても、前五世紀にとられていた方式は前四世紀中葉までには有効な方式ではなくなり、それゆえ他の方法が採られることになったのであろう。このことは一面、アテナイ人にとって、初穂が確実に、しかも出来るだけ多く奉納されることがいかに大きな関心事であったかを語っていると思われる。その上、前五世紀に比べ前四世紀にその信仰が一層盛んになったことは、前三二九／八年の会計文書記載の初穂奉納の際の犠牲獣の数が前五世紀のそれよりもはるかに大きいことに窺えるであろう。[126]

このように、古典期にエレウシスの祭儀は秘儀への個人的信仰だけではなく、共同体的次元の信仰にも支えられて発展していったのであるが、それはまた、第二節で辿ることのできた、ゲノスの掌中にあった祭儀を国家管轄下に組み入れていくという民主化の動向とも一致していた。それでは、第三節で明らかとなった祭儀とデーモスとの間の、特に緊密にして直結的な連繫は何を意味しているであろうか。クレイステネスの改革によってデーモス制度が設定され、以後の民主政進展の基盤となったことを考慮すれば、そこには当然この民主政進展との連関が想定されてこよう。おそらく古くからアッティカの農民の間には、ヘシオドスの場合[127]と同様にデメテルへの信仰が存在したであろう。

クレイステネスの改革によってデーモス制度が設定された時、デーモスの共同体としての結束を固める方法の一つとして、当然祭儀の共有があったであろうが、それに最も適当なものの一つは、デーモスが地縁的共同体であることから見ても、農耕という民衆の日常生活と直接に結びついているデメテルへの信仰にもとづく祭儀であったと考えることができる。しかもこのデメテルへの信仰を、国家祭儀としてのエレウシスの祭儀に直結させることにより、個々のデーモスがデーモス内の結束を固めるとともに、デーモスを基盤としつつ中央を志向し、中央へと結集する傾向を促進することも可能であった。[128]言い換えれば、クレイステネスの改革によってある程度形の上では整えられたアテナイの民主政を、制度としてより強固にし、一層発展させるための精神的支柱の一つとしての役割を、このエレウシスの祭儀が果したのではなかろうか。

他方、祭儀が持つ秘儀の側面は、個人的信仰の対象として都市居住無産市民や、奴隷だけではなく、他ポリスの人々の信仰をも集め得た。従って、その秘儀の名声によって、また、農耕の発祥地であるという主張によって、アテナイは他ポリスに対して大きな権威を誇ることができた。その点ではエレウシスの祭儀は、対外的関係で国益に貢献するところが大きかったに違いない。

エレウシスの祭儀は、あるいは僭主政の時代に名目的にはすでに国家祭儀となっていたかも知れない。あるいはそれ以前、エレウシスのアテナイへの併合の時に、神々の統合も行なわれていたかも知れない。しかし、デーモス制度との緊密な連繋から考えれば、デーモス制度設定の時点、あるいはその後間もなく、国制上に重要な意義をもつものとして制度内にしっかりと組み込まれていったのではなかろうか。[129]その時から、エレウシスの祭儀はポリス社会に深く根をおろす、従前より一層強固なものとなったのであろう。

古代ギリシアの民衆宗教の最高の精華であると言われる[130]エレウシスの祭儀は、アテナイ民主政発展史の上にこのような位置と役割とをもっていた。その隆盛は民主政の発展と有機的に連関していたと言うことができるのである。

(1) Ar. *Ranae* 320 ff.; Ar. *Pax* 374-375; Hdt. VIII 65; And. I; Lysias VI 50-55.

(2) 中心市の東南郊外、イリソス川の東岸。

(3) L. Deubner, *Attische Feste*, Berlin, 1932, 60-92; M. P. Nilsson, *Geschichte der griechischen Religion* I$^2$, München, 1967, 469-477. なおテスモフォリアおよびスキラもデメテルを祀る祭儀であるが、元来はエレウシス起源ではないと考えられる(Deubner, op. cit., 40-60)ので、ここでは考察の対象としなかった。

(4) M. P. Nilsson, *Greek Folk Religion*, New York, 1961, 42-64.

(5) M. P. Nilsson, *A History of Greek Religion*, 2nd ed., Oxford, 1952, 242-243.

(6) 本章五三、六七頁、参照。

(7) 但し、このデメテルの神話を語っている『ホメロス風デメテル讃歌』には、女神がエレウシスへ到来したことが語られているだけで、アテナイについては全く言及されていない。

(8) 秘儀については、すでにその内容の解明や、ギリシア宗教史上における意義の検討などを中心とする豊かな研究史があるので、今、秘儀そのものについてあらためて論述することはしない。秘儀については、P. Foucart, *Les Mystères d'Éleusis*, Paris, 1914; Deubner, op. cit., 69-92; Nilsson, *Gesch. d. gr. Religion* I$^2$, 469-477; G. E. Mylonas, *Eleusis and the Eleusinian Mysteries*, Princeton, 1961; C. Kerényi, *Eleusis, Archetypal Image of Mother and Daughter*, New York, 1967 を参照。

(9) アテナイが農耕の、ひいては文明の発祥地であるというイソクラテスの言葉に窺える観念は、直接そのまま『ホメロス風デメテル讃歌』に語られているわけではない。特に、トリプトレモスがギリシア各地に農耕を伝播したという物語は『讃歌』には見出せず、したがって農耕発祥地という観念は『讃歌』の成立後に生じたのであろう。Cf. Nilsson, *Gesch. d. gr. Religion* I$^2$, 471, 665; do., *Greek Folk Religion*, 56-57.

(10) do., *Greek Folk Religion*, 40 ff.; do., "Die eleusinischen Kulte der attischen Demen und das neue Sakralgesetz aus Paiania", *Eranos* XLII (1944), 70-76.

(11) エレウシスの祭儀がもとはゲノスの祭儀であったことは一般に認められている(cf. Deubner, op. cit., 71-72)が、古典期に祭儀に関して大きな特権を有していた(この特権については第二節参照)エウモルピダイおよびケリュケスの二ゲノスのうち、ケリュケスはアテナイのゲノスであって、アテナイへのエレウシスの併合の後にアテナイ側の代表として祭儀に関与するようになった、とする見解が今日優勢である。本章六七頁以降、参照。

(12) 但し、F. R. Walton, "Athens, Eleusis and the Homeric Hymn to Demeter", *HThR* 45 (1952), 105-114 は併合との関連にはこだわらず、『讃歌』にアテナイの名がないのは祭儀がまだアテナイ国家の支配下に入っていなかったことを示し、この『讃歌』はアテナイ国家の支配が祭儀に及ぶ危険を感じてエレウシス人が記した抵抗のプロパガンダであったと主張する。

(13) 『讃歌』の成立年代については諸説あるが、J. Humbert, *Homère, Hymnes*, Paris, 1936, 39 は前六一〇年以前、Foucart, op. cit., 263-264 は前六世紀半ば以前、Nilsson, *Gesch. d. gr. Religion* I², 469 は前七世紀末が下限、C. Hignett, *A History of the Athenian Constitution*, Oxford, 1952, 35 は前七世紀初頭、Walton, op. cit., 108-109 は前七世紀末、Mylonas, op. cit., 41 は前六〇〇年前後とする。近年では前七世紀末とする傾向が強いようである。Cf. D. P. Feaver, "Historical Development in the Priesthoods of Athens", *Yale Classical Studies*, 15 (1957), 127, n. 12.

(14) Nilsson, *A History of Greek Religion*, 241; do., *Cults, Myths, Oracles, and Politics in Ancient Greece*, New York, 1951, 37-38; Feaver, op. cit., 127; J. Pollard, *Seers, Shrines and Sirens*, London, 1965, 66.
なお、祭儀は別として、エレウシスのアテナイへの併合をこの時期に置くことは、ほとんど一般的な傾向であるが、Mylonas, op. cit., 23-54 はミュケナイ時代末期としている。

(15) この法の編纂の際の事情については、S. Dow, "The Athenian Calendar of Sacrifices: The Chronology of Nichomachos' Second Term", *Historia* IX (1960), 270-293 に詳しい。

(16) J. H. Oliver, "Greek Inscriptions 2", *Hesperia* 4 (1935), 5-32; *LSS* 10. この供犠暦については本章六四頁表、参照。

(17) これら二史料を主張の根拠として特に挙げているのは、Mylonas, op. cit., 63-64; Feaver, op. cit., 131-132 である。Walton, op. cit., 112-113 はこの見方の可能性は認めながらも、断定は控え、「この点はどうであれ、ペイシストラトスの時代までには主要要素のすべてにおいて祭儀は古典期に見られる形式を備えていた」と述べている。本章五五頁、参照。

(18) E. Ruschenbusch, *ΣΟΛΩΝΟΣ ΝΟΜΟΙ*, Wiesbaden, 1966, 53-56; D. Mackdowell(ed.), *Andokides, On the Mysteries*, Oxford, 1962, 142.

(19) Nilsson, *Gesch. d. gr. Religion* $I^2$, 664.

(20) ペルセフォネおよびトリプトレモスがそれぞれ最高額の一七ドラクマ相当の山羊を捧げられている。特にトリプトレモスの場合は、「選り抜きの山羊」と断りがある。

(21) Nilsson, op. cit., 664-666.

(22) Walton, op. cit., 112-113; 前注17参照。N. G. L. Hammond, *A History of Greece to 322 B. C.*, 2nd ed., Oxford, 1967, 165-182も大体この見方をとっていると言えよう。

(23) Mylonas, op. cit., 77-105.

(24) Hammond, op. cit., 165が史料として挙げている*IG* $I^2$ 817は、年代、内容とも確定していない。それゆえ、決定的史料として使用することはできないであろう。Cf. O. Rubensohn, *Mysterienheiligtümer in Eleusis und Samothrake*, Berlin, 1892, 47; A. Elter, "Epigraphica 5", *Rheinisches Museum für Philologie* LXVI (1911), 215-217.

(25) 秘儀の前にはギリシア諸市へ使節が送られ、祭儀開催中の休戦が宣言された。本書I-第一章三一―三八頁、参照。

(26) *IG* $I^2$ 6; B. D. Meritt, "Attic Inscriptions of the Fifth Century", No. 1, *Hesperia* XIV (1945), 61-81; do., "Greek Inscriptions, No. 78", *Hesperia* XV (1946), 249-253; *SEG* X 6; *SEG* XVII 2; *LSS* 3.
*IG* $I^2$ 6はMerittにより新発見の断片を加えて再校訂が為された(*Hesperia* XIV, XV)。この新しい校訂は、エレウシスの祭儀とアテナイ国家との関係について考察する場合に極めて重要な意義を持つ新しい読みを含んでいるが、テクスト発表後、この側面から詳しい論考を加えた研究は今日まで行なわれていない。このMerittによるテクストは*SEG* X 6に収められている。本稿ではこれを使用する。また、第一〇三―一一九行についてはSokolowski, "On the Rules Regulating the Celebration of the Eleusinian Mysteries", *HThR* 52 (1959), 1-7が疑問を呈し、異読を試みた。この異読のテキストは*SEG* XVII 2に収められた。一〇三―一一九行については、これに依拠している。

(27) ヒエロポイオイは、Öhler, "Ἱεροποιοί", *RE* VIII (1913), 1583-1589によれば、特定の祭儀または神殿において犠牲の儀式を執り行ない、時には神殿財産の管理にも携わる役職。アテナイには「評議会のヒエロポイオイ」、「年ごとのヒエロポイオイ」など種々のヒエロポイオイが存在した。この八九行の「ヒエロポイオイ(hιε[ροποιὸς])」の補塡は Meritt によるもの。それ以前には、「ヒエロケリュクス(hιε[ροκέρυχς])」と補われていたが、ヒエロケリュクスという呼称は、現存史料では前三世紀に初めて見出され、前三世紀以前にあっては単に「ケリュクス」として現われる。従って前四六〇年頃の当碑文史料に「ヒエロケリュクス」を補うのは妥当ではないと Meritt は結論する。しかし、*LSS* 3 は、ヒエロポイオイは秘儀そのものには関与しないから報酬を受けるはずはない、という理由で再び「ヒエロケリュクス(ただし複数形)」に変更している。この Sokolowski の補塡変更の根拠は曖昧であり、Meritt の主張を覆すだけの説得性はないと考えられる。

(28) エレウシスの祭儀関係神官職の一つ。祭儀の主要神官職は以下の通り。

ヒエロファンテス―エレウシスの祭儀の最高位神官。終身。エウモルピダイに属する者。最高にして最終段階の加入儀式を行なう権能を持つ。

ヒエロファンティデス―ヒエロファンテスの助手をつとめる二人の女神官。終身。エウモルピダイに属す。

デメテルの女神官―エウモルピダイまたはフィレイダイの成員。エレウシスのエポニュモスであった。エレウシス所在の「聖なる家(*ἱερὰ οἰκία*)」に住み、終身。秘儀における野外劇(*δρώμενα*)でデメテル、コレの役を演じたらしい。

至聖なる神官《パナゲス》―職務は不明。ケリュケスの成員。

ダイドゥコス―たいまつ持ち。その職務は秘儀の際の照明に関係、男の神官の中ではヒエロファンテスに次いで重要。ケリュケス成員。

ケリュクス―加入者への使者。秘儀開催の告示を読み上げ、静粛を命じた。ケリュケス成員。

祭壇担当の神官―職務不明。ケリュケス成員。

塵払い役《ファイデュンテス》―神像および神聖なる物(*ἱερά*. それが何であったかは不明。Cf. Mylonas, op. cit., 84)の保管に携わる。ケリュケス成員。

以上、Mylonas, op. cit., 229-237 および Foucart, op. cit., 168-221 に従った。

(29) 春、アンテステリオンの月にアッティカのアグライで開催され、秘儀加入のための第一段階の儀式が行なわれた。Cf.

Nilsson, *Gesch. d. gr. Religion* I², 667–669; Mylonas, op. cit., 239–243.

(30) 秋、ボエドロミオンの月に八日間にわたって、初めの四日間は中心市で、以後はエレウシスで行なわれた。秘儀の内容については、Deubner, op. cit., 69–91; Mylonas, op. cit., 243–285参照。

(31) かまどより加入を許された者（ἀφ᾽ ἑστίας）は、アテナイの名門の出の男の子供（後には少女も）の間から毎年投票で選出され、国家の費用負担で加入を許された。彼の秘儀加入はポリスへの二柱の女神の恩寵を約束するものと考えられたらしい。Cf. Mylonas, op. cit., 236–237.

(32) Cf. Arist. *AP* 47. 1.

(33) 注28参照。

(34) Sokolowski, *HThR* 52 (1959), 7 はこの第一〇五―一〇六行の部分を、意味を補って「犠牲獣の、（彼らに割り当てられた）全部分をエウモルピダイおよびケリュケスは云々」と解釈しているが、ここではテクストをそのまま読むこととした。

(35) 本章六一頁以降。

(36) Cf. A. Dorjahn, "Ὀρφανοί", *RE* XVIII 1 (1939), 1199–1200.

(37) K. Kouroniotes, *Ἐλευσινιακά* (1932), 173 ff.; *SEG* X 24; G. F. Hill, *Sources for Greek History*², B 41. この碑文の年代については、発表者Kouroniotesは前四四三／二年とし、C. Picard, "L'Architecte Coroibos et le Télestérion d'Eleusis", *Comptes rendus de l'académie d'inscr.* (1933), 10–14 および R. Vallois, *REA* XXXV (1933), 196 ff. は前四五〇年頃と推定した。これに対し、H. B. Mattingly, "The Athenian Coinage Degree, 3. The Eleusinian *ἐπιστάται* (*SEG* X 24)", *Historia* X (1961), 171–173 が前四三二／一年以降であると異論を唱えたが、B. D. Meritt と H. T. Wade-Gery, とは Mattingly に対して説得的な論駁を行なって、前四四九／八または四四八／七年とした。"The Dating of Documents to the Mid-Fifth Century II", *JHS* LXXXIII (1963), 111–114; Hill, op. cit., B 41; ML, p. 220 はこの後者の見解に従っており、本章でもこれに拠った。

(38) パルテノンと神像パルテノスのエピスタタイであろう。前者は前四三七／六年に、後者は前四三二／一年に職務を完了し、解散している。Cf. Mattingly, op. cit., 171; Meritt & Wade-Gery, op. cit., 113.

（39） Cf. Mylonas, op. cit., 91.

（40） このコロイボスは、Plut. *Pericles* XIII に現われる、エレウシスのテレステリオン建立を担当したコロイボスと同一人物であり、従って当決議の、今は散佚した主部はペリクレスの建造事業の一環であるテレステリオン建立に関するものと解されている。Kouroniotes, op. cit., 181; Meritt & Wade-Gery, op. cit., 113.

（41） ペイライエウスのやや東に位置した港ファレロン所在のデメテルの神殿については、Paus. I 1. 4 にも言及されている。大小の秘儀の時にはこのファレロンの神域も公的な機能を果たしたらしい。Cf. O. Rubensohn, "Ἐλευσινιακὰ ὑπὸ Κουρουνιώτη", *Gnomon* IX (1933), 432.

（42） 三〇―三二行は Meritt によって石碑そのものの再検討の結果出された補塡 (Meritt & Wade-Gery, op. cit.) に従った。

（43） 以後に第二追加条項として欠損の甚だしい数行が残されているが、テキストの校訂も不十分であるため、Meritt & Wade-Gery, op. cit., 111, n. 64 に倣い、ここでは省略する。

（44） Ibid., 112.

（45） *SIG*³ 944, Anm. 13. Dittenberger はアテナイの種々のヒエロポイオイを四種に分類する。すなわち、i 大神殿担当のヒエロポイオイ、ii 予言された犠牲を行なうために抽籤で選ばれた一〇人 (cf. Arist. *AP* 54. 6)、iii 年ごとのヒエロポイオイ (cf. Arist. *AP* 54. 6)、iv 国家祭儀指揮のために評議会成員の中より選出されたヒエロポイオイ。これら四種のヒエロポイオイの中の i のグループに属するそれとしてエレウシスのヒエロポイオイが挙げられている。

（46） Öhler, op. cit., 1586.

（47） G. Busolt u. H. Swoboda, *Griechische Staatskunde* II, München, 1926, 1103-1104.

（48） *LSS*, p. 17.

（49） Feaver, op. cit., 140.

（50） Kouroniotes, op. cit., 185.

（51） Picard, op. cit., 12.

（52） 但し、A説の立場をとると見なされる研究者達はいずれも明確な議論を展開していない。前後の文脈からこのように理解されるにとどまる。

(53) *IG* I²5. 1-2. 別表(六四頁掲載)参照。なお P. J. Rhode, *The Athenian Boule*, Oxford, 1972, 127 はこの年代を前四七五—四五〇年頃としている。

(54) 本章五四—五五頁、参照。

(55) v. 2.

(56) vs. 89, 120.

(57) vs. 9-10, 17-18, 35, 41.

(58) vs. 4-5, 11-12, 18-19, 25-26.

(59) 初穂がいつ奉納されたかについては諸説あるが(cf. H. Rabes, *Das eleusinische Zehntengesetz von Jahre 353/2*, Giessen, 1924, 26-27), エレウシニアの祭儀の時とする見方が優勢である。例えば, *LSS*, p. 35; ML, p. 221. エレウシニアの祭儀では、初穂奉納のほかに供犠、競技などが行なわれ、二年に一度の小エレウシニア、四年に一度の大エレウシニアがあった。Cf. *Kleine Pauly* II (1967), 243-244. その他に Rabes, op. cit., 27 によれば毎年、エレウシニア開催と同じ日に供犠と初穂奉納のみは行なわれたことが L. Ziehen, "Eleusinia", *Jahresber. ü. die klass. Altertums* (1915), 42 によって論証されている。

(60) Öhler, op. cit., 1585.

(61) L. Ziehen, "Die panathenäischen und eleusinischen *ἱεροποιοί*", *Rheinisches Museum* 51 (1896), 220.

(62) A. Körte, "Eleusinisches", *Glotta* 25 (1936), 134-142; S. Dow, "The Athenian Calendar of Sacrifices", *Historia* IX (1960), 288. 本書I-第三章一一三—一一六頁。

(63) *SEG* X 24. 7-22, 28-30. 本章六〇頁、参照。

(64) 本章六一頁。

(65) モデルとなっているパルテノンおよび神像パルテノスのエピスタタイはいずれも神殿や神像の建立の間だけ設置された役職であり、建造作業に関係していた。一方、問題となっている五人のエピスタタイは以後任期一年で常設される役職であり、その職務は財貨の管理であった。Cf. Meritt & Wade-Gery, op. cit., 114.

(66) *IG* $I^2$ 76; ML 73. 10-12. 年代に関する論争については、ML, p. 222-223 参照。

(67) *IG* $II^2$ 204; *SIG*$^3$ 204 および *FGH* 328 F 155 (Philochoros).

この神殿領の境界確定は神殿領賃貸計画に附随したものであった。この計画については、P. Foucart, "Décret athenien de l'année 352 trouvé à Éleusis", *BCH* XIII (1889), 433-467 参照。

(68) P. Foucart, *Les Mystères d'Éleusis*, 148-159; W. S. Ferguson, "The Salaminioi of Heptaphylai and Sounion", *Hesperia* VII (1938), 42; 村川堅太郎「デーミウールゴス」『史学雑誌』六四編一一号、一九五五年、二一頁; Feaver, op. cit., 127; Mylonas, op. cit., 234; P. Mackendrick, *The Athenian Aristocracy*, 399 to 31 B. C., Cambridge, Mass., 1969, 38.

(69) エレウシスの聖法を解説、指導するこの委員は、エウモルピダイの成員の間から選出された二名または三名から成り、アテナイ国制上の公式の機関であった。エレウシス関係以外の聖法に関しては、「デルフォイの神託により、エウパトリダイの間から選出された委員」および「民会により、エウパトリダイの間から指名された委員」があった。これら委員の成立の時期を、J. H. Oliver, *The Athenian Expounders of the Sacred and Ancestral Law*, Baltimore, 1950, 24-33 は前四世紀前半と推論しているが、F. Jacoby, *Atthis*, Oxford, 1949, 8-70 は貴族政期にすでに存在したとしている。

(70) M. Ostwald, "The Prytaneion Decree Re-examined", *AJP* 72 (1951), 32.

(71) 本章五七頁。

(72) 前三五三／二年の *IG* $II^2$ 140 (但し、本稿では *LSS* 13 のテキストを使用) は初穂に関するカイレモニデスの法規 (残存せず) を修正した法規であり、その内容は以下の通りである。

「民会は二柱の女神への初穂が最もよく集められると民会が判断する方法について票決に付す権限をもつべきこと。」(10-13)

「トゥデモスがアルコンである年以後のその時々の評議会は、二柱の女神への初穂およびアテナイの民会において承認された事項―すなわち、ペラノス〔エウモルピダイに割り当てられた初穂であろうか。Cf. *LSS* 35〕からの収益による犠牲はエウモルピダイが解説、指導する方式で〔捧げられ〕、残りの初穂からの収益による犠牲はデメテル、コレ、トリプトレモス、男神、女神、エウブウロスおよびアテナに捧げられる―が民会における決議通りに成り立つよう管理・運営いたすべきこと。」(13–25)

「すべてのものが徴収されたならば、評議会は初穂を送り出し、単に神託に従うだけではなく、法規に従ってすべての犠牲の儀式を執り行ない……(以下略)」(25–29)

カイレモニデスの法、およびこの修正法は初穂に関する法規であって、前五世紀末葉の *IG* I² 76 の民会決議と趣旨を同じくするものであるので、前二者は後者が何度か修正、改正された結果であると解されている(A. Elter, *Ein athenisches Gesetz über die eleusinische Aparche*, diss. Bonn, 1914, 24)。従って前五世紀末葉の法規とこの前三五三／二年の法規とを比較することによって、初穂奉納に関するアテナイ国家の支配の方式に変化が生じていることを知り得る。両者の相違は明らかであり、後の規定では「エレウシスのヒエロポイオイ(*ἱεροποιοὶ οἱ Ἐλευσινόθεν*)」の名は消え、前五世紀末にエレウシスのヒエロポイオイの職務であった初穂受領と供犠執行とはここでは評議会が行なうことになっている。すなわち前五世紀末にはエレウシスのヒエロポイオイに委ねられていた供犠執行の権限は、このカイレモニデスの法の修正法によってついに完全に評議会が掌握することとなり、またデーマルコスが行なっていたエレウシスへの初穂引き渡しも評議会の職務となった。そして前三二九／八年の会計文書、*IG* II² 1672 から、初穂はエレウシスにおいてエピスタタイによって受け取られていること、および「評議会のヒエロポイオイ(*ἱεροποιοὶ ἐγ βουλῆς*)」が実際の供犠を行なっていることが明らかである(二六三―二九六行)。

(73)　本章五五―六二頁。なお *IG* I² 6 の成立年代が前四六二年のエフィアルテスの改革とほぼ時を同じくしていることは注目に値する。

(74)　本章六〇―六一頁。

(75)　W. K. Lacey, *The Family in Classical Greece*, London, 1968, 27–28.

(76)　本章五一頁。

(77)　Feaver の前掲論文は、神官職に視座を据えて、この傾向について論じている。それによれば、アテナイの神官職は、特定のゲノスの成員のみが就き得る神官職と、アテナイ人一般より抽籤で選出された者誰でもが携わり得るそれとに分けられ、民主政の発展とともに前者が衰退し、後者が隆盛に向かった。

(78) ここに捉えられたゲノスの側の根強い抵抗は、ヘレニズム期以降のエウモルピダイ、ケリュケス、両ゲノスの隆盛(cf. D. J. Geagan, "The Athenian Constitution after Sulla", *Hesperia*, Suppl. XII (1967), 35-36; W. Dittenberger, "Die eleusinischen Keryken", *Hermes* 20 (1888), 35-36; Mackendrick, op. cit., 31, 37-38, 49, 52-53, 60-61, 64)と照らし合わせて考えるならば、両者の間に連関のあることが予測され、特に注目に値すると思われる。

(79) G. Daux, "La grande démarchie: Un nouveau calendrier sacrificiel d'Attique (Erchia)", *BCH* LXXXV (1963), 603-634. この碑文についてはDowの詳細なコメンタリーがある。S. Dow, "The Greater Demarchia of Erchia", *BCH* LXXXVII (1965), 180-212. テクストは*LS*に収められた(No. 18)。

この暦には大デーマルキア(*δημαρχία ἡ μείζων*)との頭書がある。そして全体は五コラムに分かれ、各コラムの犠牲用経費総計がほとんど同額に近いという特徴がある。Dowは「大デーマルキア」を「デーモスのより大きな権限」と解し、かつてゲノスが掌握していた祭儀に関する権限がデーモスへと移行した結果を示すものと説明する。そして祭儀費用を五人の市民が平等に分担したために、暦が五コラムに分かれているとする。鋭い解釈ということができるであろうが、ゲノスからデーモスへの祭儀の移行はそれほど遅かったであろうかという疑問も感じられる。

M. Jameson, "Notes on the Sacrificial Calendar from Erchia", *BCH* LXXXVII (1965), 155, が指摘するように、頭書の「デーマルキア」は、アテナイ市民にとって親しい言葉であったデーマルコスとの関連において解されるべきであろう。テトラポリスの供犠暦(本章七一―七二頁)中のマラトン区の暦に、「以下〔の供犠〕はデーマルコスが執り行なう」とあることを参考にすれば、「大デーマルキア」とは、エルキア区のデーマルコスの携わる祭儀の主要リストを意味していると推測できる。あるいは存在したかも知れぬ「小デーマルキア」に相当する暦には、供犠の規模、費用、重要性などのいずれか、あるいはいずれにおいても大デーマルキア中のそれよりも劣っている供犠が記されていたのではなかろうか。しかし、五コラムに分かれていることに関するDowの解釈は正鵠を射ていると思われる。いずれにしてもこのエルキアの供犠暦は欠損が少なく、我々はここに一デーモスが毎年行なった主要な祭儀のリストを得たのである。なお、現存の主要な六供犠暦について、形態と内容の諸特質を概説したS. Dow, "Six Athenian Sacrificial Calendars", *BCH* XC (1968), 170-186は、今後のアッティカの供犠暦の研究のための便利な手引となろう。

(80) 他に一例、「中心市のアグライ」におけるゼウス・メイリキオスへの供犠が記されている(*Δ*, 37-43)。この神へもエルキア区内での供犠が行なわれていないので、エレウシニオンにおける供犠とともに特異な例として挙げることができる。しかし、このアグライは実際には中心市外に位置しているため除外した。アグライはエルキア区から見れば中心市に接近した位置にあるため、この表現が使われたのであろう。Cf. Jameson, op. cit., 159, n. 5. なお、このゼウス・メイリキオスへの供犠(ディアシアの祭)が挙行される同じアンテステリオンの月には同所で小秘儀が行なわれる。またゼウス・メイリキオスとエレウシスの秘儀との関連も指摘されている(Jameson, op. cit., 159-165)。

(81) *A* 1-5, *Γ* 13-18, *Δ* 13-18.

(82) *A* 62-65, *Γ* 59-64, *E* 31-38.

(83) *E* 66 以下は欠損。「パンドロソス」の補塡は、Jameson, op. cit., 156-158 による。

(84) Ibid.

(85) *IG* II$^2$ 1358; *LS* 20. 残存する二つのコラムのうち、第一コラムにはテトラポリスの暦、第二コラムにはマラトン区の暦とトリコリュントス区の暦の一部が見られる。

(86) 古代ギリシアではそれぞれの土地で、その地にゆかりの深い半神(ヘロス)が信仰されていた(半神信仰については、L. R. Farnell, *Greek Hero Cults and Ideas of Immortality*, Oxford, 1921 参照)。それら英雄の中にはその名が記録され、今日まで伝えられているものもあるが、多くは無名であり、時には祭祀の行なわれる場所の地名によって呼ばれている例もあった。Cf. Nilsson, *Greek Folk Religion*, 18-20.

(87) マラトンの供犠暦では対になった半神と半女神が四組見られ、その他に、第八、二〇、二二行に無名の半女神がそれぞれ単独で現われる。

(88) 最初の一字不明。

(89) それぞれの神または半神については、*LS*, p. 49-50 参照。

(90) クウロトロフォスはデメテルのエピセットでもあった。Nilsson, *Gesch. d. gr. Religion* I$^2$, 389; E. D. Places, *La Reli-*

*gion Grecque*, Paris, 1969, 50.

(91) *παρὰ τὰ Μειδύλου*, クロエにかかり、場所を示す。但し、具体的にどこを指しているか不明。すべての成員が互いに顔見知りであるような小規模の共同体で使われた表現であるらしい。今、仮に「メイデュロスの」と訳語をつけた。Cf. R. B. Richardson, "A Sacrificial Calendar of the Epakria", *AJA* X (1895), 217.

(92) クロエもデメテルのエピセットであった。Nilsson, op. cit., 467.

(93) *LSS* 13.

(94) *Hesperia* XXXIX (1970), 47-53.

(95) *IG* I$^2$ 76, 8-10, 26-28.

(96) 前三五三／二年以降は評議会が初穂の徴収に関与した(注72参照)。また前三二九／八年の会計文書 *IG* II$^2$ 1672 では奉納された初穂は部族別に記録されている。

(97) パンアテナイア祭については Deubner, op. cit., 22-35 参照。

(98) Suda s. v. *δήμαρχος*.

(99) Scholia Ar., *Nubes* 37.

(100) *IG* II$^2$ 334; *LS* 33; *SEG* XVIII 13.

(101) 国有地ネアの賃貸による収益(vs. 16-17)。ネアについては *LS*, p. 65 参照。

(102) エルキア区の祭儀暦では、一年間の供犠用費用は五四五から五四七ドラクマ(金額に幅があるのは、*Γ*、*E*コラムの合計が欠損のため不明確であることによる)、マラトン区の場合ほぼ一二三四ドラクマ見当。

(103) W. S. Ferguson, "The Salaminioi of Heptaphylai and Sounion", *Hesperia* VII (1938), 3-5; *LSS* 19; *SEG* XXI 527. なお、本章七五―七七頁、参照。

(104) Lysias XXX 17-22.

(105) 注103参照。供犠暦はこのサラミニオイ碑文中八五―九三行。

(106) 半神信仰については、注86参照。ハレ、アンティサラはともに場所の名。Cf. Ferguson, op. cit., 66.

(107)　Busolt, op. cit., 85-93.

(108)　*IG* I² 10. 16-17; *IG* II² 97. 24-25.

(109)　Scholia Aischin. I 114. 但し、Busolt, op. cit., 1168, Anm. 5, および C. D. Adams, *The Speeches of Aeschines* (Loeb C. L.), 95, n. 1 に従う。

(110)　*LS* 20.

なお、ドラコンはゼウス、ポセイドンおよびアテナを「誓いの神々」と定めた、という『イリアス』の古註(Schol. Ven. B in *Homeri Iliadem* XV 36)を参考にすれば、「誓いの神々」となる神は時代とともに変化したと考えることができる。また、ドラコンの時代にはデメテルがその中に含まれていなかったらしいことは注意すべきである。ついでながら、我々のサラミニオイ供犠暦には、ゼウス、ポセイドン、アテナの三柱の神の名はすべて見出すことができる。

(111)　サラミニオイのゲノスの成立に関しては、Ferguson, op. cit.; Nilsson, "The New Inscription of the Salaminioi", *AJP* LIX (1938), 385-393; Hignett, op. cit., 391-393 参照。今、Hignett の見解に従えば、サラミニオイの成立はサラミスのメガラによる占領(前六〇〇年頃)前後である。

(112)　二派の名称、すなわち「スニオンの人々」および「ヘプタフュライの人々」から見て、このゲノスの本来の根拠地はスニオンであり、クレイステネスの改革の頃までにはアッティカの他の地域にも成員の一部は移住していたのであろう。

Hignett, op. cit., 391.

(113)　Mylonas, op. cit., 23-223.

(114)　Ibid., 77-105.

(115)　Ibid., 77; V. Ehrenberg, *From Solon to Socrates*, London, 1968, 91.

(116)　H. Berve, *Die Tyrannis bei den Griechen*, München, 1967, 47-63; Ehrenberg, op. cit., 80-82.

(117)　Hdt. I 60 参照。

(118)　本章五五頁、参照。

(119)　Berve, op. cit., 59.

(120) 稿了後に参看する機会を得たJ. S. Boersma, "Athenian Building Policy from 561/0 to 405/4 B.C.", *Scripta Archaeologica Groningana* 4(1970), 24-25は、僭主政の時代におけるエレウシスの神域の建築活動はペイシストラトスではなく、その後継者である息子たち、ヒッピアスとヒッパルコスに帰すべきであると主張する。従来、一まとめに考察の対象とされていたペイシストラトスの政策とヒッピアスらの政策とはそれぞれ別個に論考されるべきであるというBoersmaの主張は、今後のアテナイの僭主政の研究に対する貴重な提言であると言えるが、本稿に関する限り、論旨展開の上でその見解から受ける影響は少ないと判断し、敢えて本論に修正を加えることはしなかった。

(121) *IG* I² 76, 2-10, 12-16, 21-26.

(122) Ibid., 36-43.

(123) その信仰を端的に表現しているのが、四四―六行の「これ〔奉納〕を為したる者には、アテナイ人およびその国家および二柱の女神に悪事を為さざる限り、多くの良き事、良き実り、多くの実りのあらんことを。」の一文である。Cf. P. Guillon, "Le décret athénien relatif aux prémice d'Eleusis et la Paix de Nicias", *BCH* LXXXVI(1962), 468.

(124) 注72参照。

(125) 岩田拓郎「古典期アッティカのデーモスとフラトリア――「ヘカトステー碑文」の検討を中心として――」『史学雑誌』七一編三号、一九六二年、四一―四六頁。伊藤貞夫「古典期ポリス社会とその変質」『岩波講座世界歴史』2、一九六九年、一〇二―一〇八頁。

(126) *IG* I² 76では一一頭、*IG* II² 1672では四六頭に達している。

(127) *Erga* 465-469.

(128) デーモスの享受した地方自治およびそれと同時に存在したデーモスと中央との直接的結びつきについては、M. Ostwald, *Nomos and the Beginnings of the Athenian Democracy*, Oxford, 1969, 150-155.

(129) 中心市のエレウシニオンの建立年代は古くとも前四九〇年頃と推定され、それ以前にその場所に神殿が建てられた跡は発見されない、という発掘報告(H. A. Thompson, "Activities in the Athenian Agora: 1959, The Eleusinion", *Hesperia* XXIX 1960, 334-338)は、この見解の妥当性を高めるものと考えることができる。

(130) Nilsson, *Greek Folk Religion*, 42.

〔補論〕

本論文を発表した一九七三年以降、エレウシスの秘儀に関する研究は飛躍的に増大した。まず、史料については、『ホメロス風デメテル讃歌』の新しい校訂テクストが詳細な注解とともに刊行され(N. J. Richardson (ed.), *The Homeric Hymn to Demeter*, Oxford, 1974)、以後のエレウシスの祭儀に関する研究の基盤が補強された。このテクストを用いて最近ではH. Foley (ed.), *The Homeric Hymn to Demeter: Translation, Commentary, and Interpretative Essays*, Princeton/New Jersey, 1994が出されている。

新たな碑文史料も発表された(K. Clinton "A Law in the City Eleusinion Concerning the Mysteries", *Hesperia* 49 (1980), 258-288)。刻字の年代は前三八〇から三五〇年のあいだと推定され、そこに記された秘儀に関する諸規定の対象範囲は、残存の他のどの史料よりも広い。本論考でも考察した *IG* $\mathrm{I}^2$6 (= *IG* $\mathrm{I}^3$6) の法もかなり包括的であることから、これに替わるべく制定されたのが新発見の法である、という推測も可能である(Clinton, op. cit., 260)。この新しい碑文は、しかしながら、残欠が甚だしい上に、その年代から言っても、前五世紀を考察対象としている本論考の内容に直接関係するものではない。なお、ソロンの時代以降の最も包括的と言える法がこの時期に制定された状況について、クリントンは、ペロポネソス戦争後しばらく減少していた入信希望者の数がこの頃にはきわめて多くなったため様々な問題が起こり、新たな法的措置が必要な事態にいたっていた、と推測している。本碑文史料については、本書I-第一章の補論も参照。

史料に関しては、さらに、*Inscriptiones Graecae* I の第三版が一九八〇年に出て、本論文で使用した *IG* $\mathrm{I}^2$6, 76, 311, *SEG* X 24は、それぞれ *IG* $\mathrm{I}^3$6, 78, 391, 32として収められている。特に *IG* $\mathrm{I}^3$6については、その校訂テクストの補塡部分には相当の改変が見られる。以下に改変部分の和訳を記し、本論文に修正が必要か否か、一言しておこう。冒頭漢数字は第二版の行数、括弧内は第三版のC面行数。

一〇三―一〇六 (20-23) 「エウモルピダイおよびケリュケスは各ミュステスより、男については五オボロス、女については三オボロスを受け取るべきこと。」

一〇六―一〇九(24-26) 「支払わないミュステスを加入させることはできない、ただし、かまどより加入を許された者はこの限りではない。」

一一三―一一四(30-31) 「ケリュケスおよびエウモルピダイのなかの成年に達した者がミュステスを加入させるべきこと。」

一二二―一二九(38-46) 「〔約一行残欠部が多く解読困難〕…孤児を(…六字欠…)孤児たる子供たちとミュステスたちとはそれぞれ(…八字欠…)エレウシスにおけるミュステスたちは聖域の中庭で、中心市で(…七字欠…)者たちはエレウシニオンで。」

論考中で訳出した関係箇所と対照させるならば、論考の内容と特に相違するのは、(1)エウモルピダイとケリュケスがミュステスたちから受け取るのは、犠牲獣からの収益ではなく手数料である、(2)エウモルピダイとケリュケスの中の抽選により当たった者ではなく、成年に達した者がミュステスを加入させることができる、(3)エウモルピダイがプロテレイアを執行する特権を有していた、とは記されていない、の三点である。(1)、(2)については、新旧いずれの校訂テクストに依拠しても論旨に大きな相違はない。また、(3)については、エレウシスのヒエロポイオイがエウモルピダイ成員によって構成されていた、との推定(六七―六八頁)の根拠の一つが新校訂テクストでは失われてしまうが、六七頁に挙げた他の根拠は依然として有効なので、ヒエロポイオイに関する結論を変更する必要はないと考える。

史料についてはこのような現状であるが、他方、エレウシスの秘儀に関係する研究書および研究論文については、その数は夥しいので、主要なもの、本論考の論旨と直接関係するもののみを末尾に挙げておくことにし、この補論では、本論考の趣旨(テーゼ)に直接関係する研究のみを紹介する。

本論考は、エレウシスの祭儀が一地方の私的祭儀から国家祭儀へと発展した過程を、ポリス社会のうちに位置づける(五一頁)ことを趣旨としていた。このテーゼは、私的な祭祀がわずかの公共の祭祀に統合されることが、民主政に有用な方策である、とするアリストテレスの言説を受けて成立したのであった(同頁)。しかし、アリストテレスは前四世紀に生を受けた人間であり、前四世紀のパラダイムに規定されていたに違いないことを考慮するならば、彼の言説そのものの妥当性をまず吟味する必要があった。その必要を認識していなかったナイーヴさは、批判されなければならない。アリストテレスというフィルターを通さずに碑文史料に立ち向かうべきだったのである。

右の認識は、序論でも紹介したルセルおよびブリオの研究によって従来の通説が崩れたという研究状況のなかで得られた。もっとも、ポリス誕生以前から継承されたと想定されていた氏族制がアテナイに存在しなかったと結論するルセルとブリオの両者も、含意に差異はあるものの、宗教的特権を掌握するゲノスの前古典期における存在は認めている。つまり、エレウシスの秘儀の聖職者の出身母体であったエウモルピダイとケリュケスというゲノスの存在は、いまなお否定されていないばかりか、今後の前古典期のアテナイ社会を分析する際の手がかりになる可能性さえ潜在させているのである。

したがって、本論考において碑文史料を分析して得られた結果は、一地方の私的祭儀が国家祭儀へと発展した過程とせずに、民主政成立後の前五世紀になってもなお両ゲノスが享受していたエレウシスの秘儀の諸特権が、国家の管掌下に移行する過程、と解釈しなおすならば、現在においても依然として有効なのである。

そうであれば、解釈の変更に合致するように旧稿を書き改めればよい、という批判が出ても当然である。それをしなかったのは、本論考とこの補論とが一体のものとして併せ読まれるならば、ギリシア史の解釈を根底から問い直す試みが始まり、今なお続行している過去二〇年余の研究史とその意義を、それ自体で具現するものになる、と考えたからである。ただし、本論考の研究史の上での意義を損なわず、しかも、現段階での読み直しにも耐えるよう、「氏族」を「ゲノス」に代えるなど、最低限ではあるが一部の用語を変更した。

右にも述べたように、本論考の意義は、碑文史料を分析し、エレウシスの祭儀をめぐって国家とゲノスとの関係が変化する過程に光を当てたところにあった。ところが、この史料の分析結果そのものを問い直さねばならないかと思われたのは、オズボーンの主張である(R. Osborne, *Demos: The Discovery of Classical Attika*, Cambridge, 1985, 154-182)。それは、エレウシスの秘儀に関係する碑文史料を進化主義的に(in an evolutionary mode)読むことに反対し、古典期、それも主として前四世紀のアッティカ内での中央と地方との、主と従の関係ではなく、相互的な関係と見なし、その具体的ありようを、宗教的事例の中に確認しようとする試みである。

そもそも、オズボーンのこの著書は、民主政下のアテナイにおける都市部(中央)と村落部(地方)との相補的で調和した関係を解きあかそうとしたもので、史料の中から具体的にアッティカの自然、経済条件に規定された人間たちの行動、相互関係を描きだそうとして成功している。しかし、その視点はあくまでアテナイとアッティカとに限定されており、かつ共時的で、前五世紀の国力が増大する時期のアテナイの対外政策とエレウシスの秘儀との関連は視野の外にある。ただし、オズボーンはその後、前古典期のエレウシスの秘儀とアテナイとの関係についても考察を加えた。彼は暗黒時代にはエレウシスは文化的にアテナイの一部であった、とみなし("A Crisis in Archaeological History? The Seventh Century in Attica", *BSA* 84(1989), 297-322)、その前提のもとに、ドゥ・ポリニャクの理論を借用する(F. de Polignac, *La naissance de la cité grecque*, Paris, 1984)。

ドゥ・ポリニャクの著書は小型ながら刊行以来、多くの研究者の注意を引いてきた。それによれば、前古典期初期に出現したポリスのなかには、中心市のアクロポリスの神殿のほかに、ポリスの境界線近くに祭祀場や神殿を建立したポリスがあるが、後者すなわち中心市の外の(extra-urbain)神域は、そのポリスが国境を明確にし、領域内の統合を固めるために設けたものであった。このようなポリスを彼は二極型ポリスと呼ぶ。辺境の神域と中心市とを結ぶ道路や、祭儀の折にそこを行進する行列は、ポリスの支配がその領域全体におよぶのを周知させる機能と、領域内に居住する人々に市民としてのアイデンティティーを自覚させる働きをもっていた。ドゥ・ポリニャクはアルゴスの国境付近に所在するヘラ神殿を事例としてとりあげてこの理論を実証し、他方、アテナイはこの理論には該当しない例外で、アクロポリス一極型であって、エレウシスやブラウロンの祭祀は前六世紀にようやくポリスの組織に組み込まれた、と想定した(op. cit., 88-89)。ところが、オズボーンはアテナイもまた例外とは言えず、ドゥ・ポリニャクの理論に該当すると見る。つまり、ブラウロニア祭もエレウシスの秘儀も、アテナイがポリスとして成立した時から、アテナイという政治的統合体の構成要素であった、というのである("Archaeology, the Salaminioi, and the Politics of Sacred Space in Archaic Attica", S. E. Alcock and R. Osborne (eds.), *Placing the Gods: Sanctuaries and Sacred Space in Ancient Greece*, Oxford, 1994, 147-154)。

文献史料の少ない前古典期については考古史料に依拠する度合いは極めて高い。その考古史料は、早い時期にエレウシスがアテナイと一体化していたことを示しているので、複数の共同体が次第に統合されて古典期のアテナイへと到った、という進化主義的考え方はとらない、というのがオズボーンの立場である。ただし、彼が論文末尾でこの結論への逡巡を示していることも、見逃してはなるまい。

エレウシスとアテナイとの統合の時期については、前掲のフォーリーが早期にそれが実現したと想定する。それにもかかわらず『デメテル讃歌』にアテナイへの言及がないのは、この『讃歌』がパンヘレニックな性格をもち、アテナイに居住する者だけではなく、その枠を超える人々を聴衆として想定していたからである、と推論している(op. cit., 174-175)。

『デメテル讃歌』にアテナイへの言及がないのは、エレウシスがアテナイから独立していたことの証拠とはならないという見方(本論考で一部を紹介)は、私もすでに「アテナイのエレウシス併合について」(『東京学芸大学紀要』第三部門第三〇集、一九七九年、二〇一―二〇九頁)で検討を加え、前九世紀までにはアテナイに併合されていたことも可能である、とした。ただし、考古史料の利用の仕方がはたして適正であったかどうか確信がもてないため、本書にはこれを収めなかった。

エレウシスとアテナイが相互に独立していた、との見方に否定的な見解は、前述のオズボーンらに見られるように、近年さらに優勢になってきている。ところが、周藤芳幸「アッティカにおける「統合」と「連続」」(『名古屋大学文学部研究論集(史学)』四〇、一九九四年、五一―七五頁)は、ミュケナイ時代あるいは暗黒時代といった早い時期にアッティカの政治的、文化的統合はなかった、と墳墓の分布状況を検討して推論している。なお、前八世紀まで、エレウシスにおけるデメテルの祭祀の存在を示す考古史料は出ていない。アッティカの統合の時期について結論を出すまで、今後一層の研究と議論とを重ねる必要があるだろう。

史料は限られている。確かに、エレウシスの祭儀がポリスの制度上に占める位置に変化があったことを伝える、前古典期の証拠史料は存在しない。しかし、いわゆる「五十年史」と呼ばれる時代だけに限定しても、エレウシスの秘儀に関連してさまざまな政策が次々に打ち出されたことは、残存する碑文史料からでさえ明らかであり、この時期にエレウシスの秘儀が民主政の中で占める位置に変化があったことは確かである。民主政が確立して間もない時期の秘儀をめぐる政策を検討した、本論考のような観点と方法は、歴史のダイナミズムを通時的に捉える際にいまなお有効であり、ゲノスの祭儀から国家の祭儀への移行、という考え方も有効性を失ってはいないと考える。

なお、クリントン(末尾文献3)の研究は、エレウシスの祭儀の聖職者のプロソポグラフィーと呼ぶべき研究で、貴重な労作である。ただし、クリントンは右の労作でこのヒエロポイオイについて新たな史料分析も考察も加えていない。単にポリスの役人であるという、本論文でA説と分類した見解を踏襲しているにすぎない。ヒエロポイオイをどのような役職と理解するかは本論考の論旨展開のうえで鍵となる問題であるのだが、この点についてはクリントンは従来の説を補強するような新たな論拠を提示したわけではなく、その限りでは、本論考においてヒエロポイオイについて得られた結論は、今なお乗り越えられてはいないと言える。

本論文の後半部で取り上げたアッティカのデーモスの供犠暦については、史料としてきわめて重要であることは誰もが認めながら、いまだその研究が十分に深化した、とは言いがたい。そのような研究状況については、文献8を参照して頂きたい。

1) W. Burkert, *Homo Necans, Interpretationen altgriechischen Opferriten und Mythen*, Berlin, 1972.
2) F. Graf, *Eleusis und die orphische Dichtung Athens in vorhellenistischen Zeit*, Berlin/New York, 1974.
3) K. Clinton, *The Sacred Officials of the Eleusinian Mysteries*, *TAPS*. n. s. 64. 3, Philadelphia, 1974.
4) W. Burkert, *Griechischen Religion der archaischen und klassischen Epoche*, Stuttgart, 1977.
5) M. B. Cavanaugh, *Eleusis and Athens: Documents in Finance, Religion and Politics in the Second Half of the Fifth Century B. C.*, Diss., Cornell Univ., 1980.
6) A. C. Brumfield, *The Attic Festivals of Demeter and their Relation to the Agricultural Year*, New York, 1981.
7) D. Whitehead, *The Demes of Attica, 508/7-ca. 250 B. C.: a political and social study*, Princeton, 1986.
8) do., The "Greater Demarchy" of Erchia, *Ancient World* 14 (1986), 57-64.
9) K. Clinton, *Myth and Cult: The Iconography of the Eleusinian Mysteries*, Stockholm, 1992.

# 第三章　エレウシニア祭と二枚の碑文

## はじめに

アリストテレス『アテナイ人の国制』五四章七節によれば、民会によって選出された年ごとのヒエロポイオイは、パンアテナイア祭を除くすべての五年目ごとの祭祀を司る職務を担っていた。この五年目ごとの祭祀の一つとしてエレウシニア祭が挙げられている。ここに言うエレウシニア祭は、もちろん秘儀とは別個の祭儀であるが、かつて秘儀と混同されたこともあった。(1) 近代のみならず、後二世紀においてアリスティデスがすでに、秘儀をエレウシニアと呼び、両祭儀を混同している。(2) この時代、エレウシニア祭の名声にもすでに翳りが生じていたが故であろうか。(3) しかし、古典期においてエレウシニア祭が、パンアテナイア祭およびエレウシスの秘儀と並んでアテナイの重要な祭儀の一つであったことは、この祭儀開催の前に、ギリシア各地に休戦宣言の使者が派遣された事実(4)がこれを物語っている。

エレウシニア祭がこれほど重要な意義を有するようになった時期については、未だ定説はない。むしろこれまで論議の対象となることがほとんどなかった、と言うべきであろう。僅かに、最近シムズがこれを前六〇〇年から前四六八年の間、おそらく前五六〇年から前五二七年の間または前四八〇年から前四六八年の間のいずれかの時期、と推測している。(5) この問題についてはここでは触れず、私自身の今後の課題とし、本稿ではエレウシニア祭開催の諸条件について考察し、さらに当祭儀に関する規定が記されていると解せられる二枚の碑文をとり上げ、検討を加えることにする。

# 一　祭儀開催日

前述の『アテナイ人の国制』五四章七節に「五年目ごとの祭儀（*ἡ πεντετηρίς*）」として挙げられているエレウシニア祭は、四年に一度の大祭を指していて、[6] これはオリンピアードの第二年目に特に大規模に催された全ギリシア的な祭儀（*ἡ πανηγύρις*）[7]であった。この大祭の他に、三年目ごとの（*ἡ τριετηρίς*）、すなわち二年に一度のエレウシニア祭があった。これはオリンピアード第四年目に行なわれた。[8] この三年目ごとのエレウシニア祭も実際は四年に一度開催されたのであるが、大エレウシニア祭との間に二年の間隙があるためにこのような呼称が付けられたのであろう。[9] さらに、エレウシニア祭は収穫祭であり、収穫は毎年のことであるから、残るオリンピアード第一、第三年にも極く簡素なエレウシニア祭が開かれた。[10]

四年に一度の大エレウシニア祭には、パンアテナイア祭の場合と同様に、供犠、行列とともに競技会が開かれた。[11] この競技にはギリシア各地から参加者が集まって来たようで、コス、ロドスなどからエレウシニア祭での勝利を記念した石碑が出土している。[12] 優勝者にはラリア平野産の神聖なる大麦が賞品として贈られた。[13] 三年目ごとのエレウシニア祭においても、規模は劣るが競技会が開催された。[14]

エレウシニア祭の主神デメテルは周知の如く農耕の女神である。エレウシニア祭の趣旨も収穫を感謝することにあった。従って、この祭儀の主行事は何よりも初穂の奉納であったと解される。[15] 五年目ごとの大エレウシニア祭、三年目ごとのエレウシニア祭はもちろんのこと、競技会をともなわないオリンピアード第一、第三年のエレウシニア祭においても、古代ギリシアの祭儀に不可欠の供犠とともに初穂の奉納が行われた。[16]

エレウシニア祭開催の月はメタゲイトニオンの月であったとの見方がほぼ定着している。[17] *IG* $II^2$ 1496. 129-133 中で、同祭儀はパンアテナイア祭とデモクラティア祭、アスクレピエイア祭との間に置かれている。パンアテナイア祭はヘカトンバイオンの月の二八日、アスクレピエイア祭はエラフェボリオンの月の九日に開催された。[18] デモクラティア祭にはボエドロミオンの月の一二日が当てられた、と推測されている。[19] 以上からエレウシニア祭は、ヘカトンバイオンの月二九日からボエドロミオンの月一一日の間に置くことができよう。さらに、マラトンのテトラポリスの供犠暦中に、メタゲイトニオンの月にデメテルに牛、コレには牡羊の供犠が記されている。[20] これはおそらくエレウシニア祭に関連する供犠であろう。ドイプナーらの推測する通り、エレウシニア祭開催月はほぼ確実にメタゲイトニオンの月と認めることができる。

さらに詳細に、同月の何日であったかを考察したのはマイクルスンであった。彼は近著で史料を広く渉猟し、国家祭儀と民会あるいは評議会とは同じ日に重複して開催することが原則として忌避されていたことを証明した。[21] メタゲイトニオンの月で民会、評議会開会日と重ならない連続した四日間が認められるのは、同月五日から八日と、一三日から二〇日である。他方、エルキアの供犠暦[22]によれば、同月一二日にデメテルを含む四柱の神々への供犠が中心市にて行われている。それ故、メタゲイトニオンの月一三日から二〇日の間のいずれか連続四日間にエレウシニア祭が開かれた。参加者がエレウシスへ往復する時間を考慮するならば、真中の一五日から一八日であろう、とマイクルスンは推測する。[23]

ところで、エルキアの供犠暦からは、さらに詳しい事情が読み取れそうである。当供犠暦中のメタゲイトニオンの月とピュアノプシオンの月の供犠を抜萃して図表化すると、次頁の表のようになる。

この供犠暦によれば、ピュアノプシオンの月一四日に半女神(ἡρωΐνη)たちに犠牲が捧げられている。この日はテスモフォリア祭の翌日に当る。[24] 従ってこの供犠は、中心市での国家祭儀テスモフォリア祭の終了を、デーモス(区)として締めくくるという意味を有していたのではないかと考えられる。

**表** エルキアの供犠暦より

| | *A* | *B* | *Γ* | *Δ* | *E* |
|---|---|---|---|---|---|
| メタゲイトニオンの月 | 12日<br>アポロン・リュケイオスに<br>中心市にて<br>羊，持出禁止，12 dr.<br>(οὐ φορά㉕)<br><br>20日<br>ヘラ・テルキニアに<br>エルキアのパゴスにて<br>黒子羊，持出禁止<br>7 dr. | 12日<br>デメテルに<br>中心市のエレウシニオンにて<br>羊，　10 dr.<br><br>16日<br>クウロトロフォスに<br>エルキアのヘカテ神域にて<br>豚，　3 dr.<br>アルテミス・ヘカテに<br>エルキアにて<br>山羊，　10 dr. | 12日<br>ゼウス・ポリエウスに<br>中心市のアクロポリスにて<br>羊，持出禁止，12 dr.<br><br>25日<br>ゼウス・エポペテスに<br>エルキアのパゴスにて<br>豚，ホロコースト<br>(ὁλόκαυτος)<br>ブドウ酒なし　3 dr.<br>(νηφάλιος㉖) | 12日<br>アテナ・ポリアスに<br>中心市のアクロポリスにて<br>羊，　10 dr. | 19日<br>半女神たちに<br>エルキアの蘆の原にて<br>(ἐπὶ Σχοίνωι)<br>羊，持出禁止<br>女神官に皮　10 dr. |
| ピュアノプシオンの月 | 14日<br>半女神たちに<br>エルキアの門戸にて<br>(ἐμ Πυλῶνι)<br>羊，持出禁止<br>女神官に皮　10 dr. | | | | |

注）この供犠暦は *A*〜*E* の5コラムから成る。本書 I - 第二章注79参照。

では何故テスモフォリア祭の主神デメテルとコレとに犠牲が捧げられず、半女神らがその対象となっているのであろうか。エルキアの供犠暦におけるデメテルへの供犠は特異な位置にある。すなわち、デメテルに対しては中心市において供犠が行なわれるのみで、エルキア区内では行なわれていない。(27) つまり、各地に存在したに違いないローカルなデメテルへの祭祀は、エレウシスのデメテルへと集合(合祀)されたと推測できるのである。(28) しかし、古くから各地の村落共同体にあったであろう農耕の女神デメテルのための祭祀は、それほど思いきりよく放棄できはしなかったであろう。土着のデメテルの祭祀は、形を変えて存続する場合もあったのではないか。エルキアの場合、それが半女神への祭祀となった(29)、とこの供犠暦から推測することが可能と思われる。

当供犠暦において、半女神への供犠は、このピュアノプシオンの月の例と、メタゲイトニオンの月の一九日のそれとの二例のみである。しかも半神への供犠が皆無であることも注意すべき点である。この二例の半女神が特別な意味を有していたことは間違いあるまい。この暦に記されている半女神への供犠は、デメテルへの供犠あるいはデメテルとコレへの供犠の変形と解し得るのである。

エルキアのデーモス成員の妻たちは、ピュアノプシオンの月の一一日から一三日までの間、中心市におけるテスモフォリア祭に参加し、その後エルキアに帰還、一四日に地元で締めくくりとして、あるいはテスモフォリア祭無事終了の報告のために、デメテル(およびコレか?)の替りを務める半女神たちに犠牲を捧げたのであろう。(30)

このように考えるならば、メタゲイトニオンの月一九日の半女神たちへの供犠も、デメテル(とコレ?)への供犠の代替と見なし得る。さらに、ピュアノプシオンの月一四日の例から類推するならば、それは、中心市または区外の他の地で行われたデメテルに関連ある国家祭儀の終了後に、地元で行なわれた供犠と見なすことができる。この国家祭儀こそがエレウシニア祭であろう。すなわち、エルキアのデーモス成員たちは、エレウシニア祭参加のためにエレウシスへと赴き、祭儀終了の翌日(あるいはエルキアにとってエレウシスは中心市よりも遠方に位置するから翌々日であったかも知れない)までにはエルキアへと帰還し、半女神らへ供犠することによって自区内でも農作物収穫を神に感謝したのであろう。従って、エレウシニア祭開催日は、メタゲイトニオンの月一三日から一八日の間におくべきであろう。

## 二 祭儀開催場所

エレウシニア祭はエレウシスにて開催されたが、その場所がエレウシスのどの地点であったか、文献史料から知ることはできない。

祭儀の主要行事の一つである競技会はスタディオンで行なわれたであろうが、このスタディオンの正確な位置は発掘によっては確認できていない。しかし、その位置を示唆する碑文史料があって、トラフロスはエレウシスの地勢を検証する際に、史料中で「スタディオン側の門」と呼ばれている門を、他の門との相関的位置関係から図1のように推定した。そしてスタディオンそのものは、この門に近接し、エレウシスの市域と神域とを囲む周壁の外の丘陵傾斜部に所在したと推測する。(31) 当のスタディオンは、ギリシアの他のスタディオンがしばしばそうであったように、盛土された土手に囲まれた簡単な構造だったであろうから、その遺跡が確認できないのはむしろ止むを得ないこととも言えよう。(32) 但し、同所で発掘されたローマ時代の排水溝は、雨水がスタディオン内に浸入するのを防ぐためのものであったと考えることが可能である。(33)

競技はこの周壁の外に位置したスタディオンで行なわれたとして、エレウシニア祭の他の行事、すなわち初穂奉納や供犠はどこで行なわれたのであろうか。

クリントンはエレウシニア祭はすべて神域の外で開催されたと見なす。その根拠は、(1)供犠も競技と近接した場所

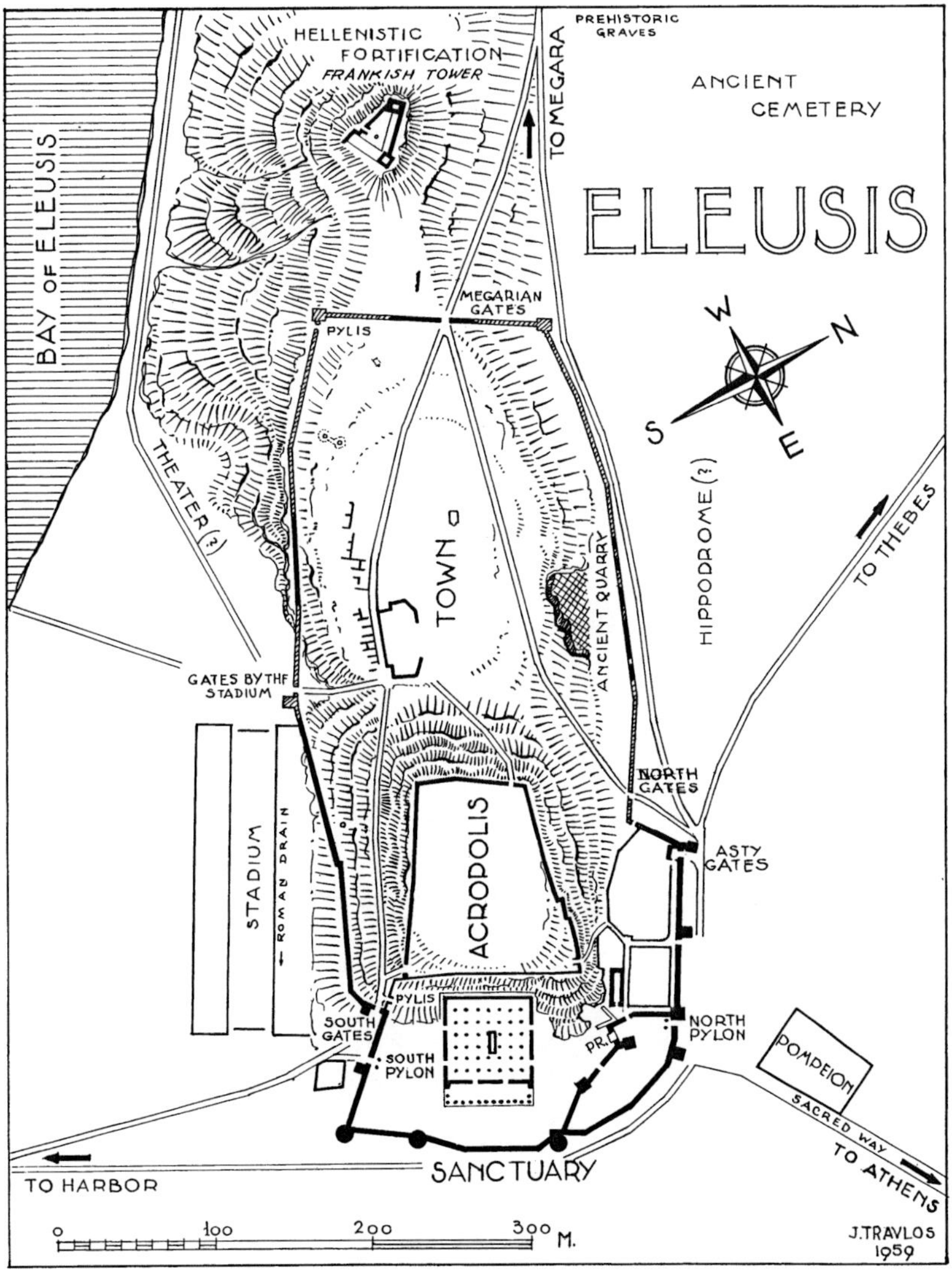


**図 1**　前 4 世紀末のエレウシス
(J. Travlos, The Topography of Eleusis, *Hesperia* 18 より)

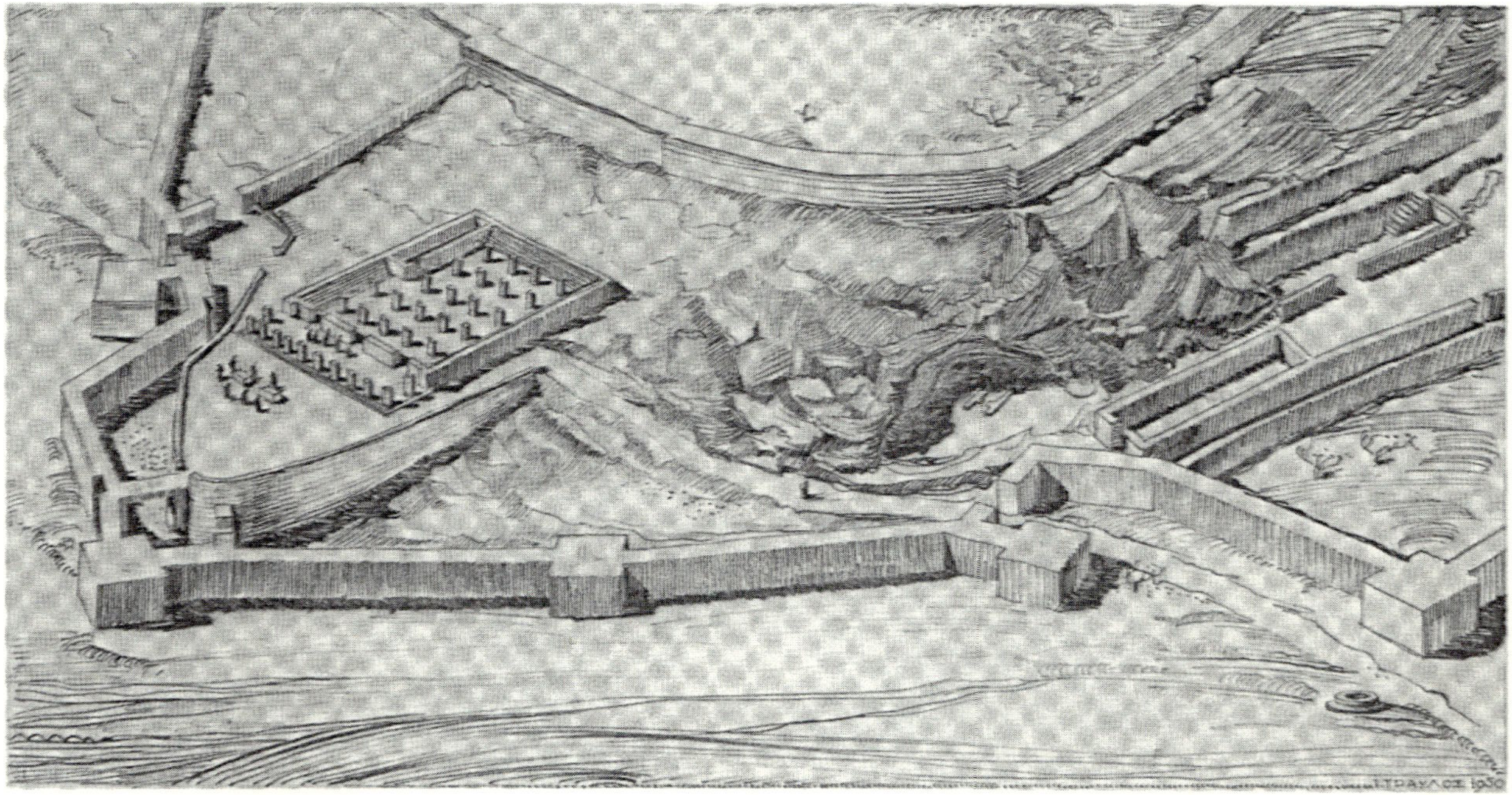

**図 2**　Travlos によるペイシストラトス時代の神域復元図
(G. E. Mylonas, *Eleusis and the Eleusinian Mysteries*, Fig. 25 より)

で行なわれたと考えるのが理にかなっていること、(2)秘儀以外のいかなる祭儀も神域内で開かれた積極的証拠がないこと、(3)神域内には秘儀の非加入者の参入が禁止されていたが、もしエレウシニア祭の供犠が神域内で行なわれていたならば、祭儀に参加する秘儀非加入者は供犠に参加できなかったことになり、これは全ギリシア的性格を有する当祭儀にはふさわしくないこと、の三点である。(34)

クリントンの言うように、競技と供犠とは近接した場所で催されるべきであったのだろうか。パンアテナイア祭を例にとってみると、全ギリシア的であった競技は現在のスタディアムとほぼ同位置に所在したスタディオンで、アテナイ市民のみに参加資格のあったレガッタはペイライエウスで、戦車競走を含めた馬術競技は中心市とファレロンの間の何処か空間の開けた場所で行なわれた。(35)他方、供犠はアクロポリスにおいて、(36)参加市民への肉の分配はケラメイコスにおいて行なわれた。(37)つまり、供犠の場と競技の場は近接していなかった。パンアテナイア祭の場合、実際問題として場所の近接は不可能であっただろうが、一般的に考えても、競技と供犠の祭壇との距離の懸隔はそれほど重大と意識されてはいなかったのではないか。むしろ祭儀中の演劇競演、運動競技の場所、すなわち劇場、スタディオンは神域内ではなく、神域に隣接していることが普通であったらしい。(38)オリュンピアではスタディオンとゼウスの大祭壇とは一〇〇メートル以上離れている。(39)エレウシスでも、スタディオンが所在したと見なされる場所から神域内の祭壇までの直線距離は二〇〇メートル足らずである。(40)

次に、神域内への参入は、秘儀加入者および加入希望者以外の者にはいかなる時にも禁じられていたのであろうか。ボエドロミオンの月の大秘儀の際に神域内に入り得るのは、中心市アテナイでの資格審査を受け、予備の儀式を済ませた者、またはすでに前年までに加入してしまった者だけであった。彼らは神官たちに付き添われ、行列を組んでエレウシスの神域内に入っていった。(41)この時、加入者あるいは加入希望者以外の者が神域内に入り込むことはほとんど不可能であっただろう。また、秘儀加入者が秘儀の内容の秘密性を固く守ったことは疑いもない。(42)しかしそれは、秘儀そのものについて知っていること、経験したことを口外することが禁じられていたということである。

果して神域はいかなる時にも非加入者に閉ざされていたのだろうか。秘儀開催中に評議会がエレウシスにおいて開かれたことは、*IG* II$^2$ 1072. 3より確認されている。[43] その場所は神域内南隅のブウレウテリオンであったらしい。[44] 従って、評議会委員はブウレウテリオンにおける評議会に出席するため神域内に入ったことになる。また、*SEG* X 24. 17-20によれば、二柱の女神の財貨管理役のエピスタタイはアテナイ人の中から選出された五人によって構成されたが、彼らは当役職就任の際にエレウシスの二基の祭壇の間で誓いをたてることが定められていた。[45] この二基の祭壇は神域内のテレステリオン前に所在した。[46] このように評議会委員あるいは二柱の女神の財貨管理担当のエピスタタイは、職務上神域内に立ち入る必要があった。

ところで評議会委員あるいは当該エピスタタイの役にあるすべての者が秘儀加入者であったとは限るまい。アリストファネス『平和』三七五において、アトモノン区の人トリュガイオスの発する「死ぬ前に秘儀に加入しなくては」という言葉は、アテナイ市民の中に秘儀に加入しない者も存在したことを示唆していよう。従って、非加入者である評議会委員または当該エピスタタイが神域内に参入する特例があったことになる。彼らとて、秘儀の儀式の場に居合わせることは許されなかったことはもちろんであろう。以上の事実は、神域の場所そのものが秘密性を有するのではなく、[47] 秘密にしなければならないのは秘儀の内容、秘儀において行なわれたこと(*τὰ δρώμενα*)、語られたこと(*τὰ λεγόμενα*)、見せられたもの(*τὰ δεικνύμενα*)であったことを示している、と解せよう。[48]

神域は秘儀開催時以外には、原則として閉鎖されていたことはもちろんであろう。しかし、必要の場合には、加入者、非加入者に限らず、神域内に人が参入することもあり得た。おそらく、神官が立ち会ったであろうが。[49]

以上のように、クリントンが自説の根拠として挙げた(1)と(3)については、受け入れ難いことが明らかとなった。(2)は argumentum ex silentio であって、この(2)のみでは、クリントン説は説得的とは言い難い。むしろ、エレウシニア祭開催の折には、あるいはより限定するならば、同祭の供犠と初穂奉納とが行なわれる間は、神域は祭儀参加者に開放されたと考えるべきであろう。その場合でも、テレステリオンは閉ざされていたに違いない。

エレウシニア祭は、その主神デメテルとコレにまつわるエレウシスに伝わる神話のみならず、その開催場所についても秘儀との共通性を有していたからこそ、その名声がギリシア世界に高まり得たと考えられる。エレウシニア祭が秘儀と全く隔絶した所で催されたならば、秘儀と共同歩調をとるが如き発展を果し得たか疑問である。

## 三　*IG* I² 5 と *LSS* 10 A

現存するアテナイの碑文の中でも最古の部類に属する *IG* I² 5[50] は前五〇〇年頃のもので、これまでエレウシニア祭に関する民会および評議会決議であると解されてきた。フォン＝プロットの校訂による同碑文を再掲し、逐語的に訳出すれば以下のようになろう。

「評議会および民会にて決議せり。この時の書記役はパライバテスがこれを務む。エレウシニアとプロエロシアのヒエロポイオイはエレウシニオンにて、プロテレイア〔序段の供犠〕を捧げるべきこと、ゲーに、ヘルメス・エナゴニオスに、カリスに、牝山羊を一頭、…(約一三字欠)…、ポセイドンに牡羊を一頭、アルテミスに牝山羊を一頭、テレシドロモスに、トリプトレモスに牡羊を一頭、プルウトンに、ドリコスに、二柱の女神に牛を筆頭とする三頭の獣を、祭儀にて[51]」

この碑文をエレウシニア祭に関する決議と解する主要な根拠は、同碑文第二行目「エレウシニアの」の語にある。[52]また、列挙されている神々の中のヘルメス・エナゴニオス、テレシドロモス、ドリコスが秘儀よりも競技と関係の深い神々であることも、その根拠の一つである。

[ἔδοχσ]ε̣ν [⁝ τε̑ι βολε̑ι] ⁝ καὶ [τ]ο̑ι δέμοι ⁝ hό[τ]ε Παραιβάτε[ς ἐγραμμάτευε] non στοιχ.
[προτέ]λεια ⁝ θ̣[ύε]ν ⁝ τὸς hιεροποιὸς ⁝ Ἐλευσινίον ⁝ καὶ [Προεροσίον ἐ]ν
[το̑ι Ἐλ]ευσιν[ίοι ⁝ Γ]ε̑ι ⁝ hερμε̑ι Ἐναγονίοι ⁝ Χάρισιν ⁝ αἶγα[⁝ . . . . . . c. 13 . . . . . .]ον
[Ποσειδ]ο̑νι ⁝ [κριό]ν ⁝ Ἀρτέμιδι ⁝ αἶγα ⁝ Τελεσιδρόμοι ⁝ Τρι[πτολέμοι ⁝ κριόν]
[Πλούτο]νι ⁝ Δ[ολί]χοι ⁝ Θεοῖν ⁝ τρίττοαν ⁝ βόαρχον ⁝ ἐν τε̑ι ⁝ ἑορ[τε̑ι].

*IG* I² 5

これに対しクリントンは、当該碑文はエレウシニア祭ではなく秘儀に関する決議であると見る。[53] その論拠の第一点は、当史料の出土場所である。この石碑は、小プロピュライアとテレステリオンの間の地中から出土した。[54] つまり神域の内部から出土した。また、ヒエロポイオイがプロテレイアを捧げる場所としてエレウシニオンの名が記されている。このエレウシニオンは、エレウシスのデメテルおよびコレの神殿、あるいはもっと限定してテレステリオンそのものを指していると考えられる。[55] 以上より、この決議に定められている供犠は神域内で執り行なわれたことがほとんど確かである。エレウシニア祭は神域外で開催されたと考えるクリントンは、それ故この碑文はエレウシニア祭に関する決議ではないとの判断を出した。[56] しかし、エレウシニア祭の供犠が神域内で執り行なわれたであろうことは、すでに前節で論じたところである。

さらにクリントンの論拠の第二点は、決議の末尾に「祭儀にて」とあるのみで、特に祭儀の名が明記されていないことである。それはこの石碑が設置されていた場所である神域内において催された祭儀は秘儀のみであるので、特に祭儀の名を記さなくとも、それが秘儀を指すことは明らかであったから、とクリントンは考える。[57] しかし管見の限りでは、碑文において秘儀を指す場合には *μυστήρια* の語が用いられており、[58] *ἑορτή* の語が用いられた例は見出せない。他方、エレウシニア祭については史料中に確認し得ないが、*IG* II² 1363 のエレウシスの祭儀暦には「プロエロシアの祭儀にて(*τῇ ἑορτῇ τῶν προηροσίων*)」、*IG* II² 1177 には「テスモフォリアの祭儀(*ἡ ἑορτὴ τῶν θεσμοφορίων*)」なる語がある。これらから類推してエレウシニア祭についても *ἑορτή* の語が用いられたであろう。当該碑文の末尾の *τῇ ἑορτῇ* もエレウシニア祭を指すと推定できる。

また、当決議に記されている神々、特にヘルメス・エナゴニオス、テレシドロモスおよびドリコスがエレウシニア祭の性格に合致する、あるいはエレウシニア祭により相応しいことはクリントンも認めているところである。[59] 以上のように、*IG* $\mathrm{I}^2$ 5 はエレウシニア祭に関する決議と解する方が妥当であると思われる。

*IG* $\mathrm{I}^2$ 5 とともにエレウシスの祭儀との関連で注目すべき碑文史料として *LSS* 10 がある。これはいわゆる「ニコマコスの編纂による法典」の一部であって、一九三五年にオリヴァーによって発表された。ペロポネソス戦争中の前四一一／〇年から始められたアテナイの聖俗法の改訂作業は、前四〇四／三年の「三十人僭主」支配によって一年弱の間中断されたが、すぐに再開され、前四〇〇／三九九年に終了した。聖法は主に、作業再開後に改訂を施されたらしい。[60]

この聖法の一部が現存し、そのまた一部がエレウシスの祭儀に関する規定である。[61] そこに記されている神々の一部が *IG* $\mathrm{I}^2$ 5 の神々と一致していることから、当該規定もまたエレウシニア祭のそれであると指摘されている。[62] そのテクストおよび第三コラムの訳文は次頁の通りである。

ここに記されている神々は、エウモルピダイが供犠する神々と、残欠ゆえに執行者不明の供犠の対象たる神々との二グループに分けられている。前者のグループの神々について、ヒーリーがエウモルピダイのパトリア(父祖の法)に属する神々である、と指摘しているのはおそらく正しいであろう。[63]

テミスは、ヒーリーによれば同ゲノスのパトリアが神格化した神である。[64] ゼウス・ヘルケイオスは、一般にゲノスのみならず、オイコスの守護神である。[65] デメテルおよびペルレファッテス(ペルセフォネ)は、言うまでもなくエレウシスの祭儀の主神である。エウモルポスはエウモルピダイの名祖であり、『デメテル讃歌』にその名を見出すことができる。[66] デリコスはドリコスを指すと考えられるが、メリコスと読むことも可能で、その場合、メリコスは、同じく『讃歌』中に語られているエウブウレウスとの一致が考えられる。[67] アルケゲテスはイアッコスと一致する。[68] ポリュク

## A

30. Τάδε τὸ ἕτερον ἔτος θύεται ἀ[- - - - - -

(以下第二コラム 31～59 行省略)

ΔII Θέμιδι οἶς
ΔΓ Διὶ ῾Ερκείωι ο[ἶς]
Δ⊢⊢ Δήμητρι οἶς
Φερρεφάττη[ι]
ΔΓ⊢⊢ κριός
ΔΓ Εὐμόλπωι οἶς
ΔΓ Δελίχωι ἥ[ρωϊ οἶς]
ΔΓ ᾿Αρχηγέτηι [οἶς]
ΔΓ Πολυξέν[ωι οἶς]
Θρεπτῶι [κριὸς]
ΔΓ⊢⊢ κριτός
ΔΓ Διόκλω[ι οἶς]
ΔΓ Κελεῶι [οἶς]
Εὐμολπ[ίδαι]
ταῦτα [θύοσιν]
ἱερέα[ι Δήμητρος]
H ἀπόμ[ετρα]
ἐκ τῶν στ[ηλῶν ·]
(⊢)⊢⊢ χοῖρ[ος - -]
Δ⊢⊢ ῾Εστί[αι οἶς]
Δ⊢⊢ ᾿Αθην[αίαι οἶς]
Δ Χά[ρισιν - -]
῾Ερ[μῆι οἶς]
ΔΓ ᾿Εν[αγωνίωι]
Δ [- - - - -]
ΔΓ ῞Η[ραι? οἶς]
ΔΓ Δ[ιὶ οἶς]
- - - -

A

以下は隔年に供犠される ―――――

(第二コラムは省略)

| | |
|---|---|
| 10dr 2ob | テミスに　　羊 1 頭 |
| 15dr | ゼウス・ヘルケイオスに　羊 1 頭 |
| 12dr | デメテルに　羊 1 頭 |
| | ペルレファッテスに |
| 17dr | 牡羊 1 頭 |
| 15dr | エウモルポスに　羊 1 頭 |
| 15dr | 半神デリコスに　羊 1 頭(69) |
| 15dr | アルケゲテスに　羊 1 頭 |
| 15dr | ポリュクセノスに　羊 1 頭 |
| | トレプトスに |
| 17dr | 選抜きの牡羊 1 頭 |
| 15dr | ディオクロスに　羊 1 頭 |
| 15dr | ケレオスに　　羊 1 頭 |
| | エウモルピダイが以上を供犠する |
| | デメテルの女神官に |
| 100dr | 報酬として(70) |
| | 石碑より |
| 3dr | 若豚 1 頭 |
| 12dr | ヘスティアに　羊 1 頭 |
| 12dr | アテナに　　羊 1 頭 |
| 10dr | カリスに |
| | ヘルメス・エナゴニオスに |
| 15dr | 羊 1 頭 |
| 10dr | ――――― |
| 15dr | ヘラに？　羊 1 頭 |
| 15dr | ゼウスに　羊 1 頭 |
| | ―――― |

(dr＝ドラクマ　ob＝オボロス)

*LSS* 10 (「ニコマコスの編纂による法典」の一部)

セノス、ディオクレス、ケレオスはいずれもエレウシスの半神であり、『讃歌』中にもその名が見出せる。(71) トレプトスは、トリプトレモスであろう。(72)

以上の神々は、テミスとゼウス・ヘルケイオスを除けば、すべて秘儀、エレウシニア祭を含めたエレウシスの宗教に固有の神々である。さらに、第七三、七四行にあるようにこれらの神々への供犠を執行するのがエウモルピダイであることから、これらがエウモルピダイおよびエレウシスの宗教と密接不可分の神々であることは明らかであろう。

他方、第二グループに目を転ずると、ヘスティアは、アテナイのプリュタネイオンのヘスティア(かまど)を想起させる。ポリスに対する二柱の女神の恩寵を求めて、特に選ばれた子供が、毎年このヘスティアから秘儀に加入した。(73) アテナもまた、アテナイ国家の守護神のアテナと解せよう。ゼウスも、ポリスの公共生活に不可欠の神であった。(74) すなわち、これらは市民共同体としてのポリス、アテナイと不可分の神々であった。他方、ヘルメス・エナゴニオスは競技の神、カリスは慈愛の神として、特にエレウシスの宗教のみに限ることのできない、一般的性格を有している。

以上のような神々の二分割は、*IG* $I^2$ 5 においては見られない。「ニコマコスの編纂による法典」中に認められるこの神々の二分は何を意味しているのであろうか。

ヒーリーは、二分された神々について、第一グループは前述したようにエウモルピダイのパトリアに含まれている神々であり、第二グループはエレウシニア祭で祀られている神々の中でも副次的位置にある神々である、と見なす。さらに、第一、第二グループともに犠牲用費用が小額であるのは、両グループともにエレウシニア祭の中で副次的供犠であることを意味している。*IG* $I^2$ 5 においてはプロテレイアに相当する第二グループ、もとは祭儀の主要供犠であった第一グループともに、この「法典」では *τὸ πρόθυμα*(予備の供犠)としての性格をもつものとなり、両者ともエレウシニア祭において副次的な意味を有する存在となってしまった。再生民主政に適合すべく聖法を改訂したニコマコスは、ここでも古来の供犠を祭儀において副次的な位置に降格させたのである、とヒーリーは考える。(75)

第三コラムの供犠費用は確かに小額であるが、[76]それは古来の供犠が副次的位置に降りた結果と解すべきではなく、むしろ当碑文の頭書と関連させて考えるべきであろう。頭書によれば、第三コラムの供犠は第二コラムのそれ同様、隔年に執り行なわれた。小額の供犠費用は、これらの供犠がオリンピアード第一、第三年の簡素なエレウシニア[77]において行なわれたことを示していると解すべきではあるまいか。神々の二分割についてはヒーリーのそれとは別の解釈が可能であろう。

クリントンは、第二グループの神々をエレウシスの秘儀に関与するもう一方の有力ゲノス、ケリュケスの祖先神であろうと推測する。その論拠は、ダイドゥコスを務めたテミストクレスの顕彰決議(前二〇／一九年)[78]中に記されている、当ゲノス成員が就いていた神官職にある。それらは、(1)カリテスとアルテミス・エピピュルテディアの神官、(2)ヘルメス・パトロオスの神官、(3)ゼウス・ホリオス、アテナ・ホリア、ポセイドン・プロスバテリウスおよびポセイドン・テメリウコスの神官である。これらの神官名より、カリテス、アルテミス、ヘルメス、ポセイドン、アテナおよびゼウスは、ケリュケスにとって特に親しい関係の神々であったことが推測できる。これらの神々は第二グループの神々と、後者にエピセットの欠落はあるにしても同定できるとクリントンは考え、第二グループの供犠はケリュケスによって執行されたと見なす。[79]しかし、クリントンの依拠する史料は「法典」よりも四〇〇年近くも後のものであり、さらに、ヘルメス・エナゴニオスの例一つを取り上げても、これをヘルメス・パトロオスと同一視して、ケリュケスとことさらに結び付けてしまうなど、いささか飛躍があると思われる。ヘルメス・エナゴニオスはやはり競技と結びついた、より普遍性のある神であろう。

ここで我々の史料、「法典」の第三コラムにもどろう。第一グループについては、エウモルピダイが供犠を行ない、第二グループは他の何者かが供犠を行なっているが、残欠故にそれは不明である。第二グループの神々が、エレウシスの祭儀に特に固有の神々ではなく、ポリスとしてのアテナイに関係深い神々であることは、その供犠執行者もまたエレウシスの関係者ではなく、アテナイを代表する人々であることを示唆している、と考えられるのではないだろうか。

かつて筆者は、エレウシスのヒエロポイオイ(*IG* I$^2$ 5 のエレウシニアのヒエロポイオイと同一の役職)は、エレウシスの祭儀と関係のある人々(おそらくエウモルピダイ出身者)によって構成されると推定した。[80] このエレウシスのヒエロポイオイは、前四五〇年頃、アテナイ人の中から選出された五人のエピスタタイに、秘儀の財務に関する権限を移譲している。[81] 彼らヒエロポイオイがその後も初穂に関係する仕事を担当していたことは *IG* I$^2$ 76 が示しているが、この碑文史料を最後に、当該ヒエロポイオイの存在は史料中に確認できなくなる。

このように考えれば、我々が「法典」中に認め得た神々の二分割については、*IG* I$^2$ 5 が伝えるように、従来エレウシニアのヒエロポイオイが行っていた供犠が、二分され、その執行権も、前半部はかつてと同様エレウシス関係者であるエウモルピダイが、後半部はアテナイ国家の役人が、分有することになったとの推測が可能である。この権限二分の現象は、秘儀の財務担当の権限がエレウシスのヒエロポイオイから国家の役人であるエピスタタイに移行した事実と、その意義を同じくするものであろう。

すなわち、エレウシスとの関係が緊密で、国家がその間に介入し得ない神々については、エレウシス側(この場合はエウモルピダイ)に執行権を残し、そうでない神々については、国家が執行権を取り上げるという、国家によるゲノスの特権縮小の政策がそこに見出されるのである。

しかも、権限移行の際の神々の二分、それに照応する権限の二分に見られるような国家の細心の配慮は、一方では、エレウシスの神々に対するアテナイ一般民衆の強固な信仰が存在したことに由来するであろうが、他方では、アテナイ各地に古くから存在していた農耕神デメテルへの農民の信仰をエレウシスへと集中させ、エレウシスの祭儀を民主政進展の精神的支柱の一つとする政策[82]に抵触してはならないという必要から発したことでもあったであろう。換言すれば、国家はエウモルピダイの特権をできるだけ縮小させる一方で、同ゲノスの宗教的権威を民主政進展政策のために利用した、と推測できる。

「法典」第三コラムからは、このような事情を読み取ることができる。前五世紀初頭の*IG* I$^{2}$ 5と前五世紀末の*LSS* 10 A、ほぼ一〇〇年を間に置く二枚の碑文は、国家とゲノスとの関係について、民主政下アテナイの宗教政策について、少なからざる情報を我々に伝えてくれるのである。

(1) 例えば、U. von Wilamowitz-Moellendorff, *Aristoteles und Athen*, I, Berlin, 1983, 230, n. 89. Cf. R. M. Simms, "The Eleusinia in the Sixth to Fourth Centuries B. C.", *GRBS* 16 (1975), 270, n. 5, n. 7.

(2) Aristides *Or.* 1. 37. 1.

(3) 前四世紀末から後三世紀にいたるまでのエレウシニア祭については、cf. S. Follet, *Athénes au II*$^{e}$ *et au III*$^{e}$ *siècle; Etudes chronologiques et prosopographiques*, Paris, 1976, 329 f.

(4) *IG* II$^{2}$ 1304. 24-28; Simms, op. cit., 270, n. 78.

(5) Simms, op. cip., 275-279.

(6) 村川堅太郎訳『アテナイ人の国制』『アリストテレス全集』17、岩波書店、一九七二年、四一五頁、注9、参照。

(7) L. Deubner, *Attische Feste*, Berlin, 1932 (repr. 1966), 91.

(8) エレウシニア祭の開催年については諸説あるが、ここではとりあえずK. Clinton, "*IG* I$^{2}$ 5, The Eleusinia, and the Eleusinians", *AJP* 100 (1979), 9-12に従っておく。Cf. Simms, op. cit., 269-270; Follet, op. cit., 329.

(9) Clinton, op. cit., 10.

(10) Clinton, op. cit., 12; Simms, op. cit., 269, n. 3. 本書I-第二章注59。

(11) Deubner, op. cit., 91.

(12) Kos: *SIG*$^{3}$ 1066. 4, 17-18; Rhodos: *IG* XII 1. 78. 4. Cf. Simms, op. cit., 270, n. 8.

(13) *IG* II$^{2}$ 1672. 252 ff.

(14) Ibid., 258-262.
(15) Simms, op. cit., 273; 本書I-第二章注59。但し、最近でも例えばH. W. Parke, *Festivals of the Athenians*, London, 1977, 73-75は初穂はプロエロシア祭において奉納されたと見る。なお、同書への筆者の書評(『西洋古典学研究』二八、一九八〇年、一一五―一一八頁)、参照。
(16) Clinton, op. cit., 12; Simms, op. cit., 278.
(17) Deubner, op. cit., 91; Simms, op. cit., 270.
(18) Deubner, op. cit., 24, 142; Parke, op. cit., 33-64.
(19) Deubner, op. cit., 39.
(20) *IG* II$^2$ 1358=*LS* 20, B43-44. 本書I-第二章七一―七二頁、参照。
(21) J. D. Mikalson, *The Sacred and Civil Calendar of the Athenian Year*, Princeton, 1975.
(22) G. Daux, "La grande démarchie: Un nouveau calendrier sacrificiel d'Attique (Erchia)", *BCH* 85 (1963), 603-634; *LS* 18. 本書I-第二章七〇―七一頁、参照。
(23) Mikalson, op. cit., 46, 199. MikalsonはA. Mommsen, *Feste der Stadt Athen in Altertum, geordnet nach attischem Kalender*, Leipzig, 1898, 179-190に従い、エレウシニア祭は四日間開催されたとみる。
(24) テスモフォリア祭については、cf. Deubner, op. cit., 50-60; Parke, op. cit., 82-90. また、本書II-第二章、参照。
(25) *οὐ φορά*については、cf. Daux, op. cit., 628.
(26) *νηφάλιος*については、cf. Daux, op. cit., 629.
(27) 本書I-第二章七〇―七一頁; Parke, op. cit., 178.
(28) 本書I-第二章八〇頁。
(29) マラトンの供犠暦において、半神(ὁ ἥρως)、半女神への供犠が多数、しかも多くの場合、半神と半女神とのペアーで記されている事実(*LS* 20. 3, 4, 8, 15, 16, 20, 22, 23, 24, 25, 26)と比較するならば、エルキアの供犠暦における半女神の特異性は明らかであろう。なお、Parke, op. cit., 180はエルキアの供犠暦中の半神への供犠(複数)を指摘しているが、いずれも固有の名称を有する半神であって、我々の半女神、あるいはマラトンの供犠暦中の半神、半女神とはやや意義が異なると言わねばならない。

(30) 国家祭儀としてのテスモフォリア祭に対し、各デーモス内で、同祭儀に対応する女たちだけの祭儀が開かれたのかも知れない。デーモス(区)とテスモフォリア祭との関連については、本書II - 第二章一六六頁以下、参照。

(31) J. Travlos, "The Topography of Eleusis", *Hesperia* 18(1949), 143, 146, Fig. 1. 当該碑文は Travlos によれば、Kouroniotes により *Eleusiniaka* I(1932), 189-208 に発表されたが、筆者未見。

(32) 例えばオリュンピアのスタディオンについては、村川堅太郎『オリンピア』中公新書、一九六三年、一〇頁。

(33) Travlos, op. cit., 146.

(34) Clinton, op. cit., 2-3.

(35) Parke, op. cit., 36-7.

(36) Ibid., 45.

(37) *IG* II² 334=*LSS* 33=*SEG* XVIII 13. 21-5.

(38) R. A. Tomlinson, *Greek Sanctuaries*, London, 1976, 41.

(39) Ibid., 48, Fig. 9 参照。

(40) 図1および図2参照。なお祭壇については、cf. G. E. Mylonas, *Eleusis and the Eleusinian Mysteries*, Princeton, 1961, 91.

(41) Mylonas, op. cit., 249-253.

(42) Ibid., 281-285.

(43) Cf. P. J. Rhodes, *The Athenian Boule*, Oxford, 1972, 35.

(44) Mylonas, op. cit., 153-154.

(45) 本書I - 第二章六〇頁、参照。

(46) 注40の祭壇と同一。

(47) もっとも Paus. I 38. 7 は、神域内の建物について語ることを控えているが、それは、彼の見た夢がそうすることを禁じたから、と言っている。

(48) *δρώμενα, λεγόμενα, δεικνύμενα* については、cf. Mylonas, op. cit., 261-274.

(49) *IG* II$^2$ 1177＝*LS* 36 には、ペイライエウス所在のテスモフォリオンについて、祭儀開催時の場合を除き、女神官の随伴なくしてはメガロンにも祭壇にも近づいてはならない、との規定が見られる。

(50) *IG* I$^2$ 5＝*LS* 4＝*SEG* X 3＝*SEG* XV 2.

(51) 当決議中のどの供犠までがプロテレイアに属し、どれが祭儀（*τῇ ἑορτῇ*）に属するか、諸説ある。Deubner, op. cit., 91 は *τῇ ἑορτῇ* は最後の1行のみにかかるとし、R. F. Healey, "Eleusinian Sacrifices in the Athenian Law Code", *HSCP* 66 (1962), 259 は全供犠がプロテレイアに属すると解する。*LS*, p. 7 はカリスへの供犠までがプロテレイアであると見なす。なお、Simms, op. cit., 271-272 は、エレウシニア祭と初穂奉納との関連を特に強調し、第二行最初の語を、*προτέλεια* でなく、*ἀκροπόλεια* または *πρωτόλεια* と補うべきであると提唱する。本稿では従来の読みに従った。

(52) H. von Prott, "Ein ΙΕΡΟΣ ΝΟΜΟΣ der Eleusinien", *AM* 24 (1899), 247-248; Deubner, op. cit., 91; *LS*, p. 7 はいずれも、"*Ἐλευσινίων*" をエレウシニア祭の属格形と解する。

(53) Clinton, op. cit., 2-5.

(54) von Prott, op. cit., 242.

(55) O. Rubensohn, „Das Weihehaus von Eleusis and sein Allerheiligstes", *JdI* 70 (1955), 1-49.

(56) Clinton, op. cit., 2. それゆえ、Clinton は第二行、"*ἱεροποιοὶ Ἐλευσινίων*" も「エレウシニアのヒエロポイオイ」ではなく、「エレウシスの人々のヒエロポイオイ」の意と解する（Clinton, op. cit., 4, n. 11）。しかし、その主張は "*ἱεροποιοί*" ＋祭儀名の属格形の例が他にない、という消極的な理由によるもので、説得的とは言い難い。

(57) Clinton, op. cit., 3.

(58) 例えば *LS* 8. 5; 20. B5; *LSS* 1. A3, 11; 3. B33-4, C6-9; 15. 19, 29.

(59) Clinton, op. cit., 3; J. H. Oliver, "Greek Inscriptions 2", *Hesperia* 4 (1935), 5-32.

(60) S. Dow, "The Athenian Calendar of Sacrifices; The Chronology of Nikomakhos' Second Term", *Historia* 9 (1960), 271-272.

(61) すなわち *LSS* 10. A60-86.

(62) Dow, op. cit., 288; *LSS*, p. 30.

(63) Healey, op. cit., 257.

(64) Ibid.

(65) M.P. Nilsson, *Geschichte der griechischen Religion*³ I, München, 1967, 403; *do*., *Greek Folk Religion*, New York, 1961, 66-67.

(66) 154, 475. Cf. N. J. Richardson, *The Homeric Hymn to Demeter*, Oxford, 1974, 197.

(67) Healey, op. cit., 257. 但し F. Graf, "Zum Opferkalender des Nikomachos", *ZPE* 14 (1974), 143-144 は小秘儀と関係のあるゼウス・メイリキオスとの関連で、半神メリコスがエレウシスの宗教の中に取り入れられたと推測する。注69参照。

(68) *LSS*, p. 30.

(69) Graf, op. cit., 139-144 は当該碑文を再検討し、この第六六行を "*Δελίχωι*" から "*Μελίχωι*" に訂正した。Healey, op. cit., 257 はそれより以前に、第六六行を "*Μελίχωι*" と読んでいる。Clinton, op. cit., 5; Richardson, op. cit., 199, n. 1 も参照。

(70) デメテルの女神官へのアポメトラ(俸給)が、この暦の中の金額としてはずば抜けて大きいこと、エウモルピダイに対しては何の俸給も記されていないこと、から K. Clinton, *The Sacred Officials of the Eleusinian Mysteries*, *TAPS*. 64-63 (1974), 70 は、第七三―七五行について新たな補いを試みた。しかし、デメテルの女神官は祭儀の会計掛を務めていた(本書I - 第二章五七―五八頁参照)から、この一〇〇ドラクマも彼女一人に対してではなく、エレウシスの祭儀関係者全体に対する俸給であって、その代表受領者がデメテルの女神官であった、と解するならば、従来の補いを変更する必要はないであろう。

(71) 96, 154, 155, 476, 475. Cf. Richardson, op. cit., 177, 179, 196-197.

(72) *LSS*, p. 30.
(73) Mylonas, op. cit., 236-237; 本書I‐第二章注31。
(74) ゼウスはアポロン、デメテルとともにアテナイの「誓いの神々(*ὅρκιοι θεοί*)であった。本書I‐第二章七六頁、参照。
(75) Healey, op. cit., 258-259.
(76) マラトンの供犠暦(*LS* 20)中の金額と比較すれば、それは明らかである。
(77) 本章一〇二頁、参照。
(78) 同決議碑文はI. Threpsiades, apud K. Kouroniotes, *Eleusiniaka* I (1932), 223-226によって発表された。なおテキストはClinton, *The Sacred Officials*, 50-52に再掲されている。
(79) Clinton, op. cit., 77, n. 8; do The Eleusinia, 6.
(80) 本書I‐第二章六二―六八頁。
(81) *SEG* X 24. 本書I‐第二章六〇―六一頁。
(82) 同右八〇頁。

〔補論〕

*IG* I$^3$ 5を*IG* I$^2$ 5と対照させると、第二行末尾と第三行末尾とに数箇所の相違がみられる。新しい校訂では、第二―四行目にかけての意味が「エレウシニアのヒエロポイオイはエレウシスにおける祭儀においてプロテレイアとその他の供犠を捧げるべきこと。ゲーに、ヘルメス・エナゴニオスに、カリスに、山羊一頭をエレウシニア祭の前に」、となる。しかし、校訂のこのような変更は、本論考の趣旨に変更を迫るものではない。

他方、エレウシニア祭に関する研究について言えば、本論考発表後、特に進展は見られなかった。ただし、リチャードスンが、『デメテル讃歌』はエレウシニア祭のときに朗唱された可能性がある、と述べていることは注目に値する(Richardson, op. cit., 12)。彼は、他のホメロス風讃歌との類比から、デメテルの讃歌も、もとは公的祭儀において朗唱するために作られたのではないかと推測するのである。たしかに、エレウシニア祭に音楽が含まれていたことは *IG* II² 1672, 258-260 から明らかであり、この祭儀において讃歌が朗唱されたということは、十分にありえよう。

エレウシニア祭の供犠の一部が列挙されている *LSS* 10 A は、ニコマコスの法典編纂作業の結果作成された供犠暦の一部であるが、この法典編纂については、近年、以下に挙げる二つの注目すべき研究が相次いで出された。

N. Robertson, "The Laws of Athens, 410-399 BC: The evidence for review and publication", *JHS* 110 (1990), 43-75.

P. J. Rhodes, "The Athenian Code of Laws, 410-399 B. C.", *JHS* 111 (1991), 87-100.

しかし、いずれの論文も法典編纂作業、とりわけ後期の編纂作業による「法典」の公示時期について論じたもので、本論考で取り上げた *LSS* 10 A にリスト・アップされているエレウシニア祭の供犠を直接の研究対象としてはいない。

そうとは言え、ロバートスンは *LSS* 10 A に記されている供犠について言及しており、本論考と同様に、*IG* I³ 5 と *LSS* 10 A の当該箇所のいずれもがエレウシニアに関係する供犠である、と見る立場に立っている (69, n. 89)。ただし、彼は *IG* I³ 5 の二行目の補塡、*προτο]λεια* を、*προτό]λεια* に変更している。

なお、当初、本論考でニコマコスらによって編纂されたアテナイの法を「ニコマコスの法典」と呼んだが、これは不適切であるので (K. Clinton, "The Nature of the Late Fifth-century Revision of the Athenian Law Code", *Hesperia* Suppl. 19 (1982), 37 参照)、「ニコマコスの編纂による法典」と改めた。

# II 女性

# 第一章　ポリス社会における家族と女性

## はじめに

古典期のアテナイの女性は相対的に低い地位にあった、とこれまで繰り返し述べられてきているものの、当の女性自身が書き残した文献が皆無といってよい条件の下では、女性のあり方の実相に迫ることはむずかしい。一九七〇年代半ばから、古代ギリシア人、とくに古典期のアテナイ人がつくりあげていた女性のイメージの解明と分析が多数の研究者によって進められてきたが(1)、これは、右のような制約の中にあっては有効な方法であることが判明してきている。その社会を構成する人びとが共同でこしらえあげた女性像は、もし十分に解明されたならば、女性のあり方について一つの真実を伝えてくれるであろう。

そのような研究の一つを例にとれば、アイスキュロス『オレステイア』三部作における女性像を男性像と対比させて次頁の表のように整理することも可能である(2)。これによって、『オレステイア』の中で女性の属性として出されているイメージを、男性のそれと対比させて知ることができる。このイメージがアテナイにおいてどの程度に普遍的であったか、ここで立ち入ることはしないが、これらのイメージは女性のあり方を追求する時に何らかの示唆を与えてくれるかもしれない。しかし、本稿ではこの方法をとらず、これも間接的方法ではあるが、結婚と家族との形態を通して女性のあり方の解明に接近しようとするものである。

古典期のアテナイでは、婚姻届の制度は存在しなかったので、一組の男女の結びつきが正式の婚姻であるのか、単

『オレステイア』3部作における男性像と女性像

| 男性 | 女性 |
|---|---|
| アポロン | エリニュエス |
| オリュンポス | クトーン |
| 束縛(意志・救済) | 被束縛(「運命」・呪縛の歌) |
| 結婚(非血縁) | 血縁 |
| 父 | 母 |
| 法(法廷) | 祭式(祭壇) |
| 意図 | 行動 |
| 奇数(三・三部作) | 偶数(二・同点・同罪法) |
| 中心 | 境界(辺境・内奥) |
| ギリシア的 | バルバロス的 |
| 都市 | 家 |
| 文化 | 自然 |
| 未来(若) | 過去(老) |
| 秩序 | 混沌 |
| 規律 | 気まま(混乱) |
| 上 | 下 |
| 頭・ファロス | 腹・子宮 |
| 能動的 | 受動的 |
| 創造 | 豊饒 |
| 分別 | 無分別(官能・情熱) |
| 明 | 暗 |
| 生 | 死 |
| 明瞭(率直な話し方) | 不明瞭(謎) |
| 知性(父性・推論) | 感性(母性・表現) |
| 肯定的 | 否定的 |

なる同棲あるいは内縁関係であるのか、社会的な確定は簡単ではなかった。遺産相続をめぐる係争を扱った法廷弁論の中には、被相続人の、あるいは相続人の嫡出子であることを証明するのに苦心している例が少なくないが、その理由の一つとしてこのような婚姻制度の曖昧さがある。

結婚は夫となる男性と妻となる女性の父親または後見人との間で決定された。法廷弁論の中で、正式の婚姻であることを証明する要件として出されるのは、まず第一にこれら両者の間で交わされる結婚の約束(エンギュエ ἐγγύη)であった。

この時に、妻となる女性が夫の家へと持参することになる嫁資(プロイクス προίξ)の額の評価も行なわれた。嫁資は一般に動産で、婚姻継続中は妻の後見人である夫の管理の下に置かれたが、妻の死後は彼女の子供が相続した。離婚の場合には妻とともに実家に返還されるか、年一八パーセントの利息分が嫁資返還まで実家に支払われる。それを履行しない時、妻の実家の側は訴訟に訴えることができた。(3) これは嫁資が最終的には妻の実家に帰属することを示している、と解せられる。嫁資をともなって夫のオイコスに入った後にも、妻とその実家との絆は存続していた。

婚姻の手続きは、花嫁が夫の側へと引き渡されること（エクドシス ἔκδοσις）によって完了したと見なされるのが普通であった。しかし、右のような婚姻関係締結時の手続きがどれほどの法的な強制力をもって実行されるべきであったのか明らかでなく、少なくとも、この手続き完了を公的に承認する制度は存在しなかった。法廷弁論において正妻であることの証明が時に困難であるのはそこに起因する[4]。

このようにいささか曖昧な要素を含む婚姻制度であるものの、合法的な正規の結婚であるか否かは息子の身分に直接にかかわってくる。我が子をフラトリアへ登録するには、父はその子が「市民身分の正妻から産まれた（ἐξ ἀστῆς καὶ ἐγγυητῆς γυναικὸς）」（Isaios VIII 19）と宣誓しなければならなかった。また、「庶子には、男女を問わず、エウクレイデスがアルコンの年（前四〇三／四〇二年）より、聖俗双方に関して、親族としての権利（アンキステイア ἀγχιστεία）なきこと」（Dem. XLIII 51）という法は、ペロポネソス戦争以後、庶子（ノトス）の権利への制限はそれ以前より強化されたらしいことを示している[5]。一夫一婦制はここにおいて法制上確立していると見なし得る。他方、遡って同戦争中にアテナイ人は人口増加を目的に、市民身分の女性と結婚し、もう一人の女性からも子供をもうけるべく（γαμεῖν μὲν ἀστὴν μίαν, παιδοποιεῖσθαι δὲ καὶ ἐξ ἑτέρας）決議した、とディオゲネス＝ラエルティオスは伝えている（Diogenes Laertius II 26）。ここでいう「もう一人の女性からの子供」はノトスに相当し、従ってこの決議は嫡子とノトスとの間の区別がある程度取り払われ、一時的であれノトスにもアンキステイアの資格が認められたことを意味している[6]。嫡子を産む正妻の立場のこのような一時的動揺は、見方を変えれば、この決議が出されるまでは一夫一婦制が効力を有していたことを示している。

それでは、この制度の確立の時期はいつ頃であろうか。またそれは社会や家族のあり方とどのようにかかわっていたのであろうか。以下にまずポリス成立前夜のギリシアにおける結婚の形態を探り、次いで古典期の婚姻制度と比較し、そこに変化がみられるならば、その意味を追究したい。

# 一　ホメロスの社会における結婚

ホメロスの『イリアス』と『オデュッセイア』の物語の舞台は言うまでもなくミュケナイ時代であるが、文字に書き記されたのは当然のことながらギリシア文字が発明されて以後のことである。もともと口誦詩として歌い継がれてきた両叙事詩は、伝承の過程で様々な変更・修正を受けた。従って、両詩に描かれている社会は現実の歴史的世界とは言いがたいが、それでもなお、叙述内容を分析すれば、そこにはある整合的な世界が描かれていることが判明する。それは、線文字B文書から知られるミュケナイの世界とは明らかに異なり、また、ポリスの社会とも相違している。従ってホメロスの叙事詩中の世界を、フィンリーは英雄詩の比較研究の成果に基づき、前一〇—九世紀頃と位置づけるが[7]、さらに一世紀下げる見方をする研究者もいる[8]。以下フィンリーの見解に従って、ホメロスの叙事詩を手掛りにポリス成立前夜のギリシアの社会における家族と結婚のあり方について論考を進めたい。

ホメロスの二作品は英雄叙事詩と呼ばれることがあるように、そこに描かれているのは有力貴族や首長たち、即ち社会の上層に属する人びとである[9]。残念ながら、そこから民衆の実態を引き出すことはできない。それを前提としたうえで、フィンリーに依拠して婚姻の特質を整理すれば、次のようになる。

(1)婚姻の手続きとして、男が妻を得るため女性の父親に贈り物(ヘドナ ἕδνα)をする例がもっとも多く見られる[10]。アガメムノンがその娘をアキレウスの妻にと申し出た例のように、贈り物をせずに妻を得る場合は「贈り物なし ἀνάεδνος」と呼ばれる[11]。

(2)他に、武勇の競い合い(ἀγών)で妻を得る方法もある[12]。

(3)掠奪による結婚は、パリスとヘレネの場合を含め三例見られる[13]。

(4)夫となる男が贈り物を受ける例も存在する。[14]
(5)嫁資を伴う例は八例見られる。[15]
(6)わずかの例を除いて、結婚は部外者、即ち異なる共同体に属する二者の間に成立する。
(7)夫方居住婚が多いが、逆の妻方居住婚もあり、その場合、夫はいずれ妻の父の家の長となる。

ところで、(1)のヘドナはかつて売買婚の遺制と見なされ、[16] LSJもbrideprice(花嫁代価)と訳語をつけているが、[17] フィンリーは、両叙事詩中の事例をすべて取り上げて検討した結果、ヘドナに売買の意味は含まれていないこと、むしろそれは贈与慣行の一形態であること、を明らかにした。ヘドナの用例を検討すると、その贈与の意義が明らかとなる。一三例においてそれは、求婚者から女性の父へ贈られる。三例は先に言及した*ἀνάεδνος*(ヘドナなし)である。他に一例、ペネロペイアに関連して二個所でヘドナが見出される。「そうすれば、母上〔ペネロペイア〕の家の人たちは結婚の祝の宴をもうけ、いとしい娘につけてやる多くの物〔ヘドナ〕を用意することであろう[18]」(*Od.* I 277–278; II 196–197)。ここでは文脈から明らかなように、ヘドナが嫁資の意で使用されている。まったく対立するこれらの二つの意味をヘドナが有していることは、これらがそれぞれ逆の方向に向かう贈り物であると解するならば、説明がつく。[19]

求婚の贈り物に対する返礼(counter-gift)に相当するのが花嫁である。[20] 求める女性は一人であるから、求婚者が複数いる場合には、妻を得た男を除いて他の男の贈り物は徒事に終わることになる。[21] また、贈り物の交換は盟友関係締結の表明であり、ホメロスの世界における結婚もまた政治的盟友関係をもたらした。

ところで、(5)にあるように、嫁資をともなう婚姻が八例あるが、それぞれ「半分を与えた」(*Il.* VI 191–193)、「豊かに贈り物をもたらす」(*Il.* VI 251, 394)、「多くをつけて与えた」(*Il.* XXII 51)などと表現され、嫁資を意味する特定の用語はそこに見出されない。古典期のアテナイにおいて広く普及していた用語 *προίξ* を嫁資の意で使用している例が存在していないことは、古典期に見られるような嫁資の制度はいまだ成立していなかったか、あるいは、いまだ定着していなかったことを示していると思われる。右に挙げた八例も古典期の嫁資と同種であるよりも、むしろ、ヘドナの場合とは方向が反対の贈り物であったと解すべきであるのかもしれない。(22) いずれにしても、際だっているのは、夫の側から妻の側への贈り物の慣行(財の移動)が、古典期のアテナイに存在せず、そこではもっぱら妻の側から夫の側へもたらされる嫁資が慣行として定着していることである。フィンリーに従ってヘドナを婚姻にともなう贈り物と解するならば、古典期のアテナイでは、婚姻の際の贈り物交換の慣行はもはや失われてしまったというべきなのであろうか。そうであれば、何がこの慣行を消滅させ、嫁資の制度を成立させたのであろうか。とりあえず、もう少しホメロスの社会における結婚および家族のあり方を見ていくことにしよう。

そこでは大家族の例が目につく。ピュロスの王ネストルには少なくとも六人の息子がおり、妻帯している者も独身のペイシストラトスも、父の館内に住み、娘たちもその夫とともに近接して居住している(*Od.* III 387-416)。しばしば言及されるのは、トロイアの王プリアモスの家族である。美しい館内に五〇人の息子がそれぞれの配偶者とともに居を構え、館と近接して建てられた一二の部屋に、一二人の娘がそれぞれの配偶者とともに居住していた(*Il.* VI 242-250)。ここには夫方居住と妻方居住の両方が見られる。また、これら六二人の子供をプリアモスは正妻ヘカベのほかにラオトエ(XXI 84 ff.)やカスティアネイラ(VIII 302-305)など多数の女性から得たのである(XXI 88)。正妻でないとはいえ、ラオトエは高名な父アルテスが多額の財宝とともにプリアモスに与えた女性である(XXII 48 ff.)。彼女の産んだ二人の息子の身のうえを案じるプリアモスの思いは深く、そこに正妻の子供と異なる扱いは見られない。ヘカベの子、ヘクトルは、義兄弟(姉妹の夫たち)や兄弟と協力して(*σὺν γαμβροῖσι κασιγνήτοισί τε σοῖσι*)(*Il.* V 474)トロイアを守ると語ったという。この言葉にも正妻の子と内妻の子の間の区別は見られない。

正妻とそれ以外の内妻との差異はどこにあるのであろうか。結婚の合法性は、嫡子に市民権を認める古典期のポリスにおいては公的関心事であり、それを明確化する必要があった。しかし、ポリスも市民権も存在しないホメロスの社会において、結婚が合法的であるか否かは公的な問題とならなかった[23]。

もっとも、正妻と内妻との区別があったことは、アガメムノンが戦利品として得たクリュセイスについて、「定まる妻の(*κουριδίης ἀλόχου*)クリュタイメストレよりも好きなくらいだ、彼女にくらべて、背丈でも手足の姿でも、また気だてといい手の技といい、ひけをとるところはないのだ[24]」(*Il.* I 113–115)と語る言葉から明らかである。では、正妻の地位は何によって決定されるのであろうか。アキレウスが戦利品として得たブリセイスがパトロクロスの屍に語る言葉が、それを暗示している。「あなたさまは、……私が泣くのをほうっておおきにならずに、いつかは私を、尊いアキレウスさまの正式な妻(*κουριδίην ἄλοχον*)にしてくださろう、とおっしゃいました。それで、船へ乗せて、プティエへ連れ帰ったら、ミュルミドンの者らと一緒に、婚礼祝をもしてやろうと」(*Il.* XIX 295–299)。ここからは、結婚のための特別な手続きが存在していなかったことが推測できる。それゆえ、結婚とは事実上の(de facto)様態を指し、夫と妻がともに住み、婚姻関係にあると表明することで成り立った、と見て差し支えあるまい[25]。

　正妻と内妻との差異はそれぞれが産む子供の立場の違いにどのように現れたであろうか。オデュッセウスは二〇年振りに帰郷した時、ボロを纏った老人に身をやつし、忠実な豚飼いエウマイオスに偽りの身上話をする。「わたしは広いクレテの出で、物持ちの息子だ。館にはわたしのほかに大勢の息子が正妻の腹から生まれたが(*γνήσιοι ἐξ ἀλόχου*)、わたしを産んだのは買われてきた妾(*παλλακίς*)だった。だが、わたしの父のヒュラクスの子カストルは、嫡出の子同様にわたしを大切にしてくれた。……〔その父が亡くなり〕……高慢な息子たちは財産を分けて、籤引きしたが、わたしにはまことに僅かな物と家をくれただけだった」(*Od.* XIV 199–210)。これらの言葉は庶子は嫡子より財産の相続権について劣っていたらしいということ、しかし、父の意向によっては内妻の子も嫡子同様に扱われ得たことを伝えている。それを例示するのがスパルタ王メネラオスの息子メガペンテスの場合である。メネラオスはヘレネとの間に娘ヘルミオネを得たのみで、息子は女奴隷の子であった(*Od.* IV 10–12)。アキレウスの子ネオプトレモスに嫁ぐヘルミオネの婚礼とメガペンテスのそれはメネラオスの屋敷内で同時にとり行われた(*Od.* IV 3-9)。ここに見る限り、嫡子である娘と庶子である息子の処遇に差異はない。遠方の地へと赴くヘルミオネに対し、メガペンテスは父のもとにとどまる。彼が父親のオイコスの後継者となるのであろう。(26) パウサニアス(II 18. 6)によれば、奴隷を母にもつメガペンテスはスパルタ王とならなかったが、この伝承がいつ頃まで遡るか不明であるうえに、庶子であることが自動的に王位からの排除を意味したのか否かも明らかでない。むしろ、オデュッセウスのつくり話とメガペンテスの例とは、同社会において嫡子と庶子の区別がそれほど明確でなかったことを示していると解すべきであろう。

右のような結婚によって妻となった女性に求められていた役割を、次に見ることにしよう。ヘクトルが妻アンドロマケに語る言葉は、端的にそれを伝える。「だからさあ、家に帰って、機《はた》を織るなり、糸巻竿を繰るなりして、お前自身が引き受けている仕事をやりなさい。(侍女たちにも仕事をせっせとやるようにお言い。(27))戦さのことは、男たちが、みんなしてやろう、……」(*Il.* VI 490-493)。このように、家にいて織りものを織り、使用人の監督をすることが妻の受け持ちであった。

アンドロマケにはもちろん夫婦の間の一粒種アステュアナクスを養育する重要な役割がある。しかし、それは夫がいて対外的な守りを固めてこそ発揮できるのであり、夫なき場合は妻も子も惨めな生活をおくることになる。「あるいはアルゴスに住んで他の女の言いつけで、機を織りもしようか、またおそらくは、メッセイスかヒュペレイエの泉から水を汲みもしようか、ひどい侮辱を身に受けながら、きびしい運命に強制されて」(*Il.* VI 456-458)と言って、ヘクトルは自分の死後の妻の身を案じる。父を失ったアステュアナクスには「のちのちまで、厄介事や煩いが、それこそしじゅうあの子にはつきまといましょう、よその人間が来て、畑地をあれから奪うでしょうから。それに孤児《みなしご》の日々《くらし》は、すっかり仲間はずれに、あの子をしましょう、何かにつけ首をうなだれ、二つの頰をいつも涙に濡らして。……」(*Il.* XXII 488-492)という運命が待ちうけている。英雄の物語であるホメロスの叙事詩の世界は、截然として父権社会であった。

しかし、この長大な二つの叙事詩中には、後のギリシア文学の中にしばしば現れる「女性嫌悪」の観念は現れていないと言われる。[28] 確かに、アガメムノンは妻クリュタイメストレの忌まわしい行為を非難して言う。「こんな仕業を心に思う女よりももっと恐ろしい恥知らずのことはありえない。まさしくそのとおりに、あの女は自分の正真正銘の夫を殺害するという悪業をはかったのだ。……あいつは悪心の極み、自分自身と後世の女たち、正しい女にも恥をそそいだのだ」(*Od.* XI 425-434)。しかし、ここにはアガメムノンのクリュタイメストレに対する個人的な恨みが表明されているものの、女性一般への嫌悪はない。「女性嫌悪」の態度を出したもっとも早い例はヘシオドスであるといわれている。[29] 次にこの詩人の『仕事と日々』の中に、彼の生きた社会の実情を探ることとしたい。

## 二　ヘシオドスの作品中の女性と家族

前七〇〇年頃に成立したと見られているヘシオドスの『仕事と日々(*Erga*)』には、詩人自身の生活の断片が随所に看取でき、この時期のギリシア社会を知るための貴重な史料となっている。ヘシオドスはギリシア北部ボイオティアのアスクラに生まれ、人生のほとんどをそこで過ごしたらしい。彼は経済的にはごく平均的な農民層に属していたと見られるが、右の詩に現れている貴族の専横に対する鋭い抗議と警告とは、詩人の批判精神に満ちた知性を伝えている。

結婚についてヘシオドスは次のように言う。「しかるべき年頃で嫁を迎えて家に入れよ。嫁をもらう年は三十にあまり足らぬのもよろしからず、それをあまり越えてもならぬ、それが結婚の適齢じゃ。妻は、女となって四年、五年目を迎えた娘を娶れ。……なるべくはお前の近くに住む娘を娶るのが良いが、近所の笑い物になるような縁は結ばぬよう、万事十分に調べた上でせよ」(Erga 695-701)[30]。ここで注目されるのは、配偶者として近隣の女性が考慮されている点である。ホメロスの叙事詩においてはむしろ遠隔の地、あるいは異なる共同体に所属する家の間の縁組を見たのであるが、ヘシオドスの場合、それとまったく異なる態度が提示されている。

ホメロスに描かれているのが社会の上層部の人びとであるのに対し、小農ヘシオドスは貴族とは一線を画された平民に属する。それゆえ、ホメロスの作品中に見られるような結婚がこの時代に見られなくなったなどと言うことはできない。そうではなく、ここで注目されるのは、古典期においてポリスの中核となる中小農民のいわば先駆者というべき存在であるヘシオドスの、前述のような結婚観なのである。残念ながら、結婚に関してヘシオドスは詳しく語らない。それゆえ、ヘドナを贈る慣行が彼において実践されていたのか否かは知ることができない。

さて、近隣の女性を妻としたヘシオドスの家族はどのような構成であったか。詩人は弟ペルセスとすでに遺産を分配しおえている(Erga 37)から、父はすでに亡くなり、弟とは別所帯を営んでいると考えられる。母については不思議なことにまったく言及がない。子供は、「親の家財を守るべき息子は一人がよい、そうであれば家の富も増すであろう。息子をもう一人後に残す場合には、長寿を保って死ぬのが望ましい」(Erga 376-379)とあるから、おそらく一人か二人の息子と娘も一人か二人いたであろう。すなわち、それは小家族、あるいは核家族と呼ぶべきものであった。

弟と不仲だったらしいヘシオドスは、親族について次のように考えていた。「友人(味方)は食事に招き、敵は棄てておけ。とくにお前の家の近くに住む者を招け。お前の家でなにか異変が起こった時、近所の者ならば帯も締めずに駆けつけてくれるが、親戚は帯を締めてくる。善からぬ隣人は厄、そのごとくに善き隣人はめでたき福じゃ」(Erga 342-346)。配偶者を選ぶ場合と同様に、血縁的関係よりも地縁的関係を重視する態度が見てとれる。

しかし、彼は次のようにも言う。「愚かなるペルセスよ、仕事にいそしむのだ、神々が人間に季節に応じてお示しになった仕事にな。憂悶の想いを胸に抱きつつ妻子とともに、隣人の間をまわって食を乞うが、相手にはしてくれぬ、そのような目に遭いたくなければだ」(*Erga* 397-400)。詰まるところ、最後に頼るのは己れのみ、という個人の孤立感が漂っている。このようなヘシオドスの考え方を当時の一般の中小農民が共有していたとは思えない。ヘシオドスの父は小アジアのキュメからアスクラへと移住してきた、いわば新参者であり、ヘシオドス兄弟はたかだか二代目に過ぎない。近隣に頼るべき近親者が少なくて当然であり、彼ら兄弟は同じ共同体の他の成員にくらべ特殊な立場にあったと考えてよい。しかし、ヘシオドスの詩が後々長く伝えられたのは、そこに普遍性があったからにちがいない。ヘシオドスは以後のポリスを担う市民の先駆者的存在であったと言うべきであろう。先述のように、古代ギリシアの文学のトポスの一つである「女性嫌悪」の思想がヘシオドスの作品にもっとも早い例として現れているのも右のような彼の立場と関連しているのではないだろうか。

ヘシオドスの「女性嫌悪」の思想は、とりわけ人間にありとあらゆる災いをもたらすパンドラの神話の中(*Erga* 60-104; *Theogonia* 570-617)に現れていると言われる。その他、妻については「良妻に勝るもらいものはなく、悪妻を凌ぐほどの恐るべき災厄もない、食い意地がはり、いかに頑健な夫でも、火を使わずに焼き焦し、早々と老いこませてしまうような嫁のことじゃ」(*Erga* 703-705)とあるが、良妻とはいかなる女性をいうのか記されていない。悪妻に関しては、他の個所で、「尻を目立たせてめかしこみ、そなたの納屋を窺いつつ、甘い言葉でたらしこむ」(*Erga* 373-374)とあり、おそらく夫の財産を当てにし、日常生活において贅沢をする女性を意味しているのであろう。『神統記』には女性全般について、「彼女たちは死すべき身の人間どもに大きな禍いの因《もと》をなし／男たちといっしょに暮らすにも忌わしい貧乏には連合《つれあ》いとならず裕福とだけ連れ合うのだ。／……蜜蜂たちは終日《ひねもす》陽が沈むまで／昼の間は精出して働き白い蜂窩《はちす》を作るのに／雄蜂どもはその釣りかぶさった蜂窩の奥に坐りこんで／他人の稼ぎを自分たちの胃袋のなかに収穫《とり》こむのだが／ちょうどそのように女たちを禍いとして死すべき身の人間どもに配られたのだ／痛ましい所業の共謀者たち(女たち)を高空で轟くゼウスは」[31](592-602)とあり、雄蜂にたとえられた女は、働かないでただ食べる存在とみなされている。

女性の労働については、「まず何よりも、一戸を構え女を一人と耕耘用の牛一頭を備えよ——女といっても嫁に貰うのではない、必要あらば牛を追うこともできる奴隷を買うのだ」(*Erga* 405-406)とあり、ここで労働するのは妻でなく、女奴隷である。「女どもは父親に似た子を産む」(*Erga* 235)、あるいは、「(銀の種族の)子供は百年の間、……優しく気づかう母の膝もとで育てられた」(*Erga* 130-131)という詩句は、子を産み、育てることがやはり女性(妻)に求められていたことを示している。ゼウスがパンドラに「さまざまな技芸と、精妙な布を織る術を教えよと」(*Erga* 63-64)アテナに命じているように、機織りも女性の仕事であった。

これらの点に関して言えば、女性に求められていた役割は、「女性嫌悪」の思想が未だみられないホメロスの社会において上層の女性に求められていたそれとさほど変わりない。それにもかかわらず、女性を雄蜂にたとえていることが示しているように、右の仕事内容だけでは無為に胃袋を満たしているという非難を受けかねなかったということであろう。それは言いかえれば、女性が労働に参加することへの期待がかつてよりむしろ増大したこと、そして、それにもかかわらず、女性が担うべきものと社会的に承認されている仕事の領域はかつてとさほど変わりない、という苛立ちが、女性への非難の一因となっているのではないか。ヘシオドスを取りまく環境がすでにかつての牧畜社会から労働がより過重な社会へと変化している(32)こととそれは関係しているであろうし、一人一人の労働量の比重が大きい小家族という構成も無関係ではあるまい。

ヘシオドスに見られる家族のあり方は、古典期アテナイのそれとさほど違いはないと考えてよいようである。しかし、先にも言及したように、ヘシオドスが後のポリス市民の先駆けであるとしても、彼の時代に、古典期に見られる家族や結婚の形態がすでに一般化していたとは考え難い。この移行の過程を次に探求したい。

## 三　前古典期の結婚

前項でヘシオドスの作品の中に、古典期の家族の形態の萌芽ともいうべき家族のあり方を見出した。彼と類似の社会階層に属する中小の農民たちの家族が当時どうであったか、定かではないが、実態はヘシオドスのそれに近いあり方へと向かっていったと見なして差し支えないと考えられる。これに対し、前古典期の貴族あるいは上層の人びとの結婚と家族のあり方については、残存の史料が少ないながら複数の事例を伝えている。

アテナイの僭主ペイシストラトスは生涯に少なくとも三人の妻をもった。最初の妻との結婚は前五七〇年代の後半と推測され、少なくとも三人の子供、ヒッピアス、ヒッパルコス、テッサロスをもうけている(Thuc. VI 55)。この妻について詳細は不明で、彼女の死亡または離婚によって婚姻関係は終結し、第二の妻、アルゴス人ゴルギロスの娘テイモナッサを娶る。彼女は以前にはキュプセロス家の出の、アンブラキアの人アルキノスの妻であった(Arist. *AP* 17. 4)。この結婚は前五六〇年頃またはそれよりやや後のことと推測され[33]、イオフォンとヘゲシストラトスとが生まれた。ペイシストラトスの第三の結婚は前五五七年頃[34]のメガクレスの娘との政略的なそれで、子供はなく、短期間で終わった。これら第二、第三の婚姻関係はおそらく時期的に重複していたと見られる[35]。しかし、いずれも社会的に最上層の家の出であるこれら二人の妻のどちらかが正妻であり、他方が内妻であったと考えるべきではあるまい。ジェルネは後のシュラクサイの僭主ディオニュシオス(前四三〇—三六七年)の場合と併せて考える。彼は最初の妻の死後、同じ日に二人の女性と結婚した(Plut. *Dion* III 2)。ロクリス人とシュラクサイ人のこれら二人は、いずれも上層の出であった。前者から生まれた息子が、後継者ディオニュシオス二世となり、後者の娘二人の一方を妻とし、娘のもう一方は父ディオニュシオスの兄弟の妻となった。子供の処遇を見ても明らかなように、ディオニュシオス一世の二人の妻のいずれかが正妻であったと考えるのは適当ではない。同時に進行したこれらの結婚の間に優劣はなく、ただそれぞれ意義の異なる二種の結婚であった。[36] 一方は同国人、つまり同一共同体の女性とのそれ、他方は他国の女性とのそれであった。

ペイシストラトスの場合もアテナイの女性と他国アルゴスの女性とを妻としている。前者とは政略結婚であったが、後者の場合もペイシストラトスの勢力拡大に利するところが多大であったと言えよう。ヘゲシストラトスがアルゴスの一〇〇〇人を率いてパッレニスの戦争で父を支援したという(Arist. *AP* 17. 4)のは事実でないとしても、[37] ペイシストラトスが二度の亡命の後、最終的に帰国する際、アルゴス人の傭兵を使用している(Hdt. I 61. 4)との伝えから、右の推測が的を射ていると考えてよいであろう。ペイシストラトスはヘゲシストラトスを、武力でミュティレネより奪取したシゲイオンの僭主の地位につけている(Hdt. V 94. 2)。このヘゲシストラトスをヘロドトスはノトスと呼んでいるが、ペイシストラトスの他の息子よりも劣った処遇を受けていないことは明らかで、当時、正規の結婚の概念同様、ノトスの概念がどれほどに確立していたか疑わしい。

このペイシストラトスの場合に、ヘシオドスの作品中に見られるのとは明らかに異なる結婚の例が見出される。一夫一婦制が厳密な形で確立しておらず、また、遠隔地の相互に異なる共同体に所属する家同士の縁組が見られるという点で、それはむしろホメロスの叙事詩中の結婚に近い。

ペイシストラトスの結婚が、古典期に一般的であったエンギュエ／エクドシスの手続きを経ていたか否か、不明である。そもそもこのような手続きをともなう婚姻が出現したのはいつのことであろうか。デモステネス『弁論第四六番』に次のような法規が引用されている。「父、父を同じくする兄弟、父方祖父が妻(*δάμαρτα*)となるべく正規にエンギュエをした女については、彼女の子供は嫡子(*γνησίους*)たるべきこと」(18)。この法により、エンギュエの手続きをともなう結婚で得られた子供は嫡子であると定められていることが、確認できる。この法規が制定された時期について、確かなことは知り得ない。しかし、古典期の散文ではもはや使用されなくなっている[38] δάμαρ という言葉が何らかのヒントを与えてくれる。この同じ語 δάμαρ が使用されている以下のような法規が他に残存している。「もし何人《なんびと》か……妻(δάμαρτι)、母、姉妹、娘、または自由身分の子供を得るための内妻(παλλακῇ)とともにいる男を捕えて殺しても、そのために有罪とはならない」(Dem. XXIII 53)。同法はドラコンの殺人に関する法(前六二四/二三年)の一部であるが、ここですでに正妻と内妻との区別が明確に意識されており、また正妻に δάμαρ という語が使用されている。

だからといって、前掲デモステネス『弁論第四六番』における法規がドラコンの時代に成立していたと断定することはできないが、アリストファネス『鳥』に次のような個所がある。「ほらあのソロンの法にありますよ、「嫡子のあるとき、ノトスには親族の権利(ἀγχιστεία)なきものとす。またもし嫡子なき場合には、親族の最も近親の者たちがその財産にあずかるものとす」と」(1660-1666)。このソロンの法からの引用の前半部では、嫡子のいない場合はノトスにアンキステイアが認められているにもかかわらず、後半部は庶子にいかなる場合もアンキステイアを認めていない[39]。即ち、引用された法の前後に矛盾があることになる。ヴォルフに従い、前半部を本来のソロンの時代の法規、後半部を後の追加条項の要約と推測するならば[40]、この矛盾は解決できる。そう解すれば、前半部は、ソロンの時代にすでに嫡子と庶子の差異が法的に明確化されていたことを示しており、そのことは、前掲のデモステネス『弁論第四六番』一八章に引用の、嫡子を規定する法規が当時すでに存在していたことを示唆するし、さらに、正規の婚姻としてエンギュエによるそれが法制上の地位を獲得していたと考えてよいであろう。もっとも、それだからといって、エンギュエによる婚姻が強制的であったことにはなるまい。嫡子なき場合にはノトスにアンキステイアが認められていたのであり、プルタルコス『ソロン伝』にも、「彼(ソロン)は遺言に関する法でも名声を得た。それまでは遺言は許されず、財産と家とは故人の近親の手に(ἐν τῷ γένει)留まる定めであった。ところがソロンは、実子(παῖδες)のない場合には自分のものをだれでも、彼の望む者に与えることを許して、親族関係よりも友情を必然よりも好意を重んじ、財産を持ち主の真の所有物とした」[41](XXI 2)とある。遺言によって家産を処分できるのは、嫡子(γνήσιοι)を含め実子(παῖδες)のない場合に限られており、それは家産継承の権利が嫡子に準じて庶子にも認められていたことを物語っている。従って、エンギュエ(及びエピディカシア)[42]によらない妻から生まれた子供即ちノトスであっても、オイコスの後継者となる場合があり得たにちがいない。

エンギュエによる結婚として伝わる最古の具体的な事例はシキュオンのクレイステネスの娘とアテナイのアルクメオニダイ家のメガクレスとの結婚である。父クレイステネスは次のように言った。「わが娘アガリステはアルクメオンの子メガクレスに、アテナイの法に従い婚約させる(ἐγγυῶ)」(Hdt. VI 130)。メガクレスが婚約することに同意したので、婚姻はクレイステネスの意向通りに成立した。結婚の形式について父親がわざわざ指定しているのは、むしろ当時婚姻の形態はただ一つという通念が存在していなかったことを示していると見ることができよう。

## 四　ソロンの改革と婚姻制度

これまで見てきたように、エンギュエによる婚姻はソロンの時代までにはその優越性が明確化していたものの、古典期におけるそれとくらべ、いまだ制度として十分に確立してはいなかった。古典期にはエンギュエと密接に結びついていた嫁資についても、ソロンの時代にこの慣行がすでに存在していたかどうか確認できない。第一項ですでに見たように、ホメロスの社会において結婚の際に財はヘドナとして夫の側から妻の側へ移動する場合が多かった。しかし、古典期のアテナイにおいて財の移動は、嫁資として妻の側から夫の側へと一方的に行なわれた。このような結婚の際の慣行の歴然たる差異が何に由来するのか、これについては、エンギュエによる婚姻制度がいまだ定着せず、事態が流動的であったこの前古典期に注目して考察することが適当であろう。

古典期以前の嫁資に関する史料は残存していないが、プルタルコス『ソロン伝』に婚姻の際の財の移動に関連して次のような興味深い記述がある。「〔ソロンは〕フェルナイを（φερνάς）廃止して、嫁ぐものは着替え三枚と僅かな金目の道具だけは良いが、他に何物ももって行ってはならぬと定めた」（XX 6）。このフェルナイ（単数はフェルネ）とは何であろうか。シャプスは、リプシウスやシュルテスらの見解を踏襲して、古典期においてそれは嫁資（προίξ）と同じ意味を有し、とくに韻文に多く使用される語であったとする。[43] ヴォルフは、相当に古くから使用されていたこの語は前五世紀にはとりわけ悲劇作品の中で使用されていると指摘し、嫁資に含まれない妻の持参物がこれであったと解釈している。[44] 彼によれば、ヘレニズム期のエジプトでフェルナイは嫁資として持参される現金という意味を有し、制度として定着していたようだが、この語が現れる古典期の史料は嫁資の場合にくらべはるかに少なく、それゆえ制度として成立してはいかなかったと見なせるし、『ソロン伝』の記述中のフェルナイについても、右のような古典期に関する解釈が適用できる。[45]

もしフェルナイが嫁資に相当するものであったとすれば、嫁資は後のアテナイ社会の構造に合致した機能を有していたのであるから、古典期の社会の基礎を築くという意義をもった改革を実践したソロンが、なぜフェルナイを廃止したのか、説明困難となってしまうであろう。[46] 他方、ヴォルフの解するようにフェルナイが嫁資以外の持参物であるとしたならば、それを廃止するソロンが花嫁に認めた「着替え三枚と僅かな金目の道具」とは一体何であろうか。後者は持参物と見なして差し支えないと思われるので、フェルナイが持参物であるならば、それは廃止されたのではなく、制限されたと表現すべきであろう。このように、フェルナイに関する従来の解釈はいずれも、史料と突きあわせたとき、矛盾を露呈してしまう。

ソロンの時代のフェルナイに関し他に史料がないのであれば、古典期の使用例からその意味を探るという方法をとらざるを得ない。エウリピデス『メデイア』では、メデイアが我が子たちに「さあ、この贈り物を手にお受け。持参して、仕合せな花嫁に、差し上げるのです」(955-957)とあり、夫の側(あるいは夫の子供)から花嫁側への贈り物として用いられている。同『イオン』では「夫にとってわたくしは、言わば戦の報賞(フェルナイ)、槍でわたくしを得たというわけです」(297-298)とあり、花嫁自身がフェルナイに相当する。もちろん嫁資と同意義で使用されている例もある(Hdt. I 93. 4; Aischin. II 31)ものの、右に挙げた例からは、フェルナイは嫁資と同意語であるよりもむしろ、贈り物の意味を有する語であったと見なすべきではあるまいか。

もし、そうであるならば、ソロンが廃止を定めたフェルナイとは、一方から他方への、あるいは双方で交換する、結婚の際の贈り物つまりヘドナに近い制度であったと推測することも可能である。この仮説の上に立って前掲の『ソロン伝』の記述を読み直してみるならば、ソロンはヘドナと類似の慣行は廃止し、僅かの持参物のみを認めた、ということになる。ホメロスの社会におけるヘドナから類推すれば、フェルナイは主に貴族たちや、その頃のギリシア世界における経済活動の活発化の波に乗って富を蓄積して社会的に上昇し、貴族に接近した人びとの間で行なわれた慣行であったであろう。この頃の墓址の発掘によれば富裕者層には自己の富を誇示する傾向があったという。[47] 多額化するフェルナイを廃止したのであれば、それはソロンが推進した奢侈抑制政策に合致していたと言い得よう。

さらに、フィンリーの解釈をとり入れて、フェルナイもヘドナ同様に贈与慣行の遺制であったとするならば、それの廃止はよりいっそうの意味をおびてくる。モースによれば、贈与の行為は信用・名誉・威信の観念を生じさせる。[48] レヴィ＝ストロースも互酬の原理に関連して、威力・権力・共感・規則・情動の運搬物・媒介物であると言う。[49] ところで、プルタルコスはソロンについて次のような興味ある記述を残している。「彼の父が他人への親切な行為のために財産を減らしてしまったので、援助しようという者にはこと欠かなかったが、他人を助けるのに慣れた家に生まれて、他人の世話になることを恥とし、若い時から貿易に乗り出した」(Plut. *Solon* II 1)。贈与には返礼の義務が伴う。[50]

右の記述を、父の行なった贈与に対する返礼として援助を提供しようという申し出を、ソロンが断ち切ったと読むことも可能であろう。[51] 彼は贈与慣行の遺制がもはや社会で、あるいは実生活上に、力となり得ないと見てとったのだろう。ポリス社会としてのアテナイは、今や変質しようとしていた。

ソロンの改革の柱の一つとして、財産級の導入あるいは再確認がある。[52] この制度には、所有する富を日常的に誇示しなくても客観的な等級がそれを公然たるものとするという効用がある。しかも、たとえば財務官は五〇〇メディムノス級からというように、官職を財産に応じて抽籤すると定めた結果、社会的威信と信用もこの等級によってある程度数量化されることとなった。アテナイ社会内では、もしいまだ残存していたとしても、贈与慣行の右に挙げたような意義は今やその重要性を失ってしまった。

異なる共同体に属する二つの家の間の婚姻関係は、贈り物の贈与または交換によって、相互の威信・名誉を高め合い、両者の連帯意識を高め、盟約関係を成立させた。前項で見たような前古典期の上層貴族の結婚にはこれに相当するものが少なくなかったであろう。しかし、ヘシオドスのような、妻を近隣即ち同一共同体内に求める平民たちにとって、それは無縁な種類の結婚の形態であった。このように考えれば、フェルナイの廃止はヘシオドス的な結婚の一般化に道を開くという意味を有していたと言えよう。

身体を抵当とする借財の禁止(Arist. *AP* 6. 1)は、以後、共同体成員が奴隷に陥ることがなくなったという点で、ソロンの改革政策の中でもとくに重要であった。これは国家がアテナイの市民団に所属する者について、自由人としての身分保持の最低保証をしたということである。プルタルコス『ソロン伝』にはさらに次のような記述が見出される。「また自分の娘や姉妹を売ることを禁じ、ただし結婚前に男と関係したと認められた娘は別とする」(XXIII 2)。この規定は、市民身分の女性についても、例外を除き、その身分についての保証を国家が行ったことを伝えている。これらは、家父の上に存在する国家が、市民とその家族の一人一人についてポリス共同体の成員としての身分に最低の保護を加えたということをも意味する。父に技術を習得させてもらえなかった子やヘタイラから生まれた子については、父を扶養する義務なしとし(Plut. *Solon* XXII 1, 4)、また、エピクレーロス[53]が財産目当ての近親の男の犠牲となったりせず、子を産めるよう規則を定めたのも(Plut. *Solon* XX 2)、これによって国家の保護が、言いかえれば国家権力が、オイコスの成員の一人一人に直接に及ぶという点から見るならば、先に挙げた市民身分の保証の場合と類似の政策意図を、背後に見出すことが可能となる。つまり、オイコスの国家への従属度が高まり、家父の権限は相対的に弱くなった。そのような状況下では大家族からなるオイコスがあったとしてもそれは次第に、ヘシオドスに見られるような核家族的構成をもつ個別のオイコスへと解体していく道を辿ったであろう。

公権力によるオイコスの保護と介入の強化は、オイコスをとりまく親族の絆を弛緩させていき、またより一般的に、人と人の関係の稀薄化をもたらしたであろう。それはすでに、ヘシオドスと弟のペルセスの関係に現れていた。詩人の抱いた孤立感[54]を、強弱の差はあったにしろ今や多くの人びとがもつに至ったであろう。経済的な困難が生じた時、援助を提供し、危機を緩和させてくれる安全弁が失われたかのごとくであった。核家族的構成をもつオイコスにとって僅かの経済的変動も、時には大きな脅威となり得た。婚姻による一人の女性の移動がオイコスの経済状況を動揺させる恐れもあった。嫁資の制度は、オイコスからオイコスへの女性の移動にあたって、ソロンの改革で成立した経済的均衡が損なわれず、維持されるための方策であったという、モッセの提起した仮説[55]は、このような社会的背景のなかに位置づけるならば、より説得的となろう。

他方、オイコスはそれを構成する家族の成員の間の関係をかつて以上に緊密にした。子供の数が少ないだけに、親の情愛はより深く、他のオイコスへ嫁ぐ娘との関係も断ち難かったにちがいない。その上、ヘシオドスが勧めるように一人か二人の息子をもつだけでは、不幸にして病や戦闘で男子全員を失うかもしれないという恐れがつねにつきまとった。娘を通して血筋を確保するという期待が強くなるのも自然の成り行きであった。他のオイコスに移った娘との絆を保つ嫁資の制度は、このような背景からも説明が可能であろう。

ところで、クレタ島中央部のポリス、ゴルテュンの前五世紀に記された長大な「法典」[56]では、相続に関する規定が大きな部分を占めており、とくに女性の相続権のあり方が注意を引く[57]。遺産については、クレーロス(世襲家産)と男子に先取権が認められている特定の物件とを除き、残りの財産について女子は男子の二分の一の相続を認められている(IV 31-43)。また、別の個所では妻の財産に関する以下のような内容の規定が記されている。離婚の際に妻は持参した自己の財産(*τὰ ἑαυτῆς*)とそれからの収益があればその半分を得る上に、婚家において織った織物の半分を取得した(II 45-52)。夫または息子は妻あるいは母の財産を売却したり、抵当に入れたり、譲渡の約束をすることを禁じられ、これに反した場合には、財産は妻あるいは母の手に委ねられる(*τὰ μὲν κρήματα ἐπὶ τῇ ματρὶ ἦμεν κ' ἐπὶ τῇ γυναικὶ*)(VI 9–24)。

これら女性に関する規定でアテナイの場合との相違が際立っているのは、アテナイにおけるような嫁資の制度が見出されないことである[58]。嫁資に相当する言葉さえも見出されない。右に挙げた妻自身の財産とは、たとえ嫁資のごとき形はとっていても、おそらく娘として相続した遺産、あるいはその婚姻時の先取り分であると推測される[59]。法文中の「妻の財産」をアテナイの嫁資と実態は変わらないとする見方があるが[60]、後者が、女性を媒介とするオイコス(妻の実家)とオイコス(婚家)との利害関係の拮抗を内包するのに対し、前者は、二つのオイコスのそれぞれに対して女性が有する権利の実体化であると認識するならば、ここに両者の違いは、明白であると言わねばならない。つまり、アテナイの場合、妻の実家は、嫁資を通じてその利害を結婚後の娘とその夫のオイコスに及ぼし得ることで、嫁資の見返りを得ていたのに対し、ゴルテュンでは財産分与という形式により結婚後の娘は実家に対し相対的に独立した関係を保ち得た。そうであるからこそ、それぞれの特性がもっとも端的に顕在化する離婚の際に、アテナイの嫁資には婚姻関係成立期間中に生じた収益がまったく加算されないのに対し、ゴルテュンの場合、収益の半分が付加されたのであろう。アテナイのエピクレーロスに相当するパトロオイオコスが、法定の結婚相手を拒否する代りに、家産の一部をその者に譲り、自分は残る家産全体を継承して、部族(πυλά)内の他の男と結婚することができた(VII 52–VIII 7)のも、アテナイとの相違の一例として挙げることができよう。女性自身の権利と判断能力が、より尊重されていたとの印象は否定できない。

では、このような制度の差異は何に由来するのであろうか。ドーリス系ポリスであるゴルテュンではオイケウスと呼ばれる隷属身分の農民が各オイコスに所属していたが[61]、古典期のアテナイにこのような身分の農民は存在せず、オイコスが擁していたのは、動産奴隷であった。少なくともソロンの改革以降のアテナイとゴルテュンとではオイコスの実態は明らかに異なっていた。古典期に前者で一般的であった核家族的オイコスは、後者では果してどれほど存在していたであろうか[62]。右に見た嫁資の制度の有無は、当該社会の基本的構成単位であるオイコスの内実の違いに由来するのではあるまいか。ゴルテュンと同じくドーリス系ポリスで、ヘイロタイ制度を有していたスパルタの場合についても、嫁資の制度が存在していなかったとの見解が出されている[63]。しかし、この問題は余りに大きく、本稿でこれ以上論じる余裕はない。その論証のためには別の機会を設けるべきであろう。ここでは単なる推論の提示にとどめておきたい。

## 五　古典期アテナイにおける婚姻制度とオイコスの閉鎖化

前項で見たように、嫁資の慣行はソロンの改革以降のアテナイ社会のドラスティックな変質の中で成立したとの想定が可能であった。古典期までにはこの嫁資の慣行はエンギュエと結びつき一般化する。核家族的オイコスは、エンギュエあるいはエクドシスの手続きを経た婚姻関係に支えられた一夫一婦制の原理を基盤にして、古典期アテナイ社会の基本的構成単位となる。しかし、このエンギュエによる婚姻の形態が、エピディカシアによるそれを別とすれば、前古典期のある時期までは未だ他の形態の男女の結び付きを排除して唯一合法の婚姻制度となるまでに至っていなかったことは、すでに見た通りであり、嫁資の慣行もどれほどに普及していたか明らかでない。それゆえエンギュエによる結婚が正規の婚姻として確立する時期と事情とを、ノトスの法的地位にさらに検討を加えることによって考究したい。

第三項で見たように、ソロンの時代においては、嫡子のいない場合、庶子にアンキステイアが認められていた。他方、『鳥』が上演された前四一四年以前のある時から、一時的中断はあったにせよ、ノトスはいかなる留保条件もなしにアンキステイアより排除されることになった。(64) 即ち、エンギュエおよびエピディカシアによる婚姻のみを正規のそれとする一夫一婦制が法制上確立した、ということになる。具体的にそれはいつのことであろうか。

古典期のノトスの法的地位については、これまで多くの研究が寄せられているが、古典期に至るまでのノトスの地位について論じた研究者はきわめて少なく、管見の限りヴォルフがこれを取り上げているのみである。(65) 彼はほとんど手掛りとなる史料のない中で、『アテナイ人の国制』の記述に注目する。

「この党〔ペイシストラトスが率いる山地党〕には貸金を奪われた者が困窮の故に、またその生まれの純粋でない者がその懸念から左袒した。その証拠には僭主の顛覆後、人びとは不当に参政権に与っている者が多数存するという理由で市民表の修正を行っているから」(Arist. *AP* 13. 5)

この「生まれの純粋でない者」の中にノトスが含まれていたと、ヴォルフは推定する。そしてクレイステネスによる改革の意義を考量するならば、ノトスのアンキステイアからの排除もこの改革の意図と内的に合致していた、と考える。(66) 即ち、民主政の確立には、その基礎となる小オイコスを確固としたものにする必要があり、オイコス維持の目的で婚姻関係を結んだ正妻から生まれた子供にのみアンキステイアを制限することで、それは実現される。このように、アテナイ民主政の理念から言って、オイコスの構成員の正嫡性は不可欠であった、とヴォルフは見る。

『アテナイ人の国制』一三章五節中の「生まれの純粋でない者」については、彼らを主にソロンが外国から誘致した工人と解する見解もあるが、正規の婚姻外に生まれた者も含まれていたことは大いにあり得よう。[67] 前六世紀には、土地を所有しないテーテス級の者の中に、市民身分がきわめて曖昧であり、しかもそれで実際の生活になんら支障を認めない者もいたにちがいない。[68] デーモス制度成立以前には市民資格はフラトリアの成員であることに基づいていたと言われるが、後の古典期に市民となり得る資格を有する者がすべて、前古典期にフラトリアに所属していたのか否か、我々は判断のために十分な史料をもっていない。フラトリアへの登録が古典期同様、嫡子のみに限られていたのかどうかも不明である。嫡子なき場合に庶子にアンキステイアが認められていたのであれば、この庶子はフラトリア成員となり得たであろう。このように様々なありうべき状況を想定するならば、先の「生まれの純粋でない者」の中に市民資格において劣格であったノトスも含まれていたにちがいない。

また、エンギュエによる結婚が法制上の相対的優越性を強めていたドラコンの時代[69]からすでに一〇〇年以上が経過し、その間のペイシストラトスによる僭主政の時代には、その穏和な支配の下で中小の農民たちの生活も落ち着き、向上したらしい(Arist. *AP* 16. 2, 3)。そのような安定した状況は、法制上正規と定められたエンギュエの手続きを踏む婚姻の普及を促したにちがいない。即ち、ノトスをアンキステイアから完全に排除しても社会的混乱が生じることはなくなっていた。しかし、ペイシストラトスは大衆を悩ますことなくつねに静謐を維持したといわれる(Arist. *AP* 16. 7)ことから、ノトスをアンキステイアから排除する政策は、おそらくペイシストラトスによってとられたのではあるまい。諸条件を考慮するならば、この政策がとられたのはクレイステネスの改革の時、即ち民主政の基本的制度が制定された時点と想定することが、もっとも妥当と考えられる。こうしてエンギュエによる婚姻のみがオイコスの後継者を得る婚姻の形態と確定し、ここに一夫一婦制はアテナイの国制の中で制度として確立した。

ノトスの存在がまったく後退してしまい、嫡子のない時に遺産相続権は親族に帰属すると定められても、それは遺言のない場合であって、実際には被相続人が遺言によって養子をとったり、あるいは生前に養子をとることは少なくなかった。従って、ノトスのアンキステイアからの排除は、けっしてオイコスとそれを取り巻く親族の関係がかつてより緊密になったことを意味するのではない。古典期の史料に養子の事例が少なからず見られ、エピクレーロス制度が前古典期から古典期に至るまでにその内実を変化させて、オイコス維持の制度としての機能を強めているのは(70)、一夫一婦制に依拠したオイコスが親族関係から相対的に独立し、閉鎖化へと向かう、その方向性を指し示している。

本稿冒頭で述べたように、古典期のアテナイに婚姻届のごとき、婚姻関係を公的に認定する制度は存在しなかった。従って、実際に一夫一婦制を定着させ、オイコスに基礎を置く社会的秩序を維持するためには、ポリスの構成員の自覚的な、あるいは積極的な行動が必要であった。それの一例が、デーモスのレベルで催され、正妻だけが参加して相互の地位を承認し合うテスモフォリア祭の実施であり、それは正妻と内妻の違いを人びとの意識の中に定着させる機能を有していた(71)。正妻以外の女性を差別することによって、一夫一婦制を強固にしようとする仕組みをここに見ることができる。

また、別表で提示したような女性のイメージづくりも、同様の役割を果したであろう。別表中の女性の属性とされているものの内容を見れば明らかなように、女性は無秩序、放縦の存在であるからこのような属性は秩序(結婚)の枠の中に押し込める必要がある、との観念をそこに見て取ることができる。悲劇作品の中に打ち出されたこのイメージが観客たちの意識に影響しなかったはずはない。女性に関するこのようなイメージの形成には、ヘシオドス以来醸成されてきた「女性嫌悪」の思想も関与していたであろう。祭事を除けば公共生活に実際に関与するのは男子市民に限られていたアテナイでは、右のようなイメージの普及する中で、オイコスの維持を図るために従来以上にオイコスの閉鎖化が推進されたであろう。政治のみならず、社会生活に直接参加する機会が祭事などに限られていた市民身分の女性たちは、このイメージを打ち破る機会も、それの誤りを身をもって正す機会もなく、むしろそのイメージを受け入れ、秩序の中に取り込まれた自己と秩序の外に置かれた市民身分以外の女性との間の格差の増大を心地よくすら感じたかも知れない。その結果、先に例示したような女性のイメージはなおいっそう増幅し、固定化し、市民身分の女性はますます、家父を通してのみポリスの公共領域と連絡する閉鎖的なオイコスの中に逼塞していく、という相乗作用が展開されることとなった。しかしながら、この展開過程の検証は未だ行なわれておらず、今後の課題として残されている。

(1) これらの研究については拙稿「古代ギリシア女性史研究――欧米における最近の動向――」『歴史学研究』五五二、一九八六年、三三―四五頁、参照。
(2) F. I. Zeitlin, "The Dynamics of Misogyny: Myth and Mythmaking in the Oresteia", Peradotto and Sullivan (eds.), *Women in the Ancient World*, Albany, 1984, 181-182.
(3) 古典期の *ἐγγύη* 及び *προίξ* については本書II-第五章二四一―二四四頁、およびA. R. W. Harrison, *The Law of Athens: The Family and Property*, Oxford, 1968, 3-8, 45-60 参照。
(4) 古典期における正規の婚姻には他に、エピクレーロス(家付娘)の場合のエピディカシアによるそれがあった。これについては本書II-第三章一七九―一八五頁、参照。
(5) Harrison, op. cit., 68.
(6) H. J. Wolff, "Marriage Law and Family Organization in Ancient Athens: A Study on the Interrelation of Public and Private Law in the Greek City", *Traditio* 2 (1944), 85. ただし、Harrison, op. cit., 17 は、同箇所についてこの第二の結婚で生まれた子供は市民として公的諸権利と義務を有したとしても、家族法上の権利や相続権に関する彼らの地位は不明とする。
(7) M. I. Finley, *The World of Odysseus*, 2nd ed., London, 1977, 48.
(8) O. Murray, *Early Greece*, Stanford, 1980, 38-40.

(9) M. I. Finley, "Marriage, Sale and Gift in the Homeric World", *Economy and Society in Ancient Greece*, New York, 1983, 233-245 (= *Revue internationale des droits de l'antiquité*, 3rd ser., 2 (1955), 167-194).

(10) *Il.* XV 178, 190; XXII 472; *Od.* II 52-54, VI 159, VIII 318, XI 117, 282, XIII 378, 382, XV 18, XIV 391, XIX 529, XXI 161.

(11) *Il.* IX 146, 288; XIII 366.

(12) *Od.* IX 288-297; XIII 225-238.

(13) ①パリスとヘレネの場合、②囚われのブリセイスをアキレウスの妻にするとのパトロクロスの言葉(*Il.* XIV 297-299)、③Thebais, fr. 6 でオイネウスがオレノス攻略の戦利品であるペリボイアを妻とした例(Apollodoros *Bibliotheca* I 8. 4)。

(14) *Od.* VII 311-315.

(15) *Il.* VI 191-193, 251, 394; IX 147-156 (= 289-298); XXII 51; *Od.* I 277-278 (= II 196-197); II 132-133; VII 311-315.

(16) Finley, "Marriage", 233 参照。

(17) S. v. *ἔδνον*. なお、LSJ *A Supplement*, 1968 *ἐδνῆστις* の項も同様。

(18) 高津春繁訳『オデュッセイア』『世界古典文学全集1 ホメーロス』筑摩書房、一九六六年、より。以下同様。

(19) Finley, "Marriage", 239.

(20) W. K. Lacey, *The Family in Classical Greece*, London, 1968, 41.

(21) ただし、W. K. Lacey, "Homeric *ΕΔΝΑ* and Penelope's *ΚΥΡΙΟΣ*", *JHS* 86 (1966), 55-68 は、結婚の際の贈物が *ἔδνα* であり、求婚の贈物は *δῶρα* であるとの見方を出している。これによれば、*ἔδνα* が無駄に終わることはない (op. cit., 57)。

(22) 嫁資(dowry)に対立する、夫側から妻側へ贈られる indirect dowry の概念については J. Goody and S. J. Tambiah, *Bridewealth and Dowry*, Cambridge, 1973 参照。

(23) Finley, "Marriage", 243.

(24) 呉茂一訳『イーリアス』『世界古典文学全集1 ホメーロス』筑摩書房、一九六六年、より。以下同様。ただし後掲 *Il.* VI 490-493 の邦訳引用文の括弧内は、呉訳『イーリアス』岩波文庫、一九六四年、より。

(25) Lacey, *The Family*, 42.

(26) Ibid.

(27) 注24参照。

(28) S. B. Pomeroy, *Goddesses, Whores, Wives and Slaves: Women in Classical Antiquity*, London, 1975, 30-31.

(29) M. B. Arthur, "Early Greece: The Origin of the Western Attitude toward Women", Peradotto and Sullivan (ed.), op. cit., 22.

(30) 本稿における『仕事と日々』の邦訳は、松平千秋訳『仕事と日』岩波文庫、一九八六年、による。

(31) 廣川洋一訳『神統記』岩波文庫、一九八四年、七六―七七頁。

(32) A. Snodgrass, *Archaic Greece*, London/Melbourne/Toronto, 1980, 35-36.

(33) J. K. Davies, *Athenian Propertied Families, 600-300 B. C.*, Oxford, 1971, 449-450.

(34) Ibid., 450.

(35) L. Gernet, "Mariages de Tyrans", *Anthropologie de la Grèce antique*, Paris, 1968, 346-347.

(36) Ibid., 347.

(37) Davies, op. cit., 449.

(38) Harrison, op. cit., 5.

(39) ただしibid., 66は、嫡子なき時はノトスが近親の者たちと財産を分かちあう、と読む。

(40) Wolff, *Traditio*, 88-89.

(41) 村川堅太郎訳『ソロン』『世界古典文学全集23 プルタルコス』一九六六年、五六頁。

(42) 本章注4、参照。

(43) D. M. Schaps, *Economic Rights of Women in Ancient Greece*, Edinburgh, 1979, 100.

(44) H. J. Wolff, "*προίξ*", *RE* XXIII 1 (1957), 167-169.

(45) Wolff, *Traditio*, 54, n. 58; 57.

(46) Ibid., 57-58.

(47) T. W. Gallant, "Agricultural System, Land Tenure, and the Reforms of Solon", *BSA* 77 (1982), 119.

(48) M・モース／有地亨・伊藤昌司・山口俊夫共訳『社会学と人類学』I、弘文堂、一九七三年、二五八―三二八頁。

(49) クロード・レヴィ＝ストロース／馬淵東一・田島節夫監訳『親族の基本構造』(上) 番町書房、一九七七年、一三五頁。

(50) モース、前掲書、二三七―二四二頁。

(51) ただし、Gallant, op. cit., 112 は、ソロンが他人の申し出を辞退したことについて、これをプルタルコスの誤解と見なし、ソロンは贈与慣行によって蓄財した、と解している。

(52) Arist. *AP* 7.3 及び、アリストテレス／村川堅太郎訳『アテナイ人の国制』岩波文庫、一九八〇年、の同箇所の訳者註(一四四頁)、参照。

(53) エピクレーロスについては、本書II-第三章、参照。

(54) 本章一三六―一三七頁、参照。

(55) C. Mossé, *La femme dans la Grèce antique*, Paris, 1983, 145-149.

(56) R. F. Willetts, *The Law Code of Gortyn*, Berlin, 1967; *IC* IV 72; Buck, 117.

(57) これについては、伊藤貞夫「古典期クレタにおける女子相続権の位置」『古典期のポリス社会』岩波書店、一九八一年、三五一―三七七頁参照。ただし、本稿における筆者の見解は右の論文の主旨と全面的に一致するわけではない。

(58) このように解するのは、Wolff, *RE*, 166-167; P. Cartledge, "Spartan Wives: Liberation or Licence?" *CQ* 31 (1981), 98.

(59) Mossé, op. cit., 150.

(60) Schaps, op. cit., 85-88.

(61) オイケウスについては、伊藤貞夫「ポリス社会の身分構成について」『歴史と地理』三五七、一九八五年、二九―三二頁、参照。

(62) クラーロスの共同不分割相続の可能性については伊藤、前掲「古典期クレタ」三六五―三六六頁、参照。

(63) Cartledge, op. cit., 97-98.
(64) 本章一四一—一四二頁。
(65) Wolff, *Traditio*, 88-90.
(66) Ibid., 89-91.
(67) Cf. P. J. Rhodes, *A Commentary on the Aristotelian Athenaion Politeia*, Oxford, 1981, 187-188.
(68) J. V. Fine, *The Ancient Greeks: A Critical History*, Cambridge, Mass./London, 1983, 234-235.
(69) 本章一四一—一四二頁、参照。
(70) 本書II-第三章。
(71) 本書II-第二章。

〔**補論**〕

本論考はポリス発展に伴う婚姻制度の変遷を辿ることにより、ポリスとオイコスとの関係の変化、言い換えれば、両者間の距離の変化を測定し、その変化のうちにポリス発展の軌跡を窺い、ポリスの本質に迫る、という意図をもっていた。

家族と女性という視角からアテナイ社会に接近する場合、当然ながら考察の対象として、家族の形態、相続制度、子供の嫡庶と市民権の関係、などが問題となるが、これらについての包括的な研究動向は、伊藤貞夫氏により詳細な紹介が行なわれている(「一九八〇年代の古代ギリシア家族研究」『史学雑誌』一〇〇編四号、一九九一年、五五—八四頁、「アテネ人庶子の法的地位をめぐって——古代ギリシア史研究の一動向——」『史学雑誌』一〇一編一号、一九九二年、七〇—九八頁)ので、参照していただきたい。日本語では最近また、栗原麻子「前四世紀アテナイの親族関係——イサイオスの法廷弁論を中心として——」(『史林』七六-四、一九九三年、三四—六八頁)がある。

伊藤氏の前掲動向紹介にも触れられているR. Just, *Women in Athenian Law and Life*, London/New York, 1989, 53 は、前七世紀にすでにエンギュエによる婚姻が存在したと想定している。しかし、これはデモステネス『弁論二三番』五三節に引用されている合法殺人に関する規定(本論考一四一頁、参照)にある正妻(*δάμαρ*)をエンギュエによって結婚した妻とみなして引き出した推論にすぎない。ソロンの改革をアテナイの婚姻制度および家族制度のひとつの画期と解する本論考の内容を修正すべきほど論拠たしかな見解ではない。

なお、ジャストは、エンギュエによる婚姻の重要性は古典期にかつて以上に大きくなり、ノトスには前四〇三年以降はもちろんのこと、前五世紀の大部分を通じてオイコスの相続権は認められていなかった、と解し、さらに、ノトスはフラトリアからも排除され、市民権も持たなかった、と解釈している。この点はノトスのアンキステイアからの排除をクレイステネスの改革の趣旨に沿うと見なした本論考の見解と一致している。

エンギュエによる婚姻が正規のそれとして確立したことと、ノトスが市民権を享受できなくなったこととは、いわば、コインの表と裏の関係にあるが、このノトスがそれでは社会的にどのような身分に位置付けられていたか、家族と女性について論じた本論考ではこの点にまでは踏み込まなかった。メトイコイ身分、あるいは市民身分とメトイコイ身分の中間の身分、あるいは劣格市民、というように諸説あるが、これについては、伊藤、前掲「アテネ人庶子」、特に八七頁、参照。

いわゆる「ホメロスの社会」から前四世紀までのギリシアの婚姻についてはC. Leduc, "Comment la donner en Mariage ? : La mariée en pays grec (IX$^{e}$–IV$^{e}$ s. av. J.-C.)", G. Duby et M. Perrot, *Histoire des femmes en occident*, I, *L'antiquité*, Paris, 1991 が文化人類学の分析方法を用いて論じている。それによれば、ギリシア社会は長期的に見た場合、ホメロス的社会からの分岐相伝(diverging devolution)の特徴を持つ。つまり、元来、同質の社会であったものが別々の方向へと発展して、たとえばアテナイとスパルタという、性格の異なる社会が成立するにいたったのである。

スパルタとアテナイ、それぞれの社会は、レヴィ=ストロースの概念を用いれば、「冷たい社会」と「熱い社会」として分類が可能である。ホメロスの社会から前六世紀までギリシアの社会は個別オイコス(maisons discrètes)で構成されていた。その後も「冷たい社会」はオイコスから成る組織を維持し、それが所属する地縁集団が占める地域内にオイコスは所在するが、このような静止した地縁集団内ではオイコスは相互に交叉し合うため、婚姻によっても人と財とは分離せず、妻は土地と結びついているため、自己の主体性を持ち、子供は父のオイコスにも母のオイコスにも所属する。

他方、「熱い社会」であるアテナイでは、オイコスの所有財産の所在地とオイコスが所属する地縁集団の土地とは一致しない。ポリスの組織はオイコスから構成されるのではなく、オイコスおよびオイコスの財産から独立した一人一人の市民から構成される。このような社会では、貨幣からなる嫁資で結婚した妻は、夫の後見下の未成年者と同等の存在として位置づけられる。

以上のようなルデュクの論考は、ギリシアの家族史に対して、これまでにない独自の構造的把握をこころみる野心的な研究であるが、この見解の有効性如何は今後の検証に委ねるべきであろう。むしろ、ハンフリーズ(S. Humphreys)が *The Family, Women and Death: Comparative Studies*, 2nd ed., Ann Arbor, 1993 の序文でも触れているところであるが、オイコスへのポリスの介入の度合いという観点からの議論が、本論考でも試みているように、有効なのではないか。

# 第二章 二つのテスモフォリア祭

## はじめに

古典期のアテナイにおいて民衆に相当するのはいかなる人々であっただろうか。民主政が実践されていたアテナイではポリスの統治者は成年男子市民全員が構成する市民団(Dēmos)であって、ポリス内の居住者ではあってもメトイコイおよび奴隷は、自由人と非自由人という違いはあるにせよ、いずれも参政権を全く認められていなかった。民衆を、支配する側に立たない人々と考えるならば、右のような市民たちは支配する立場にある者として民衆から除外されるべきなのであろうか。実際には、市民全員が主体的に、積極的に、政策決定に参加していたわけではない。官僚機構や政府機関の存在しなかったアテナイにおいて、ある時間の幅の中で見た時にとにもかくにも整合的な政策が実施されていたのは、政治的見識や野心を有する個人と彼を取り巻く仲間たちから成るグループが複数存在し、これら政治的エキスパートが、情報操作や政策立案準備作業などを行なっていたが故であった[1]。すなわち、アテナイの民主政の機構の枠の外で影響力を発揮し、実質的に政治を動かす人々が市民の一部として存在していたのである。従って、市民団を構成する市民たちが支配者、市民団から排除された人々が被支配者という図式は適切とは言いがたい。

アテナイで遠い過去までさかのぼって祖先を辿り得る土着の人々とは、市民とその家族であった。しかし、土着の人とは言えないメトイコイや奴隷がポリスの経済活動において果した役割は、ポリス存立に不可欠であり、ひいてはその文化においても同様であった。しかも彼らは前述の参政権のみならず、市民共同体の成員が享受する様々な特典から排除されていたのである。

このように実際のポリスの生活に注目した時、市民共同体の内部に、政治を掌握する者と、それに積極的に参加しない者あるいはできない者、および全く政治から排除された女たちがおり、さらにこの市民共同体を支えつつ、しかもそれに従属する自由人と非自由人が存在する、というような重層的な支配・従属の関係が認められる。そのような社会における民衆の位置づけは簡単ではなく、本稿ではこの問題に深入りする余裕はない。

碩学ニルソンによる小著ながらすぐれた内容の *Greek Folk Religion* の最初の書名は *Greek Popular Religion* であった。[2] 書名を変更したのは、私の推測にすぎないが、「民衆」の実体についての疑念があったからかも知れない。この書ではギリシア世界に伝統的に流布していた、あるいは新興の、宗教・祭祀がとり上げられている。しかしそれらの担い手であった人々の分析あるいは実態解明は十分に試みられてはいない。それはこの書における著者の意図の外であった。しかし、宗教に対する民衆の、歴史を動かし得るような関わり方を考察の対象とする際には、ポリスにおける「民衆」を確定することの困難に直面せざるを得ない。それゆえ本章では、民衆の一部を成すことは間違いない女性に焦点を当て、テスモフォリア祭へのポリス内の女性たちの関わり方を考察することにより、ポリス社会の構造の一端を明らかにするという方法をとることにした。手順が逆のようだが、このようにすることでポリス社会における民衆の宗教への関わり方の一側面が明らかになるであろう。

## 一　祭儀参加資格の検討

デメテルを主神とするテスモフォリア祭は女性のみが参加できる祭儀であり、古代ギリシアの各地で挙行されていたことが知られている。[3] その起源は極めて古く、[4] ギリシア以前の新石器時代にさかのぼるとすら考えられている。[5] し

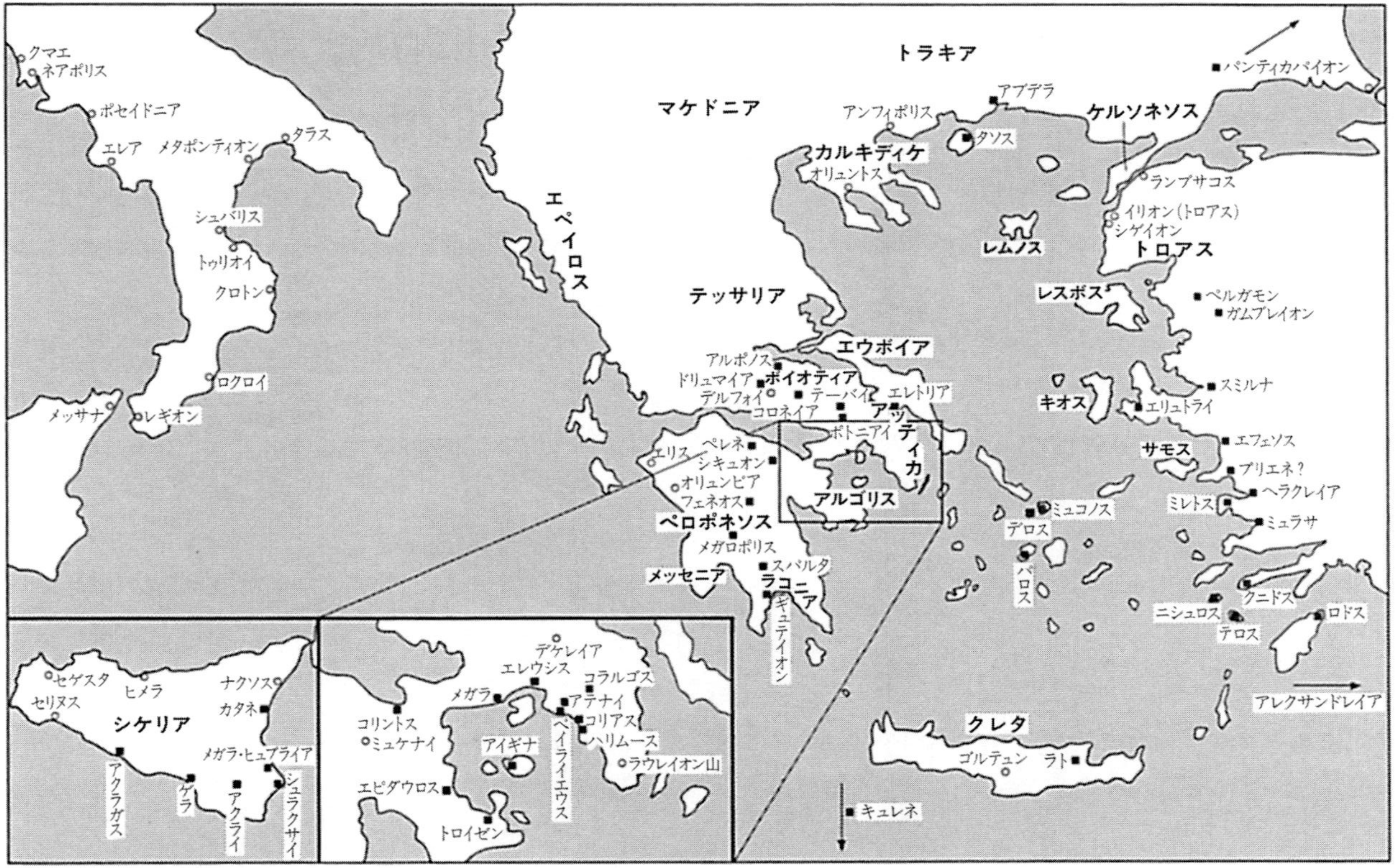


注）■はテスモフォリア祭の挙行が知られている場所

かし祭儀の様子が多少なりとも知られているのは古典期以降のアテナイのそれである。

アテナイではピュアノプシオンの月(一〇月から一一月)の一一日から一三日までの三日間にわたり、中心市のテスモフォリオンに女たちが集まり、寝泊りしながら祭儀を挙行した。(6) 前四一一年または四一〇年に上演されたと推定されているアリストファネス作『テスモフォリア祭を祝う女たち *Thesmophoriazusai*』は舞台をこのテスモフォリア祭に設定しているものの、祭儀が女だけに限定された一種の秘儀であったために、祭儀の詳しい内容は明らかではない。参加者は清浄な身で祭儀に臨むために数日前から禁欲的生活をしなければならなかった。(7) 第一日は「上り道(ἄνοδος)」と呼ばれるので、おそらくこの日に女たちは行列を組んでテスモフォリオンまで歩き登った。第二日は「断食(νηστεία)」と呼ばれ、女たちは食を断ち、アグノスというクマツヅラ科の灌木(西洋人参木 Vitex agnus castus)の小枝で編んだ敷き物の上に坐り、互いに罵詈雑言をあびせ、樹皮で作ったムチで打ち合う。第三日は「良き子授け(καλλιγένεια)」で、その名の通り子供の誕生と子孫の幸福を念じ、デメテルに祈りを捧げ、供物を献じたのであろう。(8)

播種の時期に催されるこのテスモフォリア祭は三日目の καλλιγένεια という語が示しているように、豊穣、それも農作物の豊作とともに人の子授かりをも祈願する祭であった。それゆえこの祭儀には未婚の乙女は参加しなかったと推測されている。(9) さらに、出自の良い既婚の女性のみが参加資格を有し、奴隷やヘタイラなどは排除されていたという見方が有力である。(10) その主要な根拠となる史料として、

〔史料1〕「欠けるところなく会議をわれらがはたし得ますよう、アテーナイ市の筋目正しい婦人衆《おなごしゅ》たちが
　(Ἀθηναίων εὐγενεῖς γυναῖκες)。(11)」(Ar. *Thesm.* 329-331)

〔史料2〕「トラーッタ、お前はあっちへおいで。お下の者たちは(δοῦλος=奴隷たちは、ただし男性複数形)、お話をきくのを許されてないんだからね。」(Ar. *Thesm.* 293-294)(12)

| | アドニア祭 | テスモフォリア祭 |
|---|---|---|
| 神　々 | アドニスと愛人アフロディテ | デメテル・テスモフォロスと娘ペルセフォネ |
| 女性の社会学的規定 | 娼婦と内妻 | 正　妻 |
| 男性の規定 | 女性に招かれる | 夫といえども全員除外 |
| 性的行動 | 誘惑関係 | 節　制 |
| 植物学 | 乳香と没薬 | 西洋人参木 |
| 匂　い | 香水の乱用 | 空腹のかすかな匂い<br>香水に対するメリッサイの嫌悪 |
| 食　物 | 御馳走 | 断　食 |

出典）ドゥティエンヌ／小苅米・鵜沢訳『アドニスの園』184頁。ただし，ギリシア語表記を一部変更した。

〔史料3〕「しかるにこの者たちの母親は、このように奴隷(δούλη)であり、いつも恥ずべき生活をしてきたのですが、そのような女は聖所の中に入ることも内部における何ものを見ることもしてはならないのに、女神様方への供犠がある時に行列に加わり、聖所に立ち入り、彼女が見るべきでないことを見るということを敢えてしたのです。」(Isaios VI 50, 傍点引用者)

が挙げられている。

ドゥティエンヌはさらに限定して、前五世紀末には市民の正妻のみがテスモフォリア祭に参加できたとの見方に立ち、同祭儀とアドニア祭とを比較して別表のような対照表を提示した。そしてテスモフォリア祭を「ギリシア社会が一夫一婦制による結婚という基本的社会関係を定着させるために行なった一大祭礼であった[13]」と見なす。

しかし最近、このような従来説に対しブルムフィールドとダールによって異説が出されている。ブルムフィールドはヘタイラ、奴隷ともに参加可能であったと推測する[14]。後者については、前掲史料2に奴隷排除が語られているが、アリストファネス『テスモフォリア祭を祝う女たち』には奴隷が現場にいることを示す言葉が一再ならず見出される。それゆえ、これら奴隷は女主人の随伴者として祭儀に参加していたと考える。また前者、ヘタイラについては、次の史料4をアルキフロン『書簡集』二巻三七番およびルキアノス『娼婦の対話』七章四節とともに挙げる。

〔史料4〕「なんたるお大尽ぶりか。テスモフォリアの祭も二度、スキラの祭も二度やってのけるとはな。[15]」(Menand. *Epitrepontes* 749–50)

このメナンドロス『調停裁判』七四九—七五〇行はカリシオスが、妻パンフィレがいるにもかかわらずヘタイラのハブロトノンを傍におき続けていることに対し、パンフィレの父スミクリネが慨嘆し、発した言葉であって、これよりヘタイラもまたテスモフォリア祭に参加できたと解釈することが可能であるとする。また史料3はテスモフォリア祭への言及とは限らないと考える。一方、ダールは奴隷の排除については従来の見解に従うが、ヘタイラについては前掲ルキアノス『娼婦の対話』当該箇所より参加可能であったと見なす。[16] ブルケルトもヘタイラの参加を想定している。[17]

このように、テスモフォリア祭の参加資格について諸家の見解が分かれるからには、ここで史料を再検討すべきであろう。[18] 史料1にある「筋目正しい(*εὐγενεῖς*)」という語は社会的地位を示してはいないし、ましてや市民の正妻という意はここから引き出せない。[19] また類例として引き合いに出されるハリムスのテスモフォリア祭にはアテナイの一流の婦人(*τῶν Ἀθηναίων τὰς πρώτας γυναῖκας*)が参加したという推測があるが、[20] それが依拠する主要史料は以下の如くである。[21]

「民間の伝承によれば、彼がペイシストラトスと一緒に船でコリアス岬に赴いたところ、そこですべての女たちがデメテルのために古来の犠牲を供げているところに出会った。それで信頼できる男をサラミスに送り、脱走者だと偽らせ、そこにいたメガラ人たちに、アテナイの一流婦人共を捉えたいと思うならば、自分と一緒に至急コリアス岬に向けて海を渡るように勧めさせた。」(Plut. *Solon* VIII 4, 傍点引用者)

つまりデメテルに供犠していたのは、一流婦人のみならずすべての女たちであった。ハリムスのテスモフォリア祭に参加する女に資格制限があったとするより、むしろその反対であったと考えるべきではあるまいか。

史料3はテスモフォリア祭に関する言及であるという見方は、果して妥当であろうか。傍点を付した「女神様方」は原文では *ταύταις ταῖς θεαῖς* であるが、テスモフォリア祭の主女神デメテルとコレを言うには、*τοῖν θεοῖν* と双数形も用いられる。むしろ後者の方が適当であり、例も多いと言えよう。例えばアリストファネス『テスモフォリア祭を祝う女たち』では“*ὦ περικαλλεῖ θεσμοφόρω*”(282, おお美しさきわまりない掟て授けの両女神さま)、“*τοῖν θεοῖν*”(285)のように双数が使用され、デーモスとしてのエレウシスの暦と解されている[22] *IG* $II^2$ 1363 においても“*τοῖν θεσμο[φόροιν*”(23-24)と双数になっている。それゆえ、史料3はむしろテスモフォリア祭を指してはいないということも可能である。

以上のような検討の結果、テスモフォリア祭の参加者に資格制限があったことを示す積極的史料は唯一つ、史料2であることが明らかとなった。しかし、ブルムフィールドが指摘するように[23]、アリストファネス『テスモフォリア祭を祝う女たち』中には女奴隷が祭の場に居合わせていることを示す言葉が数カ所見出される(278, 535, 567, 608)。これをどのように解すべきであろうか。前三世紀のあるオルゲオネスの決議では、ヘカトンバイオンの月の供犠の際に従者(*ἀκολούθωι μιᾶι*)にも一定の割合の肉を分け与えることが定められている[24]。この従者が奴隷身分であったことは大いにあり得ることであり、従者という資格でではあれ、奴隷が供犠の場に列した一例をここに見ることができる。テスモフォリア祭における奴隷たちも同様の立場にあったと考えることもできよう。ブルムフィールドの推測するように奴隷たちは随伴者としてテスモフォリア祭に加わることができたとの解釈も可能であろう[25]。しかし史料4で引いた科白が対象としているハブロトノンは、ヘタイラであるだけでなく奴隷身分でもあった[26]。スミクリネがそれを知らなかった、というのであればそれまでだが、奴隷身分であってもヘタイラは他の女たちと同様にテスモフォリア祭に参加できたと史料4を解することができよう[27]。

## 二 デーモスのテスモフォリア祭

以上のように、テスモフォリア祭には市民身分の女から奴隷身分のヘタイラまでが参加できた。[28] そうであれば、メトイコイ身分のヘタイラや、メトイコイの正妻、それに乳母などの職業をもつ独立したメトイコイ身分の女たちも祭儀に参加できたと考えてよい。しかし、そのように想定すると以下の二史料はどのように解すべきであろうか。

〔史料5〕「さて、我々の母がキロンの嫡出の娘であることは、以上のことからのみ明らかとなるのではなく、我々の父がしたことからも明らかであります。というのも、父が母を娶った時、結婚の儀式(γάμους)を執り行い、父の親類たちとともに三人の友人をも招待し、またフラトリアの人々のためにフラトリアの法に従って披露宴(γαμηλίαν)を催しました。またデーモスの成員の妻たちは、それらの後に彼女をピトス区のディオクレスの妻とともに、テスモフォリア祭のための役員となって共に定められたことを果すべく、選出したのです。」(Isaios VIII 18-19, 傍点引用者)

以上はキロンの遺産をめぐり、彼の嫡出の娘の子であると相続権を主張する者の法廷での言葉である。話し手は自分の母がキロンの嫡出子であることを論証するために、彼女が自分の父の正妻であったと主張する。この史料より話し手の父が所属するデーモスの成員の妻たちはおそらく一堂に会し、テスモフォリア祭のための役員を互選するのが慣例であったことが知られる。しかもそれは正妻たちの会合であった。妻たちはこのような機会に寄り合い、相互の親睦を深めるとともに、正妻としての立場を互いに確認し合ったのであろう。

ところで、ここで言及されているテスモフォリア祭をドイプナーは国家祭儀と見なすが、[29] パークはデーモスにおけるローカルなテスモフォリア祭と考える。[30] もしドイプナーの推測するように各デーモス二人ずつの役員(ἄρχουσαι)

が中心市のテスモフォリア祭に選出されたとすれば、古典期のデーモス数は一三九であるから、[31]計二七八人の女が役員として働いたことになる。パンアテナイア祭の諸行事を監督するアッロテタイが各部族から一名、計一〇人であったこと(Arist. *AP* 60. 1)と照らし合わせると、この数は多すぎはしないかと疑念が持たれる。二人の役員は、パークの言うように、地元のテスモフォリア祭を担当したと見なす方が適当ではあるまいか。もちろん、女たちがデーモスから中心市のテスモフォリア祭へと出かける時、これら役員が様々な世話をすることはあったに違いない。

〔史料6〕「またデーモスにおいては、彼は三タラントンの財産所有者であったので、もし結婚していたのであればその正妻のためにテスモフォリア祭で妻たちをもてなし、さらにそれだけの財産でもってできるその他の公共奉仕をも、デーモスにおいて妻のために行う必要があったでありましょう。」(Isaios III 80)

ピュロスの遺産をめぐり、嫡出の娘フィレに相続権があると主張する被告に対し、彼女の母親はピュロスの正妻ではなかったが故にフィレは嫡出子ではないとする原告側の弁論の一部である。フラトリアの人々に花嫁のための披露宴を行なわなかったという指摘に続いて史料6の言葉が示されている。これより、相当の財産を所有する夫には、正妻のためにテスモフォリア祭においてデーモスの女たちを饗応するという公共奉仕が課されていたと推測できる。

当史料に言及されているテスモフォリア祭は中心市におけるそれと解すべきであろうか。デーモスの女たちのための公共奉仕の一つである饗宴の場として中心市の国家祭儀は最適の場であったとは考えにくい。デーモスの成員の妻たちの中のどれほどの数の女が毎年中心市のテスモフォリア祭に参加できたであろうか。遠方のデーモスの居住者の場合、その数はそれほど多くはなかったのではないだろうか。デーモス員の総会が普通デーモス内で行なわれたように、[32]デーモスの妻たちの寄り集まるテスモフォリア祭の宴もデーモス内で開かれたと解した方がより自然であると考えられる。

それでは、国家祭儀としてのテスモフォリア祭のほかに、デーモスで行なわれるローカルなテスモフォリア祭は実際に存在したのであろうか。前掲 *IG* II$^2$ 1363 に見出されるテスモフォリア祭はエレウシス区のそれであると解されているが[33]、その他に以下の二枚の碑文が参考になる。

〔史料7〕「その時々のデーマルコスは女神官とともにテスモフォリオンを管理すること。何人も女神官を伴わずして、奴隷の解放を行なわないこと[34]、講中の者(*θιάσους*)を集めないこと、供物を置かないこと、洗浄を行なわないこと、祭壇またはメガロンへと近づかぬこと。但し、テスモフォリア祭、プレロシア祭、カラマイア祭、スキラ祭の時、あるいはその他の日に女たちが父祖伝来の法(*τὰ πάτρια*)に従って集まりくる場合はこの限りではない。ペイライエウスにおける決議。……(中略)……以上の決議を境界決定委員たち(*τοὺς ὁριστάς*)はデーマルコスとともに刻み記し、テスモフォリオンの上り口に設置すること。」(*IG* II$^2$ 1177 = *LS* 36)

〔史料8〕「役員両名は共同で女神官としてテスモフォリアの祭儀のために、またその職務のために、〔以下を〕供与すべきこと。大麦半ヘクテウス、小麦半ヘクテウス……(中略)……以上を役員たちは提供すべきこと。コラルゴス区のために今後永遠に記された通りに行なわれるように、石柱を建て、ピュティオンにてこの決議を石柱に刻み記すこと、……(以下略)」(*IG* II$^2$ 1184 = *LSS* 124, 傍点引用者)

史料7はペイライエウス区の決議であり、年代は前四世紀半ば頃と推定されている。史料8、コラルゴス区の決議は前三三四／三年以前、おそらく前者と同様前四世紀半ば頃であろう。史料7より、ペイライエウス区にテスモフォリオンがあり、そこでテスモフォリア祭を含む女性の祭儀が挙行されたことが明らかである。史料8でも傍点部に見られるようにデーモスのための祭儀執行が強調されていることは、デーモスのテスモフォリア祭を対象としていることを示していると考えてよい。両決議ともにデーモス内で石碑に記されて公示されていることにも注目させられる。これらより、両決議におけるテスモフォリア祭はデーモス内でのそれを指していると言い得る。このように、テスモフォリア祭には、中心市における三日間のテスモフォリア祭と、デーモス単位で行なわれるローカルなテスモフォリア祭との二種があったことが明らかとなった。史料5および史料6におけるテスモフォリア祭をデーモスにおけるそれと解した推測はこれによってより補強されたことになる。さらに史料5傍点部の「役員となって(ἄρχειν)」の役員および史料8の「役員(τὰς δὲ ἀρχούσας)」はいずれも二名から成っている上に、その用語法(ἀρχούσας は ἄρχειν の分詞の女性複数形対格)からも同種の役職と解することができる。こうして、史料5と史料6とがデーモス内のテスモフォリアを意味していることは明らかとなった。

このような理解のもとにもう一度史料5と史料6に立ち戻ってみると、そこからデーモス員の正妻たちには公式に何の登録制度もなかったにせよ[35]、現実の共同体の生活の場においては、その正妻としての立場をテスモフォリア祭の時に正妻たち同士で認め合った、という事実が浮び上がってくる。すると史料8傍点部の「コラルゴス区のために」という言葉がより重要な意味を持っていることがいよいよ鮮明となる。テスモフォリア祭は、女にとってのみならず、また後継者たる嫡子を必要とするオイコスにとってのみならず、デーモス自体にとっても重要な意義を有していたのである。デーモス成員の正妻がその立場を社会的に認容される場であったがゆえに。

## 三　婚姻制度とテスモフォリア祭

これまで見てきたように、テスモフォリア祭にはレベルを異にして二種、すなわち、国家祭儀として中心市で行なわれる祭と、各デーモスで行なわれるローカルな祭とがあった。前者には市民身分の女ばかりでなく、メトイコイ身分の女たち、そしておそらくは奴隷も参加できた。この中心市でのテスモフォリア祭がピュアノプシオンの月の一一日から一三日であったのに対し、デーモスでの祭の開催日はもちろん明らかでない。アリストファネスの古注には、ハリムスでは一〇日にテスモフォリア祭が催されたとあり[36]、これがハリムス区のテスモフォリア祭であったと考えることも出来よう。エルキア区の場合、中央のテスモフォリア祭の翌日に相当するピュアノプシオンの一四日に半女神（複数）への供犠があり、女神官に皮が与えられている。[37] この供犠と中心市でのテスモフォリア祭との関連の存在については、すでに別稿で推論を加えた。[38] ハリムス区およびエルキア区についてこのように推定することが可能ならば、他のデーモスのテスモフォリア祭も国家祭儀のテスモフォリア祭の前日または翌日に開かれることが多かったのではあるまいか。いずれにしろ、それは、すべてのデーモスが一斉に特定の同じ日に祭を開催したというのではないことを語っていると思われる。

さて、デーモスのテスモフォリア祭にはデーモス成員の正妻たちが参加した。彼女らは相互に正妻としての意識と連帯感を確認し、正妻以外の女性や市民身分でない女性に対する優越感を共有し合ったであろう。このデーモスのテスモフォリア祭に市民身分であれメトイコイ身分であれ正妻以外の女性の参加が禁じられていたかどうか、確証はないが、史料5、史料6は正妻のみの参加を示唆していると考えるべきであろう。

それでは、テスモフォリア祭のこの二重性あるいは「二段階方式」をどう解釈すべきであろうか。祭とは民衆が非日常的空間を作り出し、神々に接近し、充足感を味わう場であったが、同時に、祭の終了後にすべてが日常へ復帰するという前提があってこその祭であった。すなわち、祭とは、あくまで基本的社会秩序、言い換えれば、支配する側と支配の場から排除されている者たちとが対峙する構造の枠組みを、基底に温存した上での非日常であった。このような祭の重層的性格が、アテナイのテスモフォリア祭の場合、中心市とデーモスとの二元化に対応して分離した形で表出している、と言うことができる。デーモスのテスモフォリア祭はあくまで社会秩序を支えるべき趣旨を担った祭儀であった。社会の枠組みを崩し、非日常的な場を現出させたのは、中心市における国家祭儀としてのテスモフォリア祭であった。リュシアス『弁論第一番（エラトステネス殺害に関して）』において、市民の正妻が姦通の相手であるエラトステネスの母親と連れ立ってテスモフォリア祭へ参加しているが、[39] 彼女がそのような行動に出ることができたのはまさにそれが非日常的な場であったからだった。もし中心市のテスモフォリア祭が正妻の地位確認の場であったのであれば、彼女は自分自身の心理においても、また夫のデーモスの正妻たちとの関係という点でも、大変な危険を冒していたことになるであろう。

祭儀が本来備えている二重性が、テスモフォリア祭において時間的・空間的に分離して顕在化しているのは、アテナイというポリスの社会構造に由来していた。ここで想起されるのはエレウシスの秘儀である。国家祭儀である秘儀には市民のみならず、女性、メトイコイ、外人、奴隷のいずれもが参加可能であった。そこには、国の存立、繁栄のためにメトイコイや奴隷に依拠するところの大きかったアテナイの体質が反映している(40)。国家祭儀としてのテスモフォリア祭の場合も同様であったであろう。ポリス経済を支えるメトイコイの妻たち、あるいは自活して市民の周辺で暮らすメトイコイ身分の女性たちやヘタイラたちを排除することは、ポリスにとってあるいは市民たちにとって得策であったとは言えない。

しかもテスモフォリア祭はギリシアの祭儀の中でも特に古くから存在していたのであり、正妻あるいはメトイコイなどの法制上の地位あるいは身分が確立する以前には、参加者を正妻に限るという規定はなかったはずである。従ってもしこの規定が国家祭儀としてのテスモフォリア祭に適用されたのであれば、それは、ある時点で(おそらく婚姻制度確立時に(41))かなりドラスティックに参加資格が改変されたはずであるが、そのような伝えはなく、また本稿第一節よりそのような改変がなかったことは明らかである。

第二節で明らかとなった、デーモスのテスモフォリア祭に市民の正妻たちの会合があったという事実は何を示唆しているであろうか。婚姻制度が確立し、正妻の地位が重みを増してきた時、また、それは前四五一年の市民身分の両親から生まれたもののみを市民とする市民権法成立(Arist. *AP* 26. 4)以降さらに重要性を増したであろうが、この動きに呼応して市民たちの間で秩序を維持するために自発的に案出されたのが、この正妻たちのテスモフォリア祭であった。男たちの市民資格が実質的に確定するのは、デーモスの成員としての登録によってであったから、正妻たちの祭の場としてもデーモスが最適と認識されたのであろう。もちろんローカルな祭儀としてのテスモフォリア祭が、デーモス制度成立以前からアッティカ各地に存在していたことは十分考えられる。しかし、そのような古い起源の各地域のテスモフォリア祭を母体にしたとしても、デーモス成員の正妻を受け入れる場としてのテスモフォリア祭の儀式は、おそらく前五世紀も半ば近くなって実際に普及し始めたのではあるまいか。しかもそれは、デーモス成員の登録のような法制上の一制度としてでなく、日常生活の実際の場で実践されていった方法であった。

史料7のペイライエウスのテスモフォリオンに関する規定に戻ると、決議記載の石柱を設置する委員としてデーマルコスとともに境界決定委員たちが指定されていることは、テスモフォリオンの神域の境界決定の作業がこの決議成立の時点で行なわれたことを示していると思われる。すなわち、本決議はおそらく神殿テスモフォリオンが建立され、その神域が定められた折にその使用をめぐって制定されたのであろう。コラルゴス区の場合(史料8)、テスモフォリオンが未だ存在していなかったがゆえに、決議記載の石柱はピュティオンに設置されたのである。このように前四世紀半ばに至っても、デーモス内のテスモフォリア祭挙行のための施設は十分整備されているとは言い難い状態であった。このことも、同祭儀が国家的政策として一斉に実施されたのではなく、市民たちの間から自然発生的に生じ、実践されるようになったことを示していると考えてよいであろう。

市民たちおよびその正妻たちはアテナイの市民共同体内に位置する者としての利益保持からこれを実践したのであり、もちろん市民たちについては、アテナイの民主政を支える存在としての自覚が何よりも大きな力となって働いたに違いない。国家レベルのテスモフォリア祭にまで彼らの自覚を反映させ、これを正妻たちのみの祭儀とするような行為に出なかったのは、ポリスにおいてメトイコイや奴隷の果す役割を認識している市民たちの知恵の為せる業であっただろう。本来市民団から排除されている妻たちもこれに加担し、市民身分の正妻以外の女性たちとの懸隔を明確にして自己の立場を守ろうとした。ここには、多様な利害関係を相互に結んでいたポリス内の人々の行動様式の一例があり、支配の機構内に組み込まれていない人々であっても、民衆という語で一括して扱うことのできない困難、本稿冒頭で記したポリスに特有の困難に再び逢着するという結果になった。

(1) M. I. Finley, *Politics in the Ancient World*, Cambridge, 1983, 70-84; R. Osborne, *Demos: The Discovery of Classical Attika*, Cambridge, 1985, 64-72.
(2) M. P. Nilsson, *Greek Popular Religion*, New York, 1940; do., *Greek Folk Religion*, New York, 1961.
(3) 地図参照。
(4) P. Arbesmann, "Thesmophoria", *RE* VI A1(1936), 24-26.
(5) D. Wachsmuth, "Thesmophoria, -os", *Der Kleine Pauly* 5, München, 1975, 751-752.
(6) L. Deubner, *Attische Feste*, Berlin, 1932, 54-59; H. W. Parke, *Festivals of the Athenians*, London, 1977, 82-88.
(7) R. Parker, *Miasma: Pollution and Purification in early Greek Religion*, Oxford, 1983, 81.
(8) 以上のテスモフォリア祭の三日間の内容については、Deubner, op. cit に負う。なお、アグノス(ἄγνος)とハグノス(清浄な、ἁγνός)との連関については、M. Detienne, *Les Jardins d'Adonis*, Paris, 1972, 153-154; 小苅米晛・鵜沢武保訳『アドニスの園・ギリシアの香料神話』せりか書房、一九八三年、一八二頁、参照。
(9) 但し、W. Burkert, *Griechische Religion der archaischen und klassischen Epoche*, Stuttgart/Berlin/Köln/Mainz, 1977, 365 は少女の参加を想定している。なお、M. Detienne, "Violentes《eugénies》: En pleines Thesmophories: des femmes couvertes de sang", M. Detienne et J.-P. Vernant, *La cuisine du sacrifice en pays grec*, Paris, 1979, 196, n. 2 は Burkert の見解に反論している。Cf. Parker, op. cit., 82, n. 35.
(10) Deubner, op. cit., 53.
(11) アリストファネス／呉茂一訳『女だけの祭』『ギリシア喜劇全集』II、人文書院、一九六一年、一〇二頁。以下アリストファネスの邦訳引用文は同訳より。
(12) 但し、「お下の者」以下の第二九四行の真偽について、研究者の意見は分かれている。Cf. F. W. Hall and W. M. Gel-

dart, *Aristophanes Comoediae*, II, Oxford, 1907, *Thesm.* 294.

(13) 邦訳二五三頁。

(14) *A. C. Brumfield, The Attic Festivals of Demeter and their Relation to the Agricultural Year*, New York, 1981, 84-88.

(15) メナンドロス／松永雄二訳『調停裁判』『ギリシア喜劇全集』II、四九六頁。但し、行数は F. H. Sandbach, *Menandri Reliquiae Selectae*, Oxford, 1972 に従う。

(16) K. Dahl, *Thesmophoria: En græsk kvindefest*, Kϕbenhavn, 1976, 96 (English summary).

(17) Burkert, op. cit.

(18) 但し、Alkiphron II 18 を、Brumfield はヘタイラの手紙と解しているが、その確証がないうえに、同テキストを古典期のアテナイに関する資料として使用することには疑問を感じる。また、Lukianos *Dial. Meretr.* VII 4 も同じ疑念から本章では史料として使用しないこととする。

(19) Brumfield, op. cit., 85.

(20) Deubner, op. cit., 52.

(21) 本史料のみでは、ハリムスのテスモフォリアへの言及と確定し難いが、他にアリストファネスの古註に "*δεκάτῃ ἐν Ἁλιμοῦντι θεσμοφόρια ἄγεται*" とあり、ハリムスがコリアス岬近傍であることも、当該史料をテスモフォリアと結びつける根拠となっている。なお、Deubner, op. cit., 52 参照。本史料の邦訳は、村川堅太郎訳『ソロン』『世界古典文学全集23 プルタルコス』筑摩書房、一九六六年、四八頁より。

(22) S. Dow and R. F. Healey, S. J., *A Sacred Calendar of Eleusis*, Cambridge, Boston, 1965, 45-46; *LS*, pp. 13-17.

(23) Brumfield, op. cit., 8.

(24) *LSS* 20. 21.

(25) Brumfield, op. cit.

(26) A. W. Gomme and F. H. Sandbach, *Menander: A Commentary*, Oxford, 1973, 291.

(27) Deubner, op. cit., 54 はハブロトノンへの出費は神域テスモフォリオンの外での娯楽のためのそれであったと見なすが、その根拠はない。

(28) Ar. *Thesm.* 541-542 に、「だって言論の自由が認められてて、われわれ出席している女市民はみな喋っても差支えないはずでしょ *εἰ γὰρ οὔσης παρρησίας κἀξὸν λέγειν ὅσαι πάρεσμεν* <u>*ἀσταί*</u>.」(傍点および下線は引用者)とあり、一見したところ祭儀に参加しているのは市民身分の女性だけのように受け取れる。しかしここはいわば模擬の女性の民会の場面であり(376-377 に「私たちが最も暇なテスモフォリア祭の中日に朝から民会を開き *ἐκκλησίαν ποιεῖν ἕωθεν τῇ μέσῃ τῶν Θεσμοφορίων μάλισθ' ἡμῖν σχολή*」とある。なお、この中日には実際の法廷も評議会も開かれなかったと七八一八〇行にあり、それゆえ中日の女の民会はまさに一つのパラドックス的パロディーとなっている)、発言者が市民身分の女性に限られることを直ちに祭儀参加者の資格と結びつけることはできない。

(29) Deubner, op. cit., 57.

(30) Parke, op. cit., 85-86.

(31) J.S. Traill, *The Political Organization of Attica*, Princeton, 1975, 73-103.

(32) B. Haussoullier, *La vie municipale en Attique*, Paris, 1884, 5.

(33) Dow and Healey, op. cit., 32-38.

(34) *LS*, p. 70 によれば奴隷の解放に関する言及。

(35) アテナイには婚姻届の制度はなく、正式の婚姻とそうでないものとの区別が不明確な場合もあった。市民資格の審査や遺産相続をめぐる係争が時に紛糾を極めた原因の一つはそこにある。前掲 Detienne の著書(本章注8)はこの制度上の不備をテスモフォリア祭が補ったという見方を提示しており(邦訳二五四頁)、この点に関する限り異論はない。但し本稿はデーモスのレベルでのテスモフォリア祭に右の機能を認め、その意味をポリス社会全体の中に位置づけようとするものである。

(36) 本章注21参照。なお Deubner, op. cit., 52 はこのハリムスのテスモフォリアを国家祭儀に編入されていたと見なしている。

(37) *LS* 18. A17-22.

(38) 本書I-第三章一〇三―一〇五頁。なお、エルキアの供犠暦に区内におけるデメテルへの供犠が見出せない点について、同章でデメテル信仰が中央に集合された結果と推定したが、現在ではエルキア区内でもデメテルへの供犠は行なわれたのであり、ただ残存の供犠暦中に何らかの理由で記載されていないにすぎないのではないか、と考え始めている。
(39) Lysias I 20. 本書II-第四章二〇九―二一二頁、参照。
(40) 拙稿「エレウシスの秘儀とポリス市民」『史境』八、一九八四年、三四頁、参照。
(41) 前古典期における婚姻の多様な形態については、J.-P. Vernant, "Le mariage", *La Parola del passato* 28 (1973), 51-74 参照。

〔補論〕

この論考で提示したテスモフォリア祭に関する独自の見解は、一九九〇年にスペインのマドリードで開催された、第一七回国際歴史学会の方法論二・文化人類学と社会文化史の部門で口頭発表した。本論考そのものが、ドゥティエンヌが試みた構造主義的分析による共時的解釈に通時的解釈を加えて、いくつもの変貌を遂げて成立した社会像の再構築をはかる試みであったので、右のような方法論の部門で発表するという任に耐え得る、と判断したからである。一九八五年に本論考を発表してからすでに五年が経過していたが、テスモフォリア祭に関する解釈の新鮮度はいまだ失われていない、と判断してのことであった。

その口頭発表からもすでに五年近くになるが、アテナイあるいはアッティカのテスモフォリア祭に関しては、ドゥティエンヌによって開拓された方法をより精巧に深化させる方向での研究が続けられてきている。その系統の最新の成果が、H. S. Versnel, "The Roman Festival for Bona Dea and the Greek Thesmophoria", *Transition and Reversal in Myth and Ritual*, Leiden/New York/Köln, 1993, 228-288 である。

テスモフォリア祭には、様々の矛盾、多義性が見いだされる。たとえば、豊穣を祈願し、祝う祭儀であるのに、性的交渉を断たなければならないことや、日常を逸脱した粗野な振る舞いを求める儀礼など。その意味を、儀礼の神話の記号論的分析、構造主義的分析、さらには、機能主義的分析、と複数の分析方法を用いて、重層的に解明する試みが、右の論考である。最初期の時代から古典期にいたるまで、文明の発展とともに政治システムは複雑化し、社会における男女の地位も変化するが、その変化に相関して祭儀も変容するわけで、このような複数の方法をとることで、テスモフォリア祭の諸相の意味もこれまで以上に明らかにされた(Versnel, op. cit., 288 参照)。

同じ系列上にある代表的研究として、本論考執筆時に、すでに発表されていたにもかかわらず看過してしまったF. I. Zeitlin, "Cultic Models of the Female: Rites of Dionysus and Demeter", *Arethusa* 15(1982), 129-157 もここで挙げておくべきであろう。

右に紹介した一連の研究とは別の位相から研究を進め、独自の見解を提示しているのがクリントンである(K. Clinton, "Sacrifice in the Eleusinian Mysteries", in R. Hägg, N. Marinatos and G. C. Nordquist (eds.), *Early Greek Cult Practice, Proceedings of the Fifth International Symposium at the Swedish Institute at Athens, 26-29 June, 1986*, Stockholm, 1988, 69-80; do., *Myth and Cult: The Iconography of the Eleusinian Mysteries*, Stockholm, 1992)。彼は、エレウシスの遺跡のテレステリオン等建造物の構造を調査し、また、秘儀に関連するとされる図像を分析して、エレウシスで初めに発祥したのはテスモフォリア祭であり、それが後に男性の入信をも容認する秘儀に発展した、という仮説を示した。この仮説の当否は今後の検証に待つべきであろう。

このような研究状況の下にあって、本論考で提示したアテナイ民主政のもとでのテスモフォリア祭の意義の解釈は、いまだにその独自性を失っていないが、右に紹介した最近までの研究成果を取り入れて、さらに一層精緻で説得的な理論を組み立てるという課題が今後に残されている。

# 第三章 エピクレーロス制度とオイコスの存続

## はじめに

前五、四世紀のアテナイには、エピクレーロスと呼ばれる女たちがいた。これを語義の通りに訳すならば、「家付きの娘」と呼ぶべきか。被相続人に男子がなく、女子のみを遺して死亡した場合、どのような形式、程度においてであれ、この女子が相続に関与することになる。このような立場の女子(単数・複数いずれの場合も)がエピクレーロス(エピクレーロイ)であった。

エピクレーロスに関する制度の内容については、次節において史料に従って明らかにするが、その骨子のみを先取りして記すならば、エピクレーロスは最近親の男と結婚し、この結婚から生まれた子供たち(男)が、彼女の父の財産を相続することになる。現実には、個々のエピクレーロスを取り巻く状況は様々であるから、それに対応して、後述するような諸規定が付帯することになる。

ところで、このエピクレーロス制度については、アテナイにおける財産の相続、あるいは女性の経済権および社会的地位という側面から、しばしば取り上げられてきた。その結果、この制度の意義を評価して、エピクレーロス制度は家(オイコス)の存続を図ることを主要目的とする制度と見る解釈と、オイコスの存続を目的としていないと見る解釈と、相反する二通りの解釈が出されている(1)。

何故にこのような相反する解釈が出てきたのであろうか。本稿は、この疑問の上に成立した。以下においてまず、残存史料によってエピクレーロス制度の概要を明らかにし、次にその成果と対照させつつ、前記二解釈の論点を検討する。この手続きを経た後に、論者自身の解釈を試みることとする。

## 一　史料の検討

〔史料1〕「法、何人であれ遺言なくして死亡した場合、娘たち[a]がいれば、遺産は彼女たちとともにあるべきこと。もし〔彼女たちが〕いない場合には、以下の者たちが遺産について権利所有者（*κυρίους*）となるべきこと……」

(Dem. XLIII 51)

当引用史料は、デモステネス『弁論第四三番、マカルタトス弾劾』中に引かれている、遺産相続の順位を定めた法である。被相続人は、嫡出男子なき時、遺言して遺産を贈与することが可能であったが、嫡出男子なく、遺言もなかった場合の遺産相続について定めたのが、当該法である。(2)

この法より、嫡出男子なき時、第一に遺産の相続に与るのは嫡出の女子であったことが確認できる。法文は、遺産が「彼女たちとともにある（*σὺν ταύτῃσιν*）」（傍点引用者）と記していることから、このような立場の娘たちと財産とは切り離すことができなかったことが知られる。しかし、彼女たちが *κύριαι*（*κύριοι* の女性形）であると書かれていないことは、アテナイにおいて、女の財産所有の権利が制限されていたこと(3)に起因していると考えられる。

〔史料2〕「彼らの父であるアリスタルコスが亡くなると、息子のデモカレスがその遺産の相続人（*κληρονόμος*）の立場におかれることになりました。しかし、彼がまだ子供のうちに亡くなってしまい、またもう一人の姉（妹）が亡くなると、私の母がそのオイコス全体についてのエピクレーロスとなったのでした[b](4)。このように、初めからこれらすべて〔の遺産〕は私の母に属していたのです[c]。ところが、彼女は財産をともなって親族の中の最も近親の

者と結婚するはずであったにもかかわらず、今、最も恐ろしい仕打ちを受けているのです。」(Isaios X 4-5)

当史料の背景を簡単に説明すれば、シュパレットス区《デーモス》の人アリスタルコスは、アカルナイ区の人クセナイネトスの娘を妻とし、二人の息子、キュロニデスとデモカレス、および二人の娘を得たが、キュロニデスは他家の養子になった。従って引用箇所に述べられているように、アリスタルコスの遺産相続人は、デモカレス一人となるが、彼はまだ未成年で死亡、二人の姉妹中の一人も死亡した。つまりアリスタルコスの家には嫡出の女子一人〔当引用史料の演説者の母親〕が遺されたことになる。あるいは、少なくとも、演説者はそのような印象を聴き手に与えようと意図している。すなわち、彼は自分の母を、史料1の法に定められている傍線aの部分の「娘」に相当する存在である、と言わんとしている。従ってここより、逆に、傍線aの「娘」はエピクレーロスと呼ばれていたことを、傍線b部分より知ることができる[5]。

史料2によれば、エピクレーロスは最近親の男と結婚することが求められていた。さらに傍線cは、遺産がエピクレーロスに所属している、との認識を少なくとも当演説者が持っていたことを語っている。

〔史料3〕「何となれば、もし、キロンの娘である私の母がまだ存命であって、かのキロンが遺言せずに死亡してしまっており、さらに、原告が〔キロンの〕甥ではなくて兄弟〔すなわち、甥よりさらに近親の者〕であった場合でも、この者は彼女と結婚する権利を有するのですが、財産については、彼ではなく、彼と彼女との間に生まれた子供たちが、成年の時点に[6]権利を有するのです。何故なら、そのように法が定めているのですから。」(Isaios VIII 31)

〔史料4〕「アポロドロスあるいはアリストメネスは、私の母を〔妻として〕得たとしても、彼女の財産については権利を有する者となり得ないことは、〔彼女の〕子供たちが成年の時に財産を取得すること以外に、〔何人《なんぴと》にも〕エピクレーロスに所属する財産に関する権利を有することを認めていない法d にかなったところでありますが、……。」(Isaios X 12)

〔史料5〕「法、もし何人《なんぴと》かエピクレーロスの息子として生まれたならば、彼は成年の時に財産を取得すべきこと、そして母親には扶養料〔語義は穀物料 σῖτον〕を分与すべきこと。」(Dem. XLVI 20)

史料3・4・5より、エピクレーロスの父の遺産は、彼女の夫ではなく、両者の間に生まれた子供たちが一八歳になった時点で、彼らに帰属した、と考えられる。但し、子供たちが一八歳に達するまでの間、遺産は誰が所有するのであろうか。

ワイズは、子供が誕生の時からその権利を有するが、未成年の間は父親が後見人と同様の立場で財産を管理する、と考える。(7) しかし、史料4の傍線dの部分の表現から推測すれば、子供が成年に達するまでは、財産はエピクレーロスに所属していると見なされていたのではあるまいか。史料2、傍線c部分の表現を照合させるならば、エピクレーロス自身が所有する、と見なされていたと解してよかろう。(8)

しかし、前五、四世紀のアテナイにおいて、女の経済的権能は法規によって制限されていたから、父の遺産について、売買、貸借などのやり方で権利を行使することは、少なくとも表向き彼女に許されてはいなかった。(9) 彼女に所属する財産を実際に、あるいは表向き管理、運用したのは、彼女の後見人(κύριος)である夫であったと考えてよい。それゆえ、エピクレーロス所属の財産は、一見したところ、その夫が所有しているかのように見えたであろう。(10) そのことが、エピクレーロスとの結婚の魅力の一つとして、男たちの眼には映ったであろう。このような事情があったからこそ、史料3・4に見られるように、エピクレーロスの財産について夫は権利を持たないのだ、という念入りな説明が出されもしたのである。(11)

〔史料6〕「法、もし何人か、すでに裁定付与された(ἐπιδεδικασμένου)遺産もしくはエピクレーロスについて、申し立てをしようとするならば、すでに裁定によって権利を付与された者をアルコンの許に召喚すべきこと、他の係争の場合と同様に、……。」(Dem. XLIII 16)

被相続人が嫡出男子または生前養子を遺さない場合、その遺産を相続しようとする者は、アルコンへ願書を提出し、裁判所の裁定付与を得て初めて相続の権利を得た。このように裁判所の裁定を必要とする遺産は、エピディコス（ἐπίδικος）であると言われ、裁定付与を受ける手続きはエピディカシア（ἐπιδικασία）と呼ばれた[12]。二人またはそれ以上が裁定付与の請求をした場合には、ディアディカシア（διαδικασία）と呼ばれる訴訟として争われた[13]。

史料6の法および後出の史料10の法文より、エピクレーロスもまたエピディコスであったことが明らかである[14]。

〔史料7〕「……エピクレーロスを後に遺している場合、彼〔被相続人であるピュロス〕ははっきりと知っていたでしょう、彼女には二通りの運命のどちらか一方が振りかかるはずだということを。すなわち、親族関係については最も近親の我々のいずれかが裁定付与を得て彼女を〔妻として〕得るか、我々の誰もが彼女を娶ることを望まないのであれば[e]、証言をしたこれら伯（叔）父たちのいずれかが〔同様にして得るか〕、そうでない場合には、親族の中の他の誰かが同様の方法で、全財産について法に従って裁定付与を得て、彼女を得ることになるか。」(Isaios III 74)

エピディコスであるエピクレーロスについて、彼女を妻として得るために、裁定付与の請求ができる資格所有者がここに記されている。まず、被相続人の最近親者として、ここでは被相続人（ピュロス）の姉妹の子が挙げられている。当史料の事例では、ピュロスに兄弟はいないが、もし兄弟がいれば、兄弟あるいは兄弟の子が最近親者であったと考えることが適当であろう。このことは、史料2で引いたイサイオス『弁論第一〇番』において、エピクレーロスであるアリスタルコスの娘と結婚する権利の裁定付与を求め得る者として、アリスタルコスの兄弟であるアリストメネスおよびその子が挙げられていることから確認できる。

資格所有者として姉妹の子の次の順位にある者として、被相続人の母方の伯（叔）父が挙げられている。もしピュロスに父方の伯（叔）父が存在していれば、父方の伯（叔）父が母方のそれに優先する順位におかれていたであろう。このように見てくると、エピクレーロスと結婚し得る順位決定の原則は、おそらくエピディコスである財産の相続順位規定の原則に類似していたと推測できる。[15] なお、二人以上が同親等で並んだ時には、財産の場合[16]とは当然ながら異なり、年長の者が順位において優先したらしい。[17] また、一人のエピクレーロスについて、二人もしくはそれ以上が裁定請求した場合、ディアディカシアによって最優先順位の者に裁定付与された。[18]

ところで、傍線eの部分による限りでは、エピクレーロスとの結婚について資格を有している近親者は、しかし、結婚を義務づけられてはいなかった、と判断される。

〔史料8〕「法、……もし これらの者たち〔父または父を同じくする兄弟または父方祖父〕のいずれも存在しないならば、もし何人かエピクレーロスであるならば、彼女の後見人(*κύριος*)たる者が彼女を娶るべし。もしエピクレーロスでないならば、〔父親が〕彼女を委ねた者が彼女の後見人となるべきこと。」(Dem. XLVI 18)

ここでエピクレーロスの後見人とあるのは、彼女との結婚の権利をアルコンより付与された者を指すのであろう。従ってこの者がエピクレーロスと結婚するのは当然である。そうであれば、エピクレーロスが父の死から結婚年齢に達するまでの間彼女を後見していた者は、右の *κύριος* と別人であることも可能である。被相続人に最も近い者が、前者の遺したエピクレーロスを後見人として世話しながらも、結婚の裁定付与の請求をしないこともあり得たであろう。エピクレーロスが結婚年齢に達するまでの後見人は *ἐπίτροπος* であって、[19] 史料8の法にある *κύριος* と同一ではない。[20] それゆえ、前者には同法は適用されないということであろう。

ところで、史料7より、エピクレーロスとの結婚資格所有者は、彼女との結婚を義務付けられてはいなかったことが明らかである。[21] そうであれば、エピクレーロスとの結婚を、親族の何人《なんぴと》もが望まない、すなわち、アルコンに裁定付与を請求しないということもあり得たであろう。その場合、エピクレーロスはどのような処遇を受けることになったのか。Isaios III 61 の記述から判断して、[22] 相続人のいないクレーロスは何人に対してもエピディコスであり得たらしい。資格所有者の裁定付与請求のないエピクレーロスについても、何人であれエピディカシアで彼女との結婚の権利を裁定付与され得たのではないか。もちろんこのような例は、ごく稀であったに違いない。[23]

右のように仮定した場合、第三者と結婚したエピクレーロスの父の財産はどのように処理されたのであろうか。史料1の法には、財産とエピクレーロスとを切り離さないことが明記されているから、子供が一八歳になるまで、財産はやはりエピクレーロスに所属し、実際には彼女の夫が管理、運用したのであろう。[24] 資格所有者たちは、エピクレーロスとの結婚を自ら放棄したのであるから、それが整合的な仮説と言えよう。

〔史料9〕「さらに、彼女の父は、男子がいなかった場合、彼女を除外して遺言すること(*διαθέσθαι*)はできませんでした。何故なら、法は、彼の望む者に彼女たち〔エピクレーロイ〕を付けて財産を与えること(*δοῦναι*)ができると定めています[f]から。」(Isaios X 13)

〔史料10〕「もし嫡出女子として遺された者があれば、当該女子がエピディコスであることは、諸法よりこれを明瞭に知ることができます。何故なら、何人であれ嫡出男子を遺さないのであれば、自己の財産を望む通りに遺言によって処理すること(*διαθέσθαι*)ができると、法は明言しています、但し、嫡出女子を遺す場合には、彼女たちを財産とともにして〔処理することを〕。従って、彼はその財産を娘たちとともにして与えたり、遺言で処分したりすること(*δοῦναι καὶ διαθέσθαι*)ができます。嫡出女子を除外しては、養子をすることも、自己の財産の何か一つを与えることも(*οὔτε ποιήσθαι οὔτε δοῦναι*)できないのです。[g]」(Isaios III 67–68)

前四世紀のアテナイでは嫡出男子のない場合、被相続人は遺言することができた。すなわち、自己の財産を意志の通りに遺贈することができたのである。これが、いわゆる「ソロンの「遺言」に関する法」に対し、前四世紀に加えられていた解釈であり、その運用内容であるが、ソロンが同法を制定した時、彼の意図は主として、嫡出子のない被相続人が生前に養子することを認めることであった。[25] その時点でも、法規は広く適用されれば、遺言の自由を含んでいたと解せるが、後者はソロン以降に徐々に前面に出て来たのである。[26]
傍線fの部分より、以下のことが明らかである。死後にエピクレーロスを遺す被相続人は、遺言によって養子を自分の家に入れることを指定し、この養子を自己のオイコスの継承者とすることができたが、その場合、養子は財産とともにエピクレーロスを受けとること、すなわち彼女と結婚することが絶対条件であった。この条件は、史料1の法の傍線aの部分の規定と整合する。

また、このような養子と結婚することになるエピクレーロスは、依然としてエピディコスであったことに変りはない。嫡出子(男女ともに)なき被相続人によって遺言で養子として指名された者は、前者の財産を自動的に相続するのではなく、エピディカシアによって、すなわち法廷の裁定付与によって獲得することが必要であった。[27] 嫡出男子がなくて、嫡出女子が遺されている場合、遺言による養子は同様に、財産ならぬ嫡出女子をエピディカシアによって得るという形式をとったであろう。

また傍線gの部分より、生前に養子縁組を済ませ、この養子と嫡出女子とを結婚させる被相続人が存在したことも知られる。[28] このような嫡出女子は、エピクレーロスの範疇には入らない。[29] この場合の結婚は、エンギュエによる通常の結婚であったであろう。[30]

しかし、生前の養子、遺言による養子、のいずれの場合も、養子が嫡出女子と結婚することが条件となっている。嫡出男子なき時、嫡出女子と財産とは切り離し不可の原則が、どちらの場合にも貫かれていることは、注意すべきである。

〔史料11〕「何故なら、陪審員諸君、かのエウブウリデスは、彼はハグニアス一族の最も近親の者なのですが、何よりも自分に男子が生まれることを神々に念じておりました、この子供〔当演説者の子供〕の母親である娘が彼に生まれていたのと同じように。しかし、この願いが叶えられず、唯一人の男子も彼に生まれなかったので、その次には、娘から生まれる男子が彼の養子として、彼の家であり、ハグニアスの家でもある家に迎え入れられ、彼のフラトリアの人々に紹介されるよう、[31]希望していたのです。陪審員諸君、遺された者たちの中で、この子供が彼に最も近い身内であると、そしてまた、こうすれば、彼の家は最も良く維持され、廃絶の憂き目に会うこともないであろう、[h]と彼〔エウブウリデス〕は考えていましたので。そこで、私は、エウブウリデスの娘を、エピディカシアで妻として得た最近親者として、[i]このことについて彼の意向に従い、この子供をハグニアス、エウブウリデス〔両人〕のフラトリアの人々に紹介したのです……[j]」(Dem. XLIII 11)

嫡出男子に恵まれなかったエウブウリデスの娘は、エピクレーロスとして当史料の演説者ソシテオスと結婚した。彼女がエピクレーロスであったことは、傍線iの部分より確かであろう。この結婚から生まれた子供(たち)が、一八歳になった時、母の父すなわちエウブウリデスの財産を相続することは、史料3・4・5から明らかである。しかしそのことは直ちに、この子供(たち)が母方祖父の養子となってそのオイコスの継承者となることを意味してはいなかったことが、傍線hの部分より解される。そうであるからこそ、エウブウリデスは、娘の子の一人を自分の養子とし、自己のオイコスの消滅を防ぐ方策としたのであろう。

ところで、エピクレーロスは、父の死後に初めてその立場におかれる。従って、彼女の子供は、多くの場合、母方祖父の死後に誕生する。それゆえ、この子供が母方祖父の養子となるための手続きは、傍線jの部分が示すように、エピクレーロスの夫が行なった。[32]

〔史料12〕「父親によって嫁がされ、夫と結婚した妻たちが、このようにして〔正式に〕結婚していながら、……(中略)……父が彼女たちに嫡出の兄弟を遺さずに死亡した場合、法は、彼女たちが親族の中の最近親の者にアルコンの裁定によって与えられる、と定めています。[k] そしてすでに多くの者が〔ともに〕結婚生活を送っていた自分の妻を奪われてしまっているのです。」(Isaios III 64)

〔史料13〕「というのは、私の父は嫁資付きで婚約して(ἐγγυησάμενος)、私の母を妻として結婚生活を続けておりましたが、彼ら〔被告側の人々〕が[33]、かの財産の収益〔語義は果実 καρπός〕を受け取っており、父は自分でその収益を徴収することができないでおりました。何故なら、父は母の要請に応じて財産について疑義を申し出ようとしましたが[34]、彼らは次のように父を脅しました、もし、父が〔すでに受け取った〕嫁資〔だけ〕で彼女を妻とすることをよしとしないのであれば、彼ら自身が彼女をエピディカシアで妻とすると。そこで父は、母を奪われないように、二倍もの額の収益を彼らが受け取るままにしたのです。」(Isaios X 19)

史料12、傍線kの部分より、通常の結婚をした妻が、結婚後に父が嫡出男子を遺さずに死亡したために、エピクレーロスの立場に立たされた時、彼女は既婚の身でありながら、エピディカシアで最近親の男との結婚に追い込まれることがあり得た、と推測される。その時、エピクレーロスは当然のことながら、それまでの結婚を解消しなければならなかった。

しかし、このような場合、最近親の男には、無制限、無条件の権利が認められていたのであろうか。史料12はこの点について何も触れていない。

実際には、近親者がエピクレーロスとの結婚の裁定付与を請求しない限り、彼女の従来の婚姻関係は継続したであろう。但しその場合、近親者はエピディカシアの請求をしない替りに、被相続人(エピクレーロスの父)の財産を事実上、掌握してしまうこともあったであろう。史料13は、かような事例の存在を示唆している。もちろん、これは合法的措置ではなかった。

また、近時少なからざる研究者が、結婚後にエピクレーロスとなったとしても、彼女にすでに男子が生まれていれば、最近親者は彼女との結婚を請求することが出来なかった、という見方をとる[35]。特にパオリは、テレンティウス『兄弟』の中の記述を、右の見方を支える史料と見なす[36]。そこでは、エピクレーロスである娘についてその母親が、娘はすでに近親者以外の別の男の子供を孕っているが故に、この男が近親者に優先して娘と結婚すべきである、という意の話をする。

ハリスンもまた、当該史料に関するパオリの解釈を支持しているようである。[37] シャプスも、『兄弟』の当該箇所を引いて右の見方を提唱している。[38] 他方、この見方を覆し得る史料は、管見の限りでは見出し得ない。

このように見てくると、少なくとも前五、四世紀には、結婚後にエピクレーロスとなった女は、もし男子をもうけていれば、最近親者といえども彼女との結婚を請求することが出来なかった、と解して差支えないのではあるまいか。この場合、エピクレーロスの父の財産は、史料1の法に記されている規定に従い、エピクレーロスのもとに移り、成年の時点で子供に帰属することになったであろう。[39]

〔史料14〕「法、テーテス級に所属するエピクレーロスについては、親族中の最近親者が彼女を妻とすることを望まないのであれば、五〇〇メディムノス級の者は五〇〇ドラクマ、ヒッペイス級の者は三〇〇ドラクマ、ゼウギタイ級は一〇〇ドラクマを嫁資として、彼女自身の財産に加えて与えて結婚させること。もし同一親等に二人以上の男がいる場合、エピクレーロスに対し、各人が等分に嫁資を負担するべきこと、もし二人以上の娘がいる場合、一人が一人より多くのエピクレーロスを結婚させるには及ばざること、その都度最近親〔の位置にある〕者が結婚させるべきこと、もしくは、彼女を妻とすべきこと、もし親族の中の最近親の者が彼女を妻とせず、また他者と結婚させようとしないならば、アルコンは、結婚するかもしくは他者と結婚させるかを、彼に求めること……」(Dem. XLIII 54)

史料14の法の制定は、その用語より、ソロンに帰することもできる。[40] それが正しいとすれば、すでにソロンの時代、最下級であるテーテス級の市民の娘であるエピクレーロスの最近親者は、彼女を妻とせずに他者と結婚させることも認められていた。他者との結婚は、最近親者が〔おそらく後見人の立場で〕提供する嫁資を伴った通常の婚姻の形式で行われた。すなわち、夫となる男がエピディカシアでエピクレーロスとの結婚の権利を裁定付与される、という手続きはとられなかった。

テーテス級のエピクレーロスに関してのみこのような特別な措置がとられていたのは、彼女らをエピディカシアで妻として得ようと請求する者が出現しない惧れがあったからであろう。[41]

〔史料15〕「アルコンの前に提起され、アルコンが予審して陪審廷に廻すところの公私の訴訟沙汰は次のごとくである。……(中略)……エピクレーロスの虐待(これは後見人と夫とに対して出される)、……[42]」(Arist. *AP* 56. 6)

〔史料16〕「アルコンはまた孤児やエピクレーロスや、夫の死後に懐妊していると申し立てる婦人の面倒を見る。そしてアルコンはかようなひとに不正を加える者があれば罰金を科したり、または陪審廷に〈送る〉権限がある。また孤児とエピクレーロスとの財産を彼女が一〈四〉歳になる〈まで〉賃貸し、そのために担保を取る。[43]」(*AP* 56. 7)

史料15・16は、エピクレーロスの保護について国家が関与していたこと、エピクレーロスの保護が国家の重要な関心事の一つであったことを示している。エピクレーロスに不正を加える「後見人および夫に対して *κατὰ τῶν ἐπιτρόπων καὶ τῶν συνοικούντων*」は「虐待行為に対するエイサンゲリア *εἰσαγγελία κακώσεως*」が提起された。[44]また、エピクレーロスが未婚の間は、彼女の財産に対して後見人によって加えられる不正について国家が介入したが、他方、結婚後の夫によるエピクレーロスの財産運用について、国家がどこまで介入し得たのかは不明である。

〔史料17〕「いま一つ不合理で滑稽に思われる法律はエピクレーロスに対し、法律によって彼女に親権者として力をもつ人が、彼女に近づくことができぬ場合には、この人の最近親者たちと交わることを認めたものである。しかし一部の人は、同棲の能力もないのに、財産の故にエピクレーロスを娶り、法律を楯に自然に逆らう者に対しこの法は正しいと言っている。……[45]」(Plut. *Solon* XX 2)

プルタルコスによって伝えられる、エピクレーロスに関するソロンの法は、ソロン自身によって制定されたと見なし得る。(46) 従って、エピクレーロスと呼ばれる存在が、ソロン以前の時代にすでに存在していたこと、エピクレーロスに関する規定にソロンが変更を加えたことが知られる。

ソロンは、高齢のため結婚能力を欠いている最近親者が財産に魅かれてエピクレーロスを妻としている例を、見聞きしていたのであろう。かような不幸な結婚の継続を防ぐため、史料17の法が制定された。エピクレーロスは離婚して、近親者の中の別の男と結婚することが可能となった。(47) 同じくプルタルコス『ソロン伝』二〇章には、「エピクレーロスを娶った者は毎月少なくとも三度は彼女に近づかねばならぬ」との規定が記されており、これによっても、ソロンが、エピクレーロスに子供が生まれるよう配慮したことを知り得る。それはすなわち、ソロン以前の制度では、エピクレーロスに必ず子供が生まれるような配慮がなかったことを示している、と解せよう。

ソロン以前のエピクレーロス制度の詳細を我々は知ることができない。またソロン以後の前六世紀におけるそれも不明である。右の史料1から16によって明らかにし得たのは、前五、四世紀、厳密に言えば、イサイオス、デモステネスの法廷弁論およびアリストテレス『アテナイ人の国制』が書かれた前四世紀におけるエピクレーロス制度である。この制度は、当時のアテナイ社会において如何なる意義を有していたのであろうか。

## 二　エピクレーロス制度に関する二種の見解

エピクレーロス制度の意義については、先に触れたように、これをオイコスの存続を目的としていた、とする見方と、それを否定する見方とが出されている。前者の見方をとるのは、ボシェ、(48) リプシウス、(49) タールハイム、(50) エルトマン、(51) ハリスン、(52) レイシーら(53)であり、後者の立場をとるのがシャプスである。(54) ジェルネ(55)もまた、本来のエピクレーロス制度について限れば、後者の見方をとる。

ボシェは、ギリシア人にとって、家の祭祀を継承し、死者の霊の平安をはかることが最大関心事であった、という見方に基づいて、立法者が、被相続人に死後の後継者を付与するため制定した制度である、とする。[56]

リプシウスは、被相続人に男子なき時、オイコス存続のための役割を果す存在として、エピクレーロスに言及する。さらに、オイコス存続を目的として制定された法として、前節の史料17に関連して触れた、エピクレーロスに関するソロンによる二法、すなわち、夫に結婚能力の無い時、エピクレーロスが他の近親者と結婚することを定めた法と、夫が月に三度妻と交わることを定めた法とを挙げている。[57]

エルトマンは、エピクレーロス制度の起源は、家の祭祀断絶を怖れて財産の相続人の欠如を防ごうとする願望であるとして、エピクレーロス制度をオイコスの財産と祭祀との相続人を補う制度であると見なす。[58]

ハリスンは、オイコス存続を目的とする、との前提の下に、エピクレーロス制度の内容について検討を加えている。[59]

レイシーは、直系卑族の無い家の断絶を防ぐために、また、女子だけを有する家が避けられる限り消滅しないよう意図された制度であるという。[60]

以上から知られるように、オイコス存続目的説をとる論者たちは、そのほとんどが積極的な論拠を特に挙げることはせず、なかばそれを自明のこととしてエピクレーロス制度を論じている。

古典期において、オイコスの存続を図ることは、当然のことながら、個々の市民にとって重大事であった。各々のオイコスがその祭祀を守り、また祖先を祭っていたことは、オイコスの永久存続を願う心性が具象化したものと言うことができよう。[61] 他方、ポリスにとってもまた、オイコスの存続は重要であった。アリストテレス『アテナイ人の国制』五六章を例にとっても、ポリスがオイコスの存続のために格別の配慮をはらっていたことは明らかである。オイコスは、結婚、子供の誕生によって存続への道筋が確保される。嫡出男子なき時の女子の結婚を中心とした当該制度が、オイコスの存続と関連づけられることは、むしろ当然のことのようにも思われる。

しかし最近、シャプスが、エピクレーロス制度はオイコスの存続を目的としていない、と強調した[62]。その議論は、ジェルネの見解を取り入れ、それを改変したものと思われるので、まず後者の見解を紹介する。

ジェルネは、エピクレーロス制度のそもそもの内容を明らかにするため、制度に付加された枝葉を取り除き、その根幹、すなわち本質的特徴を取り出す。まず、嫡出男子なき時、嫡出女子が家を相続するが、それは、彼女が家に付着しているという事実の故に彼女に課せられた義務であって、特別な目的、心情的な動機に発するのではない。このエピクレーロスと結婚する資格を有するのは、被相続人の最近親者であるが、制度が厳密に適用された時、最近親者はエピクレーロスと結婚する義務があったはずである。彼女との結婚を他者に譲ることが古典期に認められているのは、制度の適用が緩和された結果である[63]。

ところで、エピクレーロスとの結婚資格を有する者は、被相続人(エピクレーロスの父)に最も近親で、最も年長の者である。従って、この者が相当な高齢者であって、エピクレーロスと甚だ不釣合いということもあり得た。それゆえ、エピクレーロスとその資格所有者との結婚は、子供を得ることを第一の目的とするべく定められたものではない。このような規定に従った組合せでは子供を得られない可能性があったからこそ、ソロンは、前節史料17に引かれた法を制定したのである。なお、結果として、子供が生まれた場合、彼らが母方祖父の財産と祭祀とを相続することはもちろんである。但し、子供たちが母方祖父に息子(すなわちオイコスの後継者)として直接に結びつけられるのは、死後養子という方法によってである。すなわち、エピクレーロス制度の目的と従来見なされているものは、死後養子という制度によって実現される[64]。

以上のような諸事項を勘案すれば、制度の本質は、被相続人の最近親の者が娘と財産とを同時に請求する権利を有していたことにある[65]。

このように論じた後で、ジェルネはエピクレーロス制度の起源を考察する。ソロンが制度を一部改正していることから、制度はソロン以前に成立したと考えられるが、ジェルネはそれをソロンの時代の直前に成立した、と推定する。当時のアテナイの社会構造は、大家族集団(大オイコス、la grande famille)の中にあって、個々のオイコスが分離、独立を推し進め、従って、財産相続が問題化し始める過渡期であった。この頃、大オイコスは、そこより派生した個別オイコスの運命を第三者に委ねてしまうことは出来なかった。エピクレーロス制度は、このような家族史上の過渡期を反映させている。ホメロスの叙事詩の世界の中に認められるように、ギリシア社会には、父系原理と母系原理との混在が確認され得るが、エピクレーロス制度は、この両原理の絡み合いの中から成立した[66]。

このように、ジェルネは、エピクレーロス制度を、より大きな社会の変遷過程の中に位置づけている。彼の立場を支えるのは、法制度はアプリオリにそれに付与されてしまう目的あるいは意図といった概念では説明できない、という理念である[67]。

さて、シャプスは具体的に制度の適用のされ方に注目する。エピクレーロスとその夫との間に生まれた子供たちは、母方祖父の財産を相続するが、彼らは自己の父の相続人でもあって、父のオイコスに所属するから、このような者によって相続された母方祖父のオイコスは消滅する。後者のオイコスが存続するためには、エピクレーロスの子供が自動的に母方祖父の養子となり、そのオイコスに所属する、というシステムが必要だが、アテナイのエピクレーロス制度にはこのシステムは備わっていない。このことは、エピクレーロスを母に持つエウブウリデスが、母方祖父のオイコスの死後養子となるまで、父のオイコスの成員であった事実(史料11参照)によって確認できる。すなわち、エピクレーロスの父のオイコスは、養子制度によって存続が可能となるのであって、エピクレーロス制度そのものはこれと無関係である[68]。

それでは、エピクレーロス制度が目的としているのは何か。父を亡くしたエピクレーロスは、最近親の男の後見の下に入ることになるが、結婚して得られた子供に彼女の父の財産を継承させるという、エピクレーロスの行く末の筋書きが実現するための最も確実な方法は、後見人である最近親者との結婚である。すなわち、エピクレーロス制度は、父あるいは兄という後楯を失った娘が確実に結婚できるよう意図された制度であった(69)。

以上で明らかなように、ジェルネとシャプスとでは、エピクレーロス制度を論じるに際しての視点の置き所が異なる。しかし、エピクレーロスの子供が母方祖父のオイコスの担い手となるために、死後養子の手続きがとられることがあり、この手続きはエピクレーロス制度とは別である、という見方を両者とも出している。それでは、シャプスが死後養子という手続きをとらなければエピクレーロスの父のオイコスは消滅する、と考えるのに対し、ジェルネはこの点についてどのように考えるか。

ジェルネはエピクレーロスの子が母方祖父の財産と祭祀とを継承するという時、母方祖父のオイコスと子供自身の父のオイコスとの関係がどうなるのか明言していない。エピクレーロスが結婚した時、父のオイコスの財産と祭祀とを彼女が相続し、実際には夫が財産を運用、管理し、祭祀の執行についても妻を補佐して継続させ、彼らの間に生まれた子供(たち)がエピクレーロスの父の真の後継者となる、と述べ(70)、「エピクレーロスの夫は死者の家に吸収されるかの如し」と記していることから推測して(71)、おそらくエピクレーロスの子供(たち)の代には、彼らの父のオイコスと母方祖父のオイコスとは、いわば一つに合体してしまうと考えているのではあるまいか。ジェルネがエピクレーロス制度成立の背景に想定した家族制の状況を顧慮すれば、二つのオイコスの合体あるいは一方の他方による吸収は、エピクレーロスの夫となる男が被相続人の最近親者である限り、当時としては少しも不都合とは感じられなかった、と考えることもできよう(72)。もちろん個別のオイコスの独立の度合いの高まる古典期については、事情は異なるに違いない。

エピクレーロス制度はオイコス存続を目的とする、と見なす論者たちは、二つのオイコスの関係についてどのように考えているのであろうか。リプシウス、エルトマン、ハリスンは、制度の主要目的であるエピクレーロスの父のオイコス存続のために、彼女の子供たちの一人が死後養子とならなければならないとする。すなわち、母方祖父のオイコスへの死後養子は、エピクレーロス制度の一環を成すと見なしているのである。[73] ボシェは、死後養子の手続きはエピクレーロス制度の宗教的精神と調和するけれども、それは強制的義務ではなかった。母方祖父の財産はエピクレーロスの子供たちに自動的に移行する、と見なす。しかし、二つのオイコスが具体的にどのような形で継承されて行くのか、ボシェは明らかにしていない。[74]

本節では、エピクレーロス制度の意義に関する二通りの見解を紹介してきたが、ここで確認しておくべきことは、制度をその成立時点にまで遡及して考察しているジェルネを除いて、いずれの論者も、古典期のアテナイを対象としていることである。前五、四世紀のエピクレーロス制度を対象とする本稿においては、前五、四世紀のアテナイ社会を背景に置きつつ考察することが必要であろう。

## 三　制度運用の実際

前節で概観したように、エピクレーロス制度の意義について二通りの見方が出される所以は、簡単に言ってしまえば、エピクレーロスの父のオイコスを存続させるためには、死後養子という方法が必要であり、この死後養子を制度の一環と見なし得るか否か、ということである。言い換えれば、被相続人に男子なき場合の女子に対する種々の措置の中のどれだけを、エピクレーロス制度に属すると見なすか、という問題になろう。

シャプスは死後養子をエピクレーロス制度とは無縁と見るため、前述のような見解を提出した。その場合、シャプスは制度をその成立時、あるいはソロンによる改正の時点以後、変化していない固定的な制度と想定しているように見える。しかし、制度は、それを運用する社会の変化とともに実質を変えて行くのではないだろうか。我々が対象とする前五、四世紀は、ジェルネの見解に従うならば、前七世紀末から前六世紀にかけての、家族制における過渡的時代を経た直後の時代である。[75] エピクレーロス制度についてのアテナイ市民の解釈あるいは対応の仕方は、はなはだ流動的であったと考えるべきであろう。その流動的状況を伝えているのが、第一節で取り上げた、1から16の史料である。

「ソロンの「遺言」に関する法」制定以後、生前養子、遺言養子の制度は次第に多用されるようになり、個別オイコスの大オイコスからの独立の度合いが高まるにつれ、個別のオイコスを守ろうとする人々の意識、願望はますます強く、切実になっていったに違いない。このような情勢の中で、嫡出男子に恵まれず、女子のみを得たオイコスは、彼女によって血統を守りつつ、オイコスの存続を図る方策を模索したことであろう。

その時、まず頼るべき制度として、エピクレーロス制度が彼らの前にあった。しかし当該制度には大オイコスの利害が絡んでいる。[76] 人々はこの制度を自己のオイコスの場合に最も都合の良い方向へと、しかも合法的に養子制度を援用して、変更を加えつつ利用したであろう。時には、被相続人の生前であれ、遺言によってであれ、養子をして、娘とこの養子とを結婚させ、彼をオイコスの後継者とする。[77] 時には、被相続人の死後エピクレーロスとなる娘に、生まれてくる子供を一人、父のオイコスに養子として入れ、後継者とするように言い聞かせたこともあろう。[78] それは被相続人が自分の死後に、自己のオイコスと娘の夫となる男のオイコスとが合体してしまうことを避けようとして案出した方法であったこともあろうし、あるいは、エピクレーロスとなるはずの娘が規定に従えば結婚するはずの最近親者を好まないため、彼との結婚は避けつつ、しかもオイコスを存続させようとの意図に発した方法であったこともあろう。

個々の事例によって応用の仕方は様々であっただろうが、このような模索の過程を経た結果が、第一節で扱った史料中に現われている諸々の事例である。

ここで史料1―16に戻って再考すると、被相続人あるいは関係者がとった方策として、エピクレーロス関係の規定の中で、一貫して守られている原則があることに気づく。それはまさしく史料1の法に記されている、「財産は娘たちとともにあるべし」との規定である。[79] ここに、古典期の人々の志向が明らかとなる。つまり、娘を通して血統を守りつつ、個別のオイコスの存続を図り、同時に大オイコスが個別オイコスに落す影を排除しようとする志向である。

このように見てくると、社会の変化とともに変更を加えられて来た前四世紀のエピクレーロス制度とは、嫡出男子なくして女子のみを得た被相続人の財産は、娘とともにあって娘の子供によって相続されるという原則を中心に、これに付随する、養子縁組などの手続きをも包含するものと解釈してよいのではあるまいか。そうであれば、制度運用の実例を見る限り、前四世紀のエピクレーロス制度は、オイコス存続をはかるための制度として運用されていたと言うことができる。前五、四世紀の市民たちの、自己のオイコスの存続を守ろうとの志向がここに反映している。エピクレーロス制度は古典期において、アテナイ市民が、個々のオイコスの要請に応じた制度となる方向へとこれを運用していった結果、オイコスの存続のために機能する制度へと化していったのである。[80]

（1）本章第二節、参照。

（2）伊藤貞夫「ポリス社会における財産承継の変容」『史学雑誌』七六編一二号、一九六七年、一―四三頁、参照。Cf. L. Gernet, "La loi de Solon sur le《testament》", *Droit et société dans la Grèce ancienne*, Paris, 1955, 121-149; A. R. W. Harrison, *The Law of Athens: The Family and Property*, Oxford, 1968, 130-155.

（3）本書II-第五章、参照。

（4）E. Hafter, *Die Erbtochter nach attischem Recht*, Leipzig, 1887, 21 ff. は、当史料より、死亡した兄弟の相続人である姉妹はエピクレーロスである、と解する。しかし、W. Wyse, *The Speeches of Isaeus*, Cambridge, 1904 (1967), 655-656 は、エピクレーロスとなるのは被相続人の娘に限られ、史料2の事例の場合、被相続人の姉(または妹)が対象となっており、彼女はエピクレーロスではない、と考える。

ところで当史料中のデモカレスは未成年で死亡している。未成年の嫡出男子を有する父親は、遺言で養子をすることができた。この遺言による養子は、嫡出男子が未成年で死亡した時にのみ有効となる(cf. Harrison, op. cit., 85). この場合、未成年で死亡した男子は、恰も存在していなかったかのような処遇を受けることになる。未成年の男子は、十全の意味での父親の相続人とは見なされていなかったことがこれより知られる。同様に、デモカレスが未成年で死亡した時、彼の姉(妹)は、彼が存在していなかったかのように、父アリスタルコスのエピクレーロスになったと考えることができよう。なお、被相続人(成人)の姉妹がエピクレーロスとなり得るか否かについて、Isaios VI が参考史料として言及されるが、テキストの該当箇所(Isaios VI 46)に読みの不分明な部分があり、結論を出すことは困難である(cf. Harrison, op. cit., 137-138). 他方、Menand. *Aspis* では、クレオストラトスの妹は、戦死したと報じられたクレオストラトスのエピクレーロスとなって、伯父スミクリネスに結婚を求められる。それゆえ、同喜劇の史料的価値を認めれば、嫡子を持たない被相続人の姉妹はエピクレーロスとなり得る、と言うこともできよう(cf. A. W. Gomme, and F. H. Sandbach, *Menander: A Commentary*, Oxford, 1973, 21, n. 1). あるいは、この場合も妹は兄クレオストラトスではなく、父のエピクレーロスとなったのであろうか。

(5) 従って史料2の中にエピクレーロスの定義を求めるべきでないことは、言うまでもない。Cf. D. M. Schaps, *Economic Rights of Women in Ancient Greece*, Edinburgh, 1979, 26.

(6) *ὁπότε ἐπὶ διέτες ἥβησαν*. 語義は「成年になって二年経過した時に」であるが、この語句は古風な表現であり、イサイオスの時代には *ἐπὶ διετὲς ἡβήσας* は満一八歳と同義に使われたらしい(cf. Wyse, op. cit., 610-611).

(7) Ibid., 611.

(8) 古代ギリシアの所有権の特殊性については、浅野勝正「古代ギリシアにおける所有権の性格にかんする一考察」『一橋論叢』六七巻三号、一九七二年、七七―九五頁、参照。

(9) 本書II-第二章二三六―二五七頁、参照。

(10) Dem. LVII 41 に語られている、富裕なエピクレーロスと結婚するため妻と離婚した貧しいプロトマコスの例を想起せよ。

(11) 但し、Aischin. I 95 には、妻のクレーロスを売却してしまう夫が見られる。

(12) Arist. *AP* 56. 6; Harrison, op. cit., 158 f.

(13) Harrison, op. cit.

(14) Ibid., 9 f. 但し、財産とエピクレーロスがともにエピディコスであったということは、エピクレーロスが財産と同等視されていたということにはならない。Cf. Schaps, op. cit., 34 f.

(15) Harrison, op. cit., 133.

(16) 財産の場合には、均分に相続。Ibid., 143 f.

(17) L. Gernet, "Sur l'épiklérat", *REG* 34 (1921), 363; Harrison, op. cit., 133; Schaps, op. cit., 34.

(18) ディアディカシアについては、cf. Harrison, op. cit., 11 f.

(19) *ἐπίτροπος* と *κύριος* については、cf. ibid., 108 f. Ibid., 110, n. 2 は、結婚年齢に達してエピクレーロスとなった時点で後見人が交替する可能性を認めているが、結婚以前の後見人 *ἐπίτροπος* の決定方法については不明としている。

(20) 後出史料15に引いたArist. *AP* 56. 6, 7. では両者ははっきりと区別されている。

(21) Gernet, op. cit., 353 は、かつてこれは義務づけられていたと見る。前五世紀においても、資格所有者である最近親者がエピクレーロスを妻とすることは、道徳的義務のように感じられていたらしい。And. I 118-119.

(22) …*μὴ ὡς ἐρήμων τῶν κλήρων ἐπιδικάζεσθαί τινες τολμῶσι*,…

(23) Schaps, op. cit., 30. は少なからざる例の存在を推測している。

(24) Schaps, ibid. しかし、史料2および後出史料13として引用したイサイオス『弁論第一〇番』では、第三者(明言されていないがおそらくそうであろう)と結婚したエピクレーロスの財産は、最近親者の手中にあって、エピクレーロスと切り離されてしまっている。この事例では、最近親者(アリスタルコスの兄弟アリストメネス)がおそらく後見人(*ἐπίτροπος*)の立場で、通常の婚姻の手続をとって、エピクレーロスと他人とを結婚させている。エピクレーロスの夫となる男はエピディカシアで裁定を受けて、彼女と結婚すべきであったにもかかわらず、嫁資を受け取って、通常の婚姻関係を結んでしまった。おそらくそれは最近親者と夫となる男との間で交わされた、一種の裏取引の結果であった。すなわち、当該事例は、正常なエピクレーロスの結婚の例とは言えず、従って、この例よりエピクレーロス制度について論じることは出来ないのである。

なお Wyse, op. cit., 276, 665 もこの結婚を不正な取引と見る。当該事例に関しては、Harrison, op. cit., 310 f. も参照。

(25)　古典期における遺言による贈与については、前掲(注2)伊藤論文、二八頁以降、参照。

(26)　Gernet, "La loi de Solon"; Harrison, op. cit., 149 f. *δοῦναι, διαθέσθαι, ποιήσθαι* の用語については、cf. Harrison, op. cit., 150 n. 3, n. 4. なおソロンの立法の意図は、遺言によって財産の贈与を可能にすることであって、生前養子はソロン以前にすでに行なわれていた、との見解を唱える論者も少なくない。「ソロンの「遺言」に関する法」について諸説は、前掲(注2)伊藤論文、三二頁、参照。

(27)　Harrison, op. cit., 85 f.

(28)　例えば、デモステネス『弁論第四一番』中の、ポリュエウクトスの娘と養子との結婚。

(29)　J. H. Lipsius, *Das attische Recht und Rechtsverfahren.* Leipzig, 1905-15, 543.

(30)　エンギュエによる結婚については、cf. Harrison, op. cit., 1 f.

(31)　フラトリアへの登録については、岩田拓郎「アテナイ人の「戸籍登録」について」『西洋古典学研究』X、一九六二年、六二―七二頁、参照。

(32)　死後養子については、cf. Harrison, op. cit., 83 f.

(33)　財産を掌握している者とエピクレーロスとの結婚資格を有する最近親者とは同一人ではないが、イサイオスは彼らの共同謀議を想定して、このような呼び方をしている、と Wyse, op. cit., 665 は解釈する。

(34)　実際には *δίκη καρποῦ* の訴えを起そうとしたのではないか。所有権に関する訴訟の第一審としての *δίκη καρποῦ* については、前掲浅野論文参照。

(35)　既婚エピクレーロスの離婚に関する諸家の見解については、Harrison, op. cit., 309 f. 参照。

(36)　U. E. Paoli, "La legittima afèresi dell' *ἐπίκληρος* nel diritto attico", *Miscellanea G. Mercati*, vol. V (=*Studi e Testi*, 125; *Biblioteca Apostolica*, Vatican 1946), 524-538. 但し未見。Harrison, op. cit., 310; Schaps, op. cit., 28 f., 122n. 28 による。

(37)　Harrison, op. cit.

(38) Schaps, op. cit.
(39) Harrison, op. cit., 11 f.; Schaps, op. cit., 29 f.
(40) Harrison, op. cit., 46; E. Ruschenbusch, *ΣΟΛΩΝΟΣ ΝΟΜΟΙ*, Wiesbaden, 1966, 120.
(41) Gernet, "Sur l'épiklérat", 354. 但し、Harrison, op. cit., 48 は当該法規をオイコスの消滅を防ぐための措置と見る。
(42) 村川堅太郎訳『アテナイ人の国制』岩波文庫、一九八〇年、九五頁。但し、一部訳語を変更した。史料16も同様。なお、（ ）内は原写本の本文の中の註釈的な文章。
(43) 同右、九六頁。〈 〉内は校訂者により補われた語句。
(44) Harrison, op. cit., 77, 80, 117.
(45) 村川堅太郎訳『ソロン』『世界古典文学全集23 プルタルコス』筑摩書房、一九六六年、五五頁。
(46) Ruschenbusch, op. cit., 88 f.
(47) R. Dareste, "Une prétendue loi de Solon", *REG* 8 (1895), 1 f. なお、Schaps, op. cit., 126, n. 80 参照。
(48) L. Beauchet, *L'histoire du Droit privé de la République athénienne I*, Paris, 1897, 398 f.
(49) Lipsius, op. cit., 349 f., 543 f.
(50) T. Thalheim, "*Επικληρος*", *RE* VI 1 (1907), 114 f.
(51) W. Erdmann, *Die Ehe im alten Griechenland*, München, 1934, 68 f.
(52) Harrison, op. cit., 132 f.
(53) W. K. Lacey, *The Family in Classical Greece*, London, 1968, 139 f.
(54) Schaps, op. cit., 25 f.
(55) Gernet, op. cit., 337 f.
(56) Beauchet, op. cit., 398-400.
(57) Lipsius, op. cit., 349.
(58) Erdmann, op. cit., 68.

(59)　Harrison, op. cit., 135.

(60)　Lacey, op. cit., 139.

(61)　Harrison, op. cit., 122 f.; Lacey, op. cit., 125 f. オイコスの存続を論じる時、財産の継承とともに家の祭祀 sacra の継承も併せて考察することが必要である。

(62)　Schaps, op. cit., 28, 32.

(63)　Gernet, op. cit., 352 f.

(64)　Ibid., 363 f.

(65)　Ibid., 365.

(66)　Ibid., 374 f.

(67)　Ibid., 378.

(68)　Schaps, op. cit., 32.

(69)　Ibid., 40 f.

(70)　Gernet, op. cit., 357.

(71)　Ibid., 372.

(72)　最近親の関係にある両オイコスの各々の祭祀はきわめて類似した、あるいはほとんど同一のものであったとは考えられないであろうか。

(73)　Lipsius, op. cit., 546; Erdmann, op. cit., 77; Harrison, op. cit., 135. 但し、Lipsius はこの死後養子が実行されなかった場合には、エピクレーロスの子供(男)たち全員が権利、義務を分け合う、とする。しかし、その時エピクレーロスの父のオイコスはどのような形で継承されるのか、説明はない。

(74)　Beauchet, op. cit., 368 f. なお、E. Hruza, *Beiträge zur Geschichte des griechischen und römischen Familienrechts*, I, *Die Ehebegründung nach attischem Rechte*, Erlangen, 1892, 92 f. は、エピクレーロスの子供たちが等分に相続すると解し、彼らの一人が母方祖父の養子となる場合、それは単に(祭祀を継承するという)宗教的な養子であって、法的義務関係は生じ

ない、と言う。

(75) Gernet, op. cit., 369 f. 本章一九三—一九四頁、参照。

(76) Ibid.

(77) 本章一八五—一八六頁、参照。

(78) 本章一八六—一八七頁、参照。

(79) 本章史料2、4、9、10、14、参照。

(80) 本章では、エピクレーロス制度とオイコスの存続を、それも、アンキステイアを基軸とする大オイコスと個別のオイコスとの力関係を背景に据えつつ、個別オイコスの存続と関連させて考察してきた。しかし、視点を変えて、エピクレーロスの立場にある女性を中心において、制度を考察することも必要であろう。

最近親者との結婚の規定の中には、エピクレーロス自身の意志を反映させる余地はまったくない。ゴルテュンにおいては、エピクレーロスに相当するパトロオイオコスは、最近親者との結婚を拒否し、他の男との結婚を選択することも可能であった(*Lex Gort.* VIII 8-12)。その場合、パトロオイオコスの父の財産は、彼女と彼女の夫となる資格を有していた最近親者との間で分割された(*Lex Gort.* VII 3-52, VIII 8-12)。オイコスの継承に関与する女の立場は、アテナイとゴルテュンとでは明らかに異なっていた。

父権の原理が専ら働いている古典期アテナイのオイコスの場合、個別オイコスはエピクレーロスを媒介に、養子縁組をも取り入れて、父から娘の子へとオイコスが継承されて行く。しかし、エピクレーロス制度の成立の時期においては、女子のみが遺されたオイコスでは、その女子がオイコスに及ぼす力が存在していたからこそ、あるいは彼女とオイコスとの結び付きが強かったからこそ、そのオイコスと最近親者のそれとの合体がはかられたのであろう。さもなくば、オイコスは近親者のそれに吸収され、娘は他のオイコスへと結婚によって移って行くこともあり得たであろう。

**補**

本篇脱稿後に参照する機会を得たS. C. Humphreys, "Family Tombs and Tomb Cult in Ancient Athens", *JHS* 100 (1980), 96-126は、古代社会の成立は祖先の墓への信仰にその基礎をもつ、というフュステル・ド・クーランジュの理論に対する見事な論駁の試みである。ハンフリーズは前古典期から古典期末にわたる墳墓、墓碑の発掘成果を精査し、次のような注目すべき傾向を明らかにした。現在まで利用可能な出土史料による限り、前古典期の墳墓および墓碑は、通行量の多い路傍に建造され、卓越した死者個人の栄誉を高らかに讃えることを第一の目的としており、一族の家族的結合を強調していない。これに対し、前五世紀末および前四世紀には、一般市民の家庭生活における功績や徳を讃える墓碑が多くなり、夫婦、親子、兄弟といった家族の共葬の墓が少なくないが、五、六代以上を一カ所に埋葬する墓地の例は稀である。すなわち、核家族的結合の強さ、家族の一体性の強調は見出せるが、何代も続く名門の意識や祖先崇拝の意識の反映はわずかの例を除き見出せない。

ハンフリーズのこの研究により、前古典期の末から古典期の初めにかけて、一般市民の価値観、生活規範、あるいは少なくともオイコスに対する意識に変化が生じたことが、考古史料に依って検証された、と言うことができよう。各オイコスが視覚的に実体として捉え得る墓を持ち、家族の一体性を確認した時、家族への執着、オイコス維持の欲求は一層強くなったことであろう。古典期におけるこのような核家族すなわち個別オイコスの一体性の意識こそが、エピクレーロス制度を、その内実の異なる制度へと変貌させた要因であった、と考えることができるのである。

〔**補論**〕

エピクレーロス制度については、最近では、R. Just, *Women in Athenian Law and Life*, London/New York, 1989 が論じているが、ジャスト自身が認めているように、多くをジェルネの論考に依拠しており、特に新たな見解を提示しているとは言えない。また、この制度の目的はオイコスの存続ではないというシャプスの新説については、これを容認はしないが、証拠となる史料の不足からその目的を明快に説明することは困難であるとしている(p. 288, n. 13)。ただ、ジャストが、エピクレーロス制度に父系相続と母系相続の交錯を認めている点は、注目に値する。

L. Rubinstein, *Adoption in IV. Century Athens*, Copenhagen, 1993, 87-104 は、シャプス説を受け入れたうえで、アテナイ法の一部を占める養子制度は、クレーロスの数を安定的に保つ、すなわち、オイコスを維持し、その断絶を避ける、というポリスの目的を達成する方法ではなかった、と結論する。著者によれば、子のない市民が養子をとるのは、老後の世話をしてもらい、死後の墓守りなど供養の祭式をしてもらうためであった。彼女はこの養子制度を検討する過程でエピクレーロス制度にも触れ、前四世紀において両制度の併用がたしかにあるが、この併用もエピクレーロス本人を保護するためのものであって、養子縁組と同様にオイコス維持を目的としてはいない、と見る。著者の見解の主要な根拠は、養子縁組が法的に強制されていなかった、という点にある。

なお、ハンフリーズは、親族に関する近著の中でエピクレーロスに関するソロンの法について論じる、と予告している(S. C. Humphreys, *The Family, Women and Death: Comparative Studies*, 2nd ed., Ann Arbor, 1993, xxxiv, n. 22)。

# 第四章　姦通法成立の歴史的背景

## 一　家族制度研究への新しい視角

古代ギリシアのポリスを構成する最小の基本的単位である「家（オイコス）」は、一対の男女と彼等の子供、それに彼等の生活および生存維持のために必要な奴隷および土地を含む家産を構成要素とする（Arist. *Pol.* 1252b）。ここで気付くのは、近親関係によって構成される最小単位としての、いわゆる家族が、社会人類学でいうところの核家族に相当するということである。この核家族という用語を生みだし、この家族形態の普遍性を提唱したマードックによれば、家族構成の三タイプ、すなわち、核家族（nuclear family）、複婚家族（polygamous family）、拡大家族（extended family）、の中で核家族が最も基本的で普遍的である。[1] 確かに古典期のアテナイにおいては、史料に見る限り、家族の形態は核家族が一般的であった。

しかし、いかなる社会においても、近親関係のネットワークは家族の枠を越えてある程度の規模まではりめぐらされていて、社会的に何らかの機能を発揮している。ただその形態と規模がそれぞれの社会において異なっており、それは、親族の関係が自然現象でなく、文化的現象であることを示している。

ところで、ポリスの形成過程の解明はギリシア史の根本問題の一つであるが、同時に難問中の難問でもありつづけている。何よりも、直接史料がほとんど欠如していることが、その理由であり、従来提示されてきた理論も主に後代の史料に基づいて、あるいは他の民族・社会との比較から、出された推論であった。その中で、ポリスを氏族制あるいは部族制社会から発展した組織と見る、一九世紀後半に優勢であった考え方は、今日ではそのまま受け入れられることはないが、[2]血縁関係に基づく社会から地縁的関係を基礎とする社会への発展と見る思考は、未だ有力である、といえよう。[3]しかし、一九七六年に出されたルセルおよびブリオの研究は、[4]フュレー、フラトリア、ゲノスという擬制血縁集団の形成がポリス成立以前に遡及しないことを論証した。これ以前にも社会的な影響力を発揮した血縁集団は、核家族あるいは拡大家族であって、それを超える規模の集団ではなかったとの見方は出されていたが、[5]マレイ、フィンリー、スターは以上の研究成果を受け入れ、ポリスの形成および発展について家族あるいはオイコスを軸に考え直そう、との試みを始めている。[6]本稿はこのような最近の研究動向を念頭に置きつつ、家族について一側面から考察を加えようとするものである。

　古代ギリシアの女性をめぐり様々な研究が進められてきていることについては、すでに研究動向として紹介したが、[7]その際に、ハリスン以降、アテナイの女性に関して法制面で目新しい注目すべき研究が少ない、と指摘した。しかしその後に入手した論文、D. Cohen, "The Athenian Law of Adultery"[8]は、この指摘に修正を迫る内容であった。アテナイ法の専門家による当論文は、その精緻な論証手続きのゆえに説得性を持ち、従来大きな意見の相違なく継承されてきた姦通法に関する解釈に新たな一石を投じている。同時に、議論が法の検討と解釈および復元に限定されており、そこに法の専門家という自覚からくる禁欲的な態度を見ることが出来る。しかし、当論文は、法の新解釈として注目すべきであるだけでなく、この新解釈を参考にしながらアテナイ社会における姦通の問題を再考するならば、アテナイの婚姻制度と家族制度について新しい視角が開けて来ると思われるがゆえに、なお一層重要であると言えるのである。以下に、まず姦通に関する研究史をコーエンによる批判をとり込みつつ概観し、次にコーエン論文の内容を検討してその意義を明らかにする。その作業を経た後に、アテナイ社会における家族の在り方の変化について考察を進めたい。

## 二　史料の検討

アリストテレス『アテナイ人の国制』五七章三節に以下の記述がある。

〔史料1〕「もし殺人行為を犯したことを認めながら、例えば姦通者の現場を押えたとか、戦闘中に識らずに殺したとか、競技の最中とかのごとく、法律で咎められることはないと主張する場合には、かかる者はデルフィニオンで裁判する。(9)」

*ἐὰν δ' ἀποκτεῖναι μέν τις ὁμολογῇ, φῇ δὲ κατὰ τοὺς νόμους, οἷον μοιχὸν λαβὼν ἢ ἐν πολέμῳ ἀγνοήσας ἢ ἐν ἄθλῳ ἀγωνιζόμενος, τούτῳ ἐπὶ Δελφινίῳ δικάζουσιν.*

そして、まさにこの法規に該当すると見なしうる例が、リュシアスの第一弁論で取り扱われている。エウフィレトスによるエラトステネス殺害に関する本弁論では、被告エウフィレトスは殺害行為そのものは認めるものの、エラトステネスが自分の妻と共にいる現場に証人たちをともなって踏み込み、彼を捕えてその場で殺害したのであり、無罪である、と主張し、次のように言う。

〔史料2〕「お聞きの通り、市民諸君、アレイオス・パゴスの法廷、父祖代々殺人事件を裁くべく認められた法廷自らが、言明しているのだ。自分の妻と通じた男を現場で捕えて、このような死という罰を加えた者には、殺人の廉で有罪の宣告をしないようにと。」

*Ἀκούετε, ὦ ἄνδρες, ὅτι αὐτῷ τῷ δικαστηρίῳ τῷ ἐξ Ἀρείου πάγου, ᾧ καὶ πάτριόν ἐστι καὶ ἐφ' ἡμῶν ἀποδέδοται τοῦ φόνου τὰς δίκας δικάζειν, διαρρήδην εἴρηται τούτου μὴ καταγιγνώσκειν φόνον, ὃς ἂν ἐπὶ δάμαρτι τῇ ἑαυτοῦ μοιχὸν λαβὼν ταύτην τὴν τιμωρίαν ποιήσηται.* (Lysias I 30)

実際には、エウフィレトスは被害者の親族に訴えられたために、裁判となり、被告は無罪を主張する。彼の立場は、右に引用した『国制』中の内容に該当するため、エラトステネス殺害に関する裁判はデルフィニオンで争われた、と推測されている。[10] エウフィレトスが無罪を主張する際に根拠として持ち出す、「アレイオス・パゴスの法廷自らの言明」、すなわちアレイオス・パゴス所在の石柱に記載されていたという法規は、[11] 残念ながら弁論中には引用されていないために、その正確な内容は不明である。しかし、デモステネス『弁論第二三番』五三章に引用されている「ドラコンの殺人法」の一部が内容的に関連しているため、これと関係づけて解釈されることが多い。その法文は以下の通りである。

〔史料3〕「もし何人か、競技において無意で、あるいは路上でぶつかって、あるいは戦闘中に識らずに、あるいは妻、母、姉妹、娘、または自由身分の子を得るための内妻と共にいる〔という理由で、他者を〕殺害するならば、この者はそのことゆえに訴追を受けざること。」(傍線引用者)

ΝΟΜΟΣ

[Ἐάν τις ἀποκτείνῃ ἐν ἄθλοις ἄκων, ἢ ἐν ὁδῷ καθελών, ἢ ἐν πολέμῳ ἀγνοήσας, ἢ ἐπὶ δάμαρτι ἢ ἐπὶ μητρὶ ἢ ἐπ᾽ ἀδελφῇ ἢ ἐπὶ θυγατρί, ἢ ἐπὶ παλλακῇ ἣν ἂν ἐπ᾽ ἐλευθέροις παισὶν ἔχῃ, τούτων ἕνεκα μὴ φεύγειν κτείναντα.]

そして、この条文を史料1の文章と比較するならば、アリストテレスはアレイオス・パゴスに設置の法を、逐語的でなく、説明的に紹介していることに気付く。[12] 「競技において無意で(ἐν ἄθλοις ἄκων)」は「競技の最中(ἐν ἄθλῳ ἀγωνιζόμενος)」と言いかえられ、「路上でぶつかって(ἐν ὁδῷ καθελών)」は省略され、「戦闘中識らずに(ἐν πολέμῳ ἀγνοήσας)」はそのまま字句通り引用され、「妻、母、姉妹、娘や自由身分の子を得るための内妻と共にいる(ἐπὶ δάμαρτι ἢ ἐπὶ μητρὶ ἢ ἐπ᾽ ἀδελφῇ ἢ ἐπὶ θυγατρί, ἢ ἐπὶ παλλακῇ ἣν ἂν ἐπ᾽ ἐλευθέροις παισὶν ἔχῃ)」は、「姦通者の現場を押えた(μοιχὸν λαβὼν)」と言い換えられている。

それゆえ、史料3に引用されている法のうち、「妻……」の部分を姦通(μοιχεία)行為に関連していると見なし、μοιχεία は既婚の女性との情交のみならず、上記のようなカテゴリーの女性たちとのそれをも包含した、と解するのがこれまで一般的であった。例えば、ラッテは、μοιχεία を、自由身分の女性と彼女の後見人の同意なしに性的交渉をもつこと、と説明し[(13)]、他方、リプシウスは法文においては μοιχεία なる語は婚姻関係の侵害についてのみ使用されるが、その法の実際の適用の際には上記のような様々なカテゴリーの女性にまで及んでいた、とする[(14)]。ハリスンはさらに進めて、μοιχός およびその派生語は、もともと婚姻関係の侵害に関して使用されていたが、ドラコンの時代までには、未婚の女性や未亡人・内妻にまで拡大して適用されるようになった、と記している[(15)]。実際、史料1、2、3を比較・対照させると、それが適当な解釈であるようにも思えてくる。しかし、史料3の法文には、μοιχεία およびその関連語は見出されない。アリストテレスは、「妻と共にいる者」の部分のみを取り出し、μοιχεία として説明した、と考えることも出来るのである。史料3の法が μοιχεία に関わる法規である、との断定はいささか性急である、と言わざるを得ない。

コーエンは μοιχός およびその派生語の実際の用例を残存史料中に検索し、それらが、既婚の女性あるいは子供を設けることを目的とした内妻との性的関係に限定して使用されている、と結論した。つまり、μοιχεία は大むね婚姻関係に対する侵害について使用される語であった[(16)]。そうであれば、史料3は μοιχεία に直接関わる法規ではないことになる。その法文を素直に読むかぎり、それは、合法殺人の法規であって、それ以上ではない、と言うべきであろう。

ところで、リュシアス『弁論第一番』でエウフィレトスは次のようにも主張する。

〔史料4〕「彼〔エラトステネス〕の金の支払の申し出に私は譲歩せず、それよりも国の法のほうが権威が高いと考えた。そして、このような行為をなす者に対しては、これが最も正当である、と諸君が判断した罰〔すなわち、死〕を加えたのだ。」

*ἐγὼ δὲ τῷ μὲν ἐκείνου τιμήματι οὐ συνεχώρουν, τὸν δὲ τῆς πόλεως νόμον ἠξίουν εἶναι κυριώτερον, καὶ ταύτην ἔλαβον τὴν δίκην, ἣν ὑμεῖς δικαιοτάτην εἶναι ἡγησάμενοι τοῖς τὰ τοιαῦτα ἐπιτηδεύουσιν ἐτάξατε.*

(Lysias I 29)

エウフィレトスは *μοιχεία* の刑罰が死であった、とここでほのめかしている。ドラコンの合法殺人の法は、いわば自力救済を合法化していると見なすことが可能であるが、刑の執行の体制が整備されていない当時にあっては、自力救済権の合法化は、死刑の宣告と同等の意味を有していた、と言うことも可能であろう[17]。しかし、それはあくまでも潜在的な意義であって、積極的に死刑が定められているわけではない。それゆえ、エウフィレトスの右のような主張を支えるのは、史料3の法規ではあり得ず、何か別個の法規の存在が推測される。その推測を裏付けるのが、アリストテレス『アテナイ人の国制』五九章三節である。

〔史料5〕「また訴訟費用を要するような訴訟も彼らに対して提起される。すなわち市民詐称とか、贈賄によって市民詐称の訴えを免がれている場合の外人贈賄訴訟とか、誣告や贈収賄や偽って他人を国家に債務ある者として登録した場合や、召喚に対し偽って証人に立った場合や、国家への債務完済者を偽って債務者表の中に留めようとする企てや、国家への債務者をその名簿に載せない場合や姦通がこれである。」

*εἰσὶ δὲ καὶ γραφαὶ πρὸς αὐτοὺς ὧν παράστασις τίθεται, ξενίας καὶ δωροξενίας, ἄν τις δῶρα δοὺς ἀποφύγῃ τὴν ξενίαν, καὶ συκοφαντίας καὶ δώρων καὶ ψευδεγγραφῆς καὶ ψευδοκλητείας καὶ βουλεύσεως καὶ ἀγραφίου καὶ μοιχείας.*

これは、前四世紀に姦通に関する訴訟(*γραφὴ μοιχείας*)が、合法殺人に関する裁判とは別に、法制上の一制度として存在していたこと、姦夫（μοιχός）の殺害とはまったく別個に、姦通（μοιχεία）が犯罪と見なされていたことを示している。

このように、史料3、すなわち、デモステネス『弁論第二三番』五三章に引用の法規は、単に合法殺人に関するそれと解すべきで、傍線部の女性たちも、姦通行為の対象として挙げられているのではない。これらの女性の共通項としては、同一の家父の保護下にある女性であるという点をあげるにとどめておくべきであろう。

## 三　姦通法の新解釈

コーエンは、すでに紹介したように、μοιχεία が史料に見るかぎり一貫して婚姻関係を侵害する情交についてのみ使用されていると確認した後に、このような限定された意味を持つ μοιχεία に関する法規の復元を試みる。(18) 姦通法は、幸いにもその一部が伝デモステネス『弁論第五九番』八七章に引用されている。

〔史料6〕「姦夫を捕えたとき、捕えた者は妻との同棲(19)を続けざること、もし同棲するならば、この者は市民権を剝奪されるべきこと。姦夫と共にいるときに捕えられた妻は公共の神事に参加せざること。もしそうするならば、死以外のいかなる仕打ちを受けようとも、仕打ちは罪とならざること。」

ΝΟΜΟΣ ΜΟΙΧΕΙΑΣ

Ἐπειδὰν δὲ ἕλῃ τὸν μοιχόν, μὴ ἐξέστω τῷ ἑλόντι συνοικεῖν τῇ γυναικί· ἐὰν δὲ συνοικῇ, ἄτιμος ἔστω. μηδὲ τῇ γυναικὶ ἐξέστω εἰσιέναι εἰς τὰ ἱερὰ τὰ δημοτελῆ, ἐφ᾽ ᾗ ἂν μοιχὸς ἁλῷ· ἐὰν δ᾽ εἰσίῃ, νηποινεὶ πασχέτω ὅ τι ἂν πάσχῃ, πλὴν θανάτου.

残念ながら、ここには姦夫に対する処罰に関する部分は省かれている。同弁論のレトリックの文脈からは不必要であったからである。この省略部分の復元が次に試みられる。

さてリュシアス『弁論第一番』で、合法殺人に関する法に先立ち別の法が陪審員たちに向けて読みあげられていることに、コーエンは注目する。法そのものは弁論中に残されていないが、これこそがエウフィレトスに姦夫殺害を求めた法として紹介されている。

「私がお前を殺すのではなく、国の法がそうするのだ。」

*ἐγὼ δ᾽ εἶπον ὅτι οὐκ ἐγώ σε ἀποκτενῶ, ἀλλ᾽ ὁ τῆς πόλεως νόμος.* (Lysias I 26)

国の法(*ὁ τῆς πόλεως νόμος*)とはいかなる法であろうか。また、その法が姦夫殺害を夫に求めているとすれば、何故に合法殺人に関する法をさらに加えて持ちだす必要があったのであろうか。

コーエンは、法規朗読の直後のエウフィレトスの言葉を検討する。

「彼は言い争おうとはせず、悪事を犯したことを認めたのである。」

*Οὐκ ἠμφεσβήτει, …… ἀλλ᾽ ὡμολόγει ἀδικεῖν.* (Lysias I 29)

エウフィレトスは別の箇所、すなわち、姦夫を捕えた時の状況を説明する際にも、同様の陳述をする。

「かの男は悪事を犯したことを認める一方で、嘆願し、自分を殺さずに、現金を受けとってくれるようにと、懇願したのである。」

*κἀκεῖνος ἀδικεῖν μὲν ὡμολόγει, ἠντεβόλει δὲ καὶ ἱκέτευε μὴ ἀποκτεῖναι ἀλλ᾽ ἀργύριον πράξασθαι.* (Lysias I 25)

なぜエウフィレトスは、姦夫が悪事を犯したと認めたことを再度にわたり、しかも、同一の言葉 *ὡμολόγει* で語ったのであろうか。それは、当の言葉が法規中に使用されていたからであろう。ところで、*μοιχός* に関連する法規をアイスキネスが紹介している記述に以下のものがあり、しかも、そこでは同じ動詞の現在形 *ὁμολογῶσι* が使用されている。

〔史料7〕「なぜなら、追剝や姦夫や殺人者のうち誰が、あるいは大きな悪事を犯し、しかもそれを密かに行った者のうち誰が有罪となるであろうか。それというのも、彼等のうちの、現場で捕えられた者は、もし罪を認めるならば、即刻死刑に処せられるし、他方、犯罪の現場を見付からずに済み、しかも強く否定する者は陪審廷で審判を受け、そして真実は状況証拠から得られるのだ。」

*τίς γὰρ ἢ τῶν λωποδυτῶν ἢ τῶν μοιχῶν ἢ τῶν ἀνδροφόνων, ἢ τῶν τὰ μέγιστα μὲν ἀδικούντων, λάθρα δὲ τοῦτο πραττόντων, δώσει δίκην; καὶ γὰρ τούτων οἱ μὲν ἐπ' αὐτοφώρῳ ἁλόντες, ἐὰν ὁμολογῶσι, παραχρῆμα θανάτῳ ζημιοῦνται, οἱ δὲ λαθόντες καὶ ἔξαρνοι γενόμενοι κρίνονται ἐν τοῖς δικαστηρίοις, εὑρίσκεται δὲ ἡ ἀλήθεια ἐκ τῶν εἰκότων.* (Aischin. I 91)

そして、この法規の紹介記事と内容に一致するところの多いのが以下の史料である。

〔史料8〕「また獄中の人々を監督する十一人[20]を抽籤で任命する。彼らはまた現行犯として盗人や誘拐者や追剝が捕えられて送致された時、もし犯人が罪を認めればこれを死刑に処し、もし異議を申し立てるならば陪審廷に移し、もし無罪となればこれを釈放し、さもなければその上で死刑に処する。」

*Καθιστᾶσι δὲ καὶ τοὺς ἕνδεκα κλήρῳ τοὺς ἐπιμελησομένους τῶν ἐν τῷ δεσμωτηρίῳ, καὶ τοὺς ἀπαγομένους κλέπτας καὶ τοὺς ἀνδραποδιστὰς καὶ τοὺς λωποδύτας, ἂν μὲν [ὁμολογῶ]σι, θανάτῳ ζημιώσοντας, ἂν δ' ἀμφισβητῶσιν, εἰσάξοντας εἰς τὸ δικαστήριον, κἂν μὲν ἀποφύγωσιν, ἀφήσοντας, εἰ δὲ μή, τότε θανατώσοντας,*……(*AP* 52. 1)

アリストテレス『アテナイ人の国制』のこの部分は悪事犯(*κακοῦργοι*)に関する記述であり、すでにハンセンも指摘しているところであるが、コーエンもまた *μοιχός* すなわち姦通を犯した者が *κακοῦργοι* のなかに含まれ、この犯罪者に適用される手続である略式逮捕(ἀπαγωγή)に付される、と推測する。

エウフィレトスが、自分の所有する女奴隷に向かってエラトステネスを現場で(ἐπ' αὐτοφώρῳ)捕える必要を述べ、また法廷で、姦夫を現場で捕えたと詳しく説明している(二三—二五章)こと、姦夫が罪を認めたと強調していること、有罪の場合には法が死刑を定めていると言及していること、これらは、エウフィレトスが陪審員に提示した最初の法が、κακοῦργοι に関する規定の一部であった、との推測へと導く。

このように、まず姦夫に関する法が読みあげられたのであれば、その後に引き続いて、合法殺人に関する法を持ちだした理由は何であったのか。あえて二つの法規を持ち出したのは、後者によって前者を補う必要があったからであろう。エウフィレトスが合法殺人の法によって弁明しようとしたのは、他でもない、姦夫の殺害という事実に違いない。そうであれば、最初に提示された姦通法では、夫の姦夫殺害権に何らかの制限が加えられていた、ということになろう。

では、姦夫に対する夫の権利に加えられていた制限とは何か。それを明らかにするための手がかりを求めて、コーエンは再びリュシアス『弁論第一番』に戻る。姦通法では夫にいかなる権利を認めているのか。同四九章に、

「法が姦夫を捕えた者に望む通りの扱いをすることを命じている」

ἐάν τις μοιχὸν λάβῃ, ὅ τι ἂν οὖν βούληται χρῆσθαι……

とある。この「姦夫を捕える μοιχὸν λάβῃ」という表現が、同じ弁論の別の箇所(三〇章)にもあり、アリストテレス『アテナイ人の国制』五七章三節およびイサイオス『弁論第八番』四四章にも使用されているのは、それが法規中の用語であることを示していると考えられる。では、「望む通りの扱い」とは何か。それに関連しているとみられる、次の史料が存在する。

〔史料9〕「もし何人か他者を不当に姦通の廉で投獄するならば、不当投獄の廉でこの者をテスモテタイに訴える

べきこと、と定める法に従い、……(中略)……そして、もし(投獄された者が)姦夫であると確定したならば、その者を保証人たちは捕えた者に引き渡すことを法は命じている、後者が法廷において小刀の使用を除き望む通りの、姦夫が受けるに相応しい仕打ちを行うように。」

*ἐάν τις ἀδίκως εἵρξῃ ὡς μοιχόν, γράψασθαι πρὸς τοὺς θεσμοθέτας ἀδίκως εἱρχθῆναι, καὶ ἐὰν μὲν ἕλῃ τὸν εἵρξαντα καὶ δόξῃ ἀδίκως ἐπιβεβουλεῦσθαι, ἀθῷον εἶναι αὐτὸν καὶ τοὺς ἐγγυητὰς ἀπηλλάχθαι τῆς ἐγγύης· ἐὰν δὲ δόξῃ μοιχὸς εἶναι, παραδοῦναι αὐτὸν κελεύει τοὺς ἐγγυητὰς τῷ ἑλόντι, ἐπὶ δὲ τοῦ δικαστηρίου ἄνευ ἐγχειριδίου χρῆσθαι ὅ τι ἂν βουληθῇ, ὡς μοιχῷ ὄντι.* ([Dem.] LIX 66)

この史料によれば、法廷において姦夫と認定された男は、彼を捕えた者、すなわち姦婦の夫に引き渡され、姦夫一般に対する場合と同様の処遇を受けることになる。その処遇こそは、「小刀の使用を除く望む通りの仕打ち」であった。「小刀の使用を除く」という曖昧な表現は何を意味するか。凶器使用の禁止、すなわち、殺害の禁止であろう。確かに、残存史料に見るかぎり、夫によって姦夫が殺害される例はない[21]。姦婦に対する措置を定めた法で、死が除外されている点も[22]、右の推測を補強すると考えられる。

夫には姦夫殺害の権利は認められていなかった。夫が姦夫に死をもって報復したければ、*ἀπαγωγή* なる手段、すなわち、「十一人」に引き渡し、即刻処刑、という方途が開かれていた。このように考えれば、我々はなぜエウフィレトスが二つの法規を提示しなければならなかったか、また、なぜ「小刀の使用を除く」なる語句に触れなかったかを知ることができる。彼は姦夫を自ら殺害してしまった立場を擁護するために、夫の権利が *κακοῦργοι* の法によって制限される以前に有効であった、合法殺人の法に訴えなければならなかったのである。

それにしても、すでに見てきた姦通法と合法殺人の法とは、相互に矛盾を含んでいることは否定できない。恐らく、旧法と新法との間の矛盾が、十分な解決の措置を受けずにいた結果なのであろう、とコーエンは推測する[23]。

しかし、夫が姦夫を殺害する権利に加えられていたと推測できる、別の制限があり得る。κακοῦργοι の法の特徴の一つとして、犯人として捕えられた者に罪状認否の機会が与えられる。しかし、それがどの時点で与えられたのか、史料は伝えてくれない。果して、夫に尋問する権利があったのであろうか。あるいは、「十一人」のみが尋問できたのであろうか。そうであれば、夫に出来ることは、姦夫を虐待し、賠償金をとることであっただろう。これらの疑問に応える史料は残存していない。夫は「十一人」に代って姦夫に対することが出来たのか、あるいは、エウフィレトスが姦通法の直後に合法殺人の法を持ち出さざるを得なかったのは、「十一人」にのみ尋問の権利が存在し、夫に認められていなかったからなのか、いずれであるのか不明である。

以上のような検討を加えた後でコーエンが提示するのが、次の二通りの復元案である。

①「もし何人か姦夫を捕えたならば、[小刀を除き]望む通りの扱いをすること、さもなくば、「十一人」に連行すること。もし、罪状を認めれば、刑罰は死たるべきこと、否認するならば、陪審廷へ……。」

②「もし何人か姦夫を捕えたならば、罪状を認めればこれを望む通りに扱うこと。否認すれば、「十一人」に連行すること。」

さらに、罪状認否の段階で生じ得ることとして、姦夫が情交の事実を認めながら、相手の女性が既婚者であるとは知らなかった、と主張する場合をコーエンは指摘する。その場合も、尋問が夫によってなされたか、「十一人」によってか不明であるが、エラトステネス殺害に関する弁論は、以上のような文脈の中で読まれるべきである、と結語する。

## 四　婚姻制度の発展と姦通法の成立

コーエンによって提出された右の姦通法の二種の可能性を考慮し、さらに、前四世紀に姦夫殺害が慣行として存在しなかったらしい点をも考慮するならば、姦通行為を犯した場合、姦夫の陥る境遇は以下のごとくであったと考えられる。

(1) 夫が現場で姦夫を捕えた場合には、次の二通りの方法が可能である。

a 夫自身が、思い通りの仕打ち(ただし殺害を除く)を加える。

b 罪を否認すれば、あるいは夫が姦夫に死の報復を加えたいならば、κακοῦργος として「十一人」に引き渡す。後者、すなわち、bの方法をとった場合、(イ)姦夫が罪状を認めれば、他の κακοῦργοι 同様死刑。(ロ)罪状を否認すれば、裁判となり、その結果有罪であれば、死刑。

(2) 姦夫を現場で捕え得なかった場合、姦通に対する公訴(γραφὴ μοιχείας)に訴える。有罪であれば、史料で確認は出来ないが、恐らく死刑。

右のいずれの場合であっても、夫自身が姦夫に死の報復をする道は閉ざされている。これは、合法殺人の法と明らかに矛盾する。

合法殺人の法と姦通法との間に齟齬があることは、すでに紹介したように、コーエンも指摘し、旧法と新法との間の矛盾に原因する、と推測している。さらに、エウフィレトスがそれらを相前後して陪審員に提示したことの意味を考える必要もあろう。彼を含めアテナイの市民の意識の中で、この齟齬が十分認識されていなかった、ということであろうか。いずれにしても、この両法の間の矛盾の意味は、それぞれの法の成立時の社会的背景を考慮に入れずしては明らかになり得まい。

合法殺人の法は、先にも述べたように、「ドラコンの殺人法」の一部である。(24) 前六二四年に成立したオリジナルな法の中にすでに含まれていたか、あるいは後に修正・追加されたものか、確定は困難であるが、前者である可能性は高い。

碑文史料「ドラコンの殺人法」(*IG* I³ 104)には合法殺人に関する条項が記載されている。

「……もし暴力により不法に強奪を行わんとする者もしくは連行せんとする者をその場で殺害せしときは、その者に何等の咎なし……(25)」

*κα̣[ὶ ἐὰν φέροντα ἒ ἄγοντα βίαι ἀδίκος εὐθὺς] ἀμυνόμενος κτέ[ν]ει, ν̣[εποινὲ τεθνάναι*…… (37–38)

ここで合法と認められている殺害行為は、自己の財産あるいは身体を暴力的に奪取しようとする者を対象としている。(26) ガガーリンは対象は海賊あるいは追剝ぎであろうと推測するが、(27) ローズの考えるように、(28) 自己の後見下の女性を一種の財産と見なすならば、史料3の合法殺人の法は、まさに右引用のドラコンの殺人法と合致する内容と言えよう。これに対し、姦通に関する規定が成立した時代は、どこに置くことが出来ようか。

プルタルコスによれば、ソロンは姦通に関する法を定めている。「一般にソロンの女性に関する法律ははなはだ不合理なところがあると思われる。例えば姦通者の現場を押えるものはそれを殺しても良いとしているが、自由人の女を襲って暴行した者には百ドラクメの罰金を命じている。(29)」

ハリスンは、ここに述べられている姦通に関する法を、史料3の法に等しいと考え、(30) 後者は、「ドラコンの殺人法」の一部であるがゆえに、プルタルコスが姦通法をソロンに帰しているのは、恐らく誤りである、と記している。(31) ガガーリンもここに言われている法を、史料3のデモステネス『弁論第二三番』五三章に引用の法と同定するが、それが殺人法の一部であるならば、ソロンはそれをドラコンから継承した可能性がある、としている。(32)

しかし、もし殺人法であるならば、それにはソロンでなく、ドラコンの名が冠せられていたであろうし、アリストテレス『アテナイ人の国制』によれば、「彼〔ソロン〕は国制を定め、その他の法律を発布したが人々はドラコンの掟を殺人に関するものを除き廃止した」(*AP* 7.1)のであるから、ソロンに帰せられる法は殺人法以外の分野に属する、と見なすべきであろう。すなわち、プルタルコスが言及しているのは、殺人に関する法でなく、姦通に関する法と見るべきであり、このような解釈は、合法殺人の法と姦通法とを区別すべきである、というコーエンの見解に合致する。しかし、それだからといって、前四世紀に実施されていた姦通に関する法の全体がソロンによって定められた、と言ってしまうのはためらわれる。

史料6の姦通法に再度目を向けてみよう。そこでは、「妻」には *γυνή* という語が当てられている。他方、合法殺人の法においては、*δάμαρ* が用いられている。ところで、妻を意味する語として、古典期には *γυνή* が一般的であり、*δάμαρ* は古典期に散文では使用されなくなっていた[33]。従って、当該姦通法は合法殺人の法よりも後に成立したと見て、差支えあるまい。これはコーエンの見解とも一致する。しかし、その成立の時期については、これをはっきりと伝える史料はない。

ここで注意を促されるのは、姦通に対する公訴(*γραφὴ μοιχείας*)の存在である。コーエンは、姦夫を現場で捕えられなかった場合にこの方法がとられ得た、としている。私訴(*δίκη*)にたいし、公訴という訳語が用いられている *γραφή* の場合、当事者のみならず、第三者にも訴追が認められていた。従って、*γραφὴ μοιχείας* が存在するには、姦婦に相当する女性が既婚者であることが、第三者の目にも明白であるという前提が必要であったはずである。ところが、アテナイにおいて公的な婚姻届の制度が存在せず、そのために時に混乱が生じ、遺産相続をめぐって、正妻の子であるか、否か、争われた事例を少なからず法廷弁論中に見ることが出来る。

すでにII-第一章で明らかにしたように、法制上の一夫一婦制の確立は、前五世紀初め、あるいはクレイステネスの改革の時に達成されていた。しかし、一夫一婦制が確立したにもかかわらず、このような制度上の不備が存在したわけで、その欠陥を補うために、宗教意識の上に正妻とそのほかの女性との相違を明確に植え付ける役割を神話が果した、と指摘したのがドゥティエンヌであった。[34] この神話こそがアドニア神話であり、正妻の祭であるテスモフォリア祭にたいし、内妻とヘタイラとが中心となるアドニア祭が前五世紀の後半にアテナイで特に盛んになっていった。

他方、テスモフォリア祭をより注意深く見るならば、同祭にも中央のテスモフォリアとローカルなデーモスのテスモフォリアとの二種がある。正妻の地位を社会的に相互に承認しあう場として後者が利用されたことは、すでにII-第二章で明らかにしたところである。このように、法制面でも、また、実際の市民生活の上でも、一夫一婦制が社会的秩序の基盤として前五世紀の間に確立していった。

その際に見逃してはならないのは、右のような婚姻制度の確立が、市民によって自発的に達成されたことであった。アテナイにおいて前五世紀の間に、奴隷とメトイコイの数が格段に増加し、また、デロス同盟参加諸市に対するアテナイの支配の構造が次第に明確化した。その時、国内における非市民支配と対外的な同盟市支配とが自己の利益に繋がることを認識したアテナイ市民は、相互に利害を共にするポリス共同体の成員としての自覚をますます強めたであろうし、市民としての特権意識もいよいよ鮮明となったであろう。前四五一年のいわゆる「ペリクレスの市民権法」[35]の成立も、この脈絡の中で理解することが出来る。

ポリスの基盤であるオイコス、市民の再生産の場としてのオイコスの秩序を守ることは、市民全体の共通関心事であった。姦通、それも妻の姦通の防止は、自分の血を引く子供に家産を相続させたいという家父の意向に沿うものであり、オイコスに不純分子の混入を防ぎ、またオイコスの秩序を維持するために姦通法が必要と見なされたのは、不思議ではない。それは同時に、ポリスに不純分子が混入することを防ぎ、市民が独占する既得の特権に与る有資格者の数の増加を抑制するためにも必要であった。

第三者による告発が可能な姦通に対する公訴の成立は、このような婚姻制度の発展過程を背景に考えるべきであろう。つまりそれは、法制上また社会生活上に確立した婚姻制度を擁護するために導入された訴訟、と見なすことが適当であろうと思われる。

## 五　姦通法と合法殺人法

婚姻制度の発展と姦通に関する体系的な規定の整備が相互に関連していることは、このように明らかとなったが、姦通法と合法殺人との関係については、さらに検討を要しよう。

史料2の合法殺人の法の文言では妻に *δάμαρ* という語が使用されている。この *δάμαρ* が使用されている別の法規が残存しており、それもまた婚姻制度の法制化への動きの一端と呼びうる内容である。

〔史料10〕「父、父を同じくする兄弟あるいは父方祖父が、妻となるべくエンギュエをした女について、彼女の子供は嫡子たるべきこと。」

ΝΟΜΟΣ

*Ἣν ἂν ἐγγυήσῃ ἐπὶ δικαίοις δάμαρτα εἶναι ἢ πατὴρ ἢ ἀδελφὸς ὁμοπάτωρ ἢ πάππος ὁ πρὸς πατρός, ἐκ ταύτης εἶναι παῖδας γνησίους.* (Dem. XLVI 18)

法文から明らかなように、これは嫡子の条件を定める法規である。生まれてくる子が嫡子か否か、決定する権利が、親(父＝家父)にあるのではなく、公権力がこれを決定したということになる。この法により、エンギュエの手続を経た婚姻による夫婦の間に生まれた子供のみが、嫡子と認められることになった。(36)

ただし、前古典期には未だ、エンギュエによる婚姻の形態が、他の形態の男女の結び付きを排除して、唯一適法の婚姻制度となるまでにはいたっていなかった。それを示す事例についてはすでにII‐第一章で触れたので、ここで再論はしないが、次の法規は婚姻制度の変遷の結果として解すべきであると考えられる。

〔史料11〕「嫡子のあるとき、ノトス(庶子)には親族の権利(アンキステイア)なきものとす。またもし嫡子なき場合には、親族の最も近親の者たちがその財産に与るものとす。」

'*νόθῳ δὲ μὴ εἶναι ἀγχιστείαν παίδων ὄντων γνησίων. ἐὰν δὲ παῖδες μὴ ὦσι γνήσιοι, τοῖς ἐγγυτάτω γένους μετεῖναι τῶν χρημάτων*' (Ar. *Aves* 1664-1666)

この法規は前半と後半とが矛盾しているように見受けられるが、前半は恐らくソロンの時代に成立し、後半部はエンギュエによる婚姻に基づく一夫一婦制確立の時点で成立した法規と考えれば、整合的な説明が可能である、(37)と思われる。後半部の法規成立の時点までは、庶子はたとえ嫡子に比べ権利の点で劣っていたにしても、親族と認められ、オイコスの継承者たり得たことを示している。ソロンが、ヘタイラから生まれた子に父を扶養する義務なし、と定めたのは(Plut. *Solon* XX 4)、それ以前はそのような生まれの子も父を扶養することが普通であったこと、つまり、父のオイコスの一員と見なされていたことを語っている。父に技術を習得させてもらえなかった子も父扶養の義務を免除されている(Plut. *Solon* XX 1)。

同法規成立以前には、親族の資格決定に関して、公権力がオイコスへ介入する度合いが、それ以後よりも低かった、と言えよう。他方、同法成立によって、嫡子が存在する限り、ノトスは相続権を有する親族(アンキステイア)から排除され、オイコスの継承者となりえなくなった。一夫一婦制が確立すると、さらに条件が厳しくなり、嫡子の有無に拘わらずノトスがアンキステイアから完全に排除されることになった。これにより、父がいかに愛情を傾け、子の将来に心を砕こうとも、ノトスを自己のオイコスの後継者にすることは出来なくなった。つまり、オイコスへの公権力の介入の度合がより強化されたことを、このことは物語っている。

公権力のオイコスへの介入強化の過程は、エンギュエによる婚姻形態に基づく一夫一婦制の確立の過程でもあったことが、以上のように明らかとなった。そうであれば、先に提起された問題、すなわち、合法殺人の法と姦通に関する諸規定との間の矛盾もこの視角から見る必要のあることは、言うまでもないであろう。合法殺人の法規に記されている女性たちが同一の家父の保護下の人々である、との確認はすでに行なった。同法規が想定している、これら女性が家父の了解なく他者と情交をもった場合とは、自己の管理下の領域内にある物品あるいは人々(ここでは、具体的には家父の後見の下にある女性たち)に関して他者の侵犯を受けた場合の一つと見なしうる。従って、同法規は、このような立場の家父の自力救済を合法化し、侵犯した者(殺害された者)の家族の復讐を禁じることを目的としていた。その法が、公権力のオイコスへの介入の度合いが未だそれほど強くなかった時代に制定された点を考慮に入れるならば、「妻、母、姉妹、娘や自由身分の子を得るための内妻と共にいるものを、殺害するならば、この者はそのことゆえに訴追を受けざること」という条項も、公権力とオイコスとの緊張関係の中から生じた、と見なすべきであろう。

この時代のオイコスと国家との関係に関連して想起されるのは、ソロンの遺言の法である。

「ソロンが役に就いたとき、すでに養子となっていて、相続を拒否できず、しかしまた法廷に訴えて相続権を要求する必要もない者は別として、人は嫡出男子なき場合、自己の財産を欲するがままに遺言によって処理することができる。……」

ΝΟΜΟΣ

"Ὅσοι μὴ ἐπεποίηντο, ὥστε μήτε ἀπειπεῖν μήτ᾽ ἐπιδικάσασθαι, ὅτε Σόλων εἰσῄει τὴν ἀρχήν, τὰ ἑαυτοῦ διαθέσθαι εἶναι, ὅπως ἂν ἐθέλῃ, ἂν μὴ παῖδες ὦσι γνήσιοι ἄρρενες, …… (Dem. XLVI 14)

これにより、嫡子なき時、家父は遺言によって財産を処理する(実際には、養子をとり家産を継承させる)ことができることとなった[38]。同法制定以前には、嫡子(そして恐らく庶子も)なくして死亡した場合、家産は傍系親族の手に渡った。この傍系親族とは、被相続人の父方および母方の従兄弟の子供までがその範囲とされ、この範囲の親族がアンキステイアと呼ばれた。「ドラコンの殺人法」でも、殺人容疑者に対する提訴権者としてまずこの範囲の親族が記されている。[39] 当時のアテナイ社会においてこの範囲の親族が、ある程度の実効性のある関係の鎖を結んでいたことを、知りうる。

ソロンの遺言の法によって、従前に比べ、家産に関して家父の意志がより強く反映され得ることとなったのは、言いかえれば、各オイコスとそれを取り巻く親族との絆が、公権力の手によって緩められたことを意味する。同時に、当該法には、先に見たように、エンギュエによる婚姻のみを正規とし、この婚姻によって得られた子のみを嫡子とする規定の存在が前提となっている。そして、その規定がオイコスへの公権力の介入を意味することはすでに確認したところである。従って、ここに見出されるのは、国・オイコス・親族のネットワーク、の三者間の緊張関係である、と言えよう。オイコスはアンキステイアの影から少し遠ざかり、その代りに、ポリスの介入を許して、その構成単位としての法制上の地位をより確実にしたのである。

我々がみてきた合法殺人の法も、そのような時代の背景の中に置いて考えられるべきであろう。同法制定以前に実行されていた自力救済を公権力が合法化したのである。合法化そのものが、ある意味で公権力のオイコスへの介入に他ならないと言いうるが、後見下の女性たちに関する家父の権利について言うならば、それは限定つきで認められている。家父の了解なしにこれらの女性と情交をもった男には、公権力の保護は及ばないのであるから。プルタルコスによれば、ソロンの法には、「自分の娘や姉妹を売ることを禁じ、ただし結婚前に男と関係したと認められた娘は別とする」(Plut. *Solon* XXIII 2)と定められていた。そうであれば、ソロンの立法以前には、家父は娘や姉妹を売ることが無条件でできたことになる。従って、後見下の女性に対する家父の権限も次第に制限され、公権力の介入度が強化されていった過程をここに見てとることができるのである。

ところで、家父の後見下の女性として挙げられているのは、妻・母・娘・姉妹・内妻である。これは当時のオイコスが擁した家族の規模を示している、といえよう。それは、基本的に核家族の構成である。このオイコスを取り巻くようにアンキステイアが存在していたが、この親族集団がその成員にどれ程の影響力を及ぼしたか、社会的にいかなる機能を果したか、それへの解答はここでは出し得ない。

## 六　ポリスとオイコスの関係

他方、前四世紀に整備されていた姦通に関する規定を見るならば、そこでは、夫に姦夫殺害の権限はもはや認められていない。このような夫(=家父)の権限縮小は、オイコスへの国家の介入の一層の強化を意味していることは、言うまでもない。

姦通に関する法規は、正妻に関する侵犯行為が合法殺人の法から分離独立して発展したものか、あるいは、それとは別個に成立・発展したものであろうか。いずれにしても、一夫一婦制に基づくオイコスを基本的構成単位とする古典期のアテナイにおいて、特に正妻に対する規制が重視され、法制上整備されたのは(40)、必然的なことであった。もちろん、その根底には女性が社会的に劣った存在であるという認識があり、それゆえ、一夫一婦制と言っても、対等の人格を備えた個人としての男性と女性の結びつきが意図されているのではなく、ポリスの秩序の基礎としてのそれであって、従って、姦通行為の抑制・処罰という場合も、それはあくまでも妻のみを対象としており、夫にはそのような制限は加えられていなかった。

古典期アテナイにおいて、成年男子市民は個人として国政に参加した。もちろん、アルコンに就任する際には、オイコスの守り神であるアポロン・パトロイオスとゼウス・ヘルケイオスとを持っているか、その神域はどこにあるか、家族の墓はあるか、等を問われた(Arist. *AP* 55. 3)が、それはとりもなおさず、市民がオイコスに所属しながらも、個人として国政に参加していたのであって、オイコスが彼を国政の場に送りこんだのではないことを示している。実際、アテナイの家父はローマの家父のような生殺与奪の権利(ius vitae ac necis)を持ってはいなかったし[41]、息子は成年に達するとほとんど全面的に父権から解放されたらしい[42]。このようにオイコスはポリスの根幹に位置し、社会秩序の基盤でありながらも、国政、あるいは公的領域に直接の力を及ぼす立場にはなかった。

市民身分とはいえ、参政権もなく、公的領域への参加の機会がほとんど与えられていない女性の場合、オイコスこそが活動の場であり、自己実現の場であった。そのような女性が参与できる唯一の公的領域は宗教行事であった。史料6の姦通法が語るように、姦通を犯した妻は、離別されて主婦として采配を振るっていたオイコスを失うのみならず、女性に認められていたこの僅かな社会活動の場からも排除されることとなった。彼女の以後の人生がいかに閉塞したものとなってしまったか、想像に難くない。

姦通法に見るかぎり、妻の処遇について、夫あるいは父親の裁量の入る余地はほとんどなかった。これは、古典期アテナイにおけるポリスとオイコスとの関係を如実に物語っている。ソロンの時代以前のオイコスはポリスからの独立の度合いが相対的に強かったのに対し、古典期においてはポリスはその秩序維持に必要な限りの介入を市民のオイコスに対して加えた。

有名な国葬演説のなかでペリクレスは言う。「われらはあくまでも自由に公につくす道をもち、また日々互いに猜疑の眼を恐れることなく自由な生活を享受している。よし隣人が己れの楽しみを求めても、これを怒ったり、あるいは実害なしとはいえ不快を催すような冷視を浴びせることはない。私の生活においては互いに制肘を加えることはしない、だが事公けに関するときは、法を犯す振舞いを深く恥じおそれる。時の政治をあずかる者に従い、法を敬い、とくに、侵された者を救う掟と、万人に廉恥の心を呼びさます不文の掟とを、厚く尊ぶことを忘れない[43]。」

ここに、公と私の領域を截然と分離する二項対立的思考様式を見出すことが出来る。[44] ポリス市民団の一員として公的領域への参加を多かれ少なかれ求められる市民にとって、オイコスは日常的に最も卑近な私的領域であった。そしてこれら公私、両領域をつなぐパイプの役を果していたのが、他ならぬ市民それ自身であった。国政への市民の参加の度合いが高くなる民主政期には、市民の背後に控えるオイコスは、次第に私的領域として公的領域から切り離されていった、と考えられる。

そのような中で、先に述べた公権力のオイコスへの介入はどう受け止められたであろうか。例えば、姦通を犯したにもかかわらず、妻との離別を望まない夫の場合、彼が希望を通そうとすれば、妻の行為を秘匿するしか道はなかったであろう。姦通訴訟は第三者の訴追をゆるす公訴（γραφή）であったのだから。このように考えるならば、各オイコスが、家父の下に次第に閉鎖性を強める方向へ向かった、との想定が可能である。ポリス側としては、社会秩序が脅かされない限り、それを阻止する行動に出ることはなかった。しかし、それはすでに、ポリスのそしてポリス市民の健全な在り方からは逸脱する方向であった、と言わざるを得ない。

（1） G・P・マードック／内藤監訳『社会構造・核家族の社会人類学』新泉社、一九七八年、二一二―二四五頁。
（2） 藤縄謙三「ポリスの成立」『岩波講座世界歴史』1、一九六九年、四三三―四四一頁。
（3） M. I. Finley, *Ancient History*, London, 1985, 90による批判、参照。
（4） D. Roussel, *Tribu et cité*, Besançon, 1976; F. Bourriot, *Recherches sur la nature de genos*, 2 vols., Paris, 1976.
（5） Cf. A. D. Momigliano and S. C. Humphreys, "The social structure of the ancient city", *Annali della Scuola Normale*, Pisa ser. 3, 4 (= Humphreys, *Anthropology and the Greeks*, London, 1978, 193-202).
（6） O. Murray, *Early Greece*, London, 1980; Finley, op. cit., 88-108; C. G. Starr, *Individual and Community*, New York/Oxford, 1986.
（7） 桜井万里子「古代ギリシア女性史研究」『歴史学研究』五五二、一九八六年、三三一―四五頁。

(8) *Revue internationale des droits de l'antiquité*, 3 serie, Tome 31 (1984), 147-165.
(9) 村川堅太郎訳『アテナイ人の国制』岩波文庫、一九八〇年、より。以下同様。
(10) L. Gernet et M. Bizos, *Lysias*, Tome 1, Paris, 1967, 28.
(11) この碑文については、前沢伸行「ドラコンの殺人の法とアテナイ市民団」『法制史研究』三五、一九八五年、一二一一三頁、参照。
(12) P. J. Rhodes, *A Commentary on the Aristotelian Athenaion Politeia*, Oxford, 1981, 644-645.
(13) K. Latte, "*Μοιχεία*", *RE* XV 2 (1932), 2446.
(14) H. Lipsius, *Das attische Recht und Rechtsverfahren*, Hildesheim, 1966, 429-435.
(15) A. R. W. Harrison, *Law of Athens*, 1, Oxford, 1968, 36.
(16) Op. cit., 152-155. 正規の婚姻関係と「自由身分の子を得る関係」との相違は、アテナイの婚姻制度に関して、また、庶子(ノトス)の相続権に関して論じる際に明確にしておかなければならないが、コーエンはこの相違についてやや無頓着である。
(17) M. Gagarin, *Drakon and Early Athenian Homicide Law*, New Haven/London, 1981, 118.
(18) 姦通に関する法規について論じる時、コーエンはもはや内妻との情交を考慮に入れていないようである。
(19) 同棲(*συνοικεῖν*)を、正規の婚姻によるそれと見る見解と、内妻との同棲をも含むとする見解とがある(Harrison, op. cit., 2)。Lacey, op. cit., 288, n. 92 はこれを正規の婚姻に関する用語とし、他方 Dem. XXIII 53 の法との矛盾克服のために、内妻(*παλλακή*)も充分に承認された地位を享受していた、と考える。しかし、Cohen が指摘するように、「合法殺人の法」と「姦通法」とを別個の法とするならば、*συνοικεῖν* は正規の婚姻生活を意味する用語で、「姦通法」は正妻を対象とする法規である、との解釈が極めて整合的となる。
(20) 「十一人」については村川訳『アテナイ人の国制』二四一頁(1)参照。
(21) 例えば、Ar. *Nubes* 1083 ff. には、殺害されないが、極めて屈辱的な扱いを受ける姦夫の例が見出せる。同所の解釈については、cf. D. Cohen, "A note on Aristophanes and the punishment of adultery in Athenian law", *Zeitschrift der*

*Savigny-Stiftung fur Rechtsgeschichte, Romanische Abteilung*, 102 (1985), 385-387.

(22) 史料6、参照。

(23) Arist. *Rh.* 1375b にはつぎのようにある。「またもし万一問題の法律が評判のよい法律に反しているなら、あるいは法律自身が自分に反しているなら、そのことを主張しなければならない、例えば時として一つの法律は何事によらず契約したことは有効たるべしと命ずるが、時としては他の法律は法律に反して契約すべからずと禁ずることがあるが、これは法律自身が自分に反しているのである。……また、もし法律がそのために定められた事柄がもはや留まっていないのに、法律が留まっているなら、このことを明らかにし、そういう仕方で法律に対して戦わなければならない。」(山本光雄訳「弁論術」『アリストテレス全集』16、岩波書店、一九六八年。)

(24) 「ドラコンの殺人法」については前掲、前沢論文(注11)、参照。

(25) 同、一一頁の試訳借用。

(26) 合法殺人については M. Gagarin, "Self-defence in Athenian homicide law", *GRBS* 19 (1978) 参照。

(27) Gagarin, *Drakon*, 63.

(28) Rhodes, op. cit., 655.

(29) プルタルコス／村川堅太郎訳『ソロン』『世界古典文学全集23 プルタルコス』筑摩書房、一九六六年。以下同様。

(30) Harrison, op. cit., 5.

(31) Ibid., 33, n. 1.

(32) Gagarin, op. cit., 118, n. 20.

(33) Harrison, op. cit., 5.

(34) M. Detienne, *Les jardins d'Adonis*, Paris, 1972 (小刈米・鵜沢訳『アドニスの園』せりか書房、一九八三年)。

(35) 同市民権法については、馬場恵二「アテナイにおける市民権と市民権詐称」、秀村・三浦・太田編『古典古代の社会と思想』岩波書店、一九六九年、一五四―一六二頁、参照。

(36) エンギュエについては本書II-第一章一二八頁、参照。なお、エンギュエの他に、エピクレーロスの結婚の手続きとしてエピディカシアがある(II - 第三章一八三頁、参照)。

(37) Wolff, "Marriage law and family organization in ancient Athens", *Traditio* 2(1944), 88-91. しかし、後半部を、傍系親族が庶子と共に家産の相続に与る、と読むことも可能である。後者の見解については、伊藤貞夫『古典期のポリス社会』岩波書店、一九八一年、二九五頁、参照。

(38) 同書、二七一―二七三頁、参照。

(39) 村川堅太郎「古代ギリシア市民――殺人についての意識をめぐって――」『岩波講座世界歴史』2、一九六九年、五八頁、前掲、前沢論文、一七頁。

(40) 本章注20参照。

(41) Harrison, op. cit., 74.

(42) Ibid.

(43) トゥーキュディデース/久保正彰訳『戦史』上、岩波文庫、一九六六年、二二六頁。

(44) 古典期のアテナイにおける公私の分離については、cf. S. Humphreys, *The family, women and death*, London, 1983, 22-33.

〔**補論**〕

本論考の前半で紹介したコーエン論文の意義は、合法殺人の法と姦通法が全く異なる法であることを論証したところにある。それまでは両法の理解に混乱があり、一般に、前者の一部が姦通法に相当すると解されていたのである。本論考は、このコーエンの「発見」を継承しながらも視点を移動させて、この両法の相違にアテナイ社会の変化の痕跡を見る試み、すなわち、姦通法の成立の背後に一夫一婦の婚姻制度の確立を推定したものである。したがって、論文としての価値を十分に持つと考え、発表当時に付した「研究ノート」という語を本書では外すことにした。

ところで、本論考では叙述が十分整理されていないため、その趣旨が読み手に明確に伝わらない、という問題があった。

そのような理由から、本論考には発表の翌年に前沢伸行氏による書評で批判が加えられた(『法制史研究』三七、一九八七年、三一八―三二〇)。氏の批判は、本論考が、姦通法の対象は正妻と自由身分の子供をもうけるためにおく内妻とである、とするコーエンの見解を受け入れるにもかかわらず、自説展開の部分で、一夫一婦制の婚姻制度と姦通法とを連関させて論じるのは矛盾している、という内容であった。

確かに、本論考の二節、三節でコーエン説を紹介した後、四節以下で自説を展開させる際に、コーエン説と自説との相違をもう少し明確に説明すべきであった。そのうえ、コーエン自身も正妻と内妻との差異が婚姻制度上に持つ意義を十分認識していなかったようだ。彼が強調するのは、姦通(*μοιχεία*)が基本的には婚姻関係を侵害する行為であって、母や姉妹はその対象からはずれる、という点である。子供を得るための内妻をコーエンが姦通当事者の中に含めているのは、ひとえにリュシアス『弁論第一番』三一節(史料2に後続する箇所)で「正妻に対する場合に劣らぬほどの罰を内妻の場合にも定める」と述べられているからであった。一夫一婦制とその確立の時期を当面の問題意識の中に入れていなかったコーエンは、自由身分の子供を得るための関係を婚姻関係に大差ない関係とここでは見なしていたように見受けられる。そのため、彼が姦通法の意義を論じる際に、すでに不明確あるいは混乱が生じていた。しかし、自由身分の子供を得るための関係と、婚姻関係とのあいだの相違は婚姻制度発展の過程で重大である。

本論考で提示した自説では、姦通法の対象は正妻のみ、と想定している。それは注20で明記されていたが、*μοιχεία*という語に関するコーエンの解釈がもつ問題点あるいは曖昧さについては、認識が不十分であった。以上のように検討した結果、前沢氏の批判を受けて、二一一頁の三行を書き改め、注16および18を補筆した。実際のところ、以下に紹介するコーエンの新著では、自由身分の子を得る目的で持つ内妻を*μοιχεία*の対象に入れたのは、エウフィレトス(リュシアス『弁論第一番』の話者)であった、とされ、姦通法の対象に内妻が含まれていた、という先行論文に見られた記述は削除されている(一〇七頁)。

ところで、二〇八頁に記したように、このコーエン論文は「議論が法の検討と解釈および復元に限定されて」いたが、その後、同著者により *Law, Sexuality, and Society: the enforcement of morals in classical Athens*, Cambridge, 1991 が公刊された。その第五章 "The law of adultery" は、先行論文を母体としてはいるが、一部書き改められている。すなわち、姦通を犯した男については、現行犯として略式逮捕(ἀπαγωγή)で処罰する以外の手続きは存在せず、現場で捕らえられなかった姦夫を訴える公訴は存在しなかった、と解する点である。先行論文ではこの公訴の存在を想定していたのであった。なお、『西洋古典学研究』四二(一九九四年)での本書の書評を担当した際、姦通法に関しては先行論文とのあいだに大きな相違はない、としたが、右のような相違点を考慮すれば、これは訂正しておくべきであろう。

コーエンによれば、略式逮捕の手続きといい、姦通を犯した妻については何らの処罰も定められていないことといい、これらは、アテナイの法が姦通に規制を加えたのは、それが悪徳であるからではなく、公然たる暴力沙汰や混乱を引き起こすのを防ぐためであったことを示唆している。アテナイに近代的な意味での性犯罪は存在しなかったのである。

このような観点から、コーエンは視線を姦通法の彼方にまで投げかけ、姦通行為を社会的コンテクストのなかに置いて考察を進めて、理念上の規範と実生活上のそれとの相違を第六章 "Adultery, women, and social control" で論じている。日常生活の実践(プラティック)における女たちの行動については、今日の地中海諸地域についての文化人類学的調査の結果から類推し、実際にはアテナイの女たちが姦通を犯す余地は十分に存在していた、と彼は推測する。

姦通という行為を考察の出発点としながらも、コーエンの著書と本論考では、考察の方向がまったく異なる。それは眼差しの相違と言い換えることもできる。両方向の考察が相俟って研究はより精緻になっていくのだろう。

なお、R. Sealey, *Women and Law in Classical Greece*, Chapel Hill/London, 1990 にも姦通に関する新しい見方が見いだされる。姦通した妻を離婚しない場合、夫は市民権を剝奪されるが、この罰則について、妻に売春させる夫が現場に踏み込んで、姦通を言い掛りに客を脅迫する犯罪を防止することを目的としている、と解釈する。また、姦婦たる妻を離婚する際、夫は通常の離婚の場合と同様に、嫁資を返還しなければならなかった、と推測し、さらに、市民権剝奪という厳罰が定められた理由のひとつを、嫁資が高額であれば、夫は離婚を渋る怖れがあったから、と説明している。

# 第五章　女性の地位と財産権

## はじめに

――古典期アテナイの女性は、法的にも社会的にも低い地位にあって、家の奥深くに生活し、男性よりも劣った存在と見なされていた――これが、一九二五年にゴムが「前五、四世紀アテナイの女性の地位」[1]を発表するまでの、アテナイの女性の地位に関する通念[2](少なくとも一九世紀以来の)であった。ゴムは、この通念が依拠している史料の選択に偏向があり、さらに誤った史料解釈が施されている場合があると指摘し、この通念に反する内容の史料(主として文学作品関係史料)を多数引用して、アテナイの女性像を描き直そうとした。以後、例えばキットー[3]はゴムの主張を高く評価し、古典期アテナイの女性は尊敬され、従来の通念に言われているよりものびのびと生活していた、と見る。

ゴムの当該論文以降、従前の通念もある程度の修正を余儀なくされたが、それにもかかわらず、基本線においてその見方を踏襲する研究者も少なくない[4]。しかしながら、女性の地位そのものについて論考を加える研究者は決して多くないのが現状であると言えよう。

このような比較的貧弱な研究史上にあって、エーレンベルグはゴムの提言をさらに豊かに発展させ、彼の名著『アリストファネスの人々』の中で、現存史料を通して得られるアテナイの女性像を描き出している[5]。そこには、家政の担い手として家庭をその活動の中心としながらも、生き生きとした社会生活を送る女性の姿を見ることができる。

他方、右のような、主として文学作品関係の史料中の記述を総合して、当時の一般的女性像を描き出す方法[6](A)とは別に、結婚、相続等の制度上の女性の法的地位を確定することによって、古典期アテナイの女性の地位を明らかにしようとする立場からのアプローチがあり、この方法を採る研究(B)については、我々は比較的豊かな歴史を持っている[7]。

ところで、法規に依拠して確定を試みられてきた女性の法的地位は、そのまま、実際の社会生活における女性のありように等しいとは言い難い。法的地位と実生活上の地位との間には、ある程度のずれがあるのが通例であり[8]、そのずれの距離を測定する作業が必要となる。そのために、Aの立場から推察し得る女性の地位と、Bの立場から把握される女性の地位との比較・対照という方法が採られるべきであろう。そしてこのような立場からの研究こそは、A、B、二系列の研究の架橋の役を果すことになろう。

本稿では、このような見通しの下に、Bの系列の立場に立ちつつ、一法規の検討を中心に、古典期アテナイの女性[9]の経済的能力、さらには財産権について論考を加えて、研究の進展に寄与したいと考える。

## 一　経済的権能の実質

### 1

イサイオス『弁論第一〇番』(一般に前三七八年から前三七一年の間の作とされる)[10]一〇節に次の記述がある。

「……と言うのも、法は子供と女とに、大麦一メディムノス以上の契約を交わすことを、はっきりと禁じているのです[11]。」

イサイオスの引くが如き法規は、実在していたのであろうか。アリストファネス『女の議会』に次の一文がある。

「じゃが今じゃ男は誰も一メディムノス以上の力はない。[12]」

これは、女が国政を掌握した社会、すなわち実際のアテナイ社会を倒置させたところで発せられた言葉であって、裏返せば、実社会では「女は誰も一メディムノス以上の力はない」ということを語っている。『女の議会』は、Isaios X の成立年より以前の前三九二年に上演されたと一般に見なされており[13]、Isaios X 10 と類似の記述がそこに見出されることにより、このような内容の法規が実在していたと解することができる[14]。

次に、当該法規の内容の検討を行なうこととするが、初めに、字句の解釈を付する必要があろう。

(1)「大麦一メディムノス」

これがどれ程の価値を有するかについて、確かな根拠に基づくことなく、低く見積る傾向があったが[15]、キューネン＝ジャンセンスはその誤りを指摘し、アテナイの一般家庭における大麦消費量を精密に計算して、「大麦一メディムノス」とは、夫婦と子供三人の家庭の六日分の消費量に相当し、決して小さくない値であることを明らかにした[16]。これを金銭に換算することは、大麦の価格が時代によって異なり、時価も刻々と変化するので困難であるが、最小限に見積って三ドラクマであるという[17]。

(2)「契約を交わすこと(συμβάλλειν)」

ワイズによれば、あらゆる種類の契約行為を包含する。すなわち、購入と売却、賃貸借、貸与と借入れ、委託、交換、提携、保証等[18]。

(3) なお法規全体の意味としては、「大麦一メディムノス」は一回の契約行為についての制限額であって、その契約が完了すれば、新規に「一メディムノス」以内の契約を結ぶことが可能であったと解釈することが出来よう。

## 2

ところで、この法規を字句通りに理解して、女性が一回につき大麦一メディムノス相当額以上の取引行為ができなかった[19]と考えるならば、史料に見出される少なからざる事例がこれに抵触していると認めざるを得ない。その代表的な例としてしばしば取り上げられるのが、デモステネス『弁論第四一番(スプウディアス弾劾)』九節および二二節(正確な年代は不明、前四世紀中葉以降の作と推定されている)[20]に述べられている次の事例である。

ポリュエウクトスの死後、その未亡人は女婿のスプウディアスに一八〇〇ドラクマを貸し付け[21]、彼女の死の直前にそのことを書類《メモ》(*γράμματα*)に書き残した。彼女の兄弟たちがその証人(*μάρτυρες*)であった[22]。

当事例とIsaios X 10の法規との矛盾解決のために、デジャルダンは当該法規は前四世紀にはすでに無効となっていた、と考えた[23]。これに対し、ボシェは法規の原則は前四世紀にも存続していたとする[24]。但し、その場合ポリュエウクトスの妻の兄弟たちが、単なる証人ではなく、後見人として取引に関与している、とボシェは見る。一メディムノス以上の契約行為については、後見人の承認がある場合にのみ有効であった。しかし他面、後見人はpraestare auctoritatemの機能を有するだけで、契約を結ぶ当事者は被後見人たる女性であったことに注意すべきである。これは、テノス島出土の前三世紀中葉の不動産売却碑文において、女性自身が後見人とともに(*μετὰ κυρίου*)不動産を売買していること[25]、前三世紀末のオルコメノスの貸付契約碑文において、女性自身が後見人の立会いの下に(*παρόντος αὐτῆς κυρίου*)貸付を行なっていること[26]、とも一致する。女性の後見制度はほとんど全ギリシアに共通であった。

以上のボシェの見解と、基本線において同じ考え方をとるのが、リプシウス[27]、ブゾルト[28]、キューネン＝ジャンセンス[29]、ジェルネ[30]である。特にリプシウス、キューネン＝ジャンセンスはともに、後見人が寛容であれば、女性はほとんど独立的に一人で契約行為に携わることが可能であった、と考える。ハリスンの近著では、女性とその後見人との関係について、その表現にやや混乱が認められるものの、やはりボシェ等と見解を同じくしていると解することができる。[31] ところで、この見解に従えば、後見人の同意が得られる限り、女性が一メディムノス以上のどのような高額の契約を結んでも、それは法的に有効であったことになる。

アテナイ法における女性の財産権の研究の立遅れを指摘するド゠サント゠クロワは、右とは別の見方をする。[32] Isaios X の法廷弁論のコンテクストから解釈して、古典期アテナイにおいて女性も子供と同様に、[33] 後見人の補佐があったとしても、自分自身で契約行為に携わることはできず、すべては代理人たる後見人によって行なわれた、と彼は考える。その証拠には、碑文史料中に、数ドラクマ以上の取引に携わる女性が見られず、土地を所有する女性も現存史料に見出せない。父または夫からの贈物を除き、それ以外のところから由来する高額の動産を持つ女性も知られていない。ポリュエウクトスの妻の場合は、このような贈物として得られた貨幣を、法的拘束の枠外の、家族内での貸付に利用したものである。アモルゴス出土のほぼ前三世紀の碑文には、土地を担保とした貸借を、後見人とともに行なう女性の例が見出せるのに対し、[34] アテナイでは抵当標碑文は多数残存するにもかかわらず、[35] そのような例がほとんど見当らない。[36] 理論的には女性自身が不動産を相続する場合があり得るが、[37] それにもかかわらず女性の不動産所有者に我々が出会うことがないのは、Isaios X 10 の法規に定められているように、女性が一定額以上の財産を、自らがその主体者たる契約によって獲得することも処分することもできなかったからであって、未成年者の財産の場合と同様、女性の財産も後見人が事実上の、かつ法的な管理権を有していた。

Isaios X 10 の法規に関するこれまでの研究は以上の通りである。それは、これまでほぼ支配的であったボシェ、リプシウス、ハリスン等の見解(A)と、それに反論を唱えるド゠サント゠クロワの見解(B)とに分かれる。

A説の根拠は、①ポリュエウクトスの妻が貸付を行なったとき証人として立ち会った兄弟は、実は後見人であった、

②テノス、アモルゴス等では後見人を伴っていれば、女性による売買、貸借も可能であった、アテナイも同様であったであろう、の二点である。

根拠①については、ポリュエウクトスの妻の兄弟たちが、未亡人となった彼女の後見人であった確証は『スプウディアス弾劾弁論』全体の中のどこにも無いことを指摘せねばならない。後見人を伴うことによって初めて法的有効性が生ずるのであれば、「証人として立ち会う」と言うよりも、「後見人として云々」と付加する方がより適当であったであろう。兄弟はあるいは後見人であったのかも知れないが、ここではその点は重要ではなかったのではないか。他の、女性が何らかの契約行為に携わっていると解せられるいくつかの事例[38]においても、後見人についての言及がほとんど皆無と言っても差支えないことも顧慮されるべきであろう[39]。

根拠②については、ド゠サント゠クロワの指摘するように、比較的多数の抵当標碑文が出土しているアテナイに、テノス、アモルゴスに見られるような形式の碑文が残存していない点にこそ注目すべきであろう。ハリスンは、この相違を重大に考えるべきではないと言う[40]。しかし、アテナイ以外のポリスの、しかも後の時代の史料から、前四世紀アテナイの事情を類推することは危険である。

以上から明らかなように、A説はその根拠に薄弱な点があると言わざるを得ない。

B説はどうであろうか。ド゠サント゠クロワが根拠の一つとしている、Isaios X の弁論のコンテクストについては、これに依拠することは控えるべきであろう。法廷弁論では、話し手側に有利となるよう、時には事実を曲げて論を進めることもあり得るからである[41]。他方B説では女性の土地所有者が現存史料においては皆無である、と判断を下しているが、碑文史料中に、土地または家屋が女性に所属するものとして記されている次の四例がある。

(a)「カリュミュロスの妻に所属する土地」(*SEG* XII 100, 67–68[42])

(b)「アリュペトスの妻に所属する土地」(*SEG* XII 100, 68–69)

(c)「アナカイア区のボオンの姉妹にして、ケフィシア区の人某(人名残欠)の母である、アナカイア区の人ティモストラテに所属する家屋と土地の標石《ホロス》」(*IG* II² 2765＝Finley, No. 176)

(d)「リュシッペに所属する土地の標石《ホロス》」(*IG* II² 2766＝Finley, No. 174)

フィンリーは(c)(d)について、女性の財産(the property of women)を表示する境界標石(抵当標石ではなくて)であると考える(43)。ハリスンもこれらを財産所有者(property owners)の例として挙げている(44)。これに対し、ド＝サント＝クロワは四例すべてが嫁資(45)に含まれた土地であろう(従って女性はその所有者ではない)との推定を強めている(46)。しかし、碑文の文面からは、これらが嫁資であるかどうか断定は困難である。

## 3

ここで、B説の検討を中断して、古典期アテナイにおいてどのような場合に女性自身が財産を取得することが可能であったかに、論及する必要があろう。

(1) まず第一に、女性が結婚する時、父(あるいはそれに代る後見人)によって嫁資が設定されることが、前四世紀において特に中・上層市民の間でほぼ慣行化していた(47)。この嫁資を所有する(もしくは、この嫁資に関して、よりすぐれた権利(48)を主張し得る)者は誰か、今日まで議論の多いところである(49)。アテナイ法における所有権の特殊性(50)の故に、以下においては、嫁資をめぐる事実関係を明らかにすることによって、問題解決を試みたいと考える。

嫁資は通例、婚姻の正式な約束(エンギュエ *ἐγγύη*)成立の時点で設定され、夫となる者に手渡された。この時、嫁資の価値査定が為されねばならなかった(51)。将来生別または死別によって婚姻が解消された時、事情によっては(52)妻の生家に嫁資を返還する義務が、夫の側に生じる。この返還が円満に為されるためにも、嫁資設定の時点での価値査定が必要であった。そしてこの時、夫は将来生じ得る嫁資返還の事態に備えて、返還を保証するため、自己の不動産を担保(アポティメマ ἀποτίμημα)として提示することが多かった。[53] このアポティメマとなった不動産については、夫はこれを譲渡することはできなかった。[54] また、嫁資は夫の家産とは原則的に区別され、子供への継承も別個に為された。[55]

さて、婚姻中の嫁資の管理・運用の権利が夫にあったことについては、諸学者の見解が一致している。デモステネスの父の遺言によって、デモステネスの妹とデモフォンとの間にエンギュエが成立し、二タラントン(一万二〇〇〇ドラクマ)の嫁資がデモフォンに渡されたが、実際の結婚は妹が結婚年齢に達する一〇年後とされていたことは、嫁資の管理・運用権が夫となる者にあったことの証左と言えよう。[56]

嫁資の処分権についてはどうであろうか。嫁資の内容は貨幣である場合が多く、[57] 従ってその場合の処分権の問題については、具体的には夫が嫁資である貨幣を蕩尽してしまうことが認められていたか否かを明らかにせねばならない。これについては、アポティメマとなっている不動産を夫は他人に譲渡することができなかった点に注意すべきである。この具体的方法によって、嫁資である貨幣に関する夫の処分能力は制限されていた。すなわち、アポティメマ制度は、単に将来生じ得べき婚姻解消の事態に備えたものであるのみならず、婚姻継続中も、夫による嫁資処分に制約を加える働きを有していた。

では、貨幣以外の他の動産あるいは不動産について、夫にその処分権はあったであろうか。この問題解決の唯一の手懸りとしてヴォルフが引用するのが、[58] イサイオス『弁論第五番』[59] 二六、二七節である。そこで述べられていることを要約すれば、次の通りである。

ディカイオゲネス三世は、被相続人ディカイオゲネス二世の姪[60]をプロタルキデスに、四〇ムナの嫁資を付けて嫁がせ、「嫁資の代りに(ἀντὶ τῆς προικός)」ケラメイコス所在の長屋を手渡した。しかしその後、ディカイオゲネス三世はディカイオゲネス二世の遺産の三分の二についてはその相続の権利を放棄し、ディカイオゲネス二世の四人の姉妹(プロタルキデスの妻はその中の一人の、一人娘にして唯一の相続人)に譲った。その際に、レオカレスなる人物がプロタルキデスに対し、嫁資の代りに受け取った長屋を一旦、ディカイオゲネス三世の保証人（ἐγγυητής）であるレオカレスに渡し、ディカイオゲネス二世の遺産の中のプロタルキデスの妻の相続分（すなわち遺産全体の六分の一に相当する部分）を、レオカレスから改めて受け取るべきであると主張した。[61] その結果、レオカレスは長屋を受け取ったが、それにもかかわらず、プロタルキデスの妻に遺産の相続分（μέρος）を渡さなかった。

ここでは、プロタルキデスの立場から見れば、妻の嫁資の代りに受け取った不動産を、妻の生家に、その遺産相続人の保証人を通じて一旦返還した事情が語られているにすぎない。従って、一般の不動産譲渡とは事情を異にしていることは明らかである。[62] ただ、プロタルキデスの妻ではなく、プロタルキデス自身が返還要求の相手とされている点が注意されるが、それは妻の後見人たる夫の立場が尊重された結果であると解せられる。また、長屋をレオカレスに手渡した主体が何人《なんぴと》であるかも、史料には記されていない。以上により、Isaios V 26–27 が、嫁資に関する夫の処分権について積極的な事実を我々に伝えていると解することはできない。[63]

従って、不動産から成る嫁資の処分権を夫が有するか否か、という当面の問題について解決をもたらす直接的史料は、我々に残されていないことになる。しかし、アポティメマの設定によって嫁資である貨幣に関する夫の側の処分権が制約を受けていたことから考えて、他の動産あるいは不動産についても、夫は処分権を有していなかったと見なして差支えあるまい。

他方、夫がアポティメマを設定しなかった場合でも、夫に嫁資返還義務はあり、返還すべき事態に到りながら夫が返還しなかった場合、妻の側では、δίκη προικός, δίκη σίτου の方法によって返還を求め得た。[64] また、婚姻継続中で、夫の嫁資返還義務が顕在化していない時に、夫が嫁資を処分、譲渡してしまった場合、妻が夫の行為を諒解するのであれば、婚姻はそのまま継続し、反対であれば、離婚という手段[65]で嫁資の返還を求めることができた。

以上のように、嫁資に対する夫の権利は常に制限されていた。嫁資は基本的には妻の側に属していたと言い得る。

なお、嫁資返還の場合、それは妻にではなく、妻の生家に対して為されたことから、嫁資は妻ではなく、妻の生家に帰属していた、とも言い得るが、婚姻継続中は、夫の家において妻の生家の利益を代表する立場にある[66]妻自身に所属していた、と解して良いであろう。すなわち、嫁資は根底的には妻の生家に帰属するものの、婚姻継続中は妻の所有する（妻がよりすぐれた権利を有する）財産であったと言い得る。

(2) 女性は父あるいは夫から嫁資とは別に貨幣や衣類、装飾品等を贈与される場合があった[67]。このような贈物（ἀνακαλυπτήρια）は贈与を受けた女性の所有する物と観念されていたと考えられる[68]。

(3) ド＝サント＝クロワも指摘するように[69]、女性自身が財産を相続する場合があり得た。嫡出の女子がエピクレーロスとして家産を相続する場合は事情が異なるので[70]ここではこれを除くとして、被相続人に男女を問わず子が無く、父を同じくする兄弟も無い場合、相続順位は被相続人の父を同じくする姉妹に移る。同様に、姪あるいは従姉妹、伯（叔）母が相続人となる場合もあり得た[71]。しかも次の史料が語っているように、相続人となった女性は、エピクレーロスとしてではなく、彼女自身が遺産を相続した、と解することができるのである[72]。

「ディカイオゲネス〔二世〕の遺産（κλῆρος）の三分の一についてはこの男〔ディカイオゲネス三世〕が、我々の伯父、メネクセノスの子のディカイオゲネス〔二世〕の養子となりました。残りの部分については、メネクセノスの娘たちが等しい取り分を、筆頭アルコンに申し立てて[73]認められました。」(Isaios V 6. 傍点引用者)

「これら姉妹は兄アポロドロスの遺産（κλῆρος）を掌握する一方で、彼女たちには子供たちがいるのに、彼のもとに養子に出そうとはせず、そして彼女らの夫たちは、アポロドロスが残した土地と財貨とを五タラントンで売却して売上金を分配し[74]、他方、彼〔アポロドロス〕のオイコスをば、恥知らずにも、恐るべき事にも、跡取り無しのままにしているのです[75]。」(Isaios VIII 31. 傍点引用者)

4

前項での考察の結果、先に女性に所属する不動産の例として挙げた、(a)(b)(c)(d)の四例のいずれについても、それらは嫁資であったと考えることも可能であるが、嫁資以外の贈物として、あるいは相続財産として取得された不動産であった可能性も否定できないことが明らかとなった。殊に、不動産を嫁資として設定する例が、文献史料に稀であることを顧慮すれば、後者である可能性が大きいと言うべきであろう。(76)

仮に、ド＝サント＝クロワが言うように、これらが嫁資であったならば、四例は、その文面から判断して、嫁資が(制限付きであるにしても)妻自身のものであると意識されていたことを示す実例となろう。(77) 嫁資という、女性のそれに対する権利が前項で明らかにしたように限定されているものについてさえ、上述のような表現をとることがあったとすれば、前項(2)(3)に挙げた贈与または相続によって得られた財産は、より強い程度に、女性自身が取得した財産として意識されたであろう。従って、贈与によって、あるいは相続によって取得された財産についても、最低限、右の四例のような表現がなされ得たであろう。

ところで、アテナイ法において所有権の問題は最も難解な分野の一つである。(78) 我々は今日的な所有権の概念で、あるいはローマ法におけるそれで、アテナイの所有の問題を扱うことは慎まねばならない。アテナイでは、所有権は抽象的、絶対的権利ではなく、具体的事実関係に基づく、相対的な権利であった。(79) 従って、アテナイ人は、ある物件への権利を主張する時、他者よりもよりすぐれた権利を有すると主張する方法をとらざるを得なかったらしい。一物件が、二人以上の人間に属することもあり得たのである。(80)

(a)(b)(c)(d)の四例のそれぞれについても、女性が当該不動産の十全なる意味での所有者であったと解釈すべきではあるまい。しかし、特定の女性がある財産の所有者であると意識された時、その財産について彼女は他者よりもよりすぐれた権利を有すると見なされていたのであろう。

以上のように、女性が財産を所有することは可能であり、事実、以下に挙げるようにかなりの金額の貨幣を自由に扱う女性の例もあり、また女性が不動産の所有者となることも決して不可能ではなかった。それにもかかわらず女性による不動産の売買、あるいは不動産を担保とする貸借が為されたことを確証する史料は、後見人の立会いの有無にかかわらず、見出すことができない。[81] 他ポリスに比してはるかに多数の関係碑文が残存するアテナイにおいて、確証となる碑文史料が見当たらないことは、[82] 単なる偶然であると解すべきではあるまい。女性の契約上の権利能力を制限したIsaios X 10の法規は、後見人の立会いの有無に関係なく適用さるべきものであった、と解釈せざるを得ない。

以上の如く、当該法規の内容に限れば、B説が妥当であろう。しかし、ポリュエウクトスの妻の場合の如き、当法規に抵触していると見られる事例は二、三に留まらず、[83] 従ってこれらの事例については再検討が必要であろう。法規と社会の実情との間には、程度の差はあれ、ずれがあるのが通例であって、史料中の諸事例を法規の枠内でのみ解釈してしまうことは危険である。このような理由から先入見なしに史料そのものに対するならば、以下の事例が見出される。

(イ) フィロンの母は、死後の自分を息子に委ねることを拒否し、身内ではないアンティファネスを信頼して、彼に自分の埋葬費用、銀貨三ムナ（＝三〇〇ドラクマ）を与えた。[84]

フィロンの母は自分で処分できる貨幣を所持していた。これは贈与により取得されたものであるかも知れないが、ここで注目すべきは、フィロンの父はすでに死亡しており、おそらくフィロンが母の後見人となっている、そのフィロンを母親が無視して、他人に三ムナを託していることである。しかもこの事実を、原告は被告フィロンの人格劣悪なることの証拠として法廷で述べている。そこではこの母親の行為の違法性は何ら問題になっていない。

(ロ) デモステネスの父は息子デモステネスに、土中に埋めた四タラントン（＝二万四〇〇〇ドラクマ）を遺し、妻

（デモステネスの母）をその監督者（κύρια）とした。[85]

四タラントンは埋蔵されていたと言われているので、監督役たる母親がそれを運用する場合がここで想定されているかどうか、判然としない。また、この指摘はデモステネスの敵対者によって調停裁判の際に為されたものであり、もちろんデモステネスはこれを否定する。従って、父親が四タラントンを遺したことが事実か否か、我々に知る手懸りはない。しかしながら、四タラントンという高額の貨幣が女性の手に委ねられることが、当時の社会であり得ないことではないことを、この敵対者は承知していたのである。

(ハ) 銀行家パシオンの妻アルキッペは、夫の死後、フォルミオンと再婚し、子供二人を得たが、彼女は生前にこの二人の子供に二〇〇〇ドラクマを与えていた。[86]

二人の子供は二〇〇〇ドラクマを母親から遺産として相続したのではなく、母親の意志で、二〇〇〇ドラクマの所有権が彼女から二人の子供へと移った点に注意すべきである。

(ニ) ポリュエウクトスの妻（但し当時すでに未亡人）は、娘の夫スプウディアスに一八〇〇ドラクマを貸与した。このことを彼女は死の間際に書類《メモ》（γράμματα）に書き残した。[87]

この一八〇〇ドラクマは、もともとはポリュエウクトスに所属していたのか、あるいは妻自身のものであったのか不明である。しかし妻自身が夫の死後にかなり高額の貨幣を、女婿スプウディアスに貸し付け、書類にまで書き残している点にこそ注目すべきである。さらに、原告はこの件を法廷に持ち出して、スプウディアスに債務が存在することの論証を試みて、彼を攻撃している。

(ホ) （同じく『スプウディアス弾劾』によれば、）原告の妻（ポリュエウクトスの娘の一人）は亡き父のために、ネメシア[88]の費用として一ムナ（＝一〇〇ドラクマ）を提供し、費消した。他方、スプウディアスは、経費の中の彼の支払うべき分を払おうとしない。[89]

原告はスプウディアスの行為を攻撃するさい、彼と対応する立場にある自分自身ではなく、敢えて自分の妻が支払ったと言っている点に注意すべきである。

(ヘ) アイスキネスは『弁論第一番(ティマルコス弾劾)』[90]において、デモステネスの行状を非難して次のように言う。「デモステネスはその家産を蕩尽してしまうと、金持の若者で、父親がすでに亡く、母親がその財産を管理している者を求めて、市内を歩き回ったのです。……彼は富裕にして、しかもきちんと取り仕切られてはいない家を見つけました。〔その家では〕誇りばかり高くて分別のない女が家の長(ἡγεμών)で[a]、半ば精神錯乱状態の、父親のない若者が財産を掌握していました[b]。」(Aischin. I 170-171. 傍線引用者)

ボシェはこの部分を、デモステネスに対する個人攻撃であるから信憑性が薄いこと、また、傍線を施したaとbとが相互に矛盾することを理由に、史料として重視せず、傍線aは単に母親が家政を司っていることを語っているにすぎない、と解釈する[91]。ハリスンも同様の理由で、この部分の史料的価値を否定する[92]。しかし、個人攻撃の材料とするには、ある程度の真実性が無くてはなるまい。当時のアテナイ社会で確実にあり得ないことを持ち出してデモステネスを攻撃しても、陪審員を説得するどころか、逆に、自分を不利な立場に追いやってしまったであろう。デモステネスがここで述べられているが如き行動をとったか否かは、ここでは問題ではない。父親が死亡し、母親が息子の財産を管理する家が存在し得たことに注目すべきである。また、傍線a、bは内容的に決して矛盾してはいない。aは日常生活における実情を、bは法的な関係を語っていると解すべきであろう[93]。引用箇所から推測して、法的には家産は父親の相続人たる息子の所有するところであるが、実際の生活では母親が実権を握り、家産を管理している家が、当時のアテナイに存在し得たと言い得るであろう。

(ト) 政治家ヒュペルボロスの母親は高利貸をしていた(Ar. *Thesm.* 839-845)。

(チ) ある老婆は、若い男に二〇ドラクマの貨幣と、履物のための八ドラクマを与え、彼の姉妹のために下衣、母親のために上衣を買い与え、さらに小麦四メディムノスを与えた(Ar. *Plut.* 975-1032)。(ト)(チ)ともにアリストファネスの喜劇中の記述であるという理由で、史料として重視されないことが多い。[94] しかし、まったくあり得ないことを劇中で役者が話しても、観客に訴えかける力は弱い。むしろ、(ト)(チ)に類似した事例が当時あり得たと考えるべきであろう。特に(ト)はヒュペルボロス攻撃に利用されており、どの程度の規模かは不明であるものの、彼の母が高利貸をしていたことは事実であったと推測して良いであろう。

以上より我々は、女性が大麦一メディムノス相当額以上の何らかの形の契約行為に携わっている例が少なからず存在していたことを知り得る。これらは Isaios X 10 の法規に背馳する事例である。しかし、これら八例[95]を通観するならば、(ト)の例を除きいずれも近親者、または親交ある者との間の契約行為であることに気付く。(ト)の場合も、顔見知りの者に対し金貸しをしていたとも考えられる。さらに、ここには不動産取引の例、あるいはしばしば係争の原因となっていた海上貸付の例は見出せないことにも、注意すべきであろう。

しかしながら、親交ある者たちの間で行なわれていたからと言って、ド＝サント＝クロワのように、これらの契約行為を法的な規制の枠外にあると見なして切り捨てるべきではあるまい。[96] ここで想起すべきは、アテナイの裁判制度である。前記八例はいずれも、訴追の場合には私訴の対象となる事例である。私訴は公訴と異なり、当事者またはその後見人にのみ訴追権が認められた。[97] 従って、この八例についても、法規に抵触する行為といえども、私訴の対象範囲であるので、当事者間に合意が成立し、いずれもがその違法性を申し立てない場合、法的に有効か否かは問題とはならなかった。また一旦合意が成立していながら、後になって当該法規を悪用して、相手側の女性の利益を侵害する者がいた場合、法廷において果して彼は勝訴し得たであろうか。[98] いずれにしても、彼自身、善良にして有徳な市民としての評判を失うことになったであろう。また、女性の側でも、そのような行為に出る恐れのある者と契約を交わすことは避けたであろう。おそらくこのような共通の諒解の下に、女性による契約がなかば公然と行なわれていたのであろうと、前記八例から推測し得よう。

海上貸付に直接関与した女性の例が伝えられていないのは、そこでは係争の生じる可能性が大きかったからではないか。また、不動産関係の取引に関与する女性が史料に見出せないのは、土地への共同体的規制がいまだ意識されており、土地については、ポリスの法規に抵触するが如き行為を避けるという、ある程度の自己規制が市民一般の間ではたらいていたからではあるまいか。それゆえ、女性所有の不動産の取引については、彼女の後見人が代理の行動に出たのであろう。[99] たとえ実質的には女性の意志によって取引が行われたにせよ。Isaios X 10 の法規は、いまだそれだけの規制の力を有していたのである。[100]

5

前五世紀末から前四世紀中葉にかけて、Isaios X 10 の法規と社会の実情との関係は以上の通りであった。次に、当法規の成立時期および成立事情について、少しく触れておきたい。この点については、キューネン＝ジャンセンスが簡単に言及しているのみである。[101] それによれば、当該法規は、長い間に一般化していた慣行を、女性とその後見人との間のトラブルを避けるために、法規にまで高めたものであるという。それによって、家政を担当する女性に、一家の食糧調達に必要な大麦一メディムノスの枠内での契約行為のみが認められた。「大麦一メディムノス」という、無造作な表現は、この法規の成立時期が、考察対象の前五世紀末から前四世紀中葉に近くはなかったことを語っている。以上がキューネン＝ジャンセンスの見解である。

現在の我々にも、当該法規の成立年代を推測するための拠り所となる史料は残されていない。わずかに手懸りになり得るのは、プルタルコス『ソロン伝』より知り得る、ソロンの女性に関する政策である。プルタルコスによれば、ソロンは女性の外出や祭礼における服装および振舞いに制限を加え(Plut. *Solon* XXI 5)、エピクレーロス以外の結婚については、フェルナイを禁じ、花嫁は着替え三枚と廉価な調度品以外には何物も持って行かないように命じた[102](Plut. *Solon* XX 2)。ソロンは他にも女性に関連する法規を定めたらしい(Plut. *Solon* XXIII 1)が、そのすべてが伝えられているわけではない。しかし、女性の行動に種々の制限を加えたソロンの法と、Isaios X 10 の法規とを関連付けることは不可能ではないだろう。

他方、時代はさかのぼるが前八五〇年頃、ある富裕な家の女性が専用の印章を用いるほどに対外取引に関与していたらしいこと[103]、前四六〇年頃、いまだゲノスの祭儀の性格を残していたエレウシスの秘儀において、会計掛を担当していたのは、エウモルピダイまたはフィレイダイというゲノス出身の「デメテルの女神官」であったこと[104]、さらに、古典期においてそれぞれの家の主婦は、家政を担当する中心的な存在である場合が多かったこと[105]、これらを照合するならば、Isaios X 10 の法規は、女性の能力を劣等視する観念に由来する[106]と解釈することは適当ではあるまい。

もちろん、古典期に女性が男性よりも劣った存在であると見る考え方が存在していたことを否定するのではない[107]。女性が国政に参加する権利を全く認められていなかったのは事実である。しかし、史料から得られる、前述の僅かの事例からは、かつて女性は家の内部にあって、経済的に比較的大きな権限を認められていたのではないか、と推測され得るのである。これに対し、ポリスの制度化が進み、国家の組織が整えられるに従って、国家レベルでの何らかの必要から[108]、女性の権利にかつてよりも大きな制限が加えられていったのではないか。Isaios X 10 の法規の成立年代、成立事情については、史料の不足ゆえに、以上の如き全くの仮説を述べるに留まらざるを得ない。

## 二　日常生活における経済行為

### 1

前節で明らかにし得たように、Isaios X 10 の法規は前五世紀末から前四世紀中葉までのアテナイ社会においても存続し、社会規範たり得ていたが、他方、制限はあるものの、当法規の枠を越える女性による契約行為が、言わば公然と認められていたのも社会的事実なのであった。女性によるこのような経済的活動を可能ならしめていた基盤はどこに見出し得るであろうか。女性の日常生活の中心の場は家庭であったが故に、この基盤も家の内部における女性の位置に求められるのではないか、と推測される。

家における妻の主婦としての役割は、クセノフォンによれば次の通りである。夫との間にもうけた子供を養育し(Xen. *Oec.* VII 12)、家内の財産を正しく保管し(VII 25)、消費が適切であるよう配慮し(VII 36)、奴隷の家内における労働および健康状態を監督し(VII 35, 37)、奴隷に紡糸その他の家内労働に必要な技術を教え、習得させる(VII 41)。伝アリストテレス『経済学』にも、夫と妻とは共同生活を営む良きパートナーとして、それぞれの特性に応じて、「一方は外なる財産を獲得し、一方は内なるものを保存する」[109]役割を担う、とされている。[110]これらの作品においては、妻は夫の良き協力者として、家政の中心的存在であった。

このような妻のあり方は、当時の知識人の描いた理想像であるばかりでなく、現実の社会にも見出し得た。リュシアス『弁論第一番』では、妻に裏切られたと主張する夫が「……しかし、息子が産まれてからは彼女(妻)を信頼し、私自身のすべての事を彼女に委ねたのです、彼女が最も身近な存在であると考えて」と陪審員に訴える(Lysias I 6)。

またパシオンの子アポロドロスが母の死後にフォルミオンに対し二〇タラントン請求の訴訟を起したこと(Dem. XXXVI 14; XXXVII 3)、ナウシマコスとクセノペイテスとが、二二年も昔の一件を、母親や他の当事者の死後にむし返して訴訟に出たこと(Dem. XXXVIII 6)、のいずれの場合についても、訴えられた側は相手を、事情に通じた母親らが死亡するまで虚偽の訴えを控えていたのだと非難する。

これらの事例より、夫の留守中、家を取り仕切る妻、家の経済事情すべてに精通し、それゆえ、息子の行動にまで影響を与える妻のあり方を知り得るのである。妻は夫の良き協力者として家政を担当し、家を盛り立てる努力をしたが、それでは、夫の家に対する妻のこのような貢献は法的にはどのような評価を受けていたのであろうか。妻には夫の遺産の相続権は認められていなかった[111]。但し、次のような事例がある。

(1) ディオドトスは出征の際に遺言によって、妻に嫁資一タラントンを贈与し(ἐπιδοῦναι)、さらに部屋の中の調度品を与え(δοῦναι)、また二〇ムナおよび三〇キュジコス・スタテルを妻の手許に残した(κατέλιπε)[112]。

(2) デモステネスの父は、妻すなわちデモステネスの母に八〇ムナの嫁資をつけて再婚させる旨遺言した(Dem. XXVII 5)。一方、彼女はデモステネスの父との結婚の際に、五〇ムナを持参していた(εἰσενηνεγμένη)[113] (ibid. XXVII 4)。従って、三〇ムナが夫によって追加されたことになる。

(3) パシオンは妻アルキッペに、遺言によって二タラントンの貸付金、一〇〇ムナ相当の長屋、女奴隷(複数)および金細工類を贈与し(ἐπιδίδωμι)、彼女の身辺のすべての物をも贈与し(δίδωμι)た(Dem. XLV 28)。

これら三例中、(1)(3)では初めの結婚の際に妻が持参した金額は不明であるが、夫が遺言によって妻に贈った金品の総額は、(2)の場合と同様に、おそらくはそれを上回るものであったであろう。これら三例に見られる、妻に対する夫の配慮は、婚姻継続中に夫に対して為された妻の貢献を高く評価した結果である、と考えることも可能である。しかし、これらの夫の行為は、法的に義務付けられていたのではない。

妻はむしろ、一方では子供の母親としての立場によって、もう一方では嫁資によって、法的保護を受けていた、と解せられる。母、祖母を含め、直系尊属の虐待は公訴の対象となっていた。[114] すなわち、老年となり、あるいは寡婦となり、保護を必要とする母親を、子供は扶養する義務があった。さらに、母親と子供との法的関係は如何なる場合にも断絶することはなかった。養子として他家の成員となった子供は、実父との法的な父子関係を失うことになるが、実母との関係は依然として存続した。[115] 子供にとっては、父と離婚または死別して、再婚し、他家の妻となった母親との関係も同様であったであろう。[116]

母親は社会的にも尊敬される存在であったことが、史料から確認され得る。

(a)ディオドトスの妻は、夫の兄弟であり、彼女の父でもあるディオゲイトンが、夫婦の間の子供たちに対し、ディオドトスの遺産をめぐって不正を働いていることを怒り、ディオゲイトンおよび彼らと親交ある者たちを集め、子供たちの受けた不正を詳細に訴え、抗議する。彼女のこの勇気ある行動は居合わせた人々の心を強く動かした。彼女のこの言動は、陪審員の心を動かすべく、彼女の娘の夫によって法廷で語られたのである(Lysias XXXII 11–18)。

(b)エルキア区より市民権を否定されたエウフィレトスの母親は、調停役のもとで、エウフィレトスが市民身分の両親から生まれた子であることをアポロンに誓いたいとの意向を申し出た。そしてこの件に言及して、エウフィレトスの異母兄は、誰が母親以上にそのことを知り得たであろうか、と陪審員に訴えた(Isaios XII 9)。

(c)ボイオトスとその弟とが、マンティアスの子として市民権を認められるまでの過程で、マンティアスが心ならずも彼らを我が子と認めざるを得なかったのは、彼らの母プランゴンが調停裁判において、彼らがマンティアスの子であると誓ったがゆえであった[117](Dem. XXXIX 3–4)。

以上の例からだけでは、母親たちの言動・証言が一般にはどこまで説得力を持っていたか判断し難いが、公式の法廷においてそれが言及されたのは、陪審員の心を捉えるだけの効果を有すると想定されたからであろう。

妻の立場はさらに嫁資[118]によって保護されていた。妻にとって嫁資は、夫(あるいは嫁資を管理・運用する者)によって扶養されることの言わば保証としての意味を持っていた[119]。また嫁資は運用の仕方によっては夫もしくは夫の属する家族に大きな利益をもたらし[120]、そのことは妻の立場を有利にしたに違いない。さらに、離婚の際に夫に課された嫁資返還の義務は、嫁資が高額であるほど夫の重荷となり、夫からの恣意的離婚申し出に歯止めをかけるという意味で、妻を保護することになったであろう[121]。

以上の如き、家の内部における主婦として、また母親としての比較的堅固な地位を基盤にして、女性たちは前節で明らかにしたような契約行為に携わったと解することができる。但し、それは、頼みとするに足る額の嫁資あるいは他の金品を夫の家に持参し得た、比較的上層市民の子女に関して言い得ることであったのは言うまでもない[122]。

ところで、女性が主体的に契約に関与したと見られる例として我々が知り得る、前掲の八例[123]に再度注意を向けるならば、その中の四例が寡婦であり、他の一例(チ)もおそらく寡婦であることに気付く。(ト)のヒュペルボロスの母がすでに寡婦となっていた可能性も否定できない[124]。この事実より、次のような推測が成り立ちはしないだろうか。

夫の存命中より、家政の中心的な担い手として家を守り、家の経済事情にも詳しく、また子供を将来立派な市民にすべく養育に努めていた妻が、夫の死後も子供とともに夫の家に残った場合、妻はかつての夫の協力者としての存在から、実質的には夫に替わる存在へと変化する場合があったのだろう。法的には家産継承者は嫡出男子であり、この者が未成年の間は、この嫡出男子の後見人に指定された者が家産運営の責めに与るものとされていたが、具体的には一家の経済的事情に最も精通した、寡婦となった妻がイニシアティヴをとる場合が決して稀ではなかったと、推測することができよう。(ヘ)はそのような例が存在したことを我々に伝えるものと考えられる。

## 2

古典期アテナイの女性は、結婚して夫の家の成員となった後も、彼女の生家から完全に離脱することはなかった。[125] 結婚後も実父母の娘としての立場を保持し続けたのである。妻は離婚した場合はもちろん、夫と死別した場合も、子が無ければ生家に戻り、父あるいは父に代る者の後見の下に入った。子がある場合も、彼女が生家に戻る方を選ぶのであれば、同様であった。このような生家への復帰は、何ら特別の法的手続きを必要とせず、自動的に行なわれたのである。[126]

前節で明らかとなった嫁資の性格からも、妻が潜在的に具有する、生家に対する娘としての立場を知ることができるが、他方、その立場の具体的な現われとして、次のような事例がある。

(1) イサイオス『弁論第八番』で、キロンの正統相続人であると自称する原告は、その根拠の一つとして、彼の母親がキロンの嫡出子であり、彼と彼の兄弟とは、キロンが犠牲の儀式を催す時には常にそれに参加するなど、祖父と親しく接触し、特に、キロンが重要視して奴隷や他人の参加を認めなかったゼウス・クテシオスへの供犠の儀式に参加したことを語る(Isaios VIII 15–17)。

(2) アリスタルコスの子キュロニデスは、母方の祖父クセナイネトスの養子となった(Isaios X 4, 7)。

(3) エウクテモンの子フィロクテモンは、子無きまま没したが、遺言によって姉妹の子カイレストラトスを養子とした[127](Isaios VI 7)。

(1)から、母方の祖父と親しく交わり、他人の参加が認められていない、その家の祭儀に加わっていた例が知られる。[128] しかも、母方の祖父と孫との関係が虚偽ではないことを立証するために、この事実が法廷で陳述されていることは、母の生家との、この例に見られるような密接な関係が決して異例ではなかったことを示している、との推測を可能にする。このような母の生家の「準成員」[129]としての日常があったればこそ、(2)(3)の如く、母の生家の養子となってその家の継承者となることも比較的容易に為され得たのではあるまいか。

イサイオスの弁論には、母の生家の継承者となる例が他にも二例見出される。[130]ところで、古典期アテナイにおける、嫡出男子なき場合の法定相続順位[131]から考えるならば、養子となって母の生家を継承することは、特に奇異な現象ではない。注目すべきは、古典期アテナイ市民が、常に母親の生家の継承者たる資格を潜在的に有していた点である。[132]従って、父親にとって娘が夫の家で妻としてどれほどの実権を得るか、子供をもうけるか否か、は単に娘の幸福のためだけではなく、自家の存続のためにも大きな関心事であったはずである。嫁資は、妻の父親と夫との間を友好的に保ち、夫の家に対する妻の生家の影響力を強めるという役割を、それが本来の機能ではなかったにせよ、内在させていたと解することが可能である。

## 3

これまでに明らかとなったように、古典期アテナイの中・上層市民身分の女性は、妻(主婦)としての立場、母としての立場、(生家に対する)娘としての立場、という三本の脚に支えられて立つ存在であった。そしてこの支えの強さ如何によっては、時にかなり大きな経済的権能を家の内外で(制約はあるにしろ)発揮し得たのであった。しかし、妻は夫の遺産の相続権、子供の遺産の相続権を認められておらず、また生家の家産についても、男子相続人が存在する場合は、相続権を有していなかった。それ故、彼女が自身の具体的な経済的拠り所とし得たのは、主として嫁資であったと考えざるを得ない。そこから、嫁資の増減、あるいは嫁資の内容の変化は、家における妻の地位、あるいは経済的実権にも変化をもたらしたであろうと推測することが可能である。

メナンドロス作とされている多数の断片の中には、多額の嫁資を持参する妻が、家庭内で夫を牛耳ることの不幸を語っているものが数例あって、[133]注意を促される。他方、メナンドロスは、『デュスコロス』[134]その他において、富裕な家の男子と富の点でそれより劣る家の娘との結婚[135]を好ましいものとして描いている。文学作品中の事例をそのまま史的事実と解することは慎まねばならないが、当時の実社会の趨勢がそこに投影されていると見ることができるのではあるまいか。[136]おそらく、父親が娘と自己との立場を有利にするという意図で、高額の嫁資を設定し、他方、受け入れる側の夫もまたそれを歓迎する(おそらく家庭内での妻の権能が高くなることを承知で)、という傾向があったのではないかと推測される。[137]

しかし、ここでは嫁資の多寡の変化よりも、その内容上の変化に注意を向けることとしたい。

嫁資は貨幣あるいは他の動産、または不動産をその内容としたと言われるが、一般には貨幣である場合が多く、管見の限りでは、古典期アテナイにおいて、現存の文献史料中に見出される、明らかに不動産から成る嫁資の例は次の二例にすぎない。

(a)アテナイの民会は、アリストゲイトンの孫娘に、嫁資としてポタモス所在の土地を授与した。[138]

(b)パシオンは妻アルキッペに、遺言によって一〇〇〇ムナ相当の貸家を嫁資の一部として与えた。[139]

この二例中(a)は、国家によって設定された嫁資であって、特殊な例として考察の対象から除くことが適当であろう。従って古典期アテナイにおいて不動産を嫁資とした例は、我々の知る限り一例にすぎない。これは史料残存の偶然に帰すべきことであろうか。

前掲の Isaios V 27 に次の如き記述がある。

「ディカイオゲネス三世は、ポタモス区の人プロタルキデスに、ディカイオゲネス二世の姪[140]を四〇ムナで嫁がせました。そして嫁資の代りに、[141]ケラメイコス所在の長屋を手渡しました。」(Isaios V 26. 傍点引用者)

この文面から判断する限り、嫁資としては不動産以外の物(主に貨幣)が普通であって、何らかの事情で貨幣を用意することができない時、あるいはそれを望まない時に、不動産を「嫁資の代りに」夫となる者に手渡す場合があった、ということを知り得る。嫁資に関するこのような考え方が、果して当時のアテナイ市民一般の間に広く存在したのかどうか明らかではないが、先に言及したように、不動産から成る嫁資の例の稀なことと併せて考えれば、一般には不動産を嫁資とすることを避ける傾向があったのだろう。

ところで、先にも述べたように、夫が妻の生家に嫁資を返還する事態が生じた場合のために、夫は自己の不動産の一部を担保アポティメマとして提示する慣行があったが、この担保物件に立てられたのが「嫁資担保(*ἀποτίμημα προικός*)」関係の抵当標石《ホロイ》である。[142] ところが、嫁資に関係したホロイには、この *ἀποτίμημα προικός* 関係ホロイと形式を異にする一群のホロイが残存している。総計五枚のこの抵当標石群は、[143] いずれも同一の形式をとり、フィンリーによって「買戻し条件付き売却(*πρᾶσις ἐπὶ λύσει*)」関係ホロイとして分類されている。一例を挙げれば次の如き記載内容である。

「嫁資のために、エウテュディケに、買戻し条件付きで売却された土地、一〇五〇ドラクマ相当のホロス。」

(Finley, No. 49)

フィンリーはこれらのホロイについて、*ἀποτίμημα προικός* 関係ホロイとも、他の *πρᾶσις ἐπὶ λύσει* 関係ホロイとも区別しながらも、その性格について明確な判断を下すことを留保している。[144]

他方、ファインは次のような解釈を加えている。エウテュディケの父親と彼女の夫となる者との間で、婚姻成立時に嫁資の額について合意が得られたが、父親がその額に相当する貨幣を所持していなかった。通常は未払いの嫁資に見合う担保(*ἀποτίμημα*)として、父親が所有する土地を提供するのであるが、[145] この場合、何らかの理由で、この父親(あるいは夫)はこの担保が *πρᾶσις ἐπὶ λύσει* の形式をとることを希望した。従って当然、債権—債務関係はこの取引には含まれていない。農地はエウテュディケの所有するところとなるが、一定の期間内に父親が嫁資として合意された金額を支払うならば、それは再び父親の所有下に戻るのである。[146]

以上のファインの見解はひとまず置いて、五枚の抵当標石がどのような場合に立てられたのか、検討を加えることとしたい。例示したFinley, No. 49には女性の名前のみが記されているが、Finley, No. 82では「アロペケ区の人、レオストラトスの娘、マルタケに」とあり、「何某の妻に」とはない。この、女性の名の表示の仕方は、*ἀποτίμημα προικός*関係のホロイのそれと一致する。従って、この*πρᾶσις ἐπὶ λύσει*は*ἐγγύη*成立の時に、嫁資に関連して為された、と解すべきであろう。

次に、*πρᾶσις ἐπὶ λύσει*関係ホロイ[147]が多数出土していることから、この形式の債権—債務関係は当時にあって特異な事例ではなかったと考えてよい。この種の取引行為の具体的意味内容は、アテナイ人に良く知られたことであったに違いない。従って、この種の取引行為と内容的に類似性の少ない、普通*ἀποτίμημα προικός*と呼ばれている内容の土地に関して、*πρᾶσις ἐπὶ λύσει*なる用語を並用したと解すること[148]にはやや無理があろう。むしろ当該ホロイは*ἀποτίμημα προικός*とは明らかに事情の異なる何らかの場合、しかも一般の*πρᾶσις ἐπὶ λύσει*と内容的に、あるいは形式的に連関のある何らかの場合に立てられたと解した方が妥当であろう。

「債務者」に相当する者については、父親、夫の双方の名が文面に見られないので、どちらの場合もあり得るが、婚姻成立時に夫が妻または妻の父親に、嫁資に関連して何らかの債務を負うことは、*ἀποτίμημα προικός*(但しこれも厳密な意味で債務ではない)の場合のみであろう。従って、*ἀποτίμημα προικός*とは無関係のこれらのホロイにおいて「債務者」の立場にあるのは父親であったと推測することができる。

以上より、前掲Finley, No. 49のホロスの成立事情を碑文の字句通りに解釈すれば、父(またはそれに代る後見人)が嫁資に関連して娘に債務を負い、その担保として土地を提供した(語義に即して言うならば、「買戻し条件付きで売却した」)ということになろう。ここで想起すべきは、前掲Isaios V 26に見られる事例である。[149]そこでは四〇ムナの嫁資の代りに、ケラメイコス所在の長屋が夫に渡されている。[150] 我々のホロスの場合も、この事例に合致するのではないか。すなわち、エウテュディケの父親は嫁資(の一部か?)の一〇五〇ドラクマを貨幣で支払うことができなかったか、あるいはそれを望まなかったかして(ここに、一種の債権—債務関係が生ずる)、その金額に見合う土地を提供した。その際、不動産を嫁資として設定することが慣行化していないこと、また不動産を他家に引き渡すことが、当時いまだ存続していた共同体意識に抵触すること、などが理由となって、無条件で土地を引き渡すことを躊躇し、できれば後に一〇五〇ドラクマの貨幣を用意して土地を取り戻す可能性を残すために、*πρᾶσις ἐπὶ λύσει* の方式を採った、との推測が可能ではないか。そして、この場合、「債権者」の立場にあるのが娘であって、その夫でないことは、当時嫁資のよりすぐれた所有権は妻にあると一般に観念されていたことからみて、[151] 少しも奇異なことではないと考えられる。

以上、嫁資に関連した *πρᾶσις ἐπὶ λύσει* 関係のホロイを検討した結果、我々は大筋においてファインの見解に従いたいと考える。なお、このような方式を採っても、父親が「買戻し条件」を活用できず、あるいはしようとせず、結果的に不動産が嫁資として娘の夫の家に入ってしまう例もあったと考えられる。従って、当該ホロイに現われた方式は不動産そのものを嫁資として設定する方向への道を開くことになったであろう。その方向への傾斜は、不動産の売買が活発に行なわれるに従って、換言すれば、土地への共同体的規制が弛緩していくに従って、ますます顕著となっていったであろうと推測される。[152]

## おわりに

ヘレニズム期において、ミュコノス、テノス、アモルゴス等では、後見人を伴うにせよ、女性による不動産関係の取引の例が見られ、また、イオニア諸市やキュクラデスの諸市でも、その相続慣行がクレタの相続慣行[153](男子と並び女子にも制限付きながら相続権が認められていた)に近づいていく傾向があったと推定されている[154]。

一方、古典期アテナイの女性は、不動産関係の取引に携わることなく、また男子相続人のある場合は相続権を認められず、嫁資として不動産を設定されることも稀であった。従って、女性にとり土地所有者となる道は極めて狭かったと言ってよいであろう。アテナイはヘレニズム期においても、古典期のこの慣行を存続させていたのであろうか。ローマ帝政下、一世紀末のものと推定される *IG* II² 2776[155] には比較的多数の女性の土地所有者が見出され、従ってこの頃までにはアテナイの事情も変化していたであろうと推測される。

本章では古典期アテナイにおける女性の経済的権能の及ぶ範囲について考察を加えて来たが、女性の家庭における地位は決して低いものではなく、殊に中・上層市民の女性にあっては、Isaios X 10 の法規が存続してはいるものの、家の内外で種々の契約行為に主体的に携わることが半ば公然と行なわれていたことが明らかとなった。しかし彼女たちが直接、不動産取引に関与しなかったことは前述の通りである。

他方、嫁資については、不動産を嫁資として設定する事例は少ないものの、その方向への萌芽が胚胎されていたことが認められた。土地への共同体的規制が弛緩するに従い、その動向はますます顕著となっていったであろう[156]。不動産が嫁資とされた場合、それは夫の家産に混入せず[157]、それから独立して存続することが比較的容易であって、従って夫の家における妻の財産権が相対的に確立するための、それは一助となったであろう。そのような状況下では、女性の契約行為が不動産にまで及んでいったことも十分推測可能である。

以上の如き変化の軌跡は一つの仮説に過ぎない。しかし、そのような変化をもたらし得る要因が、古典期アテナイにおいて内在していたことは明らかとなった。このような内在的要因を一つの契機として、アテナイの女性の財産権強化への道が開かれていったのであろう。

(1) A. W. Gomme, "The Position of Women in Athens in the Fifth and Fourth Centuries B. C.", *CPh* 20 (1925) (=*Essays in Greek History and Literature*, Oxford, 1937, 89-115).

(2) Cf. A. Zimmern, *The Greek Commonwealth* (First Ed., 1911), Fifth Ed., Oxford, 1931, 334 ff.

(3) H. D. F. Kitto, *The Greeks*, Harmondsworth, 1957, 219 ff.

(4) A. Andrewes, *Greek Society* (First published as *The Greeks*, London, 1967), Harmondsworth, 1971, 124; K. J. Dover, *Greek Popular Morality in the Time of Plato and Aristotle*, Oxford, 1974, 95-102; L. V. Doucet-Bon, *Le Mariage dans les civilisations anciennes*, Paris, 1975, 147-150; V. Zinserling, *Die Frau in Hellas und Rom*, Stuttgart, 1972. 但し、*La Femme en Grèce et à Rome*, traduit de l'allemand par A. Marine, Leipzig, 1972, 10-35を参看した。

(5) V. Ehrenberg, *The People of Aristophanes*, Oxford, 1943, 192 ff.

(6) この傾向の最近の研究としては、W. K. Lacey, *The Family in Classical Greece*, London, 1968, 151-176; A. W. Gomme, and F. H. Sandbach, *Menander, A Commentary*, Oxford, 1973, 28-35.

(7) L. Beauchet, *L'Histoire du droit privé de la république athénienne*, Paris, 1897, Tome I, II; J. H. Lipsius, *Das attische Recht und Rechtsverfahren*, Leipzig, 1905-15, 463 ff.; W. Erdmann, *Die Ehe im alten Griechenland*, München, 1934; H. J. Wolff, *Beiträge zur Rechtsgeschichte Altgriechenlands und des hellenistish-römischen Ägypten*, Weimar, 1961, 170 ff.; do., "Marriage Laws and Family Organisation in Ancient Athens", *Traditio* 2 (1944), 43-95; A. R. W. Harrison, *The Law of Athens: The Family and Property*, Oxford, 1968.

(8) エールリッヒ／川島武宜訳『法社会学の基礎理論』第一分冊、一九五二年、一三―一四頁、参照。

(9) 但し本稿では、市民身分の成人女性(当時のアテナイにおいて具体的には既婚女性)を考察の対象とする。

(10) W. Wyse, *The Speeches of Isaeus*, Cambridge, 1904, 652; P. Roussel, *Isée: Discours*, Paris, 1960, 177. 但し、R. F. Weavers, *Isaeus*, The Hague, 1969, 9-33は、イサイオスの一一篇の演説の文体の特徴を分析、検討した結果、当演説の成立年代を前三五五年頃と推測する。

(11) 以下、「Isaios X 10の法規」と略記する。

(12) Ar. *Eccl.* 1024-1025. 村川堅太郎訳『女の議会』『ギリシア喜劇全集』II、人文書院、一九六一年、二九〇頁より。

(13) 同「解説」二三六頁。

(14) Scholia Ar. *Eccl.* 1024 および Dio Chrysostomus, *Orationes* 74. 9 に当法規が言及されているが、これらは、Isaios X 10 に典拠を得ていると考えることも可能。Harpocration, "*ὅτι παιδί*" はイサイオスの言葉として引用している。Cf. Wyse, op. cit., 659.

(15) Beauchet, op. cit., II, 352; Lipsius, op. cit., 534-535; Erdmann, op. cit., 51.

(16) L. J. Th. Kuenen-Janssens, "Some Notes upon the Competence of the Athenian Woman to Conduct a Transaction", *Mnemosyne* ser. III, 9 (1941), 202-206.

(17) Ibid., 210-214. 従って、アリストファネスの喜劇中にしばしば現われる野菜売女(*Thesm.* 387)、パン売娘(*Ranae* 858)等の零細小売商は、この法規の制限する金額以内で個々の商品の販売を行なうことが可能であった。他方、商品を仕入れる場合については、彼女たちの扱う商品の内容(パン、野菜、髪飾り等)から判断して、三ドラクマ以内での仕入れも可能であり、また、自家生産品を商品とする場合が多かったのではないかと推測される。さらに、仕入れは夫あるいは他の後見人が行ない、市場での販売のみ彼女たちが行なっていた例もあったであろう(cf. Kuenen-Janssens, op. cit., 209-210)。

(18) Wyse, op. cit., 659; Beauchet, op. cit., 362; Erdmann, op. cit., 51, n. 7 も同様の解釈をする。

(19) 「大麦一メディムノス以上(*κριθῶν πέρα μεδίμνου*)」の句は「女性」にのみ適用され、「子供」なる語にはかからないと解するのが普通である。Lipsius, op. cit., 502; Kuenen-Janssens, op. cit., 200. なお、Wyse, op. cit., 659 は、双方に適用されたと推測する。

(20) Gernet, *Demosthène: Plaidoyers civils* II, Paris, 1957, 51.

(21) この貸付がポリュエウクトスの死後に為されたか否か明記されていないが、コンテクストから、また文章表現から、そのように解釈できる。Cf. Gernet, op. cit., 58. なお、ポリュエウクトスの妻は、スプウディアスとその妻とに対して、盃、テント、その他の品々をも貸与する能力があった(Dem. XLI 11)。しかし、これらの品がどれほどの価値を有するものであったかは不明である。

(22) 貸与の際の証人であり、また書類検証の際の証人でもあったのであろう。
(23) Desjardins, *De la condition de la femme dans le droit civil des Athéniens*, Paris, 1865, 615 ff. 但し、Beauchet, op. cit., II, 353; Lipsius, op. cit., 535, n. 73 による。デジャルダンの見解は、ボシェ以後、拒けられて今日に到っている。
(24) Beauchet, op. cit., II, 354 ff.
(25) *IG* XII 5, 872; Dareste, Haussoulier et Reinach (eds.), *Recueil des inscriptions juridiques grecques* I, Paris, 1891, No. VII.
(26) *IG* VII, 3172; Dareste, op. cit., No. XIV.
(27) Lipsius, op. cit., 534-535.
(28) G. Busolt, *Griechische Staatskunde* I, München, 1920, 244.
(29) Kuenen-Janssens, op. cit., 201-202.
(30) Gernet, op. cit., 54.
(31) Harrison, op. cit., 114, n. 1.
(32) G. E. M. de Ste Croix, "Some Observations on the Property Rights of Athenian Women", *CR* 30 (1970), 273-278.
(33) 未成年者の後見については、Harrison, op. cit., 99-108 参照。
(34) M. I. Finley, *Studies in Land and Credit in Ancient Athens 500-200 B. C.: The Horos Inscriptions*, New Brunswick, 1951, No. 8, 9, 102.
(35) Ibid., 119-193.
(36) ド＝サント＝クロワは、アテナイの抵当標石碑文中の女性の名が現われる碑文を、ほとんどすべて嫁資関係のもので、当面の問題とは無関係であると見なす。なお本章二五九—二六一頁、参照。
(37) 本章二四四頁、参照。
(38) 本章二四六頁以降、参照。
(39) Finley, op. cit., New Horoi, No. 21A に「後見人(*κυρία*〔*ι*〕)」の語があるが残欠があり、当の補填が適当であるかどう

か疑問視されている。Cf. ibid., 183.

(40) Harrison, op. cit., 236, n. 3.

(41) 例えば、当該法規が引かれているその直前に、「彼には嫡子デモカレスがいるのだから、〔遺書を残すことを〕望むこともできなかったし、また彼の財産を他人に与えることもできなかった」(Isaios X 9)とあるが、この陳述は当時の実情と食い違っていることが確認されている。Cf. Harrison, op. cit., 85, n. 1.

(42) *SEG* XII 100 の年代は前三六七／六年。

(43) Finley, op. cit., 266, n. 23.

(44) Harrison, op. cit., 236, n. 3.

(45) 嫁資については、H. J. Wolff, "*Προίξ*", *RE* XIII-1 (1957), 133 ff. に詳論されている。なお本章二四一―二四四頁、参照。

(46) de Ste Croix, op. cit., 276. ド＝サント＝クロワは特に(a)、(b)について、単に「何某の妻」とあるのみで、女性自身の名が記されていない点を重視し、ここでの女性の権利を低く見なそうとする。しかし、当のポレタイ碑文は、鉱山賃貸の公的記録文書である。(a)の土地は公有鉱山の所在地を示すために記した地表の土地、(b)は(a)の土地の地理的位置限定のために付記した隣接の土地である(伊藤貞夫「ラウレイオン銀山における鉱山採掘権の問題」『史学雑誌』六八編八号、一九五九年、参照)。従って、当該記録にとって言わば二義的な、このような記載事項については、その所有者名を簡潔に記すことが適当であったであろうから、それぞれの女性自身の名が省略されていることを重大視すべきではないと考えられる。

(47) Harrison, op. cit., 48.

(48) 本章二四五頁、参照。

(49) 嫁資を妻の所有するものと見なすのは、Beauchet, op. cit., I, 302 ff.; Lipsius, op. cit., 484, 492; Erdmann, op. cit., 322 ff.; J. V. A. Fine, *Horoi: Studies in Mortgage, Real Security and Land Tenure in Ancient Athens*, *Hesperia*, Suppl. 9 (1951), 116 ff.; Finley, op. cit., 50. これに対し、妻への所属の度合いをより低く見做すのが Wolff, *Beiträge*, 173 ff.; do., "*Προίξ*", 147 ff.; de Ste Croix, op. cit.

(50) 本章二四五頁、参照。

(51) Harrison, op. cit., 49.

(52) 大別して、妻が夫に先立ち、子無きまま死亡した場合、夫が死亡し、妻が実家に戻る場合、離婚によって妻が実家に戻る場合の三例に分けられる。Ibid., 55-57 参照。

(53) Finley, op. cit., 44-52; Fine, op. cit., 116-141.

(54) Harrison, op. cit., 53.

(55) Ibid., 55-57; 伊藤貞夫「ポリス社会における財産承継の変容」『史学雑誌』七六編一二号、一九六七年、一五—一六頁。

(56) Dem. XXVIII 15; XXIX 43.

(57) Wolff, "*Προίξ*", 136.

(58) Ibid., 148; "Marriage Laws", 58.

(59) 本法廷弁論はディカイオゲネス二世の遺産をめぐる係争を扱っているが、ここでは二〇年以上にわたる込み入った事情が語られているので、弁論の内容全体の論考は他稿に譲りたい。係争の原因はディカイオゲネス二世のものと称せられる、内容の異なる二種の遺言書であるが、当該引用箇所の時点では、ディカイオゲネス二世の養子であるディカイオゲネス三世が遺産の三分の一を相続し、残り三分の二をディカイオゲネス二世の四人の姉妹に譲ることに同意したとされている。

(60) 本部分はテキスト校訂上の難関とされており(cf. Wyse, op. cit., 442; Roussel, op. cit., 84, n. 1)、「ディカイオゲネス二世は彼の姉妹を云々」なる異読もある。ここでは Roussel に従った。

(61) すなわち、ディカイオゲネス二世の遺産を一旦整理し直した後に然るべく再配分する、というのがレオカレスの意向であろう。

(62) 当該事例を一般の不動産譲渡と同等視する傾向がこれまで続いて来ている。その結果、ヴォルフはこれを夫に嫁資である不動産を譲渡する権利のあることを示す事例との見方をとる。他方、Beauchet, op. cit., I, 300, 302; Lipsius, op. cit., 492, n. 82; Erdmann, op. cit., 325 は、ここで夫が不動産を譲渡し得たのは、この不動産が嫁資ではなくて、「嫁資の代りに(*ἀντὶ τῆς προικός*)」夫に与えられたものであるからだとして、嫁資に関する夫の処分権については否定的である(なお

“ἀντὶ τῆς προικός” についてのヴォルフの見解については、本章注141を参照)。Harrison, op. cit., 53 は、当該不動産はアポティメマとされていなかったがゆえに、夫による譲渡が可能であった、とする。

(63) 従って当面の問題に関する限り、“ἀντὶ τῆς προικός” の意味内容に特に拘泥する必要もないことになる。

(64) Harrison, op. cit., 57-60.

(65) 古典期アテナイにおいて、妻の側からの申立てによる離婚が可能であったこと(cf. Harrison, op. cit., 39-44)、女性の離婚、再婚に大きな抵抗感はなかったらしいこと(cf. Isaios II 7-8)は注目すべきであろう。

(66) 本章二五六―二五七頁、参照。

(67) 例えば、ディオドトスの妻の場合(本章二五三頁(1))、パシオンの妻アルキッペの場合(本章二五三頁(3))。またメネクレスの離婚した妻は、彼との結婚の際に嫁資の他に、衣装と宝石とを持参した(Isaios II 9)。

(68) Harrison, op. cit., 112.

(69) de Ste Croix, op. cit., 276-277.

(70) エピクレーロスについては本書II - 第三章、参照。

(71) 相続順位については、Dem. XLIII 51; Isaios XI 11; Harrison, op. cit., 143-149; 伊藤、前掲「ポリス社会における財産承継の変容」一三頁、参照。

(72) de Ste Croix, op. cit., 276-277; Harrison, op. cit., 113.

(73) *ἐπιδικάσατο. ἐπιδικασία* については本書II - 第三章一八三頁、参照。

(74) 女性に所属する財産に関する、女性自身とその後見人との関係については、本章二五〇頁、参照。

(75) この言葉より、姉妹たちがエピクレーロスでないことは明らかであろう。Cf. Harrison, op. cit., 144, n. 2.

(76) 本章二五八頁、参照。

(77) 嫁資が妻自身のものであると意識されていた実例として、Dem. XLVII 56-57 がある。なお、本章注55参照。

(78) Harrison, op. cit., 200-205.

(79) Ibid.; 岩田拓郎「ギリシアの土地制度理解のための一試論」『古代史講座』第八巻、一九六三年、一〇一―一七頁、浅野勝正「古代ギリシアにおける所有権の性格にかんする一考察」『一橋論叢』六七巻三号、一九七二年、七七頁。

(80) 前掲のアポロドロスの姉妹たちが相続し、その所有者となったと見なし得るアポロドロスの遺産は、彼女たちの夫によって処分されている。

(81) Harrison, op. cit., 201.

(82) 抵当標碑文中、嫁資担保(*ἀποτίμημα προικός*)関係以外に、*πρᾶσις ἐπὶ λύσει* 関係ホロイ(後述)に女性の名が見出されるものがあるが、これも嫁資に関連するもので、真の意味で不動産を担保とする貸付を意味してはいないと考えられる。本章二五九―二六一頁以降、参照。

(83) ド＝サント＝クロワはこれらの事例を重視せず、従って当該法規よりアテナイの女性に契約能力が無かったこと、それゆえ、財産を所有する女性がいたとしても、処分能力が無かったのであるから、彼女の財産権は名目的なものにすぎない、と見なし、女の財産権を極めて低く評価する(de Ste Croix, op. cit., 276-277)。

(84) Lysias XXXI 20-21. 成立年代は前四〇三年の民主政回復後まもなくの頃。

(85) Dem. XXVII 53. 前三六四／三年に成立。

(86) Dem. XXXVI 14. 前三五〇／三四九年。

(87) Dem. XLI 9. 本章二三八頁、参照。

(88) 死者のための祭儀か。Cf. Gernet, *Demosthène: Plaidoyers civils* II, 63, n. 4.

(89) Dem. XLI 11.

(90) 前三四五年の作。

(91) Beauchet, op. cit., II, 354.

(92) Harrison, op. cit., 114, n. 1.

(93) de Ste Croix, op. cit., 276 は、引用箇所の第一七〇節については史料としての信憑性を疑うが、第一七一節の内容については、法的事実関係に近いと解している。

(94) Beauchet, op. cit., II, 354; Harrison, op. cit., 114, n. 1.

(95) 他に、プランゴンがマンティアスと裏取引をして、我が子の出生に関する調停裁判での宣誓に際し、マンティアスの希望通りに行動する約束で三〇ムナを受け取った(Dem. XXXIX 4; XL 10-11)事例がある(本章二五四頁、参照)。しかし、プランゴンとマンティアスの裏取引自体違法性が強いうえに、プランゴンはマンティアスとの約束を守らなかったので、ここでは、女性による契約行為の例からは除外しておく。

(96) de Ste Croix, loc. cit.

(97) 私訴については Lipsius, op. cit., 463-785. 公訴については 263-459 に詳しい。

(98) Cf. A. W. H. Adkins, *Moral Values and Political Behaviour in Ancient Greece*, London 1972, 119 ff.

(99) de Ste Croix, op. cit., 277. 本章二四四頁。アポロドロスの姉妹たちの相続した財産を処分したのは彼女たちの夫であることに注意。なお、土地への共同体的規制については、伊藤貞夫「古典期のポリス社会とその変質」『岩波講座世界歴史』2、一九六九年、九五—一〇一頁、参照。

(100) なお当該法規が有効であったのであれば、女性の夫(または後見人)が彼女の意志に反して彼女所有の財産を処分することも可能であった。その場合に女性がとり得る法的対抗手段は無かったようである(cf. Harrison, op. cit., 112)。以上の如き事態に到るか否かは女性と後見人との力関係によるところが大きかったであろう。そして、女性が主体的に契約に関与している事例を我々が有していることは、前四世紀に女性と後見人との力関係に変化が生じ始めたことを示唆していると考えることはできないであろうか。なお、この問題を考える場合、女性を背後で支えていた彼女の生家の力をも、当然考慮すべきであろう。

(101) Kuenen-Janssens, op. cit., 207-208.

(102) *τῶν δ' ἄλλων γάμων ἀφεῖλε τὰς φερνάς, ἱμάτια …*: フェルナイについては、II-第一章一四三—一四四頁、参照。

(103) E. L. Smithson, The Tomb of a Rich Athenian Lady, c. a. 850 B. C., *Hesperia* XXXVII (1968), 83; 岩田拓郎「アテナイとスパルタの国制」『岩波講座世界歴史』1、一九六九年、五一九頁、参照。

(104) *IG* I$^2$ 6 C 88-103. 本書I-第二章五六—五八頁、参照。

(105) 本章第二節、参照。

(106) Beauchet, op. cit., II, 326.

(107) 例えば Arist. *Pol.* 1254b.

(108) これについては本書II-第一章から第四章で論証した。また、前四五一／五〇年にペリクレスの市民権法が成立する以前のアテナイでは、門地の優れた市民が他ポリスの名門出の女性を妻に迎える例が少なからずあった。このような女性を通して、外国勢力がアテナイの経済に影響を及ぼすことも可能であったであろう。それを阻止するために女性の経済的権利能力を制限する必要があったという推測も不可能ではあるまい。

(109) 村川堅太郎訳『経済学』一巻三章、『アリストテレス全集』15、岩波書店、一九六九年、四三〇頁。

(110) 〔Arist.〕*Oec.* 1345b, 1346a.

(111) 伊藤、前掲「ポリス社会における財産承継の変容」一三頁、参照。

(112) Lysias XXXII 6. 成立年代は前四〇一年より僅か後。Cf. L. Gernet et M. Bizos, *Lysias: Discours* II, Paris, 1962, 187.

(113) この五〇ムナはおそらく嫁資であったのであろう。Cf. Harrison, op. cit., 54.

(114) この *γραφὴ γονέων κακώσεως* については Isaios VIII 32; Harrison, op. cit., 77-78 参照。

(115) Isaios VII 25; Harrison, op. cit., 93-94.

(116) トラシュロスの子アポロドロスの母親は、トラシュロスと死別した後、アルケダモスと再婚したが、アポロドロスは母親とアルケダモスとの許に引きとられて成人し、父トラシュロスの家産を継承した(Isaios VII 7)。

(117) 本章注95参照。

(118) 嫁資については、本章二四一―二四二頁、参照。

(119) Wolff, "*Προίξ*", 155; Harrison, op. cit., 57.

(120) Wolff, *Beiträge*, 174.

(121) Isaios III 36; Wolff, "*Προίξ*", 152; Harrison, op. cit., 56.

(122) 富裕者層の嫁資の標準額は三〇〇〇から六〇〇〇ドラクマであった(Finley, op. cit., 79)。

(123) 本章二四六―二四九頁、参照。

(124) J. K. Davies, *Athenian Propertied Families, 600-300 B. C.*, Oxford, 1971, 517によれば、ヒュペルボロスの生年は前四五一年以前。その父、アンティファネスは前四二〇年以降も生存していたことが確認されるが、かなりの高齢であったに違いない。*Thesm.* の上演年、前四一一年に果して存命であったかどうか疑わしい。

(125) Wolff, *Beiträge*, 163; do., "Marriage Law", 47.

(126) Ibid.

(127) カイレストラトスの養子入籍の手続きが不完全であったが故に係争が生ずるが、ここではフィロクテモンが姉妹の子を養子として迎える旨遺言した事実に注目したい。

(128) 家(オイコス)の継承者は家産の相続人であるとともに、家の祭祀の継承者でもあった点に注意すべきである。Cf. Harrison, op. cit., 123.

(129) Wolff, "*Προίξ*", 151.

(130) ㋑エンディオスは母の兄弟ピュロスの養子となった(Isaios III 1)。㋺ディカイオゲネス三世は母の兄弟メネクセノス一世の子ディカイオゲネス二世の遺言により、彼の養子となった(Isaios V. 本章二四四頁、参照)。なおディカイオゲネス二世の母がメネクセノスの姉妹であるという見方がこれまで一般に受け入れられて来たが(Wyse, op. cit., 413; R. F. Weavers, op. cit., 86, Table V)、Davies, op. cit., 145はディカイオゲネス二世の父方の祖母、ハルモディオス二世の妻がメネクセノスの姉妹であったと解している。

(131) 本章注71参照。

(132) Wolff, *Beiträge*, 168; do., "Marriage Law", 50.

(133) Menand. fr. 325K, 582K, 583K, 654K.

(134) 上演年代は前三一七/六年。

(135) Menand. *Dyskolos* 中のソストラトスとクネモンの娘との結婚。但し、クネモンの家産は二タラントン相当に達するもので(327-328)、喜劇にありがちな誇張を差し引いても、かなり富裕な階層に属する、と解せられる。Cf. Gomme and Sandbach, op. cit., 186-187.

(136) Cf. J.-M. Jacques, *Ménandre: Le Dyscolos*, Paris, 1969, 25-26; Gomme and Sandbach, op. cit., 184-185.

(137) Gomme and Sandbach, op. cit., 297 は前四世紀末に嫁資の規模が増大化した可能性もあるとしている。

(138) Plut. *Aristeides* XXVII. 正確な年代は不明、前五世紀中葉か。Davies, op. cit., 473-474 はこの挿話が事実であれば(その可能性が高いと認めつつ)、アリストゲイトンの娘の一人(当の孫娘の母)が初代植民者の一人の妻として前五世紀初めにレムノスへ渡ったのであろう、と推測する。

(139) Dem. XLV 28; 本章二五三頁、参照。

(140) 本章注60参照。

(141) "*ἀντὶ τῆς προικός*" は従来、「嫁資の代りに」を意味すると解されてきた(Beauchet, op. cit., I, 300, 302; Lipsius, op. cit., 492, n. 82; Erdmann, op. cit., 325)。Wyse, op. cit., 446 も同様の見方をとっていると解せられる。他方、Wolff, *Beiträge*, 174; do., "Marriage Law", 58 は、嫁資が貨幣以外の動産あるいは不動産であった場合、嫁資査定の際に「嫁資として査定された」の意でこのような表現が為された、と解し、同様の例として Dem. XLVII 57, "*ἐν τῇ προικὶ τετιμημένα*" を挙げる。

なお、Finley, op. cit., 244, n. 58 は、夫の不動産が嫁資のためのアポティメマとなった場合、一般には "*ἀποτίμημα προικός*" の表現が用いられるが、他に "*ἀπ. ἐν προικί*", "*ἀπ. εἰς τὴν προῖκα*", "*ἀπ. ἀντὶ τῆς προικός*" なる表現も用いられ、相互に内容上の違いはなかったであろう、と見なしている。

ヴォルフの見解については、Dem. XLVII 57 の語句が「嫁資として査定された家具」か、あるいは「嫁資のためのアポティメマとされた家具」であるのか判然としないことを指摘する必要があろう(cf. Harrison, op. cit., 53)。また、パシオンの遺言においては(本章二五三頁、参照)、嫁資を構成する貨幣と不動産との贈与について、表現の上で差異がない点を考慮すべきであろう。以上の理由から、Isaios V 26, 27 "*ἀντὶ τῆς προικός*" については、ボシェらの見解に従って「嫁資の代りに」の意と解することにする。

(142) Finley, op. cit., No. 132-153, New Horoi, No. 152A.

(143) Ibid., No. 49, 82, 82A, 93, New Horoi, No. 21A.

(144) Ibid., 51.

(145) この例として文献史料に見出されるのは、Dem. XLI 5 である。しかし、Finley, op. cit., 48-49 は、Dem. XLI 5 においても、アポティメマの設定は父親の死の直前であって、嫁資設定の時点で為されたのではないこと、それゆえ、一般には未払いの嫁資のために妻の父親がアポティメマを設定することは慣行化しておらず、従って当該事例も例外的なものであろう、としている。

(146) Fine, op. cit., 162-163.

(147) "*πρᾶσις ἐπὶ λύσει*" については、Fine, op. cit., 142-166; Finley, op. cit., 31-37; C. Vatin, "Notes d'épigraphie juridique, I-*πρᾶσις ἐπὶ λύσει*", *BCH* 84 (1962), 524-534; 岩田、前掲「ギリシアの土地制度のための一試論」三〇頁、参照。

(148) J. Kirchner は *IG* II² 2681 の註解でこのような解釈を加えている。

(149) 本章二四二—二四三頁、参照。

(150) 長屋が夫に引き渡されているのは、婚姻成立後は夫が妻の後見人であり、また嫁資の管理・運用権も夫にあることに由来する。このことは、問題のホロスにおいて「債権者」に相当する者が娘(妻)である事実と少しも矛盾しない。

(151) 本章二四一—二四四頁、参照。

(152) Menand. *Dyskolos* においてクネモンの娘の嫁資(一タラントン相当)が土地である可能性が高いこと(cf. 736-740, 844-846)は注目される。

(153) 伊藤貞夫「古典期クレタにおける女子相続権の位置」『古典古代の社会と思想』岩波書店、一九六九年、一六九—一九四頁、参照。

(154) C. Vatin, *Recherches sur le mariage et la condition de la femme mariée à l'époque hellénistique*, Paris, 1970, 180-190.

(155) この碑文については、岩田拓郎「*IG* II² 2776 の成立年代とその背景——ローマ帝政期下アテーナイの社会経済史を研究するための手掛りとして——」『古典古代の社会と思想』、一九五—二三一頁、参照。

(156) 不動産の売買が比較的容易に行なわれるようになれば、娘の嫁資(貨幣)を準備するために不動産を手放すことも行なわれたであろう。それは不動産を嫁資として設定することとほとんど同等の現象であったと言えよう。

(157)　嫁資が貨幣であった場合、婚姻継続中は夫の家産の中に混入してしまい、その所在が判然としないという場合が多かったであろう。Cf. [Dem.] XL.

〔補論〕

アテナイの女性の経済的、法的権利に関する本論考以後の研究としては、D. M. Schaps, *Economic Rights of Women in Ancient Greece*, Edinburgh, 1979がある。これは、本書II-第三章で紹介したように、エピクレーロス制度に関して新しい見方を提出した以外には、とくに新味があるわけではない。

Isaios X 10の法規については、シャプスはB説の立場に立つ。実際に定められた額以上の取引を行なった女性の例については、それらは彼女の後見人がこの取引に異議を申し立てない、という了解があって行なわれたのであり、見方を変えれば、後見人がその取引に反対であれば、法規に基づき取引無効を申し立てることができるから、この法規には後見人の利益を保護するという意義があった、と解釈している。この点は注目に値しよう。

また、嫁資の所有権は、実際にこれを管理・運用できる者にある、と現実的な見方をとる。すなわち、嫁資を伴う女性が所属するオイコスの家長、つまり、婚姻関係継続中は婚家の家長(夫)に、離婚あるいは死別で生家に戻れば、生家の家長(父、兄など)に嫁資の所有権がある、としている。

シャプスのこの著書の特徴は、アテナイ以外の地域についても考察の範囲を拡大したところにあり、彼によれば、他の地域では女性の諸権利はアテナイよりむしろ高かった。たとえば、アテナイでは後見人(*κύριος*)が女性の同意なく財産を処分できたが、デルフォイなどでは前四世紀前半にすでに女性が自分で処分した事例が残っている、という。

また、R. Just, *Women in Athenian Law and Life*, London/New York, 1989は、嫁資について、エンギュエによる婚姻が継続している間のみ妻の嫁資について行使できる夫の権利は存在する、という嫁資の制度、女性の終身の扶養料としての嫁資の機能、そして、妻の父(または兄弟)に婚姻を解消させる権利があること、等を考量して、エンギュエによる結婚はオイコス間での交換の一形態であり、交換の対象たる女性はオイコスに嫡子を、国家に市民を産む役割を担っていたと解釈し、これに基づきアテナイの親族関係が双系であったことを指摘している。文化人類学の方法を用いて理論的整理を行なっている点は評価できよう。

以上からも窺えるように、女性の経済的および法的諸権利については、一九八六年に「古代ギリシア女性史研究——欧米における最近の動向——」(『歴史学研究』五五二号、三三—四五頁)で、目新しい研究はほとんど出されていない、と述べたが、以後もそれほど大きな研究の進展は見られない。但し、エピクレーロス制度および姦通法に関してはこの限りではない。本書II‐第三、第四章、参照。

# III 他者

# 第一章　市民にとっての他者
## ——その他者認識の変容とトラシュブロスの第一決議——

### はじめに

前四五一年にいわゆるペリクレスの市民権法が成立し、この時に、アテナイは市民共同体ポリスの閉鎖性を高度なまでに完成させた。以後、他者を寄せ付けない堅固な殻で身を固めた市民団は、特権集団としての性格を鮮明にして、デロス同盟参加諸市への支配を強化していった。市民がこの固い殻の内部に留まることは、彼らと外部に存在した他者との関係をどのように規定していったであろうか。また、ペロポネソス戦争からコリントス戦争に至るまで、あるいは、前五世紀から前四世紀にかけて、市民たちは外的なる他者とどのような関係を結び、いかなる要因がその関係に変更を迫り得たであろうか。本稿はそれを具体的に史料の中に探る試みである。

古典期のアテナイ市民にとっての他者として対置しうる人々を、ポリスの内と外とに分けて列挙するならば、大略以下のようになる。

ポリス外：バルバロイ(非ギリシア人)、クセノイ(アテナイ人以外のギリシア人)

ポリス内：メトイコイ(在留外人)、奴隷、女性

しかし、この区別は厳密なものではなく、場合によって重複あるいは入れ替りがあり、流動的である。そうであれば、このようなカテゴリーとは別種の、他の認識や判断の基準があったのであろうか。このような問題も視野の中に

入れつつ、アテナイ市民とポリス内外の他者である人々との関係を辿り、そのアテナイ民主政との関わりを論じてみることにする。

## 一　バルバロイ認識とその蔑視観念の醸成

外在的な他者としての非ギリシア人すなわちバルバロイについて見るならば、元来、他者をバルバロイとして見る時の第一の指標は、言語であった。つまり、バルバロイとは、ギリシア語以外の言語を話す人々であり、古典期以前にはこの語に蔑視の観念は、底流には存在していたとしても、明確に顕在化してはいなかった。ギリシア人対バルバロイという対概念に政治的意味合いが含意されるようになるのは、前四九〇年に始まるペルシア戦争以後のことである。(1) テミストクレスの民会決議碑文(2)の中に明らかなように、ギリシア、特にアテナイは前四八〇年のサラミスの海戦を目前にして、アジアの大国ペルシアとの戦争を「ギリシアの自由を守るための戦い」であると認識していた。このように、対ペルシア戦争を通じてギリシア人は異民族に対する鮮烈な意識を形成した。しかし、それはいまだ政治的、軍事的な対立から生まれた対概念に留まっていた。

その後の、前四七九年にペルシア陸軍をプラタイアで大敗させてギリシアの地から撤退させた後の、前四七〇年代から六〇年代にかけてのアテナイ人のバルバロイ観を示す史料としては、アイスキュロスの諸作品が残されている。

この悲劇詩人のバルバロイ観に蔑視が含まれていないことは、彼の現存最古の作品と見なされている『ペルシアの人々』(前四七二年に上演)に明らかに見てとることができる。この悲劇は敗北を嘆くペルシアの宮廷の様子を描いている。観客であるアテナイ市民は勝者のゆとりをもってペルシア人への同情を強くし、劇中で語られるサラミスの海戦に関する使者の報告に耳を傾けつつ、大きな誇りと優越感とを感じたに違いない。

この『ペルシアの人々』の合唱隊入場の歌(パロドス)の直ぐ後で、クセルクセスの母アトッサは、前夜見た夢について語る。一人はギリシアを、もう一人はペルシアを代表すると見られる二人の姉妹が、クセルクセスによって軛にかけられ、ペルシア風の女性はおとなしく手綱に従うが、ギリシア風の女性が暴れたため、クセルクセスは落馬する。この軛は、恐らく王がヘレスポントスにかけた船橋を暗示しており、二人の女性にこれをかけることは、ペルシアの支配がギリシアにまで及ぶことを意味している。ここで注意を引くのは、ギリシア女とペルシア女が姉妹であること、つまり出自を同じくすることであり、従って、両者の間に優劣の差が想定されていない点である。クセルクセスの非は、彼が自分の帝国の体制内にギリシアをも取り込もうとしたところにあった。ここには彼が劣等な人間であるという評価を見出すことは出来ない。アイスキュロスはペルシアの体制を、それはそれとして認めている。『ペルシアの人々』以後の作品についても、アイスキュロスはバルバロイ的特徴として、「単独者の専制支配」を挙げてはいる(*Supplices* 370 ff.; *Agamemnon* 919 ff.)ものの、それもギリシアと相違したペルシアの独自性の特徴を述べたものであって、彼にあってはこのように一貫して蔑視の観念は現れていないのである。

アイスキュロスより執筆年代がやや遅いと見られるヘロドトスも、ペルシアの体制について同様の見解を示している。『歴史』においてヘロドトスは、クセルクセスとスパルタ王デマラトスとの対話という形式でペルシアの専制支配について語っており、「アジア的専制」に対しては「ギリシアの自由」、「単独者の意志」に対しては「多数者によって認められた法」が対置されている(VII 101–104)。しかし、クセルクセスに対するギリシアの側の勝利については、アイスキュロスよりもヘロドトスの方がより強調して語っており、その傾向はバルバロイに対し全ギリシアが一致して対決する必要を説き、アテナイの果した指導的役割について詳述する時、とりわけきわだっている。

このようなヘロドトスの態度の背後には、前五世紀中葉に、強大化するアテナイに対して他のギリシア諸市が反感をつのらせていたという事実があろう。ペリクレス時代のアテナイの友であったヘロドトスは、この反感に対処するためにペルシア戦争時のアテナイの功績を持ち出したと考えることができる。(3) ただし、後のエウリピデスに見られるような政治的プロパガンダはヘロドトスには見られない。彼の著書の巻頭に、「ギリシア人や異邦人《バルバロイ》の果した偉大な驚嘆すべき事蹟の数々——とりわけて両者がいかなる原因から戦いを交えるに至ったかの事情——も、やがて世の人に知られなくなるのを恐れて(4)」、と執筆の動機が述べられていることから分るように、ヘロドトスはバルバロイに対しても偏見を持たず、公平な立場から、可能な限り因果関係を説き明かしつつ、歴史的事件を叙述しようとの姿勢を保っている。(5)

確かに、ヘロドトスは諸民族の風俗習慣を先入見なしに観察、記述した。彼は数多くの民族を、辺境をも文明化した地域をも包含する一つの世界の中に存在すると考える、自由な思考を持ち、特定の慣習が特に正当で秀れているとする見解には警告を発している。これは、ダレイオスがギリシア人とインド人とにそれぞれの死者の埋葬法について尋ねるエピソードに見られる通りである。この時、ギリシア人はインドの、インド人はギリシアの、慣習に激しい拒否反応を示す。ヘロドトスは「実際どこの国の人間にでも、世界中の慣習の中から最も良いものを選べといえば、熟慮の末誰もが自国の慣習を選ぶに相違ない。このようにどこの国の人間でも、自国の慣習を格段にすぐれたものと考えているのである」と自説を展開しつつ、ピンダロスの「慣習《ノモス》こそ万象の王」という言葉を引いて、各々の国の独自性と多様性を容認している(III 38)。だがしかし、ここから、他社会の慣習は嫌悪感を催す受け入れ難いものである、との思いがヘロドトスの内部にも潜んでいた、と指摘することも可能であろう。ヘロドトスの言に従うならば、ギリシア人である彼自身はギリシアの慣習を最良と考えていた、ということなのであろうか。(6) エジプトの神々について語る時、彼はこれらの神々をエジプト人の用いる呼称ではなく、それらに近似であると見なされるギリシアの神々の名で呼んでいる。例えば、アモンをゼウス、オシリスをディオニュソスと呼ぶように。少なくともこのことに関する限り、ヘロドトスはギリシア的な思考の枠組をもってエジプトの神々を理解・説明しようとしている、と言うべきであろう。

ディラーが指摘するように、ヘロドトスは諸民族を起源の古いものから順に人類の歴史上に位置付けて考えていたらしく、フリュギア人が最古でエジプト人がそれに次ぐとしている(II 2)。[7] エジプトに比べて比較的若いと見なされるギリシア人(II 143)については、ギリシアが種々の慣習や祭祀をエジプトから取り入れたと随所で言及する(II 109, 177)。他方で、彼はスキタイ人は最も若い民族であるという認識のもとに(IV 5)、スキタイ人でギリシアの風習に染まった者(76)、ギリシアの文物を学ぶために派遣された者(77)、バッコスの祭儀に入信した者(79)、などの例を挙げている。すなわち、彼はギリシア人が先進民族からは多くを摂取し、後進の民族には逆に影響を与えた、と考えていた。ヘロドトスはこのような歴史認識に立っていたが、しかし、「昔からギリシア人は、他の人種に比べて抜目なく、戯けた愚行も犯さぬということで異国人とは違うとされたものであった」(I 60)と記し、あるいはクセルクセスとデマラトスとの対話の中でギリシア人を、貧困ではあるが、叡知と厳しい法の力によって勇気の徳を身につけた、と記す(VII 102)時、ここにはアイスキュロスのバルバロイ観とは異なる、さらに一歩踏みだした観点、つまり、ギリシア人が知的に優越しているとの意識が存在すると指摘できよう。

ヘロドトスとアイスキュロスの間に存在したこの相違は、両者の著作年代を隔てる二〇—三〇年間の、アテナイを取り巻く情勢の変化に規定されているのだろう。前述のように、ヘロドトスがペルシア戦争でのアテナイの功績を強調したのは、前五世紀中葉のギリシア世界におけるアテナイの立場の擁護のためであった。前四六〇年代以降のアテナイのペルシアに対する優勢も、両者のバルバロイ観の相違をもたらした要因の一つであろう。その後の前四二〇年代になれば、アリストファネスの喜劇作品に明らかなように、バルバロイ蔑視の観念は、アテナイ社会に強固に定着してしまっている。[8] ヘロドトスに見られるギリシア人の知的優越の意識からこのバルバロイ蔑視観の定着に至るまでの径庭はわずかである。そして、この間にギリシア諸ポリス間のペロポネソス戦争が始まっている。

前五世紀末に書かれたエウリピデスの『アウリスのイフィゲネイア』中のしばしば取り挙げられる一節[9]は、政治的プロパガンダ以外の何ものでもなく、このような蔑視観の定着にペロポネソス戦争が関係していることはすでに指摘されているところである。[10]ギリシア世界を二分して戦われたこの戦争は、まさにギリシア世界の全体的危機であった。勝利して、ギリシア世界の覇者たらんとするアテナイにとって、この二分してしまった世界を統合する理念を築き、ギリシア世界統一の重要性を強調し、自己のアイデンティティを明確化することが大きな課題となった。それには、ギリシア民族に対立する概念であるバルバロイを劣等なるものとし、統一体ギリシアの存在の意義を称揚することが肝要であった。バルバロイ蔑視観定着の背後には、このような政治的動機が存在していたと言えよう。

さらに、バルバロイの概念に蔑視の観念が加わる過程と、ギリシア人のギリシア語以外の言語に対する態度の変化とに、対応関係が存在することも、見逃してはなるまい。

古典期以前のギリシア人は、他言語に対し比較的寛容であった。[11]例えば、デルフォイの神託伺いには、非ギリシア世界からやって来る人々もいた。リュディアのクロイソス王はデルフォイ、アバイ、ドドナに神託を求め(Hdt. I 46-49)、テッサリアで冬営中のペルシアのマルドニオスに派遣されてプトオンに赴いたエウロポス人ミュスは、カリア語の神託を受けてそれを書き留めたという(Hdt. VIII 137)。デロスの神域も非ギリシア人に開かれていた。そうであれば、デルフォイ、デロスのような大きな聖地の神官たちの中にギリシア語以外の言語を、たとえ流暢にではなくとも、話せるものがいたに違いない。[12]

言語が価値判断の厳しい基準となるのは、やはりペルシア戦争の頃からであるらしい。バスレはその原因を二つ挙げる。まず、ペルシアとの外交交渉が度重なるにつれ、言語が異なり、通訳を介さねばならないことに原因するトラブルが生じたこと。次に、哲学の発展にともない、ロゴスの重視がかつてないほどに強まり、言葉(ロゴス)を持たないバルバロイは理性(ロゴス)も持たない、という観念が醸成されたこと。[13]これらの要因から、ペルシア戦争後ギリシア人は他の言語に対し閉鎖的になっていく。他の言語との接触は、通常、ギリシア語を話すバルバロイの通訳者を通して行なわれたらしい。

オリュンピアの祭典に参加できるのはギリシア民族だけであったが、他方、古典期以降に隆盛の傾向を見るエレウシスの秘儀の場合、これに入信できるのはギリシア語を話せる者に限られていた[14]。言いかえれば、ギリシア語が話せれば、非ギリシア人であっても秘儀に入信できたわけで、ここにはギリシア語中心主義が見出せる。奴隷の入信者の例さえ見られるが、彼らは多くがバルバロイだったに違いない。ここから判断すれば、ギリシア人はギリシア文化に同化した者に対しては、これを許容するが、そうでない者、異文化世界に留まるバルバロイに対しては、排斥的とまではいかないまでも、無縁の存在という見方をしていたと言うことができよう。ギリシア語の内部に閉鎖化するギリシア人のこの傾向は、ローマ時代になっても持続し、ローマ人がギリシア語を盛んに習得したのに対し、その逆、つまり、ギリシア人がラテン語をよくすることは少なかった[15]。

確かに、ギリシア人は他民族を自文化に同化させることにローマ人ほどに関心を抱いてはおらず、他民族の文化について自文化を基準に観察しはするものの、それ以上に深い考察を加えない傾向が強い。非ギリシア人を客観的に観察したと言われるヘロドトスの場合でも、すでに論じたように、エジプトの神々をギリシアの神々の名を用いて説明している。他者に対して自己の思考の枠組みを当てはめるもう一つの例として、未開社会から文明社会への発展の指標を「母系制から父系制への移行」と想定するという思考様式をギリシア人が持っていたことが挙げられる。そしてヘロドトスもこの思考様式をもって後進のリュディア社会に母系制を見出そうとしていることは、ペンブロウクがすでに明らかにしている[16]。ローマ人は異民族を次々と自己の内に取り込んでいき、ついに大帝国を形成するが、このようなローマ人をハンフリーズは「領土の帝国主義者」と呼び、これに対し、自己の世界をその高みにおいて自己完結的に維持し、そこから他者を認識しようとする姿勢の強固なギリシア人を、「知の帝国主義者」と呼ぶ[17]。ハンフリーズのこの評価は、ギリシア人の性向の一側面を言い当てた言葉と言えよう。

このような複数の要因に促されて、バルバロイ蔑視の観念がアテナイ人の間に定着していった。エウリピデス『アウリスのイフィゲネイア』の有名な一節、「ギリシア人がバルバロイを支配することはあっても、バルバロイがギリシアを支配することはなりません。お母様、むこうは奴隷、こちらは自由人なのです」(1400-1401)には、こうして醸成されたバルバロイ蔑視観が端的に表現されている。このような認識がアテナイ人の行動と意識とを次第に強く規定していったにもかかわらず、すでに見たようにギリシア人はバルバロイに対して敵意をもって排斥するよりも、むしろ無関心であり、ギリシア文化に同化したバルバロイに対しては寛容であるという側面も同時に併せもっていた。アテナイ人が従来から備えていたこのような側面は、前五世紀に次第に強固に醸成されたバルバロイ蔑視観とともに、後者が主調音となりつつも、両者がからみ合った形で市民の思考と行動とを貫いていった。

## 二 クセノイとの友好関係の形成と公的制度への包摂

非ギリシア人を指す語がバルバロイであるならば、アテナイ以外のギリシア人一般はクセノイ(外人)と呼ばれた。彼らは、アテナイ国内に居住した時には、後述のようなメトイコイ身分に所属したが、アテナイの外に留まる限り、クセノイであり、アテナイを訪れても、短期間の滞在者であれば、依然としてクセノイでしかなかった。

クセノイの意味に、「見知らぬ外人」と「客人―相互歓待関係にある外人」との二種があることは、一般に指摘されている。しかし、クセノイという語に含まれていたこれら両義は、その時々に応じて適当に使い分けられたのではなく、「客人」の意は、ホメロスの時代以来の社会慣行であるクセニアの中で使用されたことを、最近ハーマンが明らかにした。(18)

ハーマンはこの慣行を儀礼的友好関係(ritualised friendship)という語で呼ぶ。儀礼的友好関係は、ハーマンに従えば、相異なる社会あるいは共同体の出身である二者の間の連帯の絆であって、具体的には、財と奉仕の互酬として現れる。この関係には親族関係に類似した特徴があり、親族間と同様な情愛の存在が想定され、いずれか一方が困難に遭遇した時には、他方が保護を提供した。

クセニア慣行は、圧倒的に社会の上層の人々の間に見られたものであって、非自由人の参与は皆無であり、女性が当事者であった例も稀である[19]。

言いかえれば、それはギリシア世界の中の少数者であるエリートたちの間の慣行であった。したがって、クセニアの当事者たちは対等の立場にあるという相互の認識あるいは幻想の上に立っていた。二人の社会的地位の差異は、存在したとしても、狭いエリート集団の内部の慣行である以上それほど大きなものではなく、肝腎なのは、相手が求める資質を持っているか否かであった。この制度はホメロスの時代からローマ時代に至るまで、ギリシア世界内とその近隣に網の目のように張り巡らされて、存続したのであり、ポリスという組織はクセニア制度の存在を解体させることなく、この張り巡らされた網の目の上に覆いかぶさる形で成立した。従って、クセニアは、ポリスの外交上の機構・制度が不備な時代には特に、この欠陥を補う機能、つまり、私的レヴェルでの外交関係の樹立と維持という機能を果したらしい[20]。

アテナイのペリクレスとスパルタ王アルキダモスとはギリシア人同士でクセニア関係にあった。ペロポネソス戦争が始まり、スパルタ軍がアッティカに侵入すると、ペリクレスは、アルキダモスが両者のクセニア関係を重んじて自分の所有地だけは破壊せずにおくのではないか、と危惧し、自己の立場が疑われないよう、民会においてそのような場合には自分の財産を公共財産として提供すると述べた、という(Thuc. II 13)。この例は、クセニア関係にある当事者のそれぞれが属するポリスの間に対立が生じた時に、両者は私的関係であるクセニアを優先するか、ポリスの利益を優先するか、ジレンマに陥ったことを示している。これは、クセニア制度とポリス制度との齟齬が顕在化した例と言えよう。

自己の共同体に所属しない部外者が、「見知らぬ外人(クセノイ)」から「客人(クセノイ)」に変貌するのであれば、この変化はどのようにして生じたのであろうか。まず、「見知らぬ外人」同士の敵意を解消するための儀礼、すなわち、誓約(*πίστις*)の交換や握手(*δεξία*)、あるいは相互の力関係によっては恩恵(*εὐεργεσία*)や嘆願(*ἱκετεία*)の提供が行なわれる。これらの授受は多くの場合、神々への誓いや灌奠の儀礼をともなう。次いで、贈物の交換が相互に行なわれるが、この贈物は、価値はそれ程ないが象徴的な意味を有する物、たとえば、槍や割符や書簡のような物である場合も、多額の金銭や土地である場合もあった。その後に共同の食事、宴会が続くが、これは必ずしも不可欠ではなかった。[21] 儀礼的友好関係、クセニアの関係はこのようにして成立した。

このクセニア制度の当事者は史料に見る限り、ギリシア人同士である場合が多いが、時には一方が非ギリシア人すなわちバルバロイである場合、あるいは双方ともにバルバロイである場合もあった。前述のペリクレスとアルキダモスとの関係はギリシア人同士のクセニアであり、例えば、アテナイ人デモステネスとコイラデス諸島のイアピュギア人のアルタス(Thuc. VII 33)、アテナイ人アルキビアデスとペルシア人ティッサフェルネス(Thuc. VIII 45-48)、同アルキビアデスとペルシア人ファルナバゾス(Xen. *Hell.* I 4. 8)、などの例は、アテナイ人と非ギリシア人すなわちバルバロイとの間のクセニアであった。

前節で触れたペルシア王クセルクセスとスパルタ王デマラトスとの関係も、ギリシア人とバルバロイの間のクセニアの一例である。前者は後者について次のようにいう、「生国を異にし互いに客として遇し遇される間柄にあっては、一方が順境にある場合もその友は何にもまして親切なもので、相談を受ければ最善の知恵を貸してくれよう。このようなわけであるから、わしの客であるデマラトスに対する悪口は今後一切禁ずる」(Hdt. VII 237)。エジプト王アマシスは彼のクセノスであったサモスの僭主ポリュクラテスが、余りに幸運に恵まれていることを知ると、クセニア関係の破棄を通告した。なぜなら、それほどに幸運な者は、いずれ大きな不幸に見舞われるはずであり、それはクセニア関係にある自分にも心痛のもととなるから、それは避けたい、というのであった(Hdt. III 43)。

このように、前五世紀、すでにアテナイ人のバルバロイ認識として、ギリシア人対非ギリシア人という対概念が明瞭に意識されていた時期においても、バルバロイにしてクセノイと呼ばれている人々が存在していたことが確認される。ここには排斥的バルバロイ観とは異なる認識法が存在する。ギリシア人と個人的に親しい関係を成立させた非ギリシア人に関しては、もはや、ギリシア人対バルバロイという対概念の枠は外されてしまっている。さらに、個別の事例を見るならば、彼は必ずしもギリシア文化に同化した人間とは限らないことが明らかである。それぞれが相異なる独自の社会、独自の文化圏の中に留まりつつ、しかも相互にクセノス(クセニア関係にある者)同士という認識を共有していたということになる。ここには、動機はどうであれ、例えば純粋の友情からであれ政治的打算からであれ、個人と個人との親交を基盤とした関係が成立している。個人間に相互理解と相互信頼が成り立つならば民族の違いはさして問題にならなかった、ということであろう。限定つきながら、ここにギリシア人の他者に対する公正な態度を見てとることが出来る。また、それが古典期アテナイの文化的・社会的開放性を支える基盤にもなったのであろう。

ところで、ギリシアにはプロクセニアという制度が存在し、アテナイでもこれはポリスの公的制度であった。他ポリスの市民であるクセノスで、アテナイ国家によってプロクセノスの資格を授与された者は、アテナイ市民が公用あるいは私用でその国を訪れた時に、このアテナイ人の世話をする役目を担う、今日の名誉領事のような存在であった。特に、アテナイ市民がその国で訴訟事件に巻き込まれた時には、このアテナイ人の代理人として彼の権利擁護に努めることになっていた。

この制度はハーマンによれば、個人のレヴェルで実践されていたクセニアの慣行を国家の制度に転用させたものだという。[22] しかも、アテナイのプロクセノスとしての資格を授与された者の事例を検討するならば、通例、アテナイ市民とクセニア関係を結んでいるクセノスが、このアテナイ人の提案によってプロクセノスとしての公的な資格を与えられている。[23] つまり、個人と個人との私的関係が国家の制度という公的関係にまで上昇し、クセノスはプロクセノス、すなわち、公的資格を有する存在となり、ポリスの体制内に取り込まれることになった。ポリスが外人を制度の上に位置づける際に、市民の何人《なんぴと》かがこの外人と個人的にクセニア関係にあることを前提としていたことは、注意すべきであろう。

プロクセニア制度と関連して、ヘラクレイア市が任命したプロクセノスであったカリッポスという名のアテナイ市民の事例が興味深い。

デモステネス『弁論第五二番』によれば、それは次のような事件であった。ヘラクレイア市民リュコンは、アテナイを拠点に通商に携わっていたが、アテナイからリビアへと赴くにあたって銀行家パシオン[24]に現金一六ムナ四〇ドラクマを次のような内容の約定書とともに寄託した。すなわち、共同事業者ケフィソドトスがやってきたら彼にこの現金を支払うこと、また、その際ケフィソドトスの人物証明をパシオンに対し行うのは、リュコンのクセノスであるアテナイ市民のアルケビアデスおよび他一名とする、というものであった。間もなく、不幸にもリュコンは海賊に襲われて負傷し、死亡した。その後、パシオンは預かった現金をケフィソドトスに支払った。しかし、これに対し、アテナイ市民カリッポスはヘラクレイア市のプロクセノスであることを理由に、また、リュコンがアルゴスで絶命する時に所持品を同じくヘラクレイア市のプロクセノスであったアルゴス人ストランメノスに与えた前例を引いて、自分も例の現金を取得する権利があると言い出し、ことは訴訟事件へと発展した。

このデモステネス『弁論第五二番』はアテナイの銀行業務の内実の一端を知るために、またプロクセノスの機能を知るために、貴重な史料であるが、本稿のテーマとの関連では、アテナイに滞在しているヘラクレイア市民とプロクセノスとの関係の実態を知ることができて興味深い。リュコンはアテナイにおける自分の立場を擁護してくれるはずのカリッポスとはほとんど接触がなかったらしい。彼が頼みとしたのは、自分のクセノスであるアルケビアデスであった。リュコンにとってカリッポスは、自国ヘラクレイアがプロクセノスと認定した者ではあったが、彼自身はこの公権力の仲介によって成立しているプロクセノスとの関係を重視せず、自ら築いた私的関係に信頼を置いていた。

この事例はヘラクレイアのプロクセニア制度を伝えたものではあるが、アテナイのそれも実態はそれほど違わなかったであろう。アテナイも、プロクセニア制度によって他者であるクセノスを自国のプロクセノスとしてポリス内に位置づけ、包摂することによって、ポリスの外交的、経済的利益に奉仕させたのであった。

しかし、カリッポスの例はまた、私的関係が公的レヴェルの関係にまで普遍化されることはあっても、その逆、公権力によるお仕着せの関係が私的レヴェルで個人と個人との信頼の絆を成立させることは、それ程容易でなかったことを示している。クセニアの慣行とポリスの国家組織とでは、その成立の時期、それぞれを支えている論理、効力の及ぶ範囲にずれが存在したことは、これまで論じたところから明らかであろう。アテナイ市民は、クセニアの慣行に基づき、ポリスの公的枠組みの中での関係とは離れた対等な関係、ポリスの論理とは離れた、独立した人格同士の関係を、他者すなわちクセノスとの間に成立させ得た。そうであれば、このようなクセノスがアテナイに居住するようになり、メトイコスとなった時、アテナイのポリス内部に、上記のような他者との対等の関係が成立したことになる。たとえクセニアが社会の上層市民の間にのみ普及していた慣行であったとしても、このような市民と非市民との対等の関係が存在していた意義は、小さくはなかったはずである。

## 三　アテナイ社会におけるメトイコイの二重性

ポリス内部に目を転じるならば、アテナイに居住する多数の外人は、身分の上から自由人であるメトイコイ（在留外人）と非自由人である奴隷とに分けられる。メトイコイには、他ポリスからアテナイへ移住してきたクセノイと非ギリシア世界からアテナイに移住してきたバルバロイ、それにいわゆる解放奴隷（彼らも多くはバルバロイであった）とが含まれていた。市民が日常的に接触する機会が多いのはこれらの人々であった。ここではメトイコイについて論じ、奴隷を取り上げることはしない。奴隷について論じるには、ギリシアの奴隷制と奴隷観という問題を前もって論じるべきであり、本稿ではその余裕がないためである。ただし、解放奴隷はメトイコイ身分に含まれたので、メトイコイを論じることによって間接的に奴隷にも触れることになろう。

メトイコイは一定期間（一説によれば一カ月）以上アテナイに居住する外人で、居住デーモスに登録され、メトイキオンと呼ばれる人頭税（一年に男一二、女六ドラクマ）を支払った[25]。土地所有権を持たない彼らの多くは商業や手工業に携わり、アテナイの経済に不可欠の存在であった。市民に比べ多くの点で権利を制限されていたメトイコイではあったが、従軍の義務や公共奉仕の義務は果さねばならなかった[26]。それでもなお彼らがアテナイに居住することを選択したのは、強大な国力を有し、ギリシア世界の主要港であるペイライエウスを擁するアテナイで経済的な活動をすることが、彼等に利益をもたらすからであった。

ヘロドトス、プロタゴラス、アリストテレスらもアテナイに居住している間は、メトイコイ身分に属していたはずである。しかし、彼らのような知識人や学者、あるいは彫刻家、陶工、医者、ソフィストなどの場合、経済活動を目的としてではなく、アテナイ社会の知的、文化的な雰囲気に魅かれ、充分に自己の能力が発揮できるとの期待をもって、移住して来たのであろう。政治的亡命者もいたに違いない。また、解放奴隷であるメトイコイの場合は、奴隷から解放されて自由を得ても、もはや帰り行くべきところを持たないがゆえに、アテナイに留まらざるを得なかった者も少なくなかった。

このように、法制的に一つの身分に括られていたメトイコイではあったが、彼らがアテナイに居住する理由あるいは目的は多様であって、彼らの経済的な立場も同一ではなく、ある者は市民と利害が一致し、他の者は対立していた。市民たちもまた、政治的に同一の身分に属してはいたが、社会階層の点では排他的で単一の集団を構成していたわけではなかったから、上層部の市民は、職人などの下層市民とよりも、むしろ富裕なメトイコイと経済的・文化的な共通性を持ち、日常の交流を深めていた。

弁論家リュシアスもそのようなメトイコイの一人であった。父ケファロスは、ペリクレスの招きによりアテナイに居住するようになったシュラクサイ出身のメトイコスであり、リュシアスはアテナイに生まれ、兄ポレマルコスのほかに二人の兄弟がいた。この一家は手工業経営に携わる富裕者で、アテナイ市民の上層部と知的交流があったことは、プラトン『国家』の冒頭に記されている。リュシアスはポレマルコスとともにアテナイの植民市トゥリオイに移住し、そこの市民権を得たものの、アテナイのシケリア遠征失敗の後、アテナイ支持者であるという理由で追放され、前四一二／一年にアテナイに戻った(27)。

シケリア遠征以後、ペロポネソス戦争はアテナイ側に不利な形勢となり、前四〇四年アテナイはついに降伏した。以後アテナイが消滅せず、ポリスとして存続しえたのは、スパルタの戦後処理が当時としては手心を加えたものであったからであろう。しかし、そのスパルタの、特にリュサンドロスの介入によって、敗戦直後のアテナイにはいわゆる「三十人僭主」の寡頭政が成立し、この寡頭支配は次第に恐怖政治的色彩を強めていった(28)。リュシアスの場合も、財産を奪われた上、兄は殺害され、自分自身はメガラへと逃れた。

ところで、「三十人僭主」側がいかなる理由でこの挙に及んだのか、リュシアスによれば、逼迫する国家財政を補うため、彼等は国制に不満を抱いている廉で一〇人のメトイコイを逮捕したのであった(Lysias XII 7)。自分たちのアテナイにおける身の処し方についてリュシアスはこう語る、「我々はこのような仕打ちに値するような悪事は国家に対して何もしておらず、それどころか合唱隊奉仕の役はすべて果し、多額の戦時財産税も納め、秩序を守り、命じられることは何でも行ない、誰を敵としたこともなく、多数のアテナイ市民を敵の手から取り戻すために賠償金を支払いもした」(Lysias XII 20)。メトイコスとして市民の上層部と交わりながら、アテナイで生活し続ける者の心得をここに聞くことができる。

しかし、このようにアテナイ国家に貢献し、私生活においても、上層市民たちとの知的な交わりを通し有力市民たちと個人的に親しい関係を築いていたに違いないリュシアス兄弟が、「三十人僭主」の暴挙と言うべき政策の犠牲者となってしまった。もっとも、「三十人僭主」はメトイコイのみならず、一五〇〇名をくだらぬ市民をも裁判に掛けずに殺害したのであるから(Arist. *AP* 35. 4)、リュシアス兄弟が、メトイコイであるがゆえにことさら非道な扱いを受けた、ということはできない。むしろ、「三十人僭主」支配下のアテナイにとどまり、市民たちと苦難を共にしようとしたメトイコイの存在を確認すべきであろう。リュシアスは民主政復活後アテナイに戻り、前三八〇年頃にイソテレス[29]としてその生涯を閉じたという[30]。

リュシアスは陪審員に次のように語っている。「私の父ケファロスはこの地に来るようペリクレスに懇請されて、三〇年間ここに住んだ。そしてその間、我々兄弟も、だれに対しても一度たりとも訴訟沙汰を起こしたことはないし、また訴えられたこともなく、他人に不正を働くことも他人から不正を被ることもなしに、民主政のもとで生きてきたのである」(Lysias XII 4)。自己の立場の正当性を陪審員に納得させるために語るこの言葉は、まさにアテナイ市民にとって望ましいメトイコイ像を示すと考えて良い。確かに、リュシアスはメトイコイのなかでも最も望ましい存在であったであろう。他方で、彼らとは反対に、望ましからざるメトイコイ、つまりリュシアスの言葉を裏返せば、訴訟沙汰を起こしたり、訴えられたりしたメトイコイも存在していた。

同じリュシアスによる『弁論第二二番』に現れる穀物商人はこのようなメトイコイの一人であった。この弁論で扱われている訴訟事件は、前四世紀初めのコリントス戦争時の穀物事情悪化の中で生じたものである。彼は仲間と共に、穀物を法の規制枠以上の高値で売却したらしい。弁論の成立年代は前三八六年と推測されている。[31] 穀物の調達はかねてよりアテナイの死活に係わる重大問題であった。それに戦争という非常事態が加わって穀物商人に対する市民の反感は高まり、その反感が当事件の被告たる穀物商人に向けられたのであった。原告は被告を攻撃して次のように言う。「彼等と他の人々とでは、利害は正反対である。国に悪い知らせがもたらされると、彼等は穀物を高値で売却し、その時に最大の利益を得るのだから。諸君〔陪審員たち、すなわち市民たち〕の不幸を見ることに大きな喜びを感じるので、誰よりも早くそれを聞きつけたり、自分たちで捏造したりする。……そして彼等の諸君に対する敵意たるや、敵が狙うのと同じ機会を選んで諸君に謀略を企てる程である」(Lysias XXII 14)。ここにおいてメトイコイは市民と利害の対立する存在、市民が常に警戒を怠ってはならない存在と見なされている。ただし、これらメトイコイは穀物商人という市民の死活を握る者であるから、市民の彼らに抱く感情が直ちにメトイコイ一般に対するものではないことはもちろんである。しかし、メトイコイは一朝事あれば市民と利害を異にする、という意識が市民の間に存在していたことは否定できまい。

前三九〇年代初めに奴隷から解放されてメトイコスとなったパシオン[32]は、以後、銀行経営で蓄財し、前三八〇年代の初めに国家に対し善行(複数、*εὐεργεσίαι*)を果したという理由で市民権を賦与された(Dem. XLV 81)。これら善行の具体的内容は、息子アポロドロスの言によれば、一〇〇〇枚の盾を寄贈し、種々の奉仕を行ない、さらに三段櫂船奉仕も五度務めたが、この時には艤装費用を自発的に負担もした、というものである(Dem. XLV 85)。パシオンの日常の態度をアポロドロスは、「ご存知のように、私の父はたいそう名誉を大切にしていたため、悪事や破廉恥なことはしませんでした」(Dem. LII 29)と語っている。商売上手であり、仕事熱心で実直な男だったのであろう。奴隷から始めて市民にまで成り上がるには、相当な努力をし、市民の間に敵対者を作らないよう注意したに違いない。市民権賦与は民会で決定されるのであったから。

パシオンは奴隷上がりであったが、バルバロスであったか否かは不明である。しかし、彼によって解放され、前三六一／〇年に市民権を賦与されたフォルミオンがバルバロスであったことは間違いない(Dem. XLV 30, 81)。メトイコイの中には少なからざるバルバロイがいた。その割合を確定することは困難であるが[33]、リュディア人、フリュギア人、エジプト人、フェニキア人などの存在は史料から確認される[34]。エジプト人は相当数いたらしい。例えば、デモステネスによれば、富裕市民メイディアスは、自分の代りにメトイコスであるエジプト人パンフィロスをトリエラルコス(三段櫂船奉仕者)として派遣したという(Dem. XXI 163)。「エジプト人らしくする(*Αἰγυπτιάζω*)」という動詞には、「卑劣にして狡猾である」という意味が含まれており[35]、アリストファネス『テスモフォリア祭を祝う女たち』で、女装したムネシクレスを救い出そうと虚言を並べ立てたエウリピデスは、「お前もどうやら悪者らしいね、そいでこ奴とぐるなんだろ、そいで読めた、さっきからエジプトがっていたんだね」[36](*Thesm.* 922)と非難される。この動詞にアテナイ人のエジプト人に対する、あるいはバルバロイに対する蔑視観の端的な表出を見ることができよう。イサイオス『弁論第五番』に言及されているメトイコスのエジプト人はメラス(黒)という名で呼ばれているが、これは恐らく渾名であって、そこから、バルバロイに対しては身体的特徴をあげつらっての偏見があった、と推測できる[37]。しかし、この種の偏見が史料に見出されることは喜劇作品などを除いてはそれほど多くはなく、メトイコイの出身地あるいは出身民族が言及されることも少ないことから、恐らく、アテナイ市民が他者として意識の中心に置いたのは、メトイコイという存在であって、それがバルバロイであるか否かは二次的問題でしかなかったのであろう[38]。

「メトイコス」は男・女性共用の名詞であり、市民(πολίτης)が男性名詞であったことと対照的である。集合名詞、「市民団(πολιτεία)」には女性は決して含まれなかったが、同じく集合名詞である「メトイコイ身分(μετοικία)」には女性も含まれ、女性であっても夫あるいは息子がいない場合彼女は人頭税メトイキオンを支払った。この事実は、税額が男性の半分であるにしても、女性が独立自営の存在として認められていたことを示している。ここから、市民身分の女性が終世かならず後見人を必要としていたのに対し、メトイコイの中には後見人なしで自活している女性が存在していたことが、知られる。彼女たちの中には、遊女あるいは娼婦が少なくなかったが、小売商を営む者もおり、乳母や治療師、洗濯女もいたことが墓碑銘などより確認されている。[39] 法廷弁論中に現れるネアイラ([Dem.] LIX)やゾビア(Dem. XXV 57)やアンティゴネ(Hypereides III 3-5)は、もと遊女や娼婦であったが、自己の才覚を生かし、時には違法な、あるいは違法に近い行為をしつつ、自己の利益追求を試みる逞しい女性たちであった。もっとも、彼女たちは何らかの訴訟事件に関わりがあったからこそ法廷弁論で言及されているのであって、メトイコイの女性が一般的に訴訟事件や違法行為に関わっていたわけではない。

前四五一年にいわゆるペリクレスの市民権法が成立して、市民が両親とも市民身分の者に限られてからは、メトイコイ身分の女性は決してアテナイ市民の母とはなり得なくなった。彼女たちは、市民身分の女性たち、すなわちアテナイ市民の母となる潜在的能力を有する女性とは異なり、家の中に逼塞していることはなかったらしい。アゴラなどの街中で生き生きと動いているのは、メトイコイの女性たちであっただろう。

アドニア祭はこのようなメトイコイ身分のヘタイラ(遊女)や内妻による祭で、男たちを招待し、飲食を楽しむ、乱痴気騒ぎの祭であった。他方、男性を排除したテスモフォリア祭では、アドニア祭とは対照的に禁欲や断食が求められた。とくに各デーモスで開催される地方のテスモフォリア祭は市民身分の女性たちが集まり、自分たちの正妻としての立場を相互に承認し合う場であった。それは一夫一婦制を社会秩序の基盤としながらも、婚姻届の制度のないアテナイで、正妻の地位を確固とさせるために必要な場であった[40]。言い換えれば、デーモスのテスモフォリア祭は、オイコスの存続のために嫡出子の確保を達成させるという機能を有する祭であった。アドニア祭とテスモフォリア祭、これら二祭儀の相違がはっきりと示すように、女性はアテナイ市民を産めるか産めないかによって、明確に二分されていた。アテナイ市民は彼らの妻や娘を自分たちの影のような存在として、家の中にとどめておくことでオイコスの秩序維持を図った。他方で、相互に対等な男性市民のみからなる市民団の秩序と連帯維持のためには、アテナイ市民は、母なくして大地から誕生し、女神アテナに養育されたエリクトニオスの神話を作り出した。「アウトクトン(αὐτόχθων 大地から誕生する、土着の)」というアテナイ市民について使用される形容語に見られるように、エリクトニオス神話の普及により、アテナイ市民は女性の介在なしに誕生した、という観念が定着し、市民共同体からの女性の排除の徹底化が進み、ここに男性と女性の性の分離が完成した[41]。

市民を産むことのあり得ないメトイコイ身分の女性は、市民のオイコスの内部には入り込めないがゆえに、その秩序を乱すことはあり得ず、従って、このような女性たちが独立した一個の人間として行動の自由を持とうとも、市民団の秩序が揺らぐはずはない。それゆえ、彼女らは女性であるにもかかわらず、独立した社会的存在として認められたのであった。

このように、メトイコイと一言で呼んでも、その実態は様々であった。しかし、いずれについても一貫しているのは、メトイコイはポリスとポリス市民の利益に奉仕すべきである、との観念である。他方、史料が伝える具体例は、そのような前提のもとにアテナイ社会に受け入れられながらも、自己の利益追求のための抜け道を探る、したたかで逞しいメトイコイの存在を示している。

アテナイに居住する同じ自由人でありながら、厳然たる身分の壁で市民と隔てられていた彼らメトイコイは、奴隷とともにポリス・アテナイを経済的に支える機能を有する存在であった。前五世紀から前四世紀へと、アテナイの経済構造の変化に対応して彼らの重要性は一層強くなっていく。そうであるならば、このような情勢の下で市民とメトイコイの間の身分の壁に亀裂が入ることはなかったであろうか。様々な要因につき動かされて、閉鎖的市民共同体が新たな方向へと変質をとげることはなかったのであろうか。

## 四 他者統合の手段としての市民権賦与

アテナイ民主政に共鳴し、市民と多くの点で利害を共にしたリュシアスの場合、一度は市民権を賦与されたものの、すぐに撤回され、(42) その死の日までイソテレスとしてアテナイに生を送った。他方、奴隷から身をおこした前述のパシオンは、前三八〇年代初めに市民権を賦与されている。(43) 市民権の賦与は、異質の存在を閉鎖的市民団の中に受け容れるという意味では、他者を自己と同等の存在と認めた端的な例ということができるかもしれない。リュシアスとパシオンの境涯の相違は、アテナイ市民の側の何らかの変化によるものであろうか。

前三八〇年代初頭までに市民権を賦与された外人の例をオズボーン(44)に従って整理するならば以下のようになる。

(1) 前四七六年頃、ファルサロスのメネクレイデスの子メノン。(45)
(2) 前四六〇年頃、タソスのアグラオフォンの子ポリュグノトス。
(3) 前四三九年、サモスのカリュスティオン。
(4) 前四三一年、トラキア王シタルケスの子サドコス。
(5) 前四三〇年、ペリクレスの庶子ペリクレス。
(6) 前四二八—四二四年頃、モロッソス王タリュプス。
(7) 前四二七年、プラタイア市民。

(8) 前四一〇／九年、メガラのアポロドロス。
(9) 前四一〇／九年、カリュドンのトラシュブロス。
(10) 前四一〇年またはその直後、キュジコスのアポロドロス。
(11) 前四一〇年またはその直後、アンドロスのファノステネス。
(12) 前四〇七年(?)、サラミスのエウアゴラス王とその息子たち。
(13) 前四〇六年、アルギヌサイの海戦の兵員。
(14) 前四〇五／四年、サモス市民。
(15) 前四〇五／四年、ビュザンティオンのアナクシクラテス、アナクシラオス、アリストン、キュドン、リュクルゴス。
(16) 前四〇三年、ペイライエウスより帰還の人々。
(17) 前四〇九―四〇〇年(?)、アゴラトス。
(18) 前四〇一／〇年、フュレーの英雄たち。
(19) 前四〇二／一―四〇一／〇年(?)、エウクレス。
(20) 前四三一―四〇〇年頃、ボスフォロス王サテュロスとその子レウコン、ゴルギッポス、メトロドロス。
(21) 前四〇〇年頃、アカルナニアのフォルミオン。
(22) 前五世紀末、ミュティレネのミッコスの子アルカイオス。
(23) 前三九〇年代初頭、クラゾメナイのヘラクレイデス。
(24) 前三九四／三年、ロドスのフィル(七字欠)エス。
(25) 前三九四／三年、タソスのストリュス。

(26)　前三九〇年またはその直後、ポリュストラトス。
(27)　同上、ストラバクス。
(28)　前三九〇―三八六年頃、パシオンとその子アポロドロス。

以上の例を逐一検討すれば、市民権賦与は当然ながらアテナイの存続あるいは発展に大いに貢献した者に対してなされたことが判る。市民権賦与は、これらアテナイにとって有用な存在を市民団の中にとり込むことでその有用性を公認し、同時に内在化させる機能を有していた。さらに注意して見るならば、彼らの多くがそれぞれに自己の帰属すべき母国あるいは共同体を持っており、必ずしも、アテナイの市民権賦与を切実に必要としてはいなかったことに気付かされる。長期の籠城の後、脱出してアテナイへと逃れたプラタイア人の場合も、彼らはプラタイア市民としての意識を持ち続け、ついにはプラタイアへ帰国した。サモス人の場合もそれほど違いはない。

これらの事例の中で他と際立って異なるのは、(13)、(16)、(18)の三例であろう。いずれも多数への一括賦与であり、クセノイや奴隷たちが賦与の対象であった。(13)について言うならば、アルギヌサイの戦の直前のアテナイは甚だしい危機的状況であり、動員可能人力は決定的に不足していた。市民権賦与を報償として、外人や奴隷にこのアテナイの存亡に関わる困難な戦闘に参加を呼びかけねばならないほど、事態は切迫していたのである。他者を包摂しようとする市民権賦与は、この(13)の場合、兵員確保のためのいわば「餌」であった。

他方、(16)と(18)とはいずれも「三十人僭主」支配打倒のための内戦に関連している。ペロポネソス戦争直後の前四〇四年に成立したこの寡頭派による支配は次第に恐怖政治的色彩を強め[46]、ついに内戦を招くに至った。すなわち、前四〇三年初め、テーバイに亡命していた民主派のトラシュブロスは他の亡命者七〇名を率いてアッティカに入り、フュレーの要塞を占領した[47]。彼のもとに集まる者は次第に数を増して、同年五月頃、ペイライエウスでのトラシュブロス派(フュレー派、後にペイライエウス派と呼ばれる)と「三十人僭主」派との戦闘が始まった。この戦闘は断続的に続けられ、スパルタ軍の介入もあり、さらに、この間に「三十人僭主」派は、万一の時の避難所として選定していたエレウシスへと退いた「三十人僭主」派と中心市に残った穏健派とに分裂するなどの推移があり、ついに同年夏に和平が成立し、アテナイに民主政が回復した。ここに、一方に穏健派と民主派によるアテナイ、他方に寡頭派によるエレウシス、という二つのポリスが並存することになった。この状態は約二年間続き、前四〇一／〇年に、エレウシス側が傭兵を雇っているとの情報を得たアテナイはエレウシスを攻撃し、その結果和解が成立して統一ポリスが復活した。[48]

内戦が終結し、一応の秩序が回復すると、トラシュブロスは、ペイライエウスから共に帰還したすべての人々に市民権を賦与する、との議案を提出し、それは民会を通過した。(16)の事例はこの際の市民権賦与である。アリストテレス『アテナイ人の国制』四〇章二節によれば、このとき賦与の対象になった人々の中には外人ばかりでなく、奴隷も含まれていたという。

ところがこの決議に対し、アルキノスは「違法議案に対する公訴(*γραφὴ παρανόμων*)」で対抗して、これを破棄させた。彼の主張の根拠は恐らく、この決議が評議会の先議を経ていない(*ἀπροβούλευτον*)ということであった。[49] ただし、和平は成立しても民主政の諸機構がいまだ復活していない時期のこの民会決議が、評議会の先議を経ていないことは止むを得ないことであったに違いない。

アイスキネスによれば、アルキノスはその代りに、民主政機構の復活後の前四〇三／二年の初めに、「民主政を復活させたフュレーからの人々に供犠と供物の費用として一〇〇〇ドラクマと、各人にオリーヴの冠を、授与する、ただし、その授与は、評議会によってフュレーで包囲された者であるとの確認を受けた後に行うこと」との議案を決議させることに成功した(Aischin. III 187, 190)。この報償を受けた者の数はほぼ一〇〇名に達したらしい。このアルキノスの決議を記載した碑文の断片は一九四一年にラウビチェクによって発表され、[50] アイスキネスの記述が事実を伝えたものであることが確認された。ラウビチェクはこの碑文断片の分析から、報償を受けた市民の数は五八名を超えないとし、また、恐らく四〇名以上の非市民のリストがその後に続いていたであろう、と推論した。[51] これら約一〇〇名への顕彰に加えて、リュシアスによれば、外人を含む戦死者には国葬と恒久顕彰とが決議された(Lysias II 66)。⑱の事例は、碑文史料 *IG* II$^2$ 10(＝Tod 100)に見出されるが、この碑文は欠損が甚だしい上に、そこに記載された決議に該当するものが、現存の文献史料中に見当たらないために、これまで様々な解釈が加えられて来た。最近のオズボーンの新校訂[52]に従えば、碑文A面の上部に刻字されている決議の主要部は以下のようになる。

評議会および民会決議。ヒポトンティス部族がプリュタネイア当番役、リュシアデスが書記を、デモフィロスが議長を務めた。トラシュブロスが動議した。フュレーから共に帰還した者あるいはペイライエウスへの帰還のために進軍する者に加わったすべての外人(クセノイ)が相応の恩恵を受けるよう、これらの者たちに関して以下のことがアテナイ人によって投票で決定されるべきこと。彼らと彼らの子孫に市民権のあるべきこと。また、彼らを直ちに一〇部族に配属すべきこと。また、行政担当委員たちは、彼らに関して他のアテナイ人と同一の法規を適用すべきこと。遅れてやって来てムニキアにおける戦闘を共に戦い、ペイライエウスを救済した者たち、および和議が成立した時にペイライエウス在住の民衆に加担し、指令されたことを遂行した者たち、これらすべての者でアテナイに居住する者に、約束の通りにイソテレイアのあるべきこと。(vs. 1-9)

この決議主要部の下方に市民権あるいは特権を賦与された人々の名前と職業とが部族別に列挙され、裏のB面にまでそれは続いている。内容から明らかなように、当決議は前述のトラシュブロスの決議ともアルキノスの決議とも一致しない。オズボーンによれば、年代は、紀年のアルコン名が—OSで終わるため、前四〇四/三年(ピュトドロスがアルコン)あるいは前四〇一/〇年(クセナイネトスがアルコン)のいずれかであるが、本決議は評議会の先議を経ているので、民主政回復後である後者がより妥当である。さらに、リュシアス『弁論第一三番』で被告アゴラトスが自分をフュレーから帰還した者たちの一人であると弁明した時の言葉「フュレーから共に帰還した(*καὶ συγκατῆλθεν* ἀπὸ Φυλῆς)」(Lysias XIII 77)が本碑文の冒頭の記述の一部と一致していること、そして、このアゴラトス弾劾裁判は恐らく前三九九年頃であること、これからも本決議の年代は後者と見なすべきである。(53)

決議では、内戦参加者は以下の三グループに分けられている。

(a)フュレーから共に帰還した者たち

(b)ムニキアにおける戦闘を共に戦った者たち

(c)ペイライエウスの民衆に加担した者たち

市民権を賦与されるのは(a)グループの者たちで、(b)、(c)グループの者たちはいずれにも同じ特権、イソテレイアが与えられている。(16)として先に挙げたトラシュブロスの最初の提案内容よりも、この(18)の報償の内容はレヴェル・ダウンしてはいるが、趣旨そのものは共通しているため、オズボーンの推測するように、当決議の提案者はトラシュブロスと見なして差支えあるまい。(54)すなわち、本碑文史料は、トラシュブロスが内戦で共に戦った外人たちのために、前四〇一/〇年に再度、しかし、内容に修正を加えて提案し、成立した民会決議であった。以下、この(18)の決議をトラシュブロスの第二決議、(16)の決議をトラシュブロスの第一決議と呼ぶ。

## 五　トラシュブロスの第一決議と新たな市民共同体ポリスの可能性

「三十人僭主」支配の崩壊後、前四〇三年秋に民主政が回復した時、トラシュブロスは共に戦った外人に市民権を賦与し、約束を果そうとした。これが(16)の第一決議であるが、この「約束」については、クセノフォン『ヘレニカ』二巻四章二五節に関連記事を見出すことができる。そこには、「三十人僭主」派がエレウシスに退いた後で、中心市の穏健派とペイライエウス派(トラシュブロス率いる民主派)のいずれもが決戦間近と危機感を募らせていた時、ペイライエウス派の人々が彼らの側について戦う外人にイソテレイアを与えると約束した、とある。しかし、実際にトラシュブロスが提案したのは、イソテレイアではなく、報償としてはそれを遥かに上回る市民権賦与であった。アリストテレス『アテナイ人の国制』によれば、「事実トラシュブロスは彼の動議においてペイライエウスから一緒にかえって来たすべての人々に参政権を認めようとしたが、彼らの間には明らかに奴隷も混じっていたのであった」[55](40.2)という。第二決議に関し試みたオズボーンの計算では、市民権を賦与された(a)グループが七〇から九〇名、イソテレイアを与えられた(b)、(c)グループが合計八五〇から八七六名に達する。[56]第一決議では三グループのすべてに市民権が賦与されたのであるから、このオズボーンの試算に基づいて推論すれば、第一決議では一〇〇〇名近い外人と奴隷とに最高の報償である市民権が賦与されたことになる。

この決議の成立が、アテナイに民主政が復活した時、すなわち、ペイライエウス派と中心市における穏健派との和議が成立し、民主政が復活した時点においてであったことを思えば、提案者トラシュブロスの思惑は、穏健派に対抗して民主派を増強することであった、との推測も可能であろう。しかし、ここで確認すべきは、一度はこの提案が民会で決議されたことで、これはすなわち、民会出席者の過半数の支持があったことを意味する。この意味は過小に評価されるべきではない。この時市民たちの間には民主政回復のために共に戦った非市民への深い共感があったに違いない。

確かに、ペロポネソス戦争末期、市民団の閉鎖性が弛緩したのも事実である。シケリア遠征失敗後、人口不足のためにアテナイ市民は正妻の他にもう一人の女性からも子供を得るよう決議が出され、この女性には外人女も含まれていたらしい。[57]先に列挙した市民権賦与の事例も、この時期のものが多い。トラシュブロスの第一決議をこの流れの中に位置付けることも可能である。アルギヌサイの海戦時の市民権一括賦与の経験を経て、この度の賦与に対する市民たちの抵抗感も少なかった、と考えることもできる。しかし、第一決議の成立を、単に市民団の閉鎖性の弛緩の結果として解しては、事態を正確に捕えたことにはなるまい。この決議を成立させた市民たちは、「三十人僭主」の支配の恐怖から脱した安堵と解放感、そして勝利の喜びにつき動かされていたに違いない。同『アテナイ人の国制』にも「民衆が自分の力で帰還を成就したので彼らが政権を得たのも正当のことと思われた」(41.1)とあり、ここに当時の市民たちの意気の昂揚を読みとることができる。[58] 市民たちはその喜びを内戦の苦難を共にした外人たちと分かち合ったのであろう。市民以外の広範な層を市民共同体内に包摂しつつ、民主政ポリス・アテナイの再生をはかろうという熱気をこの決議に読みとることも可能ではなかろうか。

かくして、内戦に参加した外人と奴隷、約一〇〇〇名に対し市民権が賦与された。しかし、この第一決議はアルキノスの反対動議によって破棄されてしまった。一時的にであれ市民権を賦与された外人たちは、社会のどの階層に属していたのであろうか。第二決議の人名リストに見られる職業の内訳を見れば、[59] 皮鞣し、荒布織り、靴作り、ナッツ売り、大工、ラバ追い、などが列挙されており、これらは古典期のアテナイ市民の職業観によれば、下層民と呼びうる人々であった。しかも、そこには奴隷も含まれていた。トラシュブロスの決議を破棄に持ち込んだアルキノスは、このような人々が約一〇〇〇名も市民団に加わることに危惧を抱いたのであろう。[60] これに対し、市民たちの中にはアルキノスの言い分を聞き、彼に同感する者も少なからず出てきた。こうして、トラシュブロスの第一決議は破棄された。その埋め合せであろうか、まもなくアルキノスは民主政回復に功労のあった人々を顕彰する前述の動議を提案したのだが、その対象はわずか一〇〇名ほどで、しかも、半数以上は市民であった。[61]

トラシュブロスの第二決議が成立したのは、アテナイがエレウシスを攻撃し、二つに分裂していたアテナイが一つのポリスに復帰した後のことであったと推定される。アテナイの民主派と穏健派は、和議によってかつての寡頭派勢力を迎え入れた時、以後の政治における力のバランスの行く末に不安を感じたに違いない。さらに、スパルタの覇権強化への対抗姿勢を整える必要も感じられたであろう。前三九五年に始まったコリントス戦争[62]では、スパルタに対しボイオティア、コリントス、アルゴスおよびアテナイが連合して戦った。この時すでにアテナイは、ペロポネソス戦争の壊滅的打撃から立ち直って早くも再び覇権拡張の政策をとり始めており[63]、トラシュブロスはこの政策の推進者の一人となっていた[64]。

前四〇三年の第一決議から前四〇一／〇年の第二決議まで約三年、コリントス戦争までは約八年、これは、情勢の変化に応じてアテナイがその政策の転換を図るに短すぎる歳月ではない。トラシュブロスの第二決議成立の背景には、第一決議成立のときとは様変りの情況が生起し始めていた。

海軍力を活かして対外進出を推進するためには、前五世紀の経験に照らせば、船の漕ぎ手要員として外人と奴隷との協力が必要である。この協力を確保するために、トラシュブロスの第一決議の破棄で一旦は切り捨てた人々、すなわち、民主政回復に尽力した外人と奴隷に、報償を復活させたのだと考えれば、トラシュブロスの第二決議と、当時その萌芽が目前に迫っていたアテナイの対外覇権拡張政策とで、その目指す方向にずれはない[65]。そうであれば、第二決議は単に第一決議をレヴェル・ダウンして追補したものという評価は適切ではない。この二つの決議は、もはや質を異にするものであった。

それゆえ、トラシュブロスの第一決議が一時的にではあれ成立したその意義を、再度ここで考察すべきであろう。多数の外人と奴隷とに市民権賦与を認め、しかも、それが約束されていたイソテレイアを上回るものであったこととともに、アルギヌサイの海戦に備えての賦与とは異なり、内戦の終結後に成立した決議であったことをも勘案するならば、この決議は一層重要な意味を潜在させていた、と考えられるからである。さらに、生死を賭けて民主政回復への内戦を共に戦ったことのみが、多数の外人を自己と同等の存在として受け入れる決定を市民たちに促した要因であったのであろうか、との疑問も残る。当時のアテナイ社会にはどのような変化が生じていたのであろうか。

前五世紀後半以降、アテナイを中心として地中海交易が活発化し、流通経済の発展が進行した。これとともに、アテナイ市内の商工業に従事する外人や奴隷の数も増加し、また、市民の中にも商業と貨幣流通に関わる活動によって富を形成する者も現れた。前四世紀の中葉には、流通経済への関与によって富を形成した人々が、市民と外人という身分の差に関わらず共通の利害によって結ばれ、一つの社会階層すら形成している。[66] もちろん、このような経済的・社会的変化によっても、アテナイの市民共同体の変質の進行が極めて緩慢であったことは、わが国の研究者たちの優れた研究によってすでに明らかにされている。[67] しかし、この経済的・社会的変化の兆しはすでに前五世紀末に、たとえ少数であったとは言え、具体例として市民たちの眼前に現れていた。それが、海上貸付で富を築いた市民ディオドトス (Lysias XXXII) であり、前述のパシオンである。彼らの存在が市民たちに状況の変化を感知させた、と推測することもできよう。

他方、ポリスの中核を成す中小農民にも別の形の変化が生じた。ペロポネソス戦争開始後、農村を離れ中心市に居住することを余儀なくされた市民たちは、時とともに次第に都市型の生活に馴染んでいった。[68] 都市の下層市民や土地から離れた中小農の日常生活は、市内で居住するメトイコイの多くの生活と大差なかったに違いない。しかも、両者が狭い市内で接触する機会がかつて以上に多くなれば、日常的に感じる違和感も稀薄になっていく。戦時下であれば、陸上、海上で共に戦う機会も多く、[69] 彼らの間に連帯感は強くなっていったであろう。トラシュブロスの第一決議成立の背景として、このような市民の側の非市民に対する意識の変化が存在していた。

このように、前五世紀末のアテナイには、経済においても市民の意識においても、従来の市民共同体の枠の内部に収まり得ない事態が生じており、市民共同体が質的に変化を遂げるための条件が存在していた。トラシュブロスの第一決議は、この質的変化を促進し、定着させる為の契機になり得たのかも知れない。しかし、この決議が破棄された時、内戦という危機のさなかで得られた、そしてペリクレス以来の市民共同体の強固な殻を打ち破る動因となるかに見えた、他者に対する認識の質的転換は後退してしまった。後になってのパシオンやフォルミオンへの市民権賦与[70]は、このような認識の転換の微かな証跡ということもできよう。しかし、それはポリスに奉仕する者への単発的な市民権賦与にすぎなかった。市民と非市民との差異は再び明確になり、市民共同体は再びその殻を強固にする。

すなわち、第一決議を破棄させたアルキノス提案の決議に続いて成立した一連の決議、とりわけ、ペロポネソス戦争中に一時棚上げとなっていたペリクレスの市民権法を復活する決議、[71]および内戦の戦死者の遺児のうち嫡子に限り国庫から扶養手当を支給するとのテオゾティデス決議[72]から窺われるように、市民団の閉鎖性は再度堅持されていくことになる。ペロポネソス戦争がもたらした国力の衰退、社会の疲弊はだれの目にも明白であり、ポリスの再建は焦眉の課題であった。この苦い経験の後で思いおこされるのは、かのペリクレスが活躍した時代の栄華であったのだろう。アルキノスの提案による決議とそれに続く一連の決議は、新しい現実に対応していくよりも、過去の栄光に向かって自己を定立させていこうという姿勢が市民の間に優勢となっていったことを示している。特に、市民権法の復活は、ペリクレス時代の全盛期アテナイへの復帰の願望が具現したものであった。

## おわりに

以上のように、前五世紀から前四世紀にかけて、アテナイの市民が、幾層をも成した他者に対してどのような関係を取り結んで来たかを、史料の中から浮かび上がらせ、その構造を示すことを試みた。ペルシア戦争以後の発展と支配圏拡大という時代の流れの中で、アテナイはバルバロイとクセノイとをポリス内部に取り込み、メトイコイとして位置付けた。バルバロイ認識は蔑視を含まない認識から、ペルシアに対する勝利とギリシアにおけるアテナイの位置の変動に従い、蔑視観へと変質していったが、それはアテナイ市民の強固な自己意識の確立と表裏を成すものであった。しかし、このようなバルバロイの中からも、交易などの様々な関係を通じて、アテナイ社会の中に入り込む者も現れた。また、同じギリシア人であるクセノイの中にも、ホメロスの時代から存在する慣行であるクセニアの関係に基づいてアテナイへとやって来る、社会上層に位置するものだけでなく、アテナイの経済的文化的発展とともに、そこを自己の利益獲得の場と見なして移住してくるものもいた。いずれにしろ、これらメトイコイとしてアテナイに居住するようになった人々は、移住の動機あるいは目的、アテナイにおける職業、市民との間に成立させている友好関係、などにより、社会の階梯の様々な部位に位置していたのだが、彼らすべてが市民共同体から排除されていたことはいうまでもない。

それゆえ、市民がバルバロイ、クセノイ、メトイコイという他者に対して持った認識と態度とは、そのまま、アテナイ市民団を中心核とする支配と統合の原理と表裏の関係として捕えられる。トラシュブロスの第一決議は、このような支配・統合のあり方の、時代の変化に即した新しい傾向を示している。それは、経済構造の変化、市民共同体内部の変質、市民団外の諸層の擡頭という事態の中、半世紀以上の推移の中で得られた、アテナイ市民の他者認識の一つの結晶を示している。

デロス同盟が失われて、同盟からの年賦金に頼れなくなった前四世紀になっても、市民が国家支給の諸手当に依存する構造は存続した結果、貧困層が国庫や富裕者の富を当てにする傾向が強くなり、それがアテナイ社会の病弊の一つとなったことは、既に指摘されている(73)。市民団内部の活力は、こうして、また、他の様々な要因も加わり、低下していった。トラシュブロスの第一決議は、それ自体は内戦参加者への報償にとどまってはいたが、既存の市民団の外の、より広い層を市民として包摂する可能性を孕んでいた。しかし、アテナイを取り巻く経済的、政治的情勢の変化と見合った形で市民共同体の従来の枠を拡大する方向、ポリス・アテナイの新たな方向への変貌・発展の道は、この第一決議の破棄で、見出されないままに失われてしまった。市民の特権意識は蘇生し、アテナイは再び他ポリスの支配者たらんと、第二海上同盟結成への道を歩み始めることになるのである。

(1)　H. Diller, "Die Hellenen-Barbaren-Antithese im Zeitalter der Perserkriege", *Entretiens sur l'antiquité classique*, VII, *Grecs et barbares*, Genève, 1961, 39-68.

(2)　M. Jameson, *Hesperia* 29 (1960), 198-223; 31 (1962), 310-315.

(3)　Diller, op. cit., 54-55.

(4)　松平千秋訳『歴史』上、岩波文庫、一九七一年、より。以下同様。

(5)　ヘロドトスの歴史叙述については、村川堅太郎「ヘロドトスについて」『村川堅太郎古代史論集』II、岩波書店、一九八七年、七五―一〇二頁、および藤縄謙三「ヘロドトスの信仰」『歴史学の起源』力富書房、一九八三年、二八〇―三〇一頁、が参考になる。

(6)　S. C. Humphreys, *The Family, Women and Death: Comparative studies*, London/Boston/Melbourne/Henley, 1983, 53.

(7)　Diller, op. cit., 62-64.

(8)　Cf. T. Long, *Barbarians in Greek Comedy*, Carbondale/Edwardsville, 1986.

(9)　本章二八六頁、参照。

(10)　高畠純夫「古代ギリシアの外人観」、弓削・伊藤編『ギリシアとローマ』河出書房新社、一九八八年、三一九頁。

(11)　M. F. Baslez, *L'étranger dans la Grèce antique*, Paris, 1984, 184-187.

(12)　Ibid., 60-61.

(13)　Ibid., 185-186.

(14)　拙稿「エレウシスの秘儀とポリス市民」『史境』八、一九八四年、三四頁。

(15)　A. Momigliano, *Alien Wisdom*, Cambridge, 1975, 21.

(16)　S. Pembroke, "Last of the Matriarchs: A study in the inscriptions of Lycia", *Journal of the Economic and Social History of the Orient* 8 (1965), 212-247.

(17)　Humphreys, op. cit., 54.

(18) G. Herman, *Ritualised Friendship and the Greek City*, London/New York/New Rochell/Melbourne/Sydney, 1987.
(19) Ibid., 10-40.
(20) Ibid., 130-143.
(21) Ibid., 41-72.
(22) Herman, op. cit., 132.
(23) Ibid., 137-138.
(24) パシオンについては本章二九五—二九六頁、参照。
(25) メトイコイについては、cf. D. Whitehead, *The Ideology of the Athenian Metic*, Cambridge, 1977, 6-26.
(26) Ibid., 80-86.
(27) Cf. [Plut.] *X Orat.*, *Lysias*.
(28) 本書III-第二章、参照。
(29) イソテレイアなる特権を賦与されたメトイコスで、税制上の扱いは市民と同等というこの特権にはメトイキオンの免除、その他が含まれていたが、詳細は不明である。Cf. Whitehead, op. cit., 11-13.
(30) [Plut.] *X Orat.*, *Lysias*, 40.
(31) L. Gernet et Bizos, *Lysias: Discours*, II, Paris, 1962, 84.
(32) パシオンと彼の銀行については、岩田拓郎「Demosthenes, XXXVI. 3の解釈をめぐる二・三の問題——古代ギリシア「銀行」史の一断面——」『北大文学部紀要』二二-一、一九七四年、三—二九頁、が参考になる。
(33) Whitehead, op. cit., 109-111.
(34) Xen. *Poroi* II 3(リュディア人、フリュギア人、シリア人); Ar. *Vespae* 1309(フリュギア人); C. W. Clairmont, *Gravestone and Epigram: Greek Memorials from the Archaic and Classical Period*, Mainz on Rhine, 1970, No. 38(フェニキア人).
(35) *LSJ*, s. v.

(36) 呉茂一訳『ギリシア喜劇全集』II、人文書院、一九六一年、一二二頁。
(37) Whitehead, op. cit., 112.
(38) Cf. ibid., 113-114.
(39) Clairmont, op. cit., No. 18, 25, 26, 53; *IG* I$^2$ 473.
(40) 本書II-第二章、参照。
(41) N. Loraux, *Les enfants d'Athéna: idées athéniennes sur la citoyenneté et la division des sexes*, Paris, 1981. なお、拙評『西洋古典学研究』三六(一九八八年)、一〇九—一一一頁、参照。
(42) [Plut.] *X Orat. Lysias* v. 40. リュシアスの市民権賦与は後述(16)のトラシュブロスの第一決議に含まれていたらしい。Cf. M. J. Osborne, *Naturalization in Athens*, Brussel, II (1982), 30, n. 77.
(43) 本章二九五頁、参照。
(44) Osborne, op. cit., I-IV (1981-1983).
(45) 以下の市民権賦与の二八例について、根拠となる史料および賦与の事由は、紙幅の関係で省略する。Ibid. の関連箇所を参照していただきたい。
(46) 本章二九三頁、参照。
(47) この内戦の経緯については、主に Xen. *Hell.* II 4. 1-43 に依拠した。また、中村純「ソクラテス裁判の政治的一側面——告発者アニュトスの意図をめぐって——」『西洋史研究』新一二(一九八三年)、四三—四八頁、参照。
(48) Arist. *AP* 50. 4. Cf. P. J. Rhodes, *A Commentary on the Aristotelian Athenaion Politeia*, Oxford, 1981, 478-481.
(49) Osborne, op. cit., II, 30.
(50) A. E. Raubitschek, "The Heroes of Phyle", *Hesperia* 10 (1941), 284-295.
(51) Ibid., 294.
(52) Osborne, op. cit., I, 37-41. 本史料については本論で述べたように多様な解釈が加えられて来ている。最初の校訂者 Ziebarth と Prott は (E. Ziebarth, *AM* 23 (1898), 27 ff.; H. von Prott, *AM* 25 (1900), 34 ff.) これをアイスキネスの言及する

アルキノスの決議であるとしたが、この見解には異論が多く出され、Raubitschek 発表の碑文史料によってほぼ完全に否定された。そのRaubitschek (op. cit., 286) は、本碑文を破棄されたトラシュブロスの決議そのものと推測し、D. Hereward (*JHS* 47 (1952), 112) がこれに従う。A. Wilhelm (*Jahreshefte* 21/22 (1922/24), 159 ff.) とM. N. Tod (*A Selection of Greek Historical Inscriptions*, II (1948), 8 ff.) は前四〇一／〇年成立のアルキノスの提案による決議と見なす。最近ではP. Krentz (*Phoenix* 34 (1980), 298-306) が碑文断片を再構成し、これをトラシュブロスが再度提案した前四〇三／二年成立の決議と結論した。Krentz の解釈には、Osborne, op. cit., II, 30, n. 81 が指摘するように無理があると思われる。年代については大勢は、前四〇一／〇年説で、Osborne, op. cit., II, 29 ff. もこの見解をとる。決議提案者についても、P. Cloché, *REG* 35 (1922), 406; L. Gluskina, *VDI* 1958, 87-8 はトラシュブロスとし、Whitehead, op. cit., 157 もその可能性を認めている。私は本論に論述するように、Osborne の解釈に従いたい。それによって前五世紀末から前四世紀初頭のアテナイ社会の動向は最も整合的に説明できると考えられる。

(53) Osborne, op. cit., II, 29-32.

(54) Ibid.

(55) 村川堅太郎訳『アテナイ人の国制』岩波書店、一九八〇年、七一頁。以下同様。

(56) Osborne, op. cit., 35-43.

(57) 馬場恵二「アテナイにおける市民権と市民権詐称」秀村・三浦・太田編『古典古代の社会と思想』岩波書店、一九六九年、一五六―一五八頁。本書II-第一章一二九頁。

(58) Cf. Rhodes, op. cit., 481.

(59) 約六九名の職業が判読でき、その内訳は、農業一九名、職人または手工業三一名、商取引または小売業一九名である(Krentz, op. cit., 305.)。

(60) アルキノスはソクラテスを告発したアニュトス同様、トラシュブロスとともにフュレーから帰還した一人であったが、アリストテレスは彼とアニュトスとを、「三十人僭主」の一人で、後に仲間によって処刑されたテラメネスが率いた穏健寡頭派の中に入れている(*AP* 34)。民主派トラシュブロスと、必ずしも立場・意見が一致してはいなかった。

(61) 本章三〇二頁、参照。
(62) コリントス戦争勃発に至るまでの諸ポリス間の関係については、中井義明「コリントス戦争の原因」『立命館史学』四、一九八三年、六三―九九頁、が参考になる。
(63) S. Hornblower, *The Greek World, 479-323 B. C.*, London/New York, 1983, 181.
(64) R. Seager, "Thrasybulus, Conon and Athenian Imperialism, 396-386 B. C.", *JHS* 87 (1967), 95-115; G. L. Cawkwell "The Imperialism of the Thrasybulus", *CQ* 26 (1976), 270-277.
(65) Hornblower, op. cit., 196.
(66) J. Pečírka, "The Crisis of the Athenian Polis in the Fourth Century B. C.", *Eirene* 14 (1976), 5-29. なお、このペチルカ論文の紹介と批判については、伊藤貞夫「ポリスの衰頽をめぐって」『古典期のポリス社会』岩波書店、一九八一年、四五〇―四五三頁、参照。
(67) 伊藤、前掲論文、参照。
(68) S. C. Humphreys, *Anthropology and the Greeks*, London/Henley/Boston, 1978, 147.
(69) 本章二九二頁、参照。
(70) 本章二九五―二九六頁、参照。残存史料に関する限り、前三六〇年代以降に市民権賦与の事例が目だって多くなっている。
(71) アリストフォンの決議(Athen. 577 B-C)。馬場、前掲論文、同所。
(72) R. S. Stroud, "Theozotides and the Athenian Orphans", *Hesperia* 40 (1971), 280-301. 伊藤貞夫「nothos(庶子)の法的地位――アテネ市民権との関連について――」、前掲『古典期のポリス社会』四二一頁。
(73) Humphreys, op. cit., 136-158.

〔補論〕

本論考は『歴史学研究』の特集「歴史における他者認識」への寄稿として成立した。このような内容の特集はおそらく、当時（一九八八―八九年）の日本および世界の状況下での歴史学の課題に応えるために組まれたのだろう。同じ年に刊行された著書の序文で、ホールも二〇世紀末という時代の要請について触れている（E. Hall, *Inventing the Barbarian: Greek Self-Definition through Tragedy*, Oxford, 1989, ix）。「他者」の認識と位置付けは、今なおきわめてアクチュアルな問題であり続けている。

ホールの指摘するように、ギリシア人の優越理論がもっとも早く定式化して表現されたのは、残存する史料に見るかぎり悲劇においてであった。しかも悲劇は、同時代、すなわちアテナイがもっとも強力で自信に満ちていた時代の思想と社会との発展状況を反映している。にもかかわらず、この観点から悲劇を考察する研究者がこれまでほとんどいなかった、とホールはその著書の意義を強調する。

同書では悲劇詩人たちがバルバロイをアテナイ市民の理想の否定形として形象化した、という解釈のもとに、劇中のバルバロイ像がギリシアの外人嫌いと排外主義との強力な文化的表出であることを、具体例をあげながら解読していく。もちろん、ペルシア戦争とその後のアテナイ帝国の形成という歴史的背景を考慮にいれながら。アイスキュロス『ペルシアの人々』については、本論考における解釈とは異なり、すでにそこにバルバロイの劣等性の認識が存在すると指摘する。サイードの著書（エドワード・サイード／板垣・杉田監修／今沢紀子訳『オリエンタリズム』平凡社、一九八六年）を引きながら、ヨーロッパにおけるオリエンタリズムがこの作品に始まる、と主張している点は注目に値しよう。

前五世紀末、特にエウリピデスのいくつかの作品には「高貴なバルバロイ」と「粗野なギリシア人」とが登場する。それはエウリピデスがバルバロイに対して比較的偏見の少ない見方をしていたからなのではなく、むしろ、ギリシア人のバルバロイに対する優越性を当然とする前提があったからこそ、そのような方法が劇的な効果を作り出したのだ、とホールは分析する。

自己認識に到達するために、対極に他者を置くことにより自己の定義を明確にする、という方法は時に効果的であって、その実例をヘロドトスに見いだしたのが、アルトークである。ヘロドトスは『歴史』を書く際に他者を探求し、それに説明を加えたが、その過程そのものがギリシア人の自己理解の方法を反映している。そのような視角からアルトークは、以下に紹介するようにヘロドトスの史書の読解を鏡のメタファーを用いて試みた(H. Hartog, *Le miroir d'Hérodote: Essai sur la représentation de l'autre*, Paris, 1980; *The Mirror of Herodotus: The representation of the other in the writing of history*, tr. by J. Lloyd, Berkeley/Los Angeles/London, 1988.)。

ヘロドトスの史書をめぐってこれまで出された種々の解釈の中には解釈者である我々自身の姿が映し出されている。これが第一の鏡。さらに、史書そのものが、その読者あるいは聴衆としてヘロドトスが想定していたギリシア人たちに対して掲げられた鏡であって、その鏡にはギリシア人がバルバロイである他者の像でもって表出されている。アルトークは、ヘロドトスが取り上げた異民族のなかの特にスキタイ人に関する記述を分析し、そこに反ギリシアの理念型の表象を見る。これは第二の鏡の応用問題の解答編。そして第三に、ヘロドトス自身のものの見方とそれが及ぶ範囲の形象化として鏡のメタファーが用いられる。

以上のようなアルトークの問題提起を受けて、ヘロドトス、トゥキュディデス、クセノフォンの歴史書それぞれに、他者像を通してのギリシア人発見を目指して光を当てたのが、P. Cartledge, *The Greeks: A Portrait of Self and Others*, Oxford, 1993 である。本書は、エッセイ風の著作であって研究書ではないが、それだけに最近の「他者」に関する研究動向を伝えてくれる。

カートリッジは前四世紀にパン・ヘレニズムはバルバロイとの差異の強調と拡大視を招くようになる、とイソクラテスやクセノフォンを例に引いて説明する。クセノフォンがキュロスを主人公とした作品を著しているのは少しも不思議ではない。他者集団を均質の一団とみなす一方で、その集団のなかで自分と接触のある個人については例外として扱うのは、他者定立という行為に伴う本質だからである。

他方、トゥキュディデスの関心の対象はヘロドトスの場合とは違ってほとんどギリシアだけに限られ、バルバロイ一般への関心は薄いが、第一巻冒頭の「考古学」の部分、あるいは第二巻のトラキア人、スキタイ人に関する記述(九五―一〇一)においてバルバロイの後進性、劣等性が言及されている。

ヘロドトスについてカートリッジは、彼を倫理的相対主義者であるとしながらも、その『歴史』の中のエジプトの民族誌を取り上げ、そこに二元法で描かれたギリシア世界の逆さまの像を見いだす。さらに、ペルシア王に関する記述をも吟味し、ヘロドトスが結局、当時の一般ギリシア人と同様、バルバロイについて否定的ステレオタイプの他者像を提示している、と確認している。

　バルバロイについての最近の研究状況を以上のように概観したうえで、本論考で考察の主要な対象としたメトイコイに眼を転じると、最近のメトイコイに関する研究はバルバロイの場合ほど活況を呈しているとは言えない。バルバロイを他者として設定し、「ギリシア人／バルバロイ」という視点からギリシアあるいはギリシア人に接近しようとする姿勢が優勢であることは否定しがたい(ただし、カートリッジは前掲書で他者として女性と奴隷についても論じている)。古代ギリシアを自己の文化の源流としてもつ欧米の研究者にとって、それは優先課題であるのだろうか。そうであるならば、まさに、他者としてバルバロイをまず設定する研究の傾向そのものが、彼ら欧米の研究者の自己認識を映しだす鏡である、と言えるだろう。

　そのような現状において、R. Lonis (ed.), *L'etranger dans le monde grec: Actes du colloque organisé par l'Institut d'Etudes Anciennes, Nancy, mai 1987*, Nancy, 1988 に所収の二論文、P. Gauthier, "Métèques, Périèques et Paroikoi: Bilan et points d'interrogation" (23-46), E. Levy, "Métèques et droit de residence" (47-67) をアテナイのメトイコイに関連した研究として挙げておかなければならない。前者はペリオイコイを中心に据えた論考であるが、ペリオイコイとパロイコイが、居住地の土地を耕作し、時間の経過とともに支配共同体であるポリスの中に統合されることが多いのに対し、メトイコイは土地所有権をもたず、居住する土地の祭祀や伝統とも切り離されており、ポリス共同体に統合される見込みもほとんどない、と結論する。メトイコイについて新たな見解を提示しているのは、むしろレヴィの論文である。前五、四世紀の碑文を分析して、メトイコイを「居住地を別の共同体から移して定住したとみなされ、定住権を与えられた者」とし、古辞書作者とは異なる定義を提唱する。それはつまり、古典期にアテナイでメトイコイとなるためには、オイケシスすなわち居住権を承認してもらう必要があった、との注目すべき見解である。

　なお、本論考の後半部で取り上げたトラシュブロスの第二決議を刻字した碑文の一部として小さな断片(高さ〇・二メートル、幅〇・一七メートル)が M. B. Walbank によって "Greek Inscriptions from the Athenian Agora, No. 2", *Hesperia* 63 (1994), 69-71 として発表されたが、残欠が甚だしく、残念ながらほとんど意味を読み取ることができない。

# 第二章　前四〇三年の「和解協定」をめぐって

## はじめに

ペロポネソス戦争後のアテナイ社会は、敗戦の打撃に加え、さらに「三十人僭主」政権成立とその圧政化、そしてそれに続く内戦を経て、物心両面で多大な困難に直面していた。アリストファネス晩年の作『女の議会』や『福の神』を参照するだけでも、貧困やそれに起因する貧者と富者の対立という問題が存在していたことを窺い知ることができる。前四世紀のアテナイ社会の実相に迫るためには、この問題の内実を解明することが是非とも必要であろう。本稿では、その解明の一助とするために、「三十人僭主(*οἱ τριάκοντα*)」政権時代に没収された財産がどのような取り扱いを受けたのか検討する。それは、前四〇三年に民主政が復活する際に社会秩序回復のためにとられた政策の一環とみなし得るからである。

「三十人僭主」支配に反対して起こった内戦は、テーバイに亡命していたトラシュブロスをはじめとする約七〇名が前四〇三年初めにアッティカ北西部フュレーを占拠して始まった(Xen. *Hell.* II 4. 2)。戦況は当初トラシュブロス側に有利に展開し、戦闘の場がペイライエウスへと移動すると、両派のいっそう激しいつばぜりあいとなるが、劣勢に陥った「三十人僭主」は政権担当能力を問われて解任され、エレウシスへと退去した。以後の内戦は、「三十人僭主」を戴いた寡頭派のうちの市内に残った市民たちとトラシュブロス率いる反寡頭派とのあいだで続行された。本稿では後者すなわち反寡頭派を「ペイライエウス派」と呼び、市内に残って「ペイライエウス派」と戦った人々を「市内派」と呼ぶ。[1]

「ペイライエウス派」優勢に傾いていた戦況は、「三十人僭主」と「市内派」双方の要請に応じてリュサンドロスとその弟リビュスがそれぞれ陸・海軍を指揮して介入し、さらにその後、パウサニアス王指揮するスパルタ正規軍が「市内派」援助のために介入すると、逆転の様相を呈し始めた。しかし、パウサニアスが「ペイライエウス派」と「市内派」、両派の仲介役を果たすにいたり[2]和解が成立した。その結果民主政が回復したため、この内戦は「ペイライエウス派」の勝利に終わった、とみなし得るし、実際そのようにみなされていた[3]のである。

和解のための協議に参加したのは、「ペイライエウス派」、「市内派」、およびスパルタ王パウサニアスであった。こうして締結された和解協定に含まれていた条項のすべてを知ることは、史料上の制約から不可能であるものの、一部は分散しながらも複数の文献に言及されている。したがって、協定の内容を把握するにはそれらを総合して分析・検討する必要があり、そのような観点からの和解協定をめぐる研究は最近レニングによって試みられた。[4]

現在知ることのできる和解協定の内容は、大別すれば、(1)エレウシスに関する規定(Arist. *AP* 39. 1-5)、(2)大赦に関する規定(*AP* 39. 6)、(3)戦費の負担に関する規定(*AP* 39. 6)、(4)没収財産に関する規定(Lysias fr. *Πρὸς Ἱπποθέρσην* 38-48)、の四項目に分けられる。

本稿では冒頭に掲げた問題意識から(4)に挙げた規定をとりあげる。

## 一　没収財産に関する規定

「三十人僭主」が政権を掌握していたあいだに没収された財産は和解成立後にどのような措置を受けたのだろうか。関係の規定に関しては以下のような記述が残されている。

……………………κελευουσῶν τῶν συνθηκῶν τὰ μὲν | πεπραμένα τοὺς ἐωνημένους ἔχειν, τὰ δὲ ἄ[π]ρατα τοὺς κατελθόντας[κ]ομίζεσθαι, οὔτος, οὔτε γῆν[οὔ]τ' οἰκίαν κεκτημένος,|[ἄ]καὶ αἱ συνθῆκαι τοὺς κα[τε]λθοῦσιν ἀπε-δίδοσαν..ν δὲ ἂν δ[ὲ]ἀποδῶ[σ]ι……………το…ερα.[5]

ジェルネ／ビゾスによるこの校訂テキストとその解釈に従えば、没収された動産のうちのすでに売却されてしまったものは、これを購入した者がそのまま所有し、まだ売却されていないものはもとの所有者が取り戻すことと定められている。他方、没収された不動産については、もとの所有者(すなわちペイライエウスからの帰還者)たちに返還されるが、それには、彼らが何がしかの額を支払うならば(pourvus qu'ils payassent)、という条件が付されている。ただし、この条件が記されていると推測されている下線部(引用者)は残欠が甚だしく、意味が不分明である。[6]

ところで、和解協定は、敗戦と内戦を経て苦況にあるアテナイを、敵・味方に分かれて戦った市民たちが力を合わせて再建し、社会秩序を回復するという意図のもとに作成され、締結されたはずである。上記のように校訂されたテキストに認められる、没収財産に関する規定の内容は、この意図に合致しているであろうか。このような疑問から、まず財産没収に関わる当事者たち、すなわち財産を没収された人々と没収財産を購入した人々にとって、この規定内容はどのような利益あるいは損失を意味したのか、検討することにしたい。なぜなら、和解のために「ペイライエウス派」、「市内派」、パウサニアスの三者が集まって没収財産に関する措置を協議したとき、当然この観点からの話し合いが行なわれたであろうから。

「三十人僭主」政権下の財産没収に関する関係史料(*AP* 35. 4; Xen. *Hell.* II 3. 1; II 4. 1; Lysias XII 6-7; Lysias fr. *Πρὸς Ἱπποθέρσην* 113-123)を通観すれば、容易に推測できることであるが、財産を没収されたのは「ペイライエウス派」市民[7]およびメトイコイであったこと、そして、没収財産を購入したのは「三十人僭主」とその仲間、およびこの寡頭派政権において参政権を有していた三〇〇〇人の「市内派」市民であったこと、がわかる。他方、和解協定中の没収財産に関する規定が対象とした人々を利得と損失の観点から分類すれば、次のようになろう。

《規定によって利益を得た者あるいは損失を回復した者》

①不動産のもとの所有者(「ペイライエウス派」市民)

②未売却の動産のもとの所有者(「ペイライエウス派」市民およびメトイコイ)

③動産の購入者(「市内派」市民)

《規定によって損失を蒙った者》

④売却された動産のもとの所有者(「ペイライエウス派」市民およびメトイコイ)

⑤不動産を購入あるいは取得した者(「市内派」市民)

これら五つに分類した人々の利益あるいは損失を個別に検討してみよう。

①と分類した人々は没収された不動産を無償で返還された場合でも、ただ損失を回復したにすぎない。しかし、ジエルネ／ビゾスの解釈に従うならば、返還には何がしかの金額(いわば買い戻し金)を支払えば(つまり、有償で)、という条件が付いていた。有償返還であるならば、その金額の多寡にかかわらず損失は部分的な回復にとどまったことになる。しかもこの買い戻し金を支払うことのできない者は不動産の返還を受けられないことになり、そのような市民にとってはこの規定はむしろ不利益をもたらしたであろう。

②の人々は損失を回復した。ただし、取り戻した財産が原状通りであったか否かは問わない。

③の人々は当該の没収動産を実際の価値よりも安値で購入したに違いない。[8] つまり特殊な状況下で入手した動産の所有権をこの規定で承認されたのであるから、彼らはこの規定によって利益を得たと考えられる。

④の人々については、次のように考えられる。Isoc. XVIII 23 によれば、トラシュブロスとアニュトスとは、動産を奪われたが、それに関して何らの訴訟行為にも出ようとはしなかった。しかもそれは、両者が国政の有力者でありながらも、協定の規定については他の人々と平等の立場にあろうとしたからであった。この「反寡頭派戦争」を戦い抜いた「ペイライエウス派」の指導者二人の事例は、売却された動産については、もとの所有者たちに何の補償もなかったことを伝えている。(9) そうであれば、④に該当する人々は確実に損失を蒙ったことになる。

⑤の人々は、いったん取得した不動産を、もとの所有者に返還するために放棄しなければならなかったとしても、それは元来「三十人僭主」が没収した不動産を安値で購入したか、あるいは無償で供与されたのであった(Xen. *Hell.* II 4. 1)。したがって彼らに損失はなかったか、あったとしても安値の購入価格相当額であり、さほど大きくはなかったはずである。(10) さらに、ジェルネ／ビゾスの解釈のように不動産の返還が有償であったのであれば、彼らの損失は比較的小さいうえに、これに対する補償さえあったことになる。

以上のように没収財産に関する規定を検討し、「市内派」と「ペイライエウス派」とを比較することによって、規定は「ペイライエウス派」がより大きな損失を引き受けなければならない内容であったことが明らかとなった。しかも、それは不動産が無償で返還された場合にさえ言い得ることであって、もしジェルネ／ビゾスの解釈するように不動産の返還に「何らかを支払えば(pourvus qu'ils payassent)」という条件がついていたのであれば、「ペイライエウス派」の損失はなおいっそう拡大することになってしまう。これはアテナイに帰還して民主政を復活させる市民たちに対する措置としては、いささか納得し難い。没収された不動産は無償で返還されたのではないであろうか。

## 二　他ポリスの事例

ストロースもまた不動産は無償で返還された、と推測しているが、その推論はセリュンブリアおよびフレイウスの事例に依拠している。(11)

セリュンブリアの事例は、デロス同盟からの同市の離反(前四一〇年頃)に関連している。前四〇八年にアルキビアデス率いるアテナイ軍はセリュンブリアを攻略し、内部の一部市民の協力を得て、これに成功し、和解が成立した。ML 87 はこの和解協定を刻字したものである。その一八—二二行、

*[........14........]ἆ δὲ ἀπόλετο ἐν τôι πολέμοι*
*[χρέματα Ἀθεναί]ον ἒ τôν συμμάχον ἒ εἴ τι ὀφελ-*
*[όμενον ἒπαρακ]αταθέκεν ἔχοντός το ἔπραχσα-*
*[ν οἱ ἄρχοντες,] μὴ ἒναι πρᾶχσιν πλὲν γε̂ς καὶ οἰ-*
*[κίας.*

は、アテナイ人と同盟諸市とがセリュンブリア内にかつて所有していて、離反とともに没収された財産について、土地と家屋以外の返還はないと定めている。言い換えれば、不動産に関しては無条件に返還が行なわれる、ということであろう。

次にフレイウスの事例については、クセノフォン『ヘレニカ』(V 2.8-10)に関連の記述がみられる。前三八四年にスパルタはフレイウスに対し、スパルタに友好的であったがために亡命したフレイウス市民の帰国を自発的に認めるように要求し、フレイウスは内部分裂を恐れて、この要求を受諾した。その際にフレイウス市民は亡命者の帰還を認

めることに加え、帰還者に対して「眼に明らかな財産(おそらく不動産)」を返還し、他方で、彼らの没収財産を購入していた者たちには、国庫からその購入金額に相当する額を支払うことを決定した。ここでも亡命者自身は何ら買い戻し金を支払うことなく没収された不動産を返還されている。

ストロースが提示したこれら二例は、没収された不動産の返還が無償で行なわれたことを示しており、それが当時のギリシアにおける一般的傾向に近かった、とみなして差し支えないであろう。

さらに、これらの事例で不動産の返還を受けた者の立場を考えるならば、セリュンブリアの場合、無償返還は勝者に対する措置であったが、フレイウスの場合には政体の変更があったわけではなく、スパルタの圧力はあったにせよ、現政権によって寛大にも帰国を容認された亡命者に対して不動産が無条件で返還されているのである。他方、本章で検討の対象としている和解協定の場合、民主政復活に功労のあった市民の不動産が対象となっているわけで、すくなくともフレイウスの亡命者の立場に比べれば、彼ら「ペイライエウス派」市民の立場はより優位であったはずである。従って、この点からも不動産は無償で返還されたと想定してよい、と考えられる。

## 三　和解協定に見られる再生アテナイ像

これまでの考察で得られた推論は、ジェルネ／ビゾスがテキストの校訂とともに提示した解釈、すなわち不動産返還有償論とは相容れない。オクシュリンコス出土のパピルス写本に含まれていた本史料を最初に発表したグレンフェル／ハントによる解読を参照するならば[12]、この四七―四八行は残欠があり、別の読みと解釈を施す余地を大きく残している。

[κ] οικίζεσθαι ουτος ουτε γην

[ου]τ οικιαν κεκτημενος
[α] κ̣αι αι συνθηκαι τοις κα
[τε]λθουσιν αποδιδοσαν
[εα]ν δε {αν δ̣[ε]} αποδω[σ]ι̣
[............]τ̣ο̣[...]ε̣ρα

たとえば、[εα]ν δε 以下は、後続の節にかかる条件節とみなすことも可能である。(13) ここではこの問題に立ち入ることはせず、ただ、ジェルネ／ビゾスの読みと解釈に必ずしも拘束されなくともよいこと、また、本稿のこれまでの考察で得られた没収財産に関する規定の解釈は、当該史料に即して可能であること、以上を確認しておくにとどめたい。
没収財産の規定をめぐるこれまでの考察により、没収された不動産は無償でもとの所有者に返還される、との解釈が妥当であるとの結論に達した。没収された動産のうちすでに売却されたものはもとの所有者に返還されないが、不動産はもとの所有者に返還される、というその内容は、明らかに動産所有者に不利である。これはすでにセリュンブリアとフレイウスの場合に確認したように、当時のギリシアにおいて特異な扱いであるよりも、むしろ趨勢であった、と言えるかもしれない。

　しかし、アテナイの場合、その経済の質、基盤は、他のポリスに比べ、やや例外的であったことが考慮されなければならない。デロス同盟成立後、とくにペリクレス時代のアテナイはエーゲ海の制海権をすでに掌握し、海上交易への依存度を高めていた。もちろん依然として経済の基盤は農業であった。しかし、アテナイは前四一三年に同盟年賦金制度を廃止し、その代わりに五パーセントの港湾税を創設した。その理由はこれによって増収が見込まれたからであった、という(Thuc. VII 28. 4)。このことは、アテナイを中心とする交易がきわめて活発であったことを示している。この交易の主な担い手は商業従事の市民やメトイコイであって、とくに不動産所有権を持たないメトイコイに交易従事者が多くみられた。[14]統計的な確証はないが、前五世紀半ば以降、メトイコイ人口は急増したらしい。[15]つまり、彼らメトイコイは当時のアテナイの社会と経済において軽視できない存在であった。

不動産所有権が認められていなかった彼らメトイコイは、アテナイでは財産を動産の形で所有せざるを得なかった。そのようなメトイコイの財産が「三十人僭主」に狙われ、没収されたことは、リュシアス『弁論第一二番』六―七節も伝えており、リュシアス自身がその被害者であったことは、あらためて言うまでもない。また、商業、あるいは手工業に直接・間接に関与する市民のなかには、ディオドトス(Lysias XXXII)やニキアス(Plut. *Nicias* IV. 2)のように莫大な財産を動産で所有している者がいたことも確かである。[16]海上交易や銀山経営のような手工業が、当時のアテナイの経済にとってきわめて重要であった点を考慮した場合、動産所有者である市民やメトイコイの利益軽視という、没収財産に関する規定に内在する傾向は、アテナイの経済の実情には合致せず、むしろ背馳していた、と考えざるを得ない。

また、和解協定が以後のアテナイを再建するための出発点をなすものだとすれば、協定の根底には再建すべきアテナイのポリス像が込められているはずである。そのポリス像の一端を伝えるのが、他ならぬ、この規定に見られる不動産所有者重視、動産所有者軽視の姿勢である。それに従うならば、再建されるアテナイについては、不動産所有者、言い換えれば土地所有市民を中心とするポリスという姿が浮かび上がってくる。これは最盛期のアテナイ社会とは異質のポリス像である。

和解協定にはこのようなかつてのポリスとは異なるポリス像が内包されていた。そうであるからこそ、実際に、民主政復活後まもなくフォルミシオスは市民権を土地所有者のみに限る、という提案を民会に出す(Dionysius Halicarnassensis *Hypoth. Lys.* XXXIV)気にもなったのであろう。他方、アテナイ市民の多くは再生アテナイがこのような土地所有者中心のポリスとなることを望んでいたのであろうか。そうではあるまい。フォルミシオスの提案は退けられたのであるから(ibid.)。

そうであれば、没収財産に関して、なぜあのような動産所有者軽視、不動産所有者重視の規定が成立したのであろうか。和解のための協議には「ペイライエウス派」、「市内派」とともにスパルタ王パウサニアスが加わっていたことを、再び想起しなければならない。しかも和解にいたるまで、戦況は必ずしも「ペイライエウス派」優勢に展開していたわけではなく、スパルタ軍の介入によって「ペイライエウス派」には多数の死者が出ていた(Xen. *Hell.* II 4. 34)。そのような戦況下での和解の試みである。三者参加の協議に当たって、スパルタの立場は相当強く、和解協定の内容への影響力も強かったのではないだろうか。

前四〇四年、ペロポネソス戦争の和平締結の際にスパルタがアテナイに提示した条件を振り返ってみよう。和平の条件は、(1)長城とペイライエウスの城壁の破壊、(2)一二隻を除く軍船の引渡し、(3)亡命者の帰国受け入れ、(4)ペロポネソス同盟への参加、であった(Xen. *Hell.* II 2. 20)。ここで注目されるのは、(2)の軍船の引渡しである。スパルタは、アテナイの海軍を無力化して、エーゲ海の制海権を自国が掌握しようと意図していた。[17]

海軍力の増強がアテナイの対外的覇権拡張を可能にしたばかりでなく、民主政の徹底化をも促したとは、アリストテレスの指摘するところであり(*AP* 37. 1)、軍船の漕ぎ手の役を務めた民衆が国力と民主政とを支えていたことについては、すでに前五世紀のアテナイ人もこれを認識していた。[18] この点を考慮するならば、スパルタの提案した和平条件を受け入れることは、軍船の漕ぎ手要員である下層市民が力の基盤を失うことを意味する、とアテナイ市民は悟っていたであろう。

このような意味を持つ軍船の引渡しと和解協定中の没収財産に関する規定とに共通性があることは、もはや明らかである。つまり、すでに見たように、不動産所有者優遇、動産所有者軽視の趣旨を持つ没収財産に関する規定は、スパルタが敗戦後のアテナイに求め続けていたものの帰結であった。和解のための協議においてスパルタ王パウサニアスの姿勢は、スパルタを代表する者として、ペロポネソス戦争終結時のそれとさほど変化してはいなかった[19]。テーバイに対する警戒心は、後者がトラシュブロスを密かに支援していたために、むしろ強くなっていたに違いない。「和解協定成立」にあたってスパルタの影響力は決して小さくなかったのである。

## 四　民主政回復後のアテナイ社会

和解協議以前の時点にもう一度戻ってみるならば、「三十人僭主」とその仲間とがエレウシスへと退去した後、彼らに代わって「十人」が寡頭派政権を担当して内戦は続けられた。「ペイライエウス派」への参加者は数も増大し、またあらゆる階層の人々からなっていたが、「ペイライエウス派」はさらに外人たちに参加を呼びかけ、ともに戦えばイソテレイアを与えると、約束したのであった(Xen. *Hell.* II 4. 25)。ここに外人と記されている人々の多くはメトイコイであったであろう。実際のところ、内戦を勝利に導くにあたって、メトイコイや外人の貢献は大きかった。トラシュブロスがペイライエウスからの帰還者すべてに市民権を賦与する提案を民会に出したことと、さらに、その決議は直ちに破棄されてしまったものの、前四〇一年に再度、内容に多少の変更はあるにせよ市民権賦与あるいはイソテレイア賦与の提案が民会を通過した事実が、それを物語っている[20]。

それにしても、なぜトラシュブロスは民主政回復直後に、約束していたイソテレイアではなく、それよりも遥かに大きな報奨である市民権を賦与しようと提案したのであろうか。この疑問を解く手がかりは民主政を回復させた和解協定のなかにあると思われる。

内戦を勝利する際に果たしたメトイコイの貢献にもかかわらず、和解協定において、彼らの没収された財産についての十分な救済措置はとられなかった。メトイコイや外人の功績を十分認識していたトラシュブロスにしても、和解協定締結の交渉にあたって、彼らの利益の救済と保護を可能にするような内容の規定を成立させることができなかったのである。「市内派」とパウサニアスに譲歩せざるを得なかったトラシュブロスは、メトイコイに対して罪責感を抱き、おそらくその苦悩のゆえに彼は民主政回復後、直ちにイソテレイアを上回る市民権賦与の提案をしたのである。没収財産に関する規定とトラシュブロスの市民権賦与の決議とを照合させた結果、和解が成立した当時のこのような状況が明らかとなった。スパルタの影響力は相当に強く、トラシュブロスはそれに譲歩しなければならなかった。内戦における「ペイライエウス派」の勝利は圧倒的とは言いがたく、そうであるからこそ、和解成立後の政体を民主政とするためにはこのような譲歩が必要であったのかもしれない。

再生民主政は微妙な力のバランスの上に実現したものであった。和解協定の条項を実施するにあたってもスパルタの影が見え隠れしたであろう。没収財産に関する規定への不満から、訴訟を起こす者も少なくなかったらしい。[21] 前四世紀のメトイコイ人口がついに前五世紀のレヴェルまで戻らなかったことにも、[22] あるいはこの規定が関連しているかもしれないし、市民の経済的行動や財産観にも何らかの影響を与えることになったかもしれない。

前四世紀初頭のアテナイ社会が抱えていた問題を取り扱う際には、以上のような民主政復活当時の複雑な情勢に照らしつつ検討が加えられるべきであろう。

(1) 「ペイライエウス派」、「市内派」の表現は Xen. *Hell.* II 4. 25-39 に見られる *οἱ ἐκ τοῦ Πειραιῶς, οἱ ἐν Πειραιεῖ, οἱ ἐκ τοῦ ἄστεως, οἱ ἐν τῷ ἄστει* に従った。

(2) パウサニアスがこのような行動に出た動機としては、リュサンドロスに対する対抗心あるいはスパルタの名誉への配慮、等々、史料によってまちまちである。Cf. P. J. Rhodes, *A Commentary on the Aristotelian Athenaion Politeia*, Oxford, 1981, 460-461.

(3) Arist. *AP* 1. 和解後の政体をどうするかについては、協議の対象となり、これを民主政とする合意があったに違いないが、それに関してはクセノフォンもアリストテレスも言及していない。Cf. Rhodes, op. cit., 472, 481.

（4）　T. C. Loening, *The Reconciliation Agreement of 403/402 B. C. in Athens: its content and application*, Stuttgart, 1987.

（5）　L. Gernet et M. Bizos, *Lysias: Discours XVI-XXXV et fragments*, Paris, 1967 (première édition 1926), 253-254.

（6）　Gernet/Bizos と同様に、この下線部を没収された不動産返還の際の条件が記されている、と解釈する J. H. Lipsius, Lysias' Rede gegen Hippotherses und das attische Metoikenrecht, *Berichte der sächsischen Akademie der Wissenschaft*, 71 (1919), 3-4; J. W. Jones, *The Law and Legal Theory of the Greeks*, Oxford, 1956, 199-200 は、ただし、購入者が購入した価格相当額をもとの所有者が支払った場合の返還を想定している。P. Krentz, *The Thirty at Athens*, Ithaca/London, 1982, 105 は Gernet/Bizos の解釈に従う。Loening, op. cit., 52 は、Gernet/Bizos の校訂テキストに依拠しながらも、帰還者が不動産の買い戻し金を支払わなければならなかったのだろうか、と疑問視し (op. cit., 52)、無償の返還を想定しているようである (op. cit., 96)。下線部についてこの断片を含むパピルス写本の最初の校訂者 Grenfell と Hunt は、［ἐά］ν δὲ ⟨μή?⟩ ἀποδῶ［σ］ι…と復元し、or if it did (not?) restore … と訳文を付している (B. P. Grenfell and A. S. Hunt (eds.), *Oxyrhynchus Papyri*, XIII, 1606, London, 1919, 66). P. Cloché, *REG* 23 (1921), 32 はこれに従い、返還は無償であった、とみなしている。

（7）　寡頭派に加わらなかった市民の中には内戦に参加しなかった者もいたであろうが、ここでは、彼らも「三十人僭主」によって市外への退去を命じられた市民たちであることから、反寡頭派の立場にあったとみなし、とりあえず「ペイライエウス派」に含めることとした。なお財産を没収された「ペイライエウス派」市民は、「三十人僭主」に殺害された約一五〇〇名 (*AP* 35. 4) のほかにも相当数いたに違いない (cf. Xen. *Hell.* II 4. 1)。殺害されたメトイコイは、一〇名 (Lysias XII 7)、三〇名 (Xen. *Hell.* II 3. 21)、六〇名 (Diod. Sic. XIV 5. 6) と諸説あるが、一〇名はおそらく最初の犠牲者であって、犠牲者の数はその後増加したであろう。殺害されなくとも、リュシアスのように財産を没収されて国外へ脱出したメトイコイもいたかもしれない。

（8）　Loening, op. cit., 51.

（9）　リュシアスの場合、没収され、すでに売却された動産をその売却価格で買い戻そうとしたらしい。Cf. fr. *Πρὸς*

*Ἱπποθέρσην* 10-17.

(10) 不動産を取得した者が、そこに果樹を植えるなどの資本投下をすでにしているとすれば、彼の損害は増大したであろう。しかし高額の資本投下をするほどの時間的余裕はなかったのではないか。

(11) B. S. Strauss, *Athens after the Peloponnesian War: Class, Factions and Policy, 403-386 B. C.*, London/Sidney, 1986, 54-55.

(12) 注7参照。

(13) その場合、返還できない不動産とは、「三十人僭主」が没収したエレウシス内のそれであるかも知れない。Loening, op. cit., 66-67は、このような返還不能の不動産の代替として利用されたのが、没収され、公売された「三十人僭主」の不動産(cf. M. B. Walbank, "The Confiscation and Sale by the Poletai in 402/1 B. C. of the Property of the Thirty Tyrants", *Hesperia* 51 (1982), 74-98)である可能性を指摘している。

(14) R. Meiggs, *The Athenian Empire*, Oxford, 1972, 263-266. なお前沢伸行「紀元前四世紀のアテナイの海上貿易」、弓削・伊藤編『古典古代の社会と国家』東大出版会、一九七七年、一〇七―一四六頁、も参照。

(15) Meiggs, op. cit., 263.

(16) ディオドトスとニキアスの財産についてはそれぞれ、cf. J. K. Davies, *Athenian Propertied Families, 600-300 B. C.*, Oxford, 1971, 151-154, 403-404.

(17) S. Hornblower, *The Greek World, 479-323 B. C.*, London/New York, 1983, 182.

(18) [Xen.] *AP* 1. 2には、一般民衆が艦隊に乗り組んで、ポリスに国力をもたらす、との認識がみられる。Cf. Rhodes, op. cit., 336-337.

(19) 注2参照。なお、パウサニアスは帰国後政敵によって裁判にかけられ、辛うじて放免されたという(Paus. III 3. 2)。彼は、和解成立後の政体を民主政とすることに同意したために告発されたのかもしれない。

(20) 本書III-第一章三〇一―三〇四頁、参照。

(21) Cf. Isoc. XVI 46; XVIII 1-2.

(22)　D. Whitehead, *The Ideology of the Athenian Metic*, Cambridge, 1977, 159.

〔補論〕

本論考を完成させた時点では、和解協定のなかの没収財産に関する規定の内容について、いわば状況証拠を総動員して、没収された不動産は無償でもとの所有者に返還された、との結論に達した。この規定はリュシアス『弁論、ヒッポテルセスに対して』断片(POxy XIII 1606)に引用されていて、これが同規定の残存唯一の史料である。この史料の校訂テクストとしては、ジェルネ／ビゾスのそれがあるだけだが、本論考で得た結論はこのテクストの読みと解釈に対立するものであった。当然、原史料であるパピルスそのものに当たり、校訂テクストとの照合をすべきであったが、その機会は残念ながら本論考作成中に得ることができなかった。

その機会に恵まれたのは、文部省派遣の在外研究期間中の一九九四年八月のことであった。オックスフォードのボードレー図書館所蔵のオクシュリンコス出土のパピルス断片(Ms. gr. Class. b. 19(p))を調査した結果、本断片を発表したグレンフェルとハントの書写そのものに問題があることが判明した。没収財産のうちの不動産に関する規定が引用されている箇所は以下のように書写できる、と考える。

[. .]*νδεανδ*[.]*αποδων*

ここから、以下のテクスト修復が可能である。

[*τῶ*]*ν δὲ ἀνδ*[*ρ*]*αποδων*

この読み方に従うならば、「さて、奴隷たちについては」、という文意になるので、本論考で推測したように、四七行は規定の一部ではなく、後続の文章の第一行ということになろう。そして、没収財産中の不動産に関しては、もとの所有者への返還は無条件で、つまり無償で行なわれた、と解釈してよいと考える。これは、原史料を調査する以前に、諸条件を考量して得た本論考における結論と一致している。

なお、このパピルス断片の調査結果とリュシアス『弁論、ヒッポテルセスに対して』断片第四七行の新しい読みに関する論文 A New Reading in POxy XIII 1606 (Lysias, *Against Hippotherses*) は、*ZPE* 109 (1995), 177-180 に掲載された。
また、「三十人僭主」の政治に関する主要な史料であり、本論にも言及されているリュシアス『弁論第一二番』の和訳と注釈は、細井・桜井・安部共訳注『リューシアース弁論選』大学書林、一九九四年、に収められている。

# 第三章　ベンディデイア祭創設の社会的意義

## はじめに

プラトンの『国家』は、ソクラテスがベンディデイア祭の初の開催を見物しにペイライエウスに行った、という設定のもとに始まる。ソクラテスが話し始める、

「昨日私はアリストンの息子のグラウコンとペイライエウスへ出かけていった。それは女神に(*τῇ θεῷ*)お参りするためであり、同時にそのお祭(*τὴν ἑορτήν*)がどのように行なわれるか、見物しようと思ってのことであった、今度が初めての催しであるので。ところで、わが国の人々の行列も立派だと私には思われたが、しかしトラキア人たちの繰り出した行列は、それに劣らず見事であるようにみえた。」(327a)

さらに、見物を終えて帰途につこうとするソクラテス一行を引き止めて、アデイマントスとポレマルコスは説明した。

「おや、君たちは夕方ごろ女神のために騎馬の炬火競走が催されるということを知らないのか」

「そのうえ夜祭もやるでしょう。それは見物する価値がありますよ。」(328a)

ソクラテスが見物しに行ったというベンディデイア祭はタルゲリオンの月(今日の五月から六月)の一九日にトラキアの女神ベンディスのために挙行されたアテナイの祭儀であった。他者を対象とする本章でベンディデイア祭を取り上げるのは、しかし、それが異民族の女神の祭儀であったからだけではない。外来の神という点に関しては、古代ギ

リシア人は排他的であるよりも、むしろ大らかに受容する傾向があったから、他にも異民族の神の祭祀がなかったわけではない。[1]ベンディデイア祭をここで取り上げるのは、それが前五世紀のアテナイで、異民族であるトラキア人の組織的参加を認めた、他に前例のない公的祭儀だった、[2]ということにもよる。

ベンディデイア祭に関しては前五世紀から前二世紀にかけての碑文史料が、断片的ではあるものの十数枚残存している。[3]右に引用した『国家』の記述は、碑文史料に見られる祭儀の内容と二、三の点で一致している。たとえば、夜祭や行列、さらに、アテナイ人の集団とトラキア人のそれとが祭儀に参加したらしいこと、など。[4]このように碑文と古典文献、さらに図像史料をあわせれば、ベンディデイア祭に関する史料は、アテナイの公的祭儀のなかでも決して少ないほうではない。そこで、ベンディデイア祭を手がかりにすれば、トラキア人居住者に対してアテナイがとった政策を明らかにし、ひいてはメトイコイ一般に対する政策の一端を解明することも可能ではないか、と考えたのである。

## 一　ベンディス祭祀受容についての研究史

ベンディスはどのような女神であったのか。前五世紀のトラキアにおける彼女のイメージを捉えることは容易ではないが、[5]ここではまず、前五世紀のアテナイ人が持っていたベンディスのイメージを明らかにすることが必要である。ヘシュキオスやフォティオスのような後代のギリシア人はときにベンディスをアルテミスと同一視、または関連づけている。[6]前四世紀のレリーフにもアルテミスとよく似た狩人姿のベンディスが描かれているが、[7]同時に、その姿はヘロドトスが描写している(Hdt. VII 75)トラキアの兵士にも似ている。[8]

たとえば、現在テューービンゲンに所在する前五世紀末のボイオティア出土の赤絵スキュフォス[9]にはアロペキスとエ

**図1**　狩人姿のベンディス(テュービンゲン博物館)

**図2**　トラキアの衣装をつけたベンディス(大英博物館)

ンバデスのようなトラキアの衣装をつけたベンディスと、このベンディスを迎える松明をもったテミスとが描かれていて、傍らにはそれぞれの女神の名前が刻字されている。このテミスとベンディスの組合せの意味はいまだ明らかではないが[10]、同じスキュフォスの裏面にケファロスとともにアルテミスが描かれていることは[11]、アルテミスとベンディスとのあいだに緊密な関係が存在するという認識が当時存在していたことを伝えていると解してよい。このスキュフォスはおそらくアッティカ産であるから[12]、ベンディスとアルテミスの結びつきは、すでに前五世紀末のアテナイ人の知るところであった、とみなしてよいだろう。

そうであるから、ヘロドトスがトラキア人の信仰する神々としてアレス、ディオニュソスと並んでアルテミスを挙げた(Hdt. V 7)とき、ベンディスを指してアルテミスと呼んだのだ、という推測は十分に成り立つ。別の箇所でヘロドトスは、トラキアやパイオニアの女たちが麦藁にくるんだ供物を女王と呼ばれるアルテミスに奉献した、と語っている(IV 33)。ここでもベンディスがギリシア風に言い換えられてアルテミスと呼ばれているのだろう。供物を麦藁に包む慣習は、ベンディスが狩人としての役割だけでなく、農業の分野においても何らかの機能を有していたことを示しているのかもしれない[13]。さらに、「女王(*τῇ βασιληίῃ*)」という語は、この女神のトラキア名のギリシア語訳なのではないだろうか[14]。

ベンディスの名は、アテナイの公式記録文書では前四二九／八年の「他の神々の聖財報告書」[15](*IG* I$^3$ 383)に初めて現われる。それはまた、他の神々の聖財からアテナイ国家への貸し付けの明細を記録した碑文(*IG* I$^3$ 369)(前四二五／四〜四二三／二)の中にも見いだされる。これに基づき、ベンディスの祭祀は前四二九年までにはアテナイで公式に承認されていたか、あるいは導入されていて、『国家』冒頭に言及されているベンディディア祭はのちになって制定された、との見解が早くから出されていた[16]。

ニルソンは論文「アテナイのベンディス」[17]において、右の見方に従うと同時に、ベンディス祭祀公認の動機について考察し、アテナイが前四三一年にアブデラのニュンフォドロスをプロクセノスに任命し、彼を介してトラキア王シタルケスと同盟を結んだうえにシタルケスの子サドコスに市民権を賦与した、というトゥキュディデスの記述(II 29. 1-3)に注目した。つまり、ベンディス信仰の公的承認は、トラキアとの同盟関係の樹立と強化を目的とした政治的意図に発するものだ、とニルソンは考えたのである。[18] アメリカのファーガスンもニルソンとはまったく別個に、オルゲオネスをテーマとする研究のなかで同様の見解を提示した。[19]

しかし、当時は第二次大戦のさなかであり、両者とも入手できる情報はきわめて限られていたらしい。一九三〇年代後半にペイライエウスのムニキアの丘の南西斜面で出土した三枚の断片からなる碑文がすでに一九四一年に公刊されていたにもかかわらず二人は論文執筆のあいだこれを知らなかった。[20] この碑文の出土した場所はクセノフォンによる神殿ベンディデイオンの位置に関する記述と一致しており、[21] 内容もベンディデイア祭の挙行に関連する評議会および民会決議であった。欠損が甚だしいため、年代決定は困難であるが、字体と正字法から前五世紀後半に属することはほぼ間違いない。「財務官(コラクレタイ)」という役職名が見られるが、この役職は前四一一年には廃止されているので、[22] この前四一一年が年代を決定する際の下限となる。さらに「戦事($\tau\hat{o}\nu\ \pi o\lambda\varepsilon\mu\acute{\iota}o\nu$)」という語があり、これはペロポネソス戦争と関連している可能性が高い。決議中には行列と夜祭に関する規定もある。最初の校訂者パパダキスはこの決議の年代を前四三一年とした。

ウィルヘルムからこの新碑文について知らされたニルソンは、前掲論文に後記を付けて、その中でこの決議碑文のテクストを再掲した。[23] さらに、彼はパパダキスの推測した年代を受け入れ、本論で展開した自説に修正を加えた。すなわち、ベンディデイア祭はベンディス祭祀公認よりもはるかにのちに創設された、という当初の見方に修正を加え、ベンディスの公認とベンディデイア祭の創始を同時としたのである。[24] 公認も祭儀創設もトラキア王国との外交関係に因ると彼は考えた。ただし、そのような解釈をする場合、『国家』のドラマティック・デイトとのあいだに喰い違いが生じてしまうが、これは無視された[25]。

新出土碑文にいち早く注目したもう一人はピークであった[26]。ベンディス信仰の公認をシタルケスとの同盟と関連付けたところまではニルソンと同じだったが、さらに、ピークはその背後にアテナイの対メトイコイ政策の存在を想定した。つまり、ベンディスのための国家祭祀を制定することによって、国内のトラキア人メトイコイがこれまで以上にアテナイに親近感をいだくように仕向ける政策が採択された、と見たのである。その際にピークが依拠したのは、トゥキュディデス二巻三一章にある、「アテナイ人は市民とメトイコイからなる全兵員を動員して、クサンティッポスの子ペリクレスの指揮下にメガラ領へ侵攻した」という記述であった。もっとも、この記述にはトラキア人への直接の言及は見られないのではあるが、アテナイにとってメトイコイが頼みに足る戦力であったことは確認できる。

ファーガスンはニルソンからの私信によってこの碑文の存在および公刊について知らされ、新たに稿を起こした[27]。ベンディデイア祭の創設を定めたこの民会決議を前四三〇年から四二九年のあいだに出されたと見なしたうえで、ファーガスンは、ペロポネソス戦争開始直後にアテナイを襲った疫病の流行を食い止めるために、効き目のありそうなことは何でもしようとしたアテナイ人が、祭儀の創設をも決定したのだと推測した。

ルセルはこの碑文を一九四三年に再検討し、断片Aと断片Cがそれぞれ碑文上部の左側と右側の一部を成している、という新しい解釈を提起した[28]。さらに、ビンゲンは断片Bを断片A、Cにはさまれて碑文中央部に位置し、三断片が相互に接合する、と考えた[29]。そのうえ、ビンゲンは祭儀の創設など決議のどこにも言及されていない、と指摘し、この民会決議は単に祭儀の部分的変更、おそらく夜祭の創始と神官職の編成をあつかったものである、との見方を出した。同碑文の最新校訂テクスト *IG* I³ 136 において、ジェイムスンは、断片A、B、Cの相対的位置関係についてはビンゲンの解釈に従うが、BをA、Cより下方に位置付けて、三断片が相互に接合しない、と見なしている。本章ではジェイムスンによるこの最新の校訂テクストに従うことにする。碑文の年代については、ラウビチェクが字体と浮彫り、その他から判断し前四一三／二年に引き下げるよう提案し、[30] 現在この年代がおおくの研究者によって受け入れられている。[31] この年代は『国家』のドラマティック・デイトとも一致している。[32]

このように新碑文の年代を下げる見方や、決議内容に関する異見も出されているが、先に紹介したニルソンの解釈は依然として、わずかの修正は加えられながらも、受け入れられてきた。ベンディスの名が初出する公式記録が前四二九／八年の「他の神々の聖財報告書」であることに変わりはないからである。

ペチルカもトラキア人へのエンクテーシス賦与との関係で、ベンディス祭祀の公認が前四三一年である、との見解を受け入れた。[33] すなわち、ベンディスのための神殿建立のために、エンクテーシス(不動産所有権)が他のどの民族よりも早くトラキア人に賦与された、との言及が史料にみられる。[34] ベンディス信仰公認が前四三〇年前後であることと、アテナイ在住のトラキア人のあいだですでにベンディスの祭祀が行なわれていた可能性とを勘案すれば、エンクテーシス賦与は前四三〇年以前にさかのぼり得る、とペチルカは推測したのである。この推測が妥当であれば、トラキア人への賦与はエンクテーシスの最も早い事例となるだろう。[35]

ベンディスの祭祀のアテナイへの導入に関して、以後の研究に見るべき進展はない。たとえば、ガーランドは最近ベンディスの公的祭祀の導入をシタルケスとの同盟に関係する外交政策として位置付けているが、[36] これはニルソン説の蒸し返しにすぎない。ホーンブロウアーは祭祀導入の動機を外交政策にある、とする見解を疑問視し、もっと一般的な理由によるのではないか、と推測しているものの、[37] それ以上に考察を進めてはいない。

ベンディスの公認を外交政策と結びつける見方に対しては、その反証として、ヘルミッポスの記述を挙げることができよう。『門番』の断片に各国固有の輸出品目が列挙されているものがある。その中でトラキアとマケドニアについてこう記されている。

「シタルケスの国からはこれ、つまり、スパルタの敵兵向けの疥癬、ペルディッカスの国からは船満杯の嘘……」[38]

ここには、シタルケスの息子サドコスに市民権を賦与したときに潜在していたであろう、にじり寄るような追従は窺えない。いささか突き離したような語調は、アリストファネス作『アカルナイの人々』(Ar. *Ach.* 141-150)にはっきりと見てとれる、トラキアの軍事援助への露骨な期待感とは対照的である。[39] ヘルミッポスのこの芝居が、エドモンズが推測するように『アカルナイの人々』と同じ前四二五年の作であるならば、[40] 当時のアテナイでは、市民たち全員がこぞってトラキアとの外交関係親密化に関して熱狂的になっていたわけではなく、いささか醒めた見方をする者もいた、と当時の状況を解すべきであろう。

そのうえ、シタルケスがアテナイと同盟を結んでからわずか二年後には、アテナイはシタルケスに疑念をいだき、マケドニアと戦うシタルケスに援軍を派遣しようとはしなかった(Thuc. II 101. 1)。そのシタルケスが前四二四年に対トリバロイ人戦で戦死し、その甥セウテスが王位を継ぐ(Thuc. IV 101. 2)と、トラキア王国とアテナイとの関係悪化は決定的になった。[41]

このような政治的状況を考慮に入れるならば、ベンディスの祭祀がシタルケスとの同盟関係強化を目的として公的に導入された、とのニルソンらの仮説は成り立ちがたいと言わざるをえない。なぜなら、同盟が成立してから関係悪化までわずか二年、この短期間にベンディスの祭祀がアテナイ人のあいだに広く受容されるようになった、とは考えにくい。ところが、実際にはベンディスの祭祀はアテナイ人のあいだに受け容れられたらしい。アテナイ市民はそれから二〇年近くも後の前四一三／二年にベンディデイア祭創始を民会で決定しているからである。したがって、ベンディスの祭祀導入が外交的な目的をもっていた、という仮説そのものに誤りがあった、と見るべきであろう。ベンディス受容史はまったく別の視角から再考されるべきだろう。

## 二　史料の再検討

アテナイにおけるベンディス受容についてのこれまでの研究史を顧みると、一貫して受け入れられてきたのは、ベンディスの名が初めて現われる公式文書が前四二九／八年の「他の神々の聖財報告書」であり、それが同女神の公認を示す最古の史料である、という見方である。それほどに同史料はベンディス受容史において重要であるのだが、それにもかかわらず、同史料の関連箇所に十分な分析が加えられたことはこれまでなかった。まずこの史料の再検討が必要であろう。関連の一三九―一四六行を訳出すれば次のようになる。

［ゼウス］
ポリ［エウス］　140
イリ［ソスの］
アドラ［ステイアの］
およびベ［ンディスの］
毎年の
収益
諸聖所からの

**図3**　*IG* I³ 383, 140–146 行

一四三行は「ベンディスの」と復元されている。BE で始まる神の名は他にな

いため、この補塡は一般に受け入れられている。[42] さらに、ここで見落としてならないのは、ベンディスとアドラステイアが接続詞「および(*kai*)」で結ばれて並記されていることである。[43] これは二神がたまたま並んで記載されているにすぎないのか、それとも二神は相互に関連した一組の神であるのか。奇妙なことにベンディスとアドラステイアの組合せについてはこれまでほとんど注意が払われてこなかった。[44] この組合せに何らかの意味があるのだろうか。

この「他の神々の聖財報告書」は各欄(コラム)の左側にそれぞれの聖財の評価金額を記載するという形式がとられている。上記に引用した一三九行から一四六行までは左側スペースの破損が甚だしいが、一四一行の左真横には「三オボロス」の記号が残っている。ところが、その下には一四二行と一四三行の行間横に「一ドラクマ」の記号が残存している(図3参照)。金額が行の真横に記載された場合と、行間の横に記載された場合とでは、その意味するところに相違があるのだろうか。「聖財報告書」の全体を検討すると、行間横に金額が記載されている他の例はすべて、当該の二行が相互に連関し、意味の上で連続している。[45] したがって、一四二行と一四三行の間の左横に残っている一ドラクマの記号も、これら二行が連続していること、記載された金額はベンディスとアドラステイアの両女神に共通の金額であることを示している、と解してよいだろう。つまり、ここには両女神が聖財を共有する合同祭祀の存在が推測されるのである。

*IG* I³ 369 にも、校訂されたテクストに従えば、[46] アドラステイアに続いてすぐにベンディスの名が記されている(六七―六八行)。しかも、それぞれの女神から国家への貸付金の額は同じ八六ドラクマである。これは共通の聖財から国家への貸付けが、おそらく便宜上単純に二等分されただけなのではないか。このように、今取り上げた二枚の碑文史料から窺えるように、ベンディスとアドラステイアという二女神が密接に関連し、合同祭祀の対象となっていたことはほぼ確かであろう。

ところで、右に言及した二碑文史料よりも一〇年以上も早い前四四〇年代に、クラティノスが『トラキアの女たち』という喜劇のなかでベンディスに言及している。[47] このことは、ベンディスがアテナイにおいて前四四〇年代にすでにトラキア人たちの信仰する女神であると見なされていたことを示していよう。他方、右の二碑文史料ではベンディスはアドラステイアと合同で祭祀の対象となっている。では、アドラステイアもベンディスと同じくトラキアの女神であったのだろうか。両女神の結びつきの意味を理解するためには前五世紀後半にアテナイ人たちがアドラステイアに関してどのようなイメージを持っていたのか、知る必要がある。

ヘシュキオス、ハルポクラティオン、フォティウスら後の辞書編纂者は、アドラステイアをネメシスと同一視している。[48] ただし、ハルポクラティオンは、メナンドロスがネメシスとアドラステイアとを別の神として分類していた、と付け加えている。[49] 事実、メナンドロスは『酒宴(Μέθη)』において次のように言っている。

「おお、アドラステイアと憂愁の女神ネメシスよ、ご承知おきください。[50]」

この表現は、アドラステイアとネメシスが同一の神ではないこと、しかし、同時に、機能において類似しているとメナンドロスが見なしていたことを示している。おそらくアドラステイアのこのイメージはアテナイでは前五世紀末以来それほど変化していなかったのではないか。

なぜなら、アイスキュロスの『縛られたプロメテウス』九三六行に見られるアドラステイアに関する言及、「アドラステイアの前に額ずく者こそ賢いのだ」は、デモステネス『弁論第二五番』三七章「人の身にすぎぬ私はアドラステイアの前に額ずき、……」やプラトン『国家』四五一a「私は、これから言わんとすることのために、アドラステイアの前に額ずく」といった表現[51]ときわめて類似しているからである。つまり、アドラステイアは大言壮語を罰する女神とみなされ、一種の類型化した表現のなかに現われている。ところが、アイスキュロス『ニオベ』断片に表現されているアドラステイアは、別のもっと具体的なイメージを帯びている。

「私が自分の畑に種を播けば一二日かかる旅となる、そのベリキュテス人の土地にはアドラステイアの社があり、イデの山が牛のうなり声や羊の鳴き声で響きわたり、土地全体……」
ここでは、アドラステイアはトロアスの山岳女神である。[52]

前五世紀半ばのコロフォン出身の詩人アンティマコスはトロアスのアイセポス川の近くにアドラステイアとよばれる神域があった、と伝える。[53] つまり、アドラステイアがトロアスの女神であるとのイメージはただアテナイ人のものであったばかりでない。実際にトロアス地方にアドラステイアの祭祀が存在していたのである。[54]

他方、ベンディスについては、アテナイだけでなくギリシア世界全体でのその受容に目を向けるならば、ベンディスの名が文献上に初出するのは、前六世紀半ばのエフェソス出身の詩人ヒッポナクスの断片においてである。[55] このことは、前六世紀にはベンディス祭祀はトラキアから小アジアに導入されていたことを示している。[56] そうであれば、小アジアのなかでもトラキアに最も接近しているトロアスで前六世紀にベンディス祭祀が行なわれていたのは間違いないだろう。つまり、当時のトロアスにおいてアドラステイアとベンディスは祭祀の対象として併存していたことになる。

ところで、このような前六世紀のトロアスとのあいだにアテナイはどのような関係を結んでいただろうか。まず、前七世紀末にすでにフリュノンがシゲイオンとその対岸ケルソネソス南端のエライオスにアテナイの植民市を建設していた。[57] そして、前六世紀後半のアテナイにとってこのヘレスポントス周辺地域は、ストリュモン川河口周辺と同様、政治上、交易上、密接な関係のある地域となっていた。ヘレスポントス南端のシゲイオンには前五三〇年頃ペイシストラトスが息子ヘゲシストラトスをその僭主として送り込んでいる(Hdt. V 94)。また、海峡をはさんで北側のケルソネソス半島は早くも前五六一年から五五六年のあいだにミルティアデス一世がアテナイの植民団を同行しており(Hdt. VI 34-37)、ミルティアデス二世はこの地を支配すべく、前五二四から五一三年のあいだにペイシストラトス一族により派遣された。[58]

このような一連の動きのなかで相当数のアテナイ人が遠征軍兵士として、あるいは植民者として、この地域に移住していたはずである。(59)トロアスに居住したアテナイ人はベンディスとアドラステイアの祭祀に出会ったことだろう。他方、トラキア人の住むケルソネソスにベンディスの祭祀が行なわれていたことは疑いないが、南に隣接するトロアスからアドラステイアの祭祀も入って来ていたかもしれない。あるいは、トロアスのアテナイ人とケルソネソスのアテナイ人とは密な交流があっただろうから、トロアスからアテナイ人がこれを導入したとも考えられよう。いずれにしても、両女神の祭祀はケルソネソスでも行なわれていたに違いない。しかし、この地域に住むアテナイ人は、ペルシアが小アジアへと進出してくると、本国に帰還を余儀なくされる(Hdt. VI 41)。

先に検討したように、前四二九／八年の「他の神々の聖財報告書」では、アテナイにおいてベンディスの祭祀はアドラステイアとの合同祭祀として行なわれていたことが確認された。このことは、ベンディスの祭祀がアテナイにもたらされたのは、直接トラキアからトラキア人によってではなく、ほかでもないトロアスと、そしておそらくケルソネソスからであったことを示している。それをアテナイにもたらしたのは、今触れたような前五世紀初めにヘレスポントス周辺地域から帰還を余儀なくされたアテナイ人たちだっただろう。

トロアス・ケルソネソス地域からアテナイに帰還した者たちのなかには、ミルティアデスとキモンの父子もいた。ミルティアデスは、イオニア反乱の失敗後の前四九三年に五隻の三段櫂船に資産を満載してアテナイをめざしたという。この父と子、とくにキモンは、前五世紀前半のアテナイの興隆に大きな貢献を果たした政治家であり、アテナイの名士中の名士であった。(60)したがって、キモンを含むヘレスポントス周辺からの帰還者たちが持ち帰ったベンディス・アドラステイアの祭祀は、比較的スムーズにアテナイ人に受け入れられ、以後しばらくして公的に承認されることになった、と想定できる。

ベンディス・アドラステイアの祭祀がアテナイに受容され、公認される下地は他にも存在していた。前五四六年にペイシストラトスはトラキアから多数の傭兵を調達しており、[61] それに符合するように、五四〇年代からトラキアのペルタスタイ(歩兵)と騎馬兵がアテナイの壺絵に現われはじめる。[62] 同じく、前六世紀末から前五世紀にかけて、アテナイの若い騎士がゼイラ(トラキアの羊毛のマント)やアロペキス(狐の毛皮の帽子)を着けた姿で壺絵に描かれている。[63] おそらく富裕な若者たちのあいだで、トラキアの衣服が好まれたのだろう。[64] このように、アテナイ人のあいだにトラキア人の文化を全面的にではないにせよ、親近感をもって受け入れる素地はでき上がっていた。ベンディスとアドラステイアの祭祀は、このような社会環境(ミリュー)の中へともたらされたのであった。

ところで、これまで検討してきたベンディス・アドラステイアの合同祭祀は、*IG* I³ 383, 369 に記載されているにもかかわらず、以後のベンディス関係の碑文史料からは完全に消えてしまう。*IG* I³ 136 以降の碑文には「トラキア人」という言葉が度々あらわれるのに対し、[65] アドラステイアの名はまったく見いだせないのである。これらの碑文史料に言及されている祭祀が両女神の合同祭祀にもトロアス地域にも関係していないこと、むしろ、トラキア人がより直接的にこれに関与しているらしいことを、それは示しているのではないだろうか。そうであれば、これまで、ベンディスに関する碑文史料はすべて同一の祭祀を扱っているという前提のもとに一括して考察されてきたが、むしろ、初期の二枚(以下、前期史料と呼ぶ)と *IG* I³ 136 以降のもの(以下、後期史料と呼ぶ)とでは、同じベンディスに関係しているとは言え、対象としている祭祀は別だった、と見なすべきであろう。両者は別種の史料として考察の対象としなければならない。

後期史料にはトラキア人に関する言及があるので、おそらくアテナイに住むトラキア人たち自身が祀っていた祭祀に関係しているのだろう。この祭祀はクラティノス『トラキアの女たち』が示しているように、[66] 前四四〇年代までにはすでにアテナイに導入されていた。

後期史料のうちの最も年代の早い碑文は、前述の *IG* I³ 136 である。これは評議会および民会決議を記したもので、

「各フュレーの（……）は供犠を行なうべし」(5-6)、「コラクレタイは与えるべし」(36)という表現から、この決議の対象となっている祭が公的祭儀としての扱いを受けていることは明らかである。さらに、プラトン『国家』冒頭の記述とを照合させるならば、合致する点が少なからずある。すなわち、トラキア人の参加（「トラキア人の女は」(15)）、行列（「行列はポリスから……すべし」(3-4)）、そして夜祭(27)、である。このような複数の一致点を考慮に入れれば、『国家』でソクラテスが見物したベンディデイア祭が第一回目の開催であったとの記述も、あえてフィクションであると疑う理由もないだろう。『国家』のドラマティック・デイトの前四一一／四一〇年が右の民会決議の年代とほぼ一致していることを考慮に入れれば、この碑文はベンディデイア祭の制定を定めた決議を記したものに違いない。さらに、「彫像」(8)と「石柱」(9)という語が見られることから、この箇所には神殿に関する言及があったとも推測できる。「彫像」とはベンディス像であろう。そして、「石柱」は、すでに本決議に先行する別の決議がそこに刻字されて、神殿近くに設置されていたとの推測を促す。(67)

## 三 アテナイ在留のトラキア人

これまで見てきたところから、前五世紀アテナイにおいてベンディスの祭祀には二種類あったことが明らかとなった。ひとつは、前五世紀初頭にトロアスとケルソネソスから帰還したアテナイ人によってもたらされたベンディスとアドラステイアの合同祭祀であり、他はトラキア人メトイコイと一部アテナイ市民とによって信仰されたベンディスの祭祀である。前四一三／一二年に制定されたベンディデイア祭は後者の祭祀に基づく祭儀であった。

クセノフォンが言及しているペイライエウスのベンディデイオンもこの後者の祭祀のための神殿であったのだろう。(68)クセノフォンによれば、「三十人僭主」政権打倒のための内戦の際にフュレーからペイライエウスへ移動してきたトラシュブロス率いる民主派は、中心市から進軍してきた寡頭派を迎え撃つために、ムニキアの丘に集結した[69]（*Hell.* II 4. 10–11）。前四〇三年初めのことであった。数のうえで優る寡頭派軍はアルテミス・ムニキアの神殿とベンディスの神殿へと（*πρός τε τὸ ἱερὸν τῆς Μουνιχίας Ἀρτέμιδος καὶ τὸ Βενδίδειον*）通じる道路の道幅いっぱいに戦列を組んで、丘を上った、という。これはベンディスの神殿についての、文献史料では最も早い言及である。

ベンディスの神殿に関しては、少し時代は下るが、別の碑文が残存している。ペイライエウスから出土した *IG* II² 1283 がそれで、トラキア人のオルゲオネス[70]の決議を記した碑文である。冒頭の四―七行にアテナイ民会の決議についての言及がある。

「アテナイ人の民会はすべての民族〔エトノス〕のなかでトラキア人のみに、エンクテーシスおよび神殿建立〔の権利〕をドドナの神託に従って賦与し、さらに、プリュタネイオンの竈から行列を送り出す〔権利〕を賦与したので、……」（傍点引用者）

ここに触れられている神殿こそ、クセノフォンがいうムニキアのベンディデイオンを指しているに違いない。したがって、この碑文の年代は前三世紀前半であるが、引かれているアテナイ民会決議はそれよりはるかに年代をさかのぼり、前四〇三年より以前とみなすことができる。残存史料によるかぎり、他民族へのエンクテーシスの賦与は、トラキア人以外では前三三三／二年にキュプロスのキティオン出身の商人たちへの、それより少し前にはエジプト人たちへの例がある。[71] しかし、右に訳出した碑文の「すべての民族のなかでトラキア人のみに」、という表現には、トラキア人へのエンクテーシス賦与が最も早かった、という含意を読み取ることができ、それは今みたように、史料に残る他の事例と年代の上で齟齬をきたさない。こうして、トラキア人へのエンクテーシスが前四〇三年以前に賦与されたのは、ほぼ間違いない。しかし、果たしてその時期の確定は可能であろうか。

アテナイのエンクテーシスに関する基本的文献[72]の著者であるペチルカは、トラキア人へのエンクテーシス賦与が最も早い事例である可能性が高い、と推測した。彼はすでに触れたようにニルソンの見解に従い、「他の神々の聖財報告書」(*IG* I³ 383)をベンディス公認の時期の下限とみなし、エンクテーシス賦与はそれより以前にさかのぼり得る、と判断したのである。(73) しかし、すでにこれまでに明らかにしたように、「他の神々の聖財報告書」に見いだされるベンディスの祭祀はトラキア人のメトイコイの祭祀とは異なっていた。従って、エンクテーシス賦与の時期とこの前四二九年の碑文史料とを関連させることはできないことになる。他方、後期史料のうちの最も年代の早い碑文である *IG* I³ 136には、すでに見たように、(74) 彫像と石柱への言及があり、これは神殿が存在していたことを示している、と解してよい。石柱にはこの神殿建立のためにエンクテーシスをトラキア人に賦与するという民会決議が記されていたのではないか。いずれにしても、トラキア人へのエンクテーシスは、ベンディデイア祭制定の決議が出された前四一三／二年以前のいずれかの時期に賦与された、と言うだけに止めざるを得ない。

アテナイに居住するトラキア人がいつ頃から、アドラステイアとベンディスの合同祭祀とは別個に、彼ら自身のベンディスの祭祀を営んでいたか、明確ではない。前四四〇年代にすでに行なわれていたらしいことは、すでに述べたように、(75) クラティノスの断片から推測が可能である。ただし、それはトラキア人メトイコイのあいだの私的な祭祀であっただろう。若干のアテナイ市民も参加していたかもしれない。その祭祀が、前四一三／二年に公的な祭儀として制定されたのである。アテナイ人がそのような決定をするにいたった、その動機は何であったのだろうか。

前四一五年に始まったシケリア遠征は、戦況が次第にアテナイ側に不利に展開し、前四一四年暮れには遠征軍司令官ニキアスから援軍派遣の要請がアテナイにもたらされた。第二次遠征軍の派遣が決議され、エウリュメドンの指揮する先発隊がまず出航し、デモステネスの指揮する後発隊は前四一三年春に出航すべく、準備が進められていた(Thuc. VII 10-17)。シケリアへの遠征軍増派のために、アテナイはトラキアのディオイ人の傭兵一三〇〇人を雇い入れたものの、これら傭兵のアテナイ到着が遅れてしまい、将軍デモステネスの一行はすでにアイギナから西方へと出航した後であった(Thuc. VII 27)。

時はペロポネソス戦争の最中である。アテナイのこのような動きを知って、スパルタはこれを好機とアッティカ侵攻作戦に出た。すなわち、前四一三年の春、ペロポネソス軍はアッティカのデケレイアを占拠し、その結果アッティカ住民たちは年間を通して城壁内にとどまらざるを得なくなったのである。食料等すべての物資は海外からの輸入に全面的に頼ることになった。加えて、二万人以上の奴隷が逃亡した。デケレイアを占拠されたことによるアテナイ市民の被害は、きわめて甚大であった(Thuc. VII 27-28)。

このような窮状のなかで、アテナイはシケリア派遣のため雇い入れたものの、遅れて到着したトラキア人傭兵たちを本国トラキアへ送り返すことを決定する。トゥキュディデスによれば、一人一日一ドラクマの日当で雇った彼らへの出費は、アテナイにとって無益に思われたからであった。実際には、ベストが推測するように[76]、彼らトラキア人傭兵の戦力は、デケレイア周辺の戦闘に有効であったに違いないのだが。

二、三カ月後に、シケリアにおけるアテナイ軍の壊滅的な敗北の報せがアテナイにもたらされた。当初、それを信じようとしなかった市民たちは、ペロポネソス軍のデケレイア駐留を前にほとんど絶望寸前の心境に陥りながらも、余力のあるかぎり降伏しない決意をした。可能なかぎりの所から船舶用の木材を集めて、海軍の建直しをする決心をしたのだった(Thuc. VIII 1)。トゥキュディデス八巻一章および四章には、前四一三年から四一二年にかけての冬のあいだにアテナイ市民が来るべきペロポネソス軍との戦闘の準備をした、その様子が述べられている。しかし、ここでトゥキュディデスは物質面での準備にのみ焦点を当て、人々の心理面での備えについては触れていない。この点については、当時の状況から推測するほかない。

戦争を続ける決意をしたとき、市民たちは自分たち自身の団結心、連帯感を再確認したであろう。そうしてこそ初めて、傾きかけた国運の復興を期待して、戦争続行を決意できただろうから。同時に、市民は自分たち市民ばかりでなく、多くのメトイコイや奴隷が居住するアテナイ社会全体の団結を強化する必要も感じたはずである。メトイコイや奴隷はこれまでにも戦闘に動員されていた[77]。前五世紀の前半にも彼らが戦闘に参加していたことは、公共墓碑から窺うことができる[78]。多くの市民の命が失われた今、彼らの協力はますます必要である。

ペロポネソス軍によるデケレイア占領後の多数の奴隷の逃亡は、大きな損失であった。少し後の前四〇六年のアルギヌサイの海戦に、市民権賦与の条件をつけた呼び掛けに応じて、多くの外人や奴隷が参加した事実に照らせば[79]、メトイコイおよび奴隷の戦力の必要性はすでに四一三年に強く感じられていたにちがいない。彼ら非市民の士気とアテナイへの忠誠心とを高めるためにはどうすればよいのか[80]。市民たちは思案しただろう。

一致団結して戦争続行に臨もうとしていたアテナイには、多数のトラキア人が居住していた。とりわけ、メトイコイの多数居住するアテナイの外港ペイライエウスには、相当数のトラキア人メトイコイがいたにちがいない。そのなかには富裕者もいた。ベンディデイア祭の一環として馬に乗っての炬火競走がおこなわれたが[81]、このような馬を使用する競技は多くの出費を必要とする[82]。財政逼迫のため経費削減を強いられていたアテナイが、あえてこのような費用のかかる競技を、しかもこのような時期に創設したのは、トラキア人富裕者による財政的な援助を期待できたからであろう。

ペイライエウスの職人や商人のなかにもトラキア人メトイコイがいた。寡頭派と民主派との内戦に寡頭派打倒のために参加した外人に対し、民主政復活後の前四〇一年に市民権あるいはイソテレイアを賦与する決議が出された。それを記した碑文が残存するが[83]、そこには賦与の対象となったメトイコイと外人の名前が列挙されている。判読可能の名前のなかに、ゲリュス(A面第三コラム一三行)やベンディファネス(B面第三コラム一行)といったトラキア起源とみなせる名前があり、前者の職業が青果商であったこともわかる。おそらくベンディファネスも小売商あるいは小規模の職人だっただろう。かつての傭兵のなかにもアテナイに居残った者がいたかもしれない。

そのうえ、アテナイには多数のトラキア人の奴隷がいた。そのおおよその数さえも明らかではないが、次の史料が参考になるだろう。前四一五年にアテナイ中の耳目を集めたヘルメス像損壊事件で有罪判決を受けた者たちの財産が没収され、前四一三年に公売に付された。この公売について記録した碑文が残っている(IG I³ 421)[85]。それによれば、ケフィソドロスというメトイコスは少なくとも一六人の奴隷を所有していたが、そのうち五人がトラキア人、残り一人の出身は少なくとも五つの民族に分散していた。つまり、トラキア人奴隷の占める割合が三割強で最も高かったということになる。

ところで、ペロポネソス軍のデケレイア占領後に逃亡した二万人以上の奴隷の多くは、手工業奴隷であった[86]。そうであれば、この手工業奴隷の相当数はラウレイオン銀山で労役に服していた奴隷であったと見てよい[87]。先に触れたケフィソドロス所有の奴隷のなかでトラキア人の占める割合の高さから推測して、逃亡した奴隷たちの中にもトラキア人がいたであろう。

アテナイに居住する、言い換えれば、アテナイ社会の構成員の一部を成していた非市民のなかにこのように多数のトラキア人がいたことは、その割合を正確に算定することは不可能であるものの、間違いない。戦争続行を決意したアテナイ人にとって、国の戦力を強化するために、この多数のトラキア人がアテナイに対して持つ帰属意識をどのようにしたら高めることができるかは、切実な問題であっただろう。

ベンディデイア祭は、このような状況の下において制定されている。トラキア人にとって、自分たちの祭祀が公式の祭儀として、大々的に挙行されるのは、ひどく晴れがましく、誇らしく感じられた。先に引用したトラキア人のオルゲオネスの決議文にみられる、あらゆる民族のなかでトラキア人のみにエンクテーシスが賦与された、という表現[88]に滲み出ている誇らしげな特権意識は、ベンディデイア祭制定の時にはさらに増幅されただろう。『国家』によれば、トラキア人の行列はアテナイ人の行列に劣らず立派であったという。トラキア人が、このときとばかりに、精一杯の思いを込めて編成した行列の華麗さが目に浮かぶようである。ベンディデイア祭は、アテナイに居住するトラキア人の、アテナイに対する帰属意識を高める効果を確実にもたらした。

危機的状況のなかで戦争続行を決意したアテナイ人は、ベンディデイア祭制定の際に、アテナイ社会の結束を強化するという効果を期待したばかりでなく、どの神であれ、可能なかぎり多くの神々を味方にするためにあらゆる方法を講じようという気持ももっていただろう。トラキアの女神ベンディスをも味方にしたい。なによりも、あのトラキア人傭兵一三〇〇人[89]が遠征軍に加わっていたなら、シケリアでの戦闘に勝利できたのではないか、との思いをアテナイ人はおそらく持っただろう。彼らトラキア兵を本国に送還したため、トラキアの神々の支援が得られなかったのだ、と考えたかもしれない。そのうえ、ベンディデイア祭制定によりアテナイ国内のトラキア人だけでなく、本国トラキアのトラキア人の好意も期待できる。船舶用木材はマケドニアに次いでトラキアから多く輸入されていた[90]。トラキア人傭兵は以後も必要である。対内的にも対外的にも、祭儀の創始は大きな効果を期待できそうだ。

ベンディス女神そのものは、すでに前五世紀の早い時期にトロアス・ケルソネソスから帰還したアテナイ人がもたらし、アドラステイアとともに公的に祀られている。前四一三年にベンディスのために国家として祭儀を制定することに、アテナイ市民はさほど抵抗感も違和感も持たなかっただろう。とは言え、ベンディデイア祭はベンディス・アドラステイア合同祭祀とは異なり、トラキア人メトイコイのあいだで信仰されていたベンディス祭祀のための祭儀であった。そうであるからこそ、以後のベンディデイア祭に関係する史料にアドラステイアの名は現われない。これらの史料には前二世紀になると、男神デロプテスがベンディスと並んで現われる[91]。これは男神と女神とをともに祀る本国トラキアの本来の祭祀のありかたに近づいた、ということなのかもしれない。

# 四　アテナイの対メトイコイ政策

先にも取り上げた *IG* II$^2$ 1283 はペイライエウスに居住するトラキア人のオルゲオネスの決議を記した碑文である。エンクテーシスを賦与されているから、彼らがメトイコイ身分であったのは間違いないが、同時に、そのメトイコイが同じ民族(エトノス)の出身であることに基づいてオルゲオネスと呼ばれる集団を形成していたことが、この史料から明らかである。

ベンディス祭祀に関係する後期史料にオルゲオネスという語が見いだされるのは、以下のとおりである。

*IG* II$^2$ 1255　(前三三七／六)
1256　(前三二九／八)
1361　(前四世紀中葉)
1283　(前三世紀前半)
1324　(前二世紀初頭)

これらの史料によれば、前四世紀半ばにはトラキア人のオルゲオネスが存在していたことが確認できる。非市民のオルゲオネスとしては、史料に残る最古の例である。[92]

オルゲオネスとは、古典期アテナイにその存在が確認できる、市民たちの構成する社会的結合集団の成員であった。[93]アテナイの歴史家フィロコロスは「フラトリアはオルゲオネスをも、また、現在我々がゲンネタイと呼んでいるホモガラクテスをも受け入れなければならない」[94]、と記している。オルゲオネスとゲノスはフラトリアの下部集団であったが、しかし、組織上の下部構成単位ではないことが、右引用の法文から読み取れる。[95]つまり、フラトリアの成員のなかにはオルゲオネスでもゲンネタイでもない市民もいたはずなのだが、それはともかく、[96]オルゲオネスがフラトリアの成員であったのは確かである。したがって、オルゲオネスとは、この規定が成立した段階では市民身分に属している者であって、非市民のオルゲオネスは存在しなかった、という論理が成り立つだろう。

フィロコロスのこの断片三五は、彼の『アッティカ史』の第四巻の一部であり、この巻は前四六二／一年のエフィアルテスの改革からペロポネソス戦争後の民主政回復の前四〇三年までを扱っていたらしい。そうであれば、断片三五は前五世紀中葉の叙述部分で引用されているわけで、おそらく「ペリクレスの市民権法」と関連している。[97]つまり、前五世紀半ばには、非市民のオルゲオネスは存在しなかったのである。

ゲノスとオルゲオネスに関しては、ランバートの最近の研究に従うならば、ゲノスでは祭祀の意義は二義的でしかなかったのに対し、オルゲオネスでは私的祭祀はこの集団結成の中心核としての意味をもっていた。[98]そのような特質にのみ注目するならば、ベンディスの祭祀のために結成されたトラキア人の集団もまた市民のオルゲオネスと類似した性格を備えていたために、後になってオルゲオネスの呼び名を認められたのだろう。

トラキア人のオルゲオネスが結成されたのは何時のころか。前五世紀末のベンディデイア祭制定の時点で、果たしてオルゲオネスと呼ばれるトラキア人の集団が存在していたのであろうか。プラトン『国家』冒頭の記述より、ベンディデイア祭ではアテナイ人の行列と、トラキア人の行列が繰りだした。*IG* I³ 136 からも祭儀が行列をともなったことは確認できる。ここから、祭儀創設の時点で二つの行列を構成した二集団、すなわちアテナイ人の集団とトラキア人のそれとが存在した、ということは言えるだろう。しかし、このトラキア人の集団がオルゲオネスと呼ばれたのかどうか、判断の手がかりは現在のところ無い。オルゲオネスと名乗ることを認められたのは、前四世紀になってからであるかもしれない。

呼び名はどうであれ、ベンディスの祭祀を営むために結成されたトラキア人集団は前五世紀末以来、前二世紀まで存在していたわけで、[99] 前四世紀の中葉までにはオルゲオネスという呼称を認められたという事実は、この集団の存在がアテナイ社会のなかで市民の祭祀集団に準ずる扱いを受けていたことを、意味している。しかも、動機はなんであれ、ベンディデイア祭制定に当たり、アテナイ人はトラキア人自身の祭祀を尊重した。前五世紀初めにアテナイ人自身が導入したベンディス女神の祭祀を、トラキア人に強制することはしなかった。ここにアテナイの他者に対する政策の、唯一ではないにしても、ひとつの在り方を看て取ることができる。

アテナイにおいて、メトイコイが同じ民族の出身であることを基盤として、あるいは、ひとつの祭祀を共有することを基盤として集団を結成し得た点にこそ注意を向けるべきだろう。それはすべてのメトイコイに対してとられた政策ではなくて、アテナイというポリスの存続に利するメトイコイに対してのみであったのかもしれない。しかし、アテナイへの同化を迫るのではなく、国内の異民族に対し、その固有の祭祀を中心に集団を形成することを公的に承認し、さらには市民の祭祀集団と同じ呼称を名乗ることをアテナイは認めたのであった。アテナイ民主政は特権的存在と化した市民集団が、他者に対し様々に閉鎖的姿勢をとっていたことがこれまでに指摘されてきたが、ここに到って、まったく別の側面、自己と他者との差異を認めたうえで、これを尊重しつつ他者を生かそうとした民主政のひとつの性向が浮かび上がってきた。しかも、この性向は前五世紀から前四世紀へと、断絶せずに持ち越されている。アテナイ民主政の負の側面と正の側面、そのいずれをも等距離の視点から見据えることで、アテナイ理解のより一層の深化が可能となるだろう。

(1) W. Burkert, *Greek Religion; Archaic and Classical*, tr. by J. Raffan, Oxford, 1985, 176-179; R. Garland, *Introducing New Gods: The Politics of Athenian Religion*, London, 1992, 4. ただし, 常にそうであったわけではない, cf. Garland, op. cit., 149-150.

(2) サバジオスの祭祀は、遅くとも前四二〇年代にはアテナイに入ってきていた(Ar. *Vespae* 9; *Aves* 873; *Lys*. 388; fr.

566)が、その起源はさておき、祭祀の場はフリュギアとリュディアが中心であった。しかし、この神は、ベンディスの場合とは異なり、アテナイでは私的に崇拝されていただけらしい(cf. Dem. XVIII 259-260)。なお、「公的祭儀」とは、本論考では財政、挙行方式、神官任命のいずれかにポリスが関与した祭儀を意味する。Cf. S. B. Aleshire, "Towards a Definition of 'State Cult' for Ancient Athens", R. Hägg (ed.), *Ancient Greek Cult Practice from the Epigraphical Evidence*, Stockholm, 1994, 9-16.

(3)　現存の関連碑文史料は次のとおり。*IG* I³ 383; 369; 136; *IG* II² 1283 (=*SEG* XXV 99=*SEG* XXIX 136=*LS* 46); 1361; 1255; 1496; 1256; 1284; 1317; 1324; *Hesperia* 29 (1960), No. 27; *SEG* XXXI 210.

(4)　本章三四七頁、参照。

(5)　トラキアにおけるベンディスについてはD. Popov, "Essence, origine et propagation du culte de la dêesse thrace Bendis", *DHA* 2 (1976), 289-303; I. Marazov, "The Identity of the Triballian Great Goddess", *Talanta* XX-XXI (1988-1989), 41-51 参照。トラキア人が文字史料を残さなかったため、トラキアにおけるベンディスについて調査する場合、出土した女性像が神像であるのかどうか、ベンディスであるのか他の女神であるのか、同定は困難を極める。さらに、文献史料に依拠しようとすれば、勢いギリシア人の残したものを中心にすることになる。その場合、導きだされるベンディス像が果たしてトラキア人に固有のものか、どの程度にギリシア人のイメージを媒介としたベンディスであるのか、測定はここでも容易ではない。ところで、パロス島の石切場の岩壁に彫られたニュンファイへの奉献レリーフの群像の中の、従来アッティス像と見なされていた彫像は、実はベンディス像であるらしい(cf. D. Berranger, "Le relief inscrit en l'honneur des Nymphes dans les carrieres de Paros", *REA* 85 (1983), 243-246)。前三五〇年頃かそれより少し後の作とみられるこのレリーフには、「オドリュサイ人のアダマスがニュンファイに〔奉献す〕」との碑銘が付されているので、トラキア人自身の抱いていたベンディスのイメージをここに認めることができるかも知れない。このベンディス像は、ペイライエウス出土のレリーフに見出されるベンディス像と酷似している。ただし、その像がトラキア人のもつ唯一のベンディスのイメージであるとは言えまい。

(6)　Hesych. s. v. *Βενδῖς*; Photios, s. v. *Βενδῖς*.

(7) 大英博物館所蔵の前四世紀初めのレリーフおよび現在コペンハーゲン所在の前三二九／八年の碑文をともなったレリーフ。Cf. P. Hartwig, *Bendis; eine archaeologische Untersuchung*, Leipzig, 1897; Z. Goceva and D. Popov, "Bendis", *LIMC* III, 1, Zürich/München, 1986. ハルトヴィッヒの著書はベンディスに関する最初の本格的な研究であるが、それは図像の分析を通して女神ベンディスの特質を解明する試みであった。

(8) このような狩人とトラキア兵士との形姿上の類似は、アテナイの若い騎士たちのあいだでトラキア風のマント、帽子、ブーツを身に着ける流行があり、他方で、狩人や羊飼いのなかに同じような服装をする者がいたことに由来するのかもしれない。Cf. J. K. Anderson, *Ancient Greek Horsemanship*, Berkeley/Los Angeles, 1961, 85-86. なお三四六頁、参照。

(9) Tübingen F 2 (= *LIMC* III, 1, Bendis, No. 2); V. Ehrenberg, *Die Rechtsidee im frühen Griechentum, Untersuchungen zur Geschichte der werdenden Polis*, Darmstadt, 1966, 32-33.

(10) E. Simon, *Opfernde Götter*, Berlin, 1953, 25-26 の解釈によれば、この場面は、アッティカの神テミスが外来の女神ベンディスをアッティカの祭祀に導師として迎え入れる様子を描いている。以下も参照。L. E. Roller, "Attis on Greek Votive Monuments: Greek Gods or Phrygian?", *Hesperia* 63 (1994), 256.

(11) Tübingen F 2 (*LIMC* II, 1, Artemis, No. 1418).

(12) E. Simon, op. cit., 25. ヴェロナ所在の前四三五―四三〇年のものとみられている一対のカップのうちの一つの内側のトンド(円形の図)に描かれた女性像は、テュービンゲンのスキュフォスのベンディスと酷似しているので、ベンディスに違いない。また、もう一方のカップの女性像はおそらくアルテミスであろう。Cf. J. H. Oakley, *The Phiale Painter*, Mainz/Rhein, 1990.

(13) R. R. Simms, "The Cult of the Thracian Goddess Bendis in Athens and Attica", *Ancient World* 18 (1988), 68.

(14) G. Knaack, "Bendis", *RE* III 1 (1897), 270. なお、アリストファネス『鳥』において、トリバロイとの関連で言及されている「バシレイア」(Ar. Aves 1536, 1537, 1634, 1687, 1754)とベンディスとの関係を考えてみるのも、価値のないことではあるまい。なお同喜劇中の「バシレイア」については、ギリシア国立碑文博物館館長クリツァス博士に御教示いただいた。

(15) 「他の神々の聖財」については、T. Linders, *The Treasurers of the Other Gods in Athens and their Functions*,

Heisemheim am Glan, 1975 参照。

(16)　A. Mommsen, *Feste der Stadt Athen in Altertum, geordnet nach attischem Kalender*, Leipzig, 1898, 490; L. Deubner, *Attische Feste*, Berlin, 1932, 219-220.

(17)　M. P. Nilsson, "Bendis in Athen", *From the Collection of Ny Carlesberg Glyptothek* 3 (1942), 169-188 (= *Opuscula Selecta*, III, Lund, 1960, 55-80).

(18)　Ibid., 178-179.

(19)　W. S. Ferguson, "The Attic Orgeones", *HThR* 37 (1944), 98.

(20)　N. G. Pappadakis, "*Ἱερὸς νόμος βενδιδείων*", *Arch. Ephem.* 1937 (publ. in 1941), 808-823.

(21)　Xen. *Hell.* II 4. 10-11.

(22)　P. J. Rhodes, *A Commentary on the Aristotelian Athenaion Politeia*, Oxford, 1981, 391-392.

(23)　Nilsson, op. cit., 183-188.

(24)　Ibid., 187.

(25)　『国家』の記述を騎馬の松明競走の創始が言及されていると見做し、その創始の時期をトラキアのオドリュサイ人との外交が取り沙汰されていた前三八〇年頃、と解釈している、ibid., 188.

(26)　W. Peek, "Heilige Gesetze", *AM* 66 (1941), 207-217.

(27)　W. S. Ferguson, "Orgeonika, II, Bendis and Deloptes", *Hesperia*, Suppl. 8 (1949), 131-162.

(28)　P. Roussel, "A propos d'un dêcret attique relatif â la dêesse Bendis", *REA* 45 (1943), 177-182.

(29)　J. Bingen, "Le dêcret *SEG* X 64 (le Pirêe, 413/2 ?)", *Rev. Belge. Ph.* 37 (1959), 31-44.

(30)　断片A、三行目の *κλε*[…は前四一三／一二年の筆頭アルコン、クレオクリトスへの言及と解釈できる。さらに、本決議を書記役として記録したフレアリオイ区のパシフォン(*IG* $I^3$ 136. v. 1)は、前四一〇／〇九年に将軍であった(*IG* $I^3$ 375. v. 35)。また、四〇九年に海軍司令官として戦死したレオンティス・フュレーのパシフォン(*IG* $I^3$ 1191. v. 107)も同一人であろう。これらの事実もラウビチェクの年代決定の根拠となっている。*SEG* X 64 および *IG* $I^3$ 136 のジェイムスンによる解説、参照。

(31) *IG* $I^3$ 136 もこの年代を採る。

(32) Cf. Ferguson, "The Attic Orgeones", 97.

(33) J. Pečírka, *The Formula for the Grant of Enktesis in Attic Inscriptions*, Prague, 1966, 122-130.

(34) 以下本章三四九頁、参照。

(35) Cf. Pečírka, cit., 130.

(36) Garland, op. cit., 111-114.

(37) すなわち、前五世紀半ばのアテナイにおけるトラキアへの認識の深化、アテナイ人の北方での従軍、アテナイにおけるトラキア人傭兵の到来、など。S. Hornblower, *A Commentary on Thuc.*, I, Oxford, 1991, 287.

(38) *οἱ φορμοφόροι*, J. M. Edmonds, *The Fragments of Attic Comedy*, I, Leiden, 1957, No. 63 (=*PCG* V No. 63).

(39) M. J. Osborne, *Naturalization in Athens*, III-IV, Brussel, 1983, 27.

(40) Edmonds, op. cit., p. 996.

(41) Osborne, op. cit., 27.

(42) Cf. Nilsson, op. cit., 172.

(43) 本碑文中に *καί* で結ばれているのは、他にヘルメスとアルテミス(一二五―一二六行)の、二神である。この一組の神のための合同祭祀はアテナイにもアッティカにも知られていないが、メロス出土の前六世紀の壺絵とパロス出土の前五一〇―五〇〇年のレリーフには描かれている(*LIMC* V, Hermes, 689; 693)。また、アポロニア出土の前四世紀後半の大理石板にはヘルメスとアルテミスの名が並んで刻字されている(*SEG* XXVII (1977)).

(44) ただし、近く刊行される R. Parker, *Athenian Religion: A History*, Oxford, 196 では両神の関係に注意が向けられている。同書の校正刷りを読む機会を与えて下さったパーカー博士に感謝する。

(45) 一五―一六、一七―一八、一九―二〇、二一―二二、二九―三〇、四八―四九、五一―五二、六一―六二行。一九九四年一二月下旬に *IG* $I^3$ 383 (fr. 1671 B; Γ; Δ) をアテネの国立碑文博物館で調査し、これを確認することができた。その折りの館長クリッツァス博士と館員の方々のご配慮に感謝する。

(46) B. D. Meritt, *Athenian Financial Documents of the Fifth Century*, Ann Arbor, 1932, 75-76, 140.

(47) Edmonds, op. cit., No. 81 (=*PCG*. IV, No. 85).

(48) Hesych. s. v. *Ἀδράστεια*; Harpocrat. s. v. *Ἀδράστεια*; Photios, s. v. *Ἀδράστεια*.

(49) Harpocrat. op. cit., *ἔνιοι μέντοι ὡς διαφέρουσαν συγκαταλέγουσιν αὐτὴν τῇ Νεμέσει, ὡς Μένανδρος καὶ Νικόστρατος*.

(50) Edmonds, op. cit., III, B, No. 321. *Ἀδράστεια καὶ θεὰ σκυθρωπὲ Νέμεσι, συγγιγνώσκετε*.

(51) Aisch. *Prom.* 936, *οἱ προσκυνοῦντες τὴν Ἀδράστειαν σοφοί*. Dem. XXV 37, *καὶ Ἀδράστειαν μὲν ἄνθρωπος ὢν προσκυνῶ*… Plat. *Pol.* 451a, *Προσκυνῶ δὲ Ἀδράστειαν*,….

(52) *Tragicorum Graecorum Fragmenta*, III, Göttingen, 1985, No. 158.

なお、(アドラステイアは『レソス』のなかでも二回言及されている。まず、三四二行ではトロイアの兵士のコロスが、大言壮語を懲らしめる女神と呼び掛けて、レソスの加勢を受け入れるか否かの判断伺いの祈りをアドラステイアに捧げ、四七六行ではトラキアの英雄レソスが自己の言辞を承認するようアドラステイアに訴える。『レソス』においてアドラステイアはまたも傲慢な物言いを罰する女神ではあるが、彼女への祈願は先述のアイスキュロス、デモステネス、プラトンが使用した紋切型の表現の体を成してはいない。ここでは特別拵えの表現が女神に用意されている。この作品のなかでアドラステイアに特定の意義が付与されているのは、彼女がトロアスの女神であると見做されているからだろう。加えて、トラキア人レソスはトロイアの同盟者として描かれている。『レソス』がエウリピデス作であるか否か、両説あって、結論は出そうもない。エウリピデス作であるとするリッチーの説に従えば、作品上演は前四五五年から四四〇年のあいだとなり(W. Ritchie, *The Authenticity of the Rhesus of Euripides*, Cambridge, 1964, 361)、すでに前五世紀なかばにアテナイ人のあいだにトラキアとトロアスとの連携というイメージが存在していた、と言える。しかし、『レソス』を前四世紀の作とする見解も強固にあって、本稿では判断を留保せざるをえない。いずれにしても、『イリアス』第一〇巻においてすでにレソスはトロイアを援軍するトラキアの総大将として描かれている。トラキアとトロアスを結びつけるイメージは、こうして前五世紀のアテナイ人に親しいものであったのだろう。

(53) B. Wyss, *Antimachi Colophonii Reliquiae*, Berlin, 1936 (repr. 1974), No. 53; Strabon XIII 1. 13. トロアス地方におけるアドラステイア祭祀については、cf. W. Leaf, *Strabo on the Troad: Book XIII Cap. 1*, Cambridge 1923, 77–80. トロアスのスケプシス出身のデメトリオスはアドラステイアをアルテミスと同一視するが (fr. 18, Gaede)、その時、彼にとってアルテミスのイメージはベンディスを想起させたのだろうか。

(54) フリュギアのヒサルキョイ出土の二枚の碑文はローマ時代のものではあるが、そこに「母神アドラストス」(傍点引用者)の文字があり (*MAMA* VI, 1939, No. 74; 75)、そこにアドラスティア崇拝との関連を推測することもできるであろう。これらの碑文の存在についてはケンブリッジ大学レノルズ博士からご教示いただいた。ただしそれは博士が筆者の見解に賛同していることを意味してはいない。

(55) O. Masson, *Les fragments du poète Hipponax: édition critique et commentée*, Paris, 1962, No. 127.

(56) 小アジアにおけるベンディス祭祀の存在を示す碑文史料は、管見のかぎり出土していない。しかし、ナコレア出土のローマ時代の碑文にある語 (Βεννε[ι]) はベンディスの祭祀と何らかの関係がある可能性はあろう (*MAMA* V, No. 210)。また、トロアスにおいてローマ時代にゼウス・ベンニオスの祭祀があったことは確認できるが、このゼウス・ベンニオスもベンディスと関係があるかもしれない (*MAMA* V, No. 176; IX, No. 49; X, No. 304)。以上の碑文の存在についてはオックスフォード大学レヴィック博士にご教示頂いた。ただしそれは博士が筆者の見解に賛同していることを意味してはいない。

(57) A. J. Graham, *Colony and Mother City in Ancient Greece*, 2nd ed., Chicago, 1983 (1st ed., 1964), 33: 33 n. 2–5; H. T. Wade-Gery, "Miltiades", *Essays in Greek History*, Oxford, 1958, 166.

(58) Graham, op. cit., 32, 195.

(59) ペイシストラトスとその一族が積極的な進出策を展開させた結果、このヘレスポントス周辺地域はアテナイに従属し、それは前四九三年にミルティアデスが帰国するまで続いた。その間この地域に移住したアテナイ人が法制上どのような立場に置かれていたか、不明。しかし、アテナイ本国との特殊な関係を考量すれば、移住者たちがアテナイとペルシアとの関係悪化のゆえに本国に帰ることにそれほど支障はなかったと推測できる。Cf. Graham, op. cit., 196–197.

(60) 付論「「雅量」の人・キモン」参照。
(61) ペイシストラトスは二度目の追放後、トラキアのパンガイオン付近に移り、そこで資金を貯め、兵士を雇った(Arist. *AP* 15. 2)。Cf. Rhodes, op. cit., 207-208.
(62) J. G. Best, *Thracian Peltasts and their Influence on Greek Warfare*, Groningen, 1969, 5-7.
(63) J. K. Anderson, op. cit., 85-86; W. Raeck, *Zum Barbarenbild in der Kunst Athens im 6. und 5. Jahrhundert v. Chr.*, Bonn, 1981.
(64) Cf. H. A. Cahn, "Dokimasia", *Rev. Arch.* 1973, 3-22.
(65) *IG* I³ 136; *IG* II² 1283; *Hesperia* 29 (1960), No. 27; *SEG* XXXI 210.
(66) 本章三四四頁、参照。
(67) Ferguson, "Orgeonika", 132.
(68) 注23参照。
(69) この内戦については、本書III-第二章、参照。
(70) オルゲオネスについては、以下本章三五四―三五六頁、参照。
(71) *IG* II² 337. キティオン人への賦与の決議の最後にエジプト人へのイシス神殿建立のための賦与の例が言及されている。
(72) Pečírka, op. cit.
(73) 本章三四一頁、参照。
(74) 本章三四九頁、参照。
(75) 本章三四四―三四五頁、参照。
(76) Best, op. cit., 27.
(77) メトイコイの軍役については、cf. D. Whitehead, *The Ideology of the Athenian Metic*, Cambridge, 1977, 82-86. また、本章三四〇頁、参照。シケリア遠征の軍船の乗組員に奴隷がいたことについては、cf. A. J. Graham, "Thucydides 7. 13. 2 and the Crews of Athenian Triremes", *TAPA* 122 (1992), 257-259.

(78) 前四六四／三年の公共墓(C. W. Clairmont, *Patrios Nomos; Public Burial in Athens during the Fifth and Fourth Centuries B. C.; The archaeological, epigraphic literary and historical evidnece*, Part I, II, London, 1983, No. 18(=*IG* I³ 1144)の第一三九行に *θεράποντες*(従者たち)と頭書があり、一人の名前が挙げられている。この表記の仕方から判断すれば、市民が戦場に奴隷を同行したことは確かだろう。しかも、戦没者の国家記念碑に市民の戦死者とともに奴隷の名前を記載するのは、アテナイ人がそのような奴隷の死を重んじていたことを示している。公共墓碑銘中の奴隷については、ビンダー博士の御教示に負うところが多い。

(79) Osborne, op. cit., 33-37.

(80) 奴隷が三段櫂船の漕ぎ手として従軍するとき、とくにその主人が同乗していない場合には、この奴隷の忠誠を確保するための方策が必要であっただろう。Cf. Graham, op. cit., 269.

(81) アテナイで騎馬の炬火競走は他に知られていない、cf. D. G. Kyle, *Athletics in Ancient Athens*, 1987, 193. H. W. Parke, *Festivals of the Athenians*, London, 1977, 151 は、ベンディデイア祭でこのような独自の競走が取り入れられたのはトラキア人の主導による、と推測し、その論拠を、トラキア人が乗馬に巧みであったことと、トラキア地方がギリシアより馬の飼育に適していたことに置く。しかしそれだけではなく、富裕なメトイコイ身分のトラキア人の存在をこの種の競技創始の背後に想定すべきだろう。

(82) Lysias XIX 63 では、ニコフェモスなる市民が騎兵として数頭の名馬を入手したばかりでなく、イストミアとネメアでの競馬にも勝利したことが、その息子によって誇らしく語られている。騎兵については *AP* 49. 1-2 参照。騎兵となる市民はかなりの富裕者であった。Cf. I. G. Spence, *The Cavalry of Classical Greece: A Social and Military History*, Oxford, 1993, 202-210.

(83) *IG* II² 10. 本書III-第一章三〇三、三〇五頁、参照。

(84) この事件については、拙稿「前五世紀アテナイの市民とメトイコイ——政治モラルのダブル・スタンダード——」『東京学芸大学紀要、第三部門、社会科学、第四五集』一九九四年、二七七—二八四頁、参照。

(85) W. K. Pritchett, "The Attic Stelai", *Stelai* 1, 33 ff.; *Hesperia* 22 (1953), 242. P. Cartledge, *The Greeks*, Oxford, 1993,

139は、ケフィソドロスが所有する奴隷の出身地を分散させるという奴隷管理の鉄則をここで実践している、と解釈する。

(86)　手工業奴隷＝*χειροτέχναι*, Thuc. VII 27.

(87)　ラウレイオン銀山で多数の奴隷が労働していたことは、Xen. *Poroi* IV 25が伝える。Xen. *Poroi* IV 14によれば、ニキアスは銀山に一〇〇〇人の奴隷を所有しており、これをトラキア人ソシアスに一日一オボロスで賃貸していた、という。*Memorabilia* II 5. 2の記述と照合すれば、ソシアスは元ニキアス所有の解放奴隷であろう。フォルミオンと同様解放後にかなりの富裕者になったとみなすならば、ここにも富裕なトラキア人の存在がある。Cf. P. Gauthier, *Un Commentaire historique des Poroi de Xénophon*, Genève/Paris, 1976, 136-144.

(88)　本章三五〇―三五一頁、参照。

(89)　本章三五一頁、参照。

(90)　S. Isager and M. H. Hansen, *Aspects of Athenian Society in the Fourth Century B. C.*, Odense, 1972, 29-31.

(91)　*IG* II$^2$ 1324, 15; *Hesperia* 29 (1960), No. 27, 3. トラキアで男女一組の神が、とくに男神優越で信仰されていたにもかかわらず、アテナイにおいては初期にベンディスが男神をともなわず、信仰されていたのは、そもそものの初めにおいて、ベンディスがアドラステイアとの組合せでアテナイにもたらされたからかもしれない。なお、サモスからは前四世紀半ばのものと推定される銘文、"*Ηρως Δηλόπτη*[*ς*]が施されたデロプテスのレリーフが出土している。Cf. R. Horn, *Samos* XII (1972), No. 105.

(92)　Ferguson, "The Attic Orgeones", 96.

(93)　オルゲオネスに関しては、Ferguson, "The Attic Orgeones"が今なお、最も基本的で包括的な研究である。

(94)　Philochoros fr. 35, *FGrH* 328. Cf. A. Andrewes, "Philochoros on Phratries", *JHS* 81 (1961), 1-2.

(95)　Andrewes, op. cit., 1-2; S. D. Lambert, *The Phratries of Attica*, Ann Arbor, 1993, 93.

(96)　Lambert, op. cit., 76, n. 80, 93.

(97)　F. Jacoby, *FGrH* III b 1, 321; Lambert, op. cit., 46.

(98)　Lambert, op. cit., 75-77.

(99) P. C. Themelis, "Votive base to Bendis from Kamariza" (in Greek with an English summary), *Horos* 7 (1989), 23-29によれば、一九七五年にラウレイオンのマロネイア(現カマリツァ)から出土した円筒型の彫像台座には「ダオスは、炬火競走で勝利したので〔これを〕奉献す」と刻字されていた。この台座はアテネ国立考古学博物館所蔵のベンディス像(No. 1862)の台座であると推定されており、前三世紀か二世紀のものらしい。ダオスはトラキア人に多い名前であるので、この碑文にあるダオスもラウレイオンで働いていたトラキア人メトイコスなのではないか。そのうえ、彼は炬火競走で勝利し、彫像を奉献できるほど財力のある人物であった。カマリツァからはベンディス像が他に二体出ている(Brauron Mus. No. 28; Mariemont Mus. No. B13)。この地にはトラキア人が相当数居住し(本章三五四頁、参照)、ベンディス信仰もさかんであったことを、これらは示していると考えてよいだろう。

# 付論

# 「雅量」の人・キモン
## ——そのエートスのアテナイ民主政における位置——

### はじめに

古代ギリシアのポリスが市民共同体であることを端的に物語る一例が武器自弁の原則[1]であるとすれば、市民としての義務遂行に対して手当を支給することは、ポリスのこの本来的性格に抵触するのではないか、という疑問が出されてもおかしくはない。しかし、民主政をほぼ徹底した形で実現させた古典期のアテナイにおいて、その民主政機構が民主的に機能していくためには、この種の手当(ミストス μισθός)が必要であり、実際、多種多様の手当が支給されていた。この手当支給の最初の例は、陪審員に対するそれであり、その制度の創始者はペリクレスであった[2]。

アリストテレス『アテナイ人の国制』二七章三節によれば、ペリクレスはキモンの気前の良さ、「雅量」に対抗してこの制度を定めたという。前四七〇年代と六〇年代に政治家および軍人として輝かしい実績を収め、アテナイの強大化に貢献したキモンは、しばしば保守派の領袖として民主派の指導者ペリクレスに対比されてきた[3]。従って、キモンに替って次代の政治指導者たらんとしたペリクレスが、民心を得るためにキモンの「雅量」に対抗せねばならなかったというのであれば、その「雅量」について知ることは、この富貴の人の体質解明の一助になるのみならず、キモンからペリクレスへという、前五世紀中葉のアテナイにおける政治指導者交替の意味について認識を深めることにもなろう。

# 一　史料の検討

キモンの「雅量」を伝える史料として、まず前述の『アテナイ人の国制』の関連箇所を引用しよう。

「またペリクレスははじめて陪審者に給料を出すこととしたが、これはキモンの富に対抗して民心を得んがためであった。何となればキモンは王者のごとき富を擁し、まず公共の奉仕を華々しく勤め、次いで自分の区の人々を大勢養っていた。すなわちラキアダイ区民の誰でも欲する者は毎日彼の許に赴いて相当な給養を受けることができたし、さらにキモンの所有地はみな囲いがなく、誰でも希望者は果実を享受することができるようになっていた。この気前の好さに対してペリクレスは財力の点で劣っていたのでオイエ区の人ダモニデスの忠言に従った(この人はペリクレスの多くの政策の発案者であると考えられていたし、事実そのために後にオストラキスモスに遭った)。すなわち私財の点では彼は敗れたから大衆に大衆自身のものを与えよと教えられ、陪審者への手当てを定めたのであった。」(27. 3-4)(4)

その他に一般の目に触れることの多い史料として、プルタルコス『キモン』一〇章一―三節、および同『ペリクレス』九章二―三節があるが、プルタルコスがこの箇所の叙述で依拠したのは、主にテオポンポスの著作であり、『アテナイ人の国制』の一部をも引用している。従って、ここで検討する史料としては、プルタルコスよりもテオポンポスの著作の関連箇所が適当であろう。

「アテナイの人キモンは、農地にも果樹園にも収穫物の監視人を置かなかったが、それは、市民の誰であれ、望む者が中に入りこんで収穫でき、また、所有地内にあるもので何か必要なものがあれば、取得できるように、ということであった。さらに、彼の家をすべての人々に開放して、多くの人々に簡素な食事を常に用意したので、アテナイ人で貧しい者がやってきて食事をとった。また、毎日彼に何か求めてくる者の面倒を見てやった。そしてこうも言われている。若者の二、三人を常につれて歩き、小銭を携帯する彼等に、誰であれ自分に近づいて求める者があれば、施しをするよう命じたと。また、彼は、埋葬のための費用を提供し、次のようなこともしばしば行なった、と言われている。つまり、市民のだれかがひどい身なりをしているのを見た時には、随行する若者たちの一人に、この者と衣類を交換するよう命じた。これらのことすべてによって良い評判を得て、彼は市民の中の第一人者だったのである。」(*FGH* 115 F89)[5]

両史料を比較すれば明らかなように、テオポンポスのほうが詳細にキモンの気前の良い振舞いの内容について語っている。しかし、キモンが自宅で食事を提供した人々がラキアダイ区民であった点について、アリストテレスは述べているが、テオポンポスの断片にはこのような限定は見られず、素直に読むかぎり、アテナイ人一般が食事提供の対象であった、と読める。

また、ペリクレスがキモンの「雅量」に対抗しようとした、というアリストテレスの指摘もテオポンポスにはない。『国制』と同様の記述は他に、プルタルコス『ペリクレス』九章に見られる。しかし、以下の引用を読めば明らかなように、プルタルコスは『国制』の右に引いた箇所を参照してこれを記している。「ペリクレスは当初はキモンの名声への対抗上、民衆を味方にひき入れたのである。相手のキモンはアテナイ市民の困っている人に毎日食事をあてがったり、老人に衣服を与えたり、あるいは所有地の囲いを取り外して希望者には果実を取らせたりして、貧民の心をつかんだ。だがペリクレスはそのような富と財力の点で劣っていたので、アリストテレスの言うところによれば、オイエ区のダモニデスの助言にしたがって、民心を得るために国庫の金の分配に着目した。[6]」

では、テオポンポスは、キモンの「雅量」にたいするペリクレスの態度について何らかの見解を持っていたのであろうか。前掲史料は、同史家の『フィリッピカ』第一〇巻の補遺に含まれるべき断片であり、この補遺は *τὰ περί* τῶν Ἀθήνῃσι δημαγωγῶν と題されている。つまり、アテナイの民衆煽動家たちがそこで論じられており、キモンとともにテミストクレス、メレシアスの子トゥキュディデス、ペリクレスもデマゴゴスとして取り上げられている。[7] この補遺はエウブウロスによる観劇手当制度制定を契機に書かれたらしく、テオポンポスはこの制度制定を失政と見なしていた。エウブウロスのこの国家財政上の失政は、一世紀以上にわたるデマゴゴスたちの政治の延長上に、あるいはその頂点に位置づけられるべきものである、というのが、この補遺に一貫するテオポンポスのテーゼであった。[8] このテーゼに照らして解釈するならば、右に引用の断片八九の最後の文章は、キモンが個人的雅量によって達成したことを、彼に続く者たちはミストス(手当)によってなしとげなければならなかった、という意味を含んでいると考えられる。[9] すなわち、テオポンポスもまた、ペリクレスの陪審手当制度導入をキモンの「雅量」への対抗策とみなしていたのであった。つまりこの点に関し、アリストテレスとテオポンポスの見解は一致していたということである。この見解ではキモンとペリクレスのいずれも、民主政下の政治家たらんと、民衆に何らかのものを与えて民心を把握しようとしたと見なされている。

アリストテレスは『国制』執筆の際に、すでに成立していたらしいテオポンポスの補遺を参照しておらず、二人はそれぞれの著述をする際に同一の史料を使用したらしい。この共通史料はウェイド＝ゲリによればクリティアスであり、ペリクレスがキモンに対抗したという、アリストテレスとテオポンポスの両者に共通の見解は、このクリティアスに由来するとウェイド＝ゲリは推測している。[10]

ところで、アテナイオスは、テオポンポスの断片八九を引用する直前に、ペイシストラトスが所有地にも果樹園にも見張りを置かず、望む者誰もが入るにまかせたという内容の同断片一三五を引き、キモンはこのペイシストラトスのやり方を模倣したのだ、と述べている(Athen. XII 532 F)。コナーは、これはアテナイオス独自の解釈であったかもしれないが、アテナイオスの使用した史料の作者テオポンポスがすでに『フィリッピカ』においてキモンが模倣したと解説していた可能性もある、としている。[11] さらに、ローズはアリストテレスとテオポンポスの両者が共に依拠した史料においてすでにこの比較がなされていたとの推測をも加えている。[12]

ペイシストラトスとキモンとの比較は、それを初めて試みた史料がいずれであるにしても、重要な示唆を投げ掛けていると思われる。しかし、それにたち入る前に、キモンその人についてもう少し知る必要があろう。

## 二　キモンの略歴[13]

マラトンの戦の勇士ミルティアデスを父、トラキア王オロロスの娘ヘゲシピュレを母として、キモンは前五一〇年頃に生まれた。[14] この頃、父ミルティアデスはケルソネソス僭主としてかの地に赴いてすでに五年以上、その地位は確固としていたはずである。ミルティアデスがアテナイに帰国したのは、イオニア反乱後、エーゲ海北東部の不穏の中の前四九三年であった(Hdt. VI 40-41)から、キモンの生地はケルソネソスであった、として差支えあるまい。つまり、キモンは一〇代も半ば過ぎまでケルソネソスで過ごしたということになろう。もちろんその間にアテナイに滞在したことがなかったとは言えないし、母方祖父オロロスを訪ねてトラキアへ赴いたこともあったかもしれない。いずれにしても、僭主の息子としてケルソネソスに生まれ育ったことは、キモンを理解するために重要なことと思われるが、これについては後で触れることになろう。

パロス島での負傷が原因で前四八九年にミルティアデスが死去すると、キモンには父の罰金五〇タラントンが負債として遺されたが、彼はこれを支払うことができた(Hdt. VI 136)。[15] ペルシア軍の二度目の侵攻に備えてテミストクレスが海戦の作戦を提案した時、逡巡を示すアテナイ市民たちの中でいち早くテミストクレス案を支持したのはキモンであった(Plut. *Cimon* V 1-2)。重装歩兵戦術を駆使して勝利を得た父ミルティアデスの功績を誇りにしてもそれに固執せず、三段櫂船戦術への転換の必要を見抜いた柔軟な思考をキモンは持っていた。

ペルシア軍の敗退後、デロス同盟が成立し、いわゆる「五十年史」が始まる。その前半においてアテナイの国力増大に最も貢献したのはキモンであっただろう。彼が最初に将軍(ストラテゴス)となったのは前四七八/七年であったらしく、前四七七/六年にはペルシア軍が立て籠るストリュモン河畔エイオン攻略の指揮をとり、これを陥落させた(Hdt. VII 107; Thuc. I 98)。エイオンおよびドリスコスはペルシア軍のトラキアにおける食料補給基地であった。エイオンの北の肥沃な地域からトラキア人を排除したキモンは、ここにアテナイ人を、恐らく他の同盟市の市民とともに、植民させた。

豊かに金、銀を産出するトラキアのパンガイオン山付近とストリュモン川流域とに関心を持ち、実際に権益を獲得した最初のアテナイ人はペイシストラトスであったが(16)、前五世紀になって盛んに試みられたアテナイのこの地域への進出は、このキモンによるエイオン攻略が端緒となった(17)。キモンの母方祖父オロロスはタソス島の対岸に住むサパイオイ人の王であったらしく(18)、そうであれば、このあたりはキモンにとって馴染みのある地域であっただろう。エイオン攻略はアテナイ人の間に大きな興奮を引き起こしたらしく、キモンの功績を記念して三体のヘルメス像が立てられた(Plut. *Cimon* VII 4-6)(19)。

次にキモンはスキュロスを攻め(前四七五年)、その住民ドロプス人を奴隷とし、この島をアテナイのクレルキアとした(Thuc. I 98)。この時キモンはテセウスの墓を見付け出し、遺骨をアテナイに持ち帰り、市民を喜ばせたという(Plut. *Cimon* VIII 3-6)。前四六八年春には異例にも他の将軍たちとともに悲劇競演の審査員となり(Plut. *Cimon* VIII 7-8)、この競演ではソフォクレスが彼の最初の作品『トリプトレモス』で勝利した。

キモンの戦歴の中でもとりわけ輝いているのは、前四六七年エウリュメドン川河口付近での対ペルシア戦で、彼はこの戦を指揮し、アテナイに大勝をもたらした。この時の戦利品を売却した金でアテナイは様々な事業を起こし、キモンはアクロポリスの北壁をも築いた(Thuc. I 100; Plut. *Cimon* XIII 5)。前四六五年のタソスの反乱に対してもキモンが指揮をとり、四六三年に鎮圧に成功し、賠償金とともに、タソスが所有していたトラキア本土の利権と金脈とをアテナイにもたらした。反乱の際、タソス人は密かにスパルタに援助を求め、後者は援軍派遣を約束したものの、丁度そのとき国内でメッセニア人の反乱が生じたため、実行されなかった(Thuc. I 100-102)。キモンは親スパルタで知られ、彼の息子の一人はラケダイモニオスと名付けられていたのだが、スパルタのタソスに対する密約をキモンは後にであれ知ることがあったであろうか。

タソス鎮圧後、そこからマケドニアへの侵入が容易であるのにそれをしなかったのはアレクサンドロス王に買収されたからであるという理由で、キモンは政敵たちによって告訴された(Plut. *Cimon* XIV 3)。この告発人の中にはペリクレスも含まれていたが、法廷では彼はキモン弾劾に消極的姿勢を取り、キモンは無罪となった。

前四六二年、スパルタが前述のヘイロタイの反乱鎮圧への救援をアテナイに求めた時、キモンは反対意見を押し切って、援軍派遣の決議を成立させ、指揮官としてスパルタに赴いた。その後、アテナイ軍が反乱をむしろ幇助するのではないかと危ぶんだスパルタが、アテナイ勢を送り帰したため、アテナイ側はこれを屈辱と感じ、スパルタとの同盟条約を破棄した(Thuc. I 102-103; Plut. *Cimon* 15)。この出来事はキモンの威信を失墜させたであろう。さらに、遠征中にエフィアルテスの改革が実行され(Arist. *AP* 25)、帰国後キモンは旧体制復活を試みるものの、エフィアルテス、ペリクレスら政敵の反撃にあい、前四六一年陶片追放されるに至った(Plut. *Cimon* XV 1-3)。

前四五七年のタナグラにおける対スパルタ戦(Thuc. I 108)に、追放中のキモンは兵士を連れて参加し、全力を尽くして加勢したが、アテナイは敗戦した。この時の愛国的行動に感じ入り、また、勝利したスパルタが翌春に攻撃してくるのではないかとの警戒心から、アテナイはキモンの追放を解除した、とプルタルコスは伝えている(Plut. *Cimon* XVII 8)。キモンの召喚については、タナグラ戦以後アテナイの外交政策に変化が見られないということを根拠の一つとして、キモンが追放期間満了まで帰国しなかった、という見解もあり[20]、また途中で召喚されたとしても、その期間はタナグラ戦後でなく、エジプト遠征失敗後の前四五二年とする見方もある[21]。プルタルコスだけでなくテオポンポスもキモンが追放後五年たらずでアテナイに呼び戻され、スパルタとの和平を実現させた、と述べており(F88)、前四五七年頃にキモンは帰国した、と見るのが適当ではあるまいか。ただし、キモンの召喚を提案したのがペリクレスであるというプルタルコスの記述は疑わしく、また、キモンがスパルタとの和平を実現させたというテオポンポスの記述も追放解除後の情勢を前四五一年頃の和平と混同しているのではないかと疑うべきであろう[22]。

前四五一年にキモンはアテナイおよび同盟軍を指揮してエジプト、キュプロス遠征に赴き、華々しい戦果を収める(Thuc. I 112; Plut. *Cimon* XVIII 1-6)が、この遠征の終りを待たずにキュプロスで病死した。しかし、キュプロスのサラミス沖海戦(前四四九/八年)は、前四八〇年のサラミスの海戦にその栄光において匹敵し、効果において勝るものであった、という[23]。キモン追放中に始められたエジプト遠征がアテナイ側の惨敗に終ったことを思いおこせば(Thuc. I 109-10)、キモンの指揮官としての有能も納得出来よう[24]。キュプロス遠征に赴いた時、キモンはすでに六〇歳になろうとしていた。

## 三　キモンの財力

キモンの所有する富は、名門出のペリクレスが対抗できないと認めざるを得ないほどに大きかった。父ミルティアデスが遺した負債五〇タラントンを、二〇歳そこそこのキモンが支払い得たのは、ミルティアデスの代にすでに家産が相当なものであったことを示している。

この家は遡ればコリントスのキュプセロスとも姻戚関係のある名門に属していた[25]。ミルティアデスの父キモン(I)

は、ペイシストラトスの僭主政を不満に思い、亡命し、その間に二度オリュンピアの四頭立て戦車競走で優勝した。二度目の優勝の勝ち名乗りをペイシストラトスに譲って帰国したキモン(I)は、さらにもう一度同じ競技で優勝した。馬の所有は富裕者でなければできなかったから、計三回の優勝は相当の資産が無ければ出来ないことであった。

　このキモンの兄弟ミルティアデス(I)は、ケルソネソスの開拓者であり、僭主であった人だが、彼がアテナイを離れてケルソネソスの僭主になった経緯はヘロドトス六巻三四―七章に詳しい。ただし、ヘロドトスはミルティアデス(I)とペイシストラトスとの不仲ゆえと想定しているが、実際はペイシストラトスがミルティアデス(I)をケルソネソスへ赴かせた、とウェイド＝ゲリーは論証し[26]、今日ではこの見解が有力となっている。

　このミルティアデスには実子がなかったため、異父兄弟のキモン(I)の子ステサゴラスがその後継者となった。その彼も世継ぎのないままに没したため、僭主一家はステサゴラスの兄弟ミルティアデス(II)を次の僭主としてケルソネソスへ派遣したのであった(前五一六または五一五年)[27]。これが我々のキモン(II)の父である。彼はすでに触れたように、イオニア反乱失敗後の前四九三年にフェニキア艦隊がエーゲ海を小アジア沿いに北上していることを知り、資産すべてを五隻の船に満載してアテナイへ向かい、一隻は捕えられたものの、他は無事アテナイに到着したらしい(Hdt. VI 41)。肥沃の地ケルソネソスの僭主であったミルティアデス(II)が持ち帰った資産は莫大であったに違いない。他方、彼がケルソネソスに所有地を保持していたのか否かは不明である。また、トラキア王の娘を妻としていたミルティアデス(II)が金、銀を産出するトラキアに何らかの権益を持っていたか否かも不明である。他方、息子のキモン(II)がエイオン、タソスを攻略した時、アテナイに大きな利益をもたらしただけでなく、個人的な利益も得たであろうとの推測はなされている[28]。

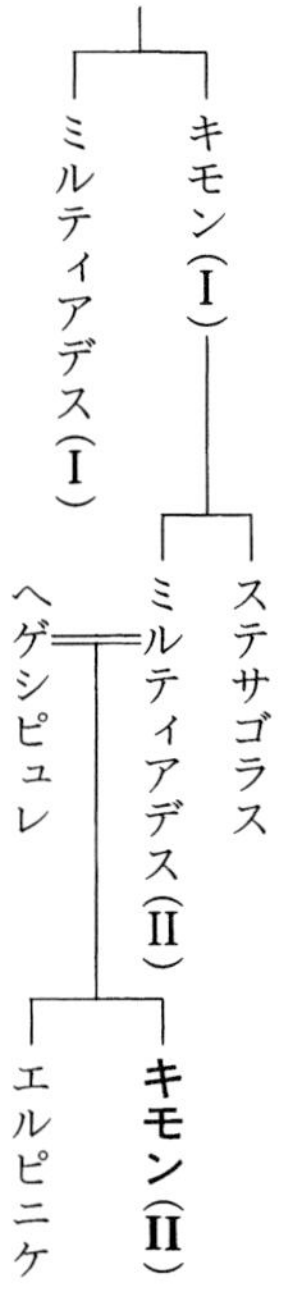


僭主一家の対外政策の一端を担うためにケルソネソ

スへ赴いたミルティアデス(II)ではあったが、この政策は僭主家の個人的な利害に関わるよりも、むしろそれ以前より推進され始めていた、アテナイの国益に合致した政策であった。[29] したがって、僭主政倒壊の際にミルティアデス(II)が反僭主の立場をとったことに矛盾はない。ヒッピアスの亡命先がケルソネソスと厳しい対立関係にあったランプサコスであったことも、これを裏づけている。ミルティアデス(II)は帰国後、ケルソネソスでの僭主政の罪で告発されたが、無罪となっている(Hdt. VI 104)。

この家の代々の居住地はラキアダイであったらしいが、そこの所有地がどれほどの価値のものであったか不明である。キモン(II)はアルクマイオニダイ家のイソディケを妻とし、姉のエルピニケはケリュケス家のカリアスと結婚している。これら当時のアテナイの有力名門と姻戚関係を結んだことは、キモン家が社会的名声だけでなく、財力の点でも卓越していたことを示していよう。[30] キモン(II)には少なくとも四人の息子がいたらしい。しかし今日知られる限り、キモンの死後、その末裔で公共奉仕を行なった者の例がないことはいささか奇妙である。ディヴィスも推測するように、キモンは前四六〇年代に政治目的のために家産を減少させてしまったのであろうか。[31]

## 四　キモンの「雅量」について

フィンリーは、「ホメロス的社会」が贈与交換の社会であったことを明らかにした。[32] そこにおいて贈与は、一方的に贈ったり贈られたりするのではなく、互酬性の原則が支配していたはずである。贈答行為の事実が社会的な地位と名誉の具体的指標であった。婚姻もまた同様の社会的意義を持ち、さらに、賓客・友好関係(クセニア)も、婚姻関係と同じほどの権利・義務関係を当事者の間に生じさせる具体的人間関係であった。[33]

饗宴を共にすることも、この社会において重要であった。しかし、饗宴(*δαίς*)の客たち(*δαιτυμόνες*)は、自分の飲食する分を持ち寄ることが原則であった。テレマコスが母の求婚者たちを非難するのは、彼らがオデュッセウス家の負担で、しかも、その主人の留守中に飲食するからであった。それゆえ、彼らにテレマコスは言う。「この館を離れ、よそで宴をはるがよい、館から館へ次ぎつぎ移り、自分の負担で飲み食いして。」(*Od.* II 139–49)

もちろん、もてなしとしての饗宴もあった。しかし、ネストルはアガメムノンに、会議の前に長老たちに御馳走するよう忠告して、次のように言う、「長老たちに饗宴のもてなしをするよう。それがあなたに相応しい。恥ではないのだ」(*Il.* IX 70)。これがすべての者の上に立つアガメムノンへの忠告である。王にとってすら、もてなしが日常的なことでなかったのは、この忠告から推測出来よう。(34)

すでに触れたように、アテナイオスはキモンがペイシストラトスを模倣したと記している。この見方を最初に出したのが誰であれ、彼は、両者の行動様式に類似性があると感じたのであろう。キモンは、ペイシストラトスの息子たちに派遣されてケルソネソスで僭主となったミルティアデスの息子として生まれ育ったのであるから、父を媒介にペイシストラトスの人柄の影響をいささかなりとも受けていたかもしれない。しかし、ここでは別の視角からの解釈が、いっそう豊かな問題解決の道へと我々を導いてくれると思われる。

ペイシストラトスを含む僭主たちの結婚の形態がホメロス的社会における結婚と似ていることは、すでに別稿で指摘した。(35)僭主を始めとする前六世紀のポリス社会上層部では、結婚の形態のみならず他の生活規範についても、ホメロス的社会の名残りがいまだ存在していたのではあるまいか。キモンの家に注目した場合、次のことに気づく。キモン(I)はオリュンピアでの勝利をペイシストラトスに譲り、帰国を実現させた。以後のキモン家と僭主家との比較的良好な関係は一部これに起因しているのかも知れない。キモン(I)とペイシストラトスとの間には、贈与慣行が効力を持っていた時代における贈物を交換し合う人間の間の関係と類似したそれを認めることが出来よう。

さらに興味深いのは、ミルティアデス(I)のドロンコイ人歓待の事例である。彼らはデルフォイからの帰路、アテナイまで来て初めて自分たちを受け入れ、歓待してくれる人間に出会ったのであった。これが契機でミルティアデス(I)とドロンコイ人の間には賓客・友好関係(クセニア)が成立したと考えて良いであろう。このクセニアはホメロス的社会に見られる慣行であるばかりでなく、以後ヘレニズム・ローマ時代まで存続するが[36]、ミルティアデス(I)は見知らぬ異邦人(クセノス)を賓客として歓待する、ホメロスの時代以来の生活倫理を尊重する人柄であったと考えられる。

ミルティアデス(II)は僭主政倒壊およびクレイステネスの改革という動乱と変革の時期にアテナイにおらず、この期間に関する限り、一般市民たちとの共通体験の機会を持たなかった。クレイステネスの改革以後の民衆の微妙な意識の変化の進行過程を肌で感じることもできなかった。この不利な欠落を補おうとの意識が、マラトンでの活躍につながったのかも知れない。もちろん、彼はイストロス川河口でダレイオスによって集結させられたギリシア人僭主たちの中で唯一人大王に反旗をひるがえそうとした人物であったから(Hdt. IV 186-187)、マラトン以前よりその評判はアテナイにおいて高かったのではあるが。このミルティアデス(II)はマラトン勝利後、民会に対し七〇隻の船と軍資金の支出などを要求した。要求の理由として彼は、ヘロドトスによれば、「必ずアテナイ市民を金持ちにするとだけしか言わなかった」(VI 132)。こうして彼はパロスへ赴き、金を要求したものの、失敗に終り、これが彼の命取りとなってしまった。ここで注目すべきは、彼のアテナイ市民に対する態度である。彼はアテナイに金を持ちかえる心積りであった。これは市民全体への一種の贈答である。ミルティアデス(II)もまた贈与交換が慣行であった時代の心情をいまだ多少とも持っていたのである。

以上のように見てきた結果、キモンの家には遠くさかのぼればホメロスの時代にまで行き着く、近くは、前古典期末に社会の上層の人々の一部にいまだ残っていた、贈与交換やクセニアの慣行を尊重するエートス(生活倫理)[37]が代々受け継がれていたことを知ることができた。

我々のキモンもまたこのエートスを幾分なりとも保持していたのであろう。彼が成長期をケルソネソスで僭主の息子として、また、トラキア王オロロスの孫として過ごしたことも、このような伝統的エートスを彼の内部に培う際の一条件となっていたのかもしれない。したがって、キモンの態度にペイシストラトスとの類似があったとしても、それは、模倣の結果ではなく、ペイシストラトスと共通のエートスを彼がいまだ持っていた、ということであろう。

キモンが伝統的エートスを保持していたことを示す事例がある。大地震の後にメッセニア人が反乱し、スパルタが援軍を要請してきた時、援軍派遣を主張し、実際に指揮官としてスパルタに赴いたのはキモンであった。彼にとってこれはクセニアの表出であったのだろう。しかし、当のスパルタは、タソスの要請に応じて、一度は反アテナイ的行動をとろうとしたし、今また、アテナイ軍を帰還させたのである。スパルタの行動は国益に沿ったものであっただろう。スパルタがポリスの論理で行動を選択したのに対し、キモンはクセニア尊重という旧来のエートスを行動の基準としたのであった。

キモンが農地や果樹園を開放し、また自宅で食事を提供するなどして、気前の良い行動をとったその背後には、一部このエートスが作用していたと考えられる。ただし、ホメロス的社会あるいは前古典期においてこのエートスを生活の中で実践した人々の対象は、社会的に対等な者たちであるのが普通であった(38)。そこでは、このエートスは上層の人々の間で、それも、多くの場合異なる共同体に所属する者同士の間で実践された。この実践が共同体内での政治的影響力を支える大きな要素となったのである。しかし、クレイステネスの改革後のアテナイでは、観念の上で市民は平等であり、政治家として活躍するにはこの同輩市民の支持を得ることが必要であった。そこで、民主政ポリスに生きるキモンは、父祖伝来のエートスを一般市民に向けたのであった。

ただし、キモンが食事を提供したのは、不特定の市民でなく、キモンと同じラキアダイ区所属の市民たちに対してであった、とアリストテレスは記している。このような限定をしていないテオポンポスに従うとすれば、キモンの気前の良さは不特定市民に向けられたことになり、これでは地方の名士(キモン)と国家レヴェルの政治家(ペリクレス)との相違が不明瞭になる、との批判をデイヴィスはテオポンポスに投げかけている。[39] しかし、キモンの所有地に入って果実を得たのは、ラキアダイ区民に限定されていなかったと読むべきであろうし、彼が小銭や衣類を与えたのも行きずりの貧しい市民たちであったらしい。むしろここに見て取るべきは、キモンが父祖伝来のエートスを実践しようとした時、このエートスの本来的性格としてそれが個人に向けられがちであったということであろう。個別の人間ということであれば、身近な存在、直接面識のある人間が多くなるのも自然のことであった。

従って、キモンが父祖伝来のエートスを向けたのは、上層の市民のみにでもラキアダイ区民のみにでもなく、市民一般に対してであったと解してよいであろう。デイヴィスの言う、「地方の名士」はキモンに該当するとは言い難い。他方で、キモンが公共奉仕を盛んに行なったことをアリストテレスは伝えている。前四七〇年代のアテナイにおいては、相互に対等な市民共同体の観念を強固に確立しようとの意識的企てがなされたらしいし、その推進者がキモンその人であった可能性も低くない。[40] そのような動向の中でキモンが自己に内在するエートスを実践しようとしても、市民共同体という、具体的個人を離れた抽象的存在に対してでは直接にこのエートスを作動させにくかったに違いない。そうであるからこそ、公共奉仕という民主政機構内の制度を通しての、形を変えた実践を行なったのであった。しかし、個別の人間に向けられる場合も、市民全体に向けられる場合も、単に対象が個別から全体へと拡大したにすぎず、彼の内部においてエートスの質そのものに変化はなかった。他方、アテナイ社会は変化を遂げてきていたのであり、この齟齬にこそ、私財を民心把握のために使用した政治家という、私には等身大以下と思われる評価がキモンに下され、[41] ほとんど定着してしまった理由があったのである。

民主政の機構は、実態はともかくとしても、本来的には私的レヴェルでの人格関係を止揚したところで機能すべきものであった。キモンが母斑のように抱えていた伝統的エートスと、民主政機構の上に成立した公的レヴェルでの人間関係とは、質的に相容れないものであった。もちろん私的なレヴェルでは、そして社会の深層においては、伝統的価値はいまだ強く影響力を持ち、キモンが保持するのと同質なエートスによって規定された関係が幾重にも張り巡らされていたであろう。

他方、ペリクレスは民主政下のアテナイ社会がそれ以前とは質的に異なることを明確に見ていたのであろう。プルタルコスによれば、ペリクレスが政治に手を出し、民衆のために身を捧げると決意した時、生活の規律を改めた結果、「市中においてはただ広場と評議会場に通ずる道一本を往来する姿が見かけられ、食事の招待とかそれに類する親睦の会を一切断わったので、彼の政治活動は長期にわたったのに、その間友人のだれのところにも食事の客となったことはなかった」(42)という。ペリクレスは公的レヴェルでの政治に私的な人間関係が入り込むことを極端なまでに警戒したらしい。民主政社会の質的に新しい展開が、公と私との分離を伴うことを、ペリクレスは見抜いたに違いない。

それを見抜くにはあまりに重く伝統的エートスを背負い込んでいたキモンは、しかし、彼なりのやり方で民主政ポリスとしてのアテナイの発展に貢献しようと強く意志し、それゆえ、公共奉仕をも積極的に行ない、国力拡大のための進出政策として対外戦争に多くの時間をさき、多大の戦果をもたらしたのであった。一〇年間の追放の後、あるいは途中で召喚されて帰国したキモンは、すでにペリクレス指導下の民主政がかなり進展している中で、国力増大のためのキュプロス遠征に出掛け、多大の成果をアテナイにもたらした。アテナイの進む方向を見定めた彼は、持てる能力を発揮してペリクレスの政策に協力することに吝かではなかった。この点からも確かにキモンは「雅量」の人であった。

以上のように、キモンに内在していた父祖伝来のエートスの発現の仕方を、彼の政治家および軍人としての輝かしく、時に挫折をも含む経歴や財力の背景と照合させて総合的に評価するならば、彼の「雅量」は決して政治的打算からのみ説明し得るのではなく、また、すべきでもないことは明らかと言えよう。それはキモンが自己に内在する伝統的エートスに従ってとった全人格的な行動であった。しかし、公と私との分離の意味が明確に意識されるようになるに従い、彼の行動をアナクロニズム的であると違和感をもって受け止める人々も次第に増加していったのであろう。キモンについて著述する際にテオポンポスとアリストテレスの両者が使用した史料の著者（ウェイド＝ゲリーによればクリティアス）は、すでにそのような受け止め方をする意識構造を備えていたに違いない。ただし、私的レヴェルにおいて旧来の人間関係の倫理は維持され、それがポリス的論理と矛盾するために、少なからざる摩擦に苦しむ人もいたらしい[43]。

この事実は、当時、伝統的エートスを民主政に合致した生活規範へと質的に転換させることが客観的要請として存在していたことの証左であろう。しかし実際には、分離して相互の意義が画然となった公と私とを、より高度な次元で統合させるためのエートスへの孵化は、ついに実現せずに終わってしまった。それゆえに、前述のようにキモンの行動も十分な評価が得られなかったのであり、さらに、同じ理由から、前五世紀後半から前四世紀にいたり、公と私の極度なまでの分離と私的レヴェルでの市民生活の矮小化とが生じるのではないかとの見通しが持たれてならない。キモンが保持した伝統的エートスをポリスが民主政の論理に転換しつつ摂取できなかったところに、アテナイの限界があったのかもしれない。しかしその論証は今後の課題とすべきであろう。

（1） 村川堅太郎「市民と武器」『村川堅太郎古代史論集』II、岩波書店、一九八七年、特に二五六―二七〇頁、参照。
（2） 陪審員への手当の導入された時期は未だ確定されていない。Cf. P. J. Rhodes, *A Commentary on the Aristotelian Athenaion Politeia*, Oxford, 1981, 339-340. ウェイド＝ゲリー(H. T. Wade-Gery, *Essays in Greek History*, Oxford, 1958, 235-238)およびベイディアン(E. Badian, "The Peace of Callias", *JHS* 107 (1987), 9)の推測するようにエフィアルテスの改革直前の前四六二年頃が整合的ではないかと思われる。
（3） Rhodes, op. cit., 344-361.
（4） アリストテレス／村川堅太郎訳『アテナイ人の国制』岩波書店、一九八〇年、五四頁。

(5) テオポンポスの関連箇所の史料批判については，cf. Wade-Gery, op. cit., 235-238; W. R. Connor, *Theopompus and Fifth-century Athens*, Cambridge, Mass., 1968, 30-37. なお，プルタルコスが『キモン伝』を執筆するにあたって参照した主要史料としてタソスのステシンブロトスの著作があるが，本稿の論題である「雅量」とは直接の関連がないためここでは触れない。

(6) 馬場恵二訳『ペリクレス』『世界古典文学全集23 プルタルコス』筑摩書房，一九六六年，一一一頁。

(7) Wade-Gery, op. cit., 236.

(8) Ibid.

(9) Ibid., 237; Rhodes, op. cit., 339.

(10) Wade-Gery, op. cit., 237.

(11) Connor, op. cit., 32.

(12) Rhodes, op. cit., 340.

(13) 前五世紀前半のアテナイ史については年代の確定が困難で，多様の論議が出されている。本稿ではこの問題に立ち入ることはせず，年代については，特に断わりのないかぎり，R. Meiggs, *The Athenian Empire*, Oxford, 1972 に従っている。

(14) J. K. Davies, *Athenian Propertied Families: 600-300 B. C.*, Oxford, 1971, 302.

(15) Plut. *Cimon* IV では，この罰金はキモンの姉エルピニケと結婚する条件でヒッピアスの子カリアスが支払ったことになっているが，これは誤りと見るべきであろう。Cf. Davies, op. cit., 303, 311.

(16) B. Isaac, *The Greek Settlements in the Thrace until the Macedonian Conquest*, Leiden, 1986, 19-20.

(17) Ibid., 15. なお，前六，五世紀のトラキアとアテナイとの関係については馬場恵二「前六，五世紀のエーゲ海北岸のトラキアとギリシア世界」『駿台史学』六九，一九八七年参照。

(18) Isaac, op. cit., 33.

(19) その銘文は，C. W. Clairmont, *Patrios Nomos: Public Burial in Athens during the Fifth and Fourth Centuries B. C.*, Oxford, 1983, 13A. なお Aischin. III 183-185 参照。

(20) Meiggs, op. cit., 422-423 参照。
(21) Badian, op. cit., 12-3.
(22) Ibid.
(23) Ibid., 14.
(24) Clairmont, op. cit., 124.
(25) Davies, op. cit., 295.
(26) Wade-Gery, op. cit., 155-170.
(27) Ibid., 163.
(28) Isaac, op. cit., 34.
(29) S. Hornblower, *The Greek World, 479-323 B. C.*, London/New York, 1983, 32.
(30) Davies, op. cit., 305.
(31) Ibid., 311-312.
(32) M. I. Finley, *The World of Odysseus*, London, 1977 (2nd ed.), 64-65.
(33) Ibid., 98-104. クセニアについては、本書III-第一章二節、参照。
(34) Ibid., 124-125.
(35) 本書II-第一章一三九—一四〇頁、参照。
(36) G. Herman, *Ritualised Friendship and the Greek City*, Cambridge, 1987.
(37) ソロンがすでに贈与交換の慣行に対し否定的であったらしいことについては、本書II-第一章一四四—一四五頁、参照。
(38) 特にクセニアの場合については Herman, op. cit., 162-165.
(39) Davies, op. cit., 7-15.
(40) Clairmont, op. cit., 7-15.
(41) 一例として W. R. Connor, *The New Politicians of Fifth-century Athens*, Princeton, 1971, 18-22.

(42) 前掲、馬場訳『ペリクレス』一一〇頁。
(43) Herman, op. cit., 142-154.

# あとがき

本書は、一九六〇年代の末に古代ギリシア史研究を志して以来、これまでに発表してきた主要な論文を集めて成立した。古典期アテナイを中心とするギリシア世界に強く魅かれた私は、そこに生きる人々とその社会の実相を捉えたいと、碑文史料や古典文献といわば格闘を続けながら、関心の領域を宗教から女性、そして他者へと拡大させてきた。その間、一九七〇年代、八〇年代の「社会史」の研究動向やフェミニズム理論に触発されることによって、研究の内容も幅と奥行を増してきたように思う。その意味で、時代精神と共に歩んできたのだという感慨もわいてくる。

こうした歩みを続けるなかで、軋みをたてて変容していくこの時期のアテナイ社会に生きる人々の姿が、以前にも増して鮮明に眼前に現われてくるようになった。祭儀を軸に繰り広げられた市民共同体の生活とそのなかでのポリスとオイコスの角逐、拡大する公的領域に参与する市民たちの誇りと喜び、指導者たちの覇気と献身、結婚と財産相続をめぐる葛藤、抑圧の構造のなかに浮かび上がる女性やメトイコイの自己実現への希求。このような彼らからの語りかけが、研究を進めていく途中で入りこんだ袋小路を抜け出す契機を、何度与えてくれたことだろう。そうであるからこそ、彼らとの対話を求めて交通の便の悪い遺跡にひとりで苦労して出かけて行った、と今になって思う。遺跡にひとり座っていると思いがけないインスピレーションが浮かんでくるのであった。もちろん、インスピレーションどころではなく、大事なものを見落として、あとになってから、なんと鈍感な、と自分を情けなく思うこともしばしばあったのではあるが。

これからも私の古代ギリシア史研究は、古代との往還のなかで、実相観入を旨として続いていくことだろう。したがって、本書は研究者としてのいわば中間報告と呼ぶべきものである。

各論文を発表した時点では、後日それらを一書にまとめようという考えはまったくなかった。その考えが具体的になったのは、一九九一年九月末に村川堅太郎先生から論文集を出しては、というお勧めをいただいてからであった。そして、わずか三ヵ月後に先生が鬼籍に入られてしまうと、そのお勧めがまるで遺言のように思われてきて、論文集をまとめることは自分自身の課題となっていった。そこで、岩波書店の天野泰明さんに相談すると、翻訳の仕事が長年遅滞していて迷惑をおかけしているにもかかわらず、快くご尽力くださって、論文集出版の企画が具体化した。一九九三年夏のことであった。このように、本書の刊行は村川先生と天野さんのお力添えがなければ実現しなかった。

それればかりでなく、私は多くの師、先輩から学恩を受けており、自分を研究者として実に幸運であった、と思わずにはいられない。専門の分野で直接ご指導を頂いた方々に限っても、岩田拓郎、弓削達、鈴木一州、廣川洋一、伊藤貞夫、秀村欣二、吉村忠典、久保正彰、馬場恵二、故・杉勇、故・斉藤忍随、の諸先生のお名前が思い浮かぶ。他にもお名前は挙げず、失礼させて頂くが、多くの先生、友人たちから色々と学ばせて頂いた。心からお礼を申し上げたい。さらに、海外研修や在外研究のおりに出会い、お教えを頂いてきた外国の研究者も少なくないが、ここではスタンフォード大学のジェイムスン先生とラウビチェク先生のお名前を挙げるだけにとどめたい。とくに、ジェイムスン先生は私がひそかに我がメントールと思っている方である。一九七九年一一月に学術会議の招きで訪日されたときにお会いして以来これまで、先生が私に惜し気もなく与えて下さった数々のお教えを思うとき、それをまだ十分に生かしきれていない自分を腑甲斐ないと思わざるをえない。

一九七八年いらい在籍してきた東京学芸大学歴史学研究室の現在と過去の構成メンバーの方々にも言葉に尽くせないほど多くを負っている。この心やさしい仲間たちから私は、研究者として教師として成長するための滋養をいっぱい頂いてきた。当研究室に身を置かなければ、現在の私はなかったに違いない。また、いたらない点の多い教師である私に付き合ってきてくれた、その時々の学生諸君にも感謝したい。

さらに、家族と親族の暖かい協力と支援もありがたいことであった。古代のアテナイでアンキステイア(イトコの子供までの範囲の親族)は相互に実際的な力を発揮する関係であったが、現代に生きる私にとってもアンキステイアの力は大きいと実感している。

最後に、本書の編集というやっかいな仕事を引き受けて下さった山本しおみさんにお礼申し上げる。所収の論文は長年のあいだに発表されたものであるため、また私自身の迂闊な性格もあって、表現や表記の仕方に不統一なものが少なくなかった。それを可能なかぎり正し、統一をはかることができたのは、ひとえに細部を疎かにしない山本さんのおかげである。

一九九六年一月二一日——大寒

桜井万里子

# 初出一覧

I

第一章……弓削達・伊藤貞夫編『ギリシアとローマ――古典古代の比較史的考察』河出書房新社、一九八八年（原題　古典期ギリシアの宗教と政治）。

第二章……『史学雑誌』八二編一〇号、一九七三年。

第三章……『史海』二七号、一九八〇年（原題　エレウシニア祭と二枚の碑文（*IG* I$^2$ 5, *ISS* 10 A））

II

第一章……弓削達・伊藤貞夫編『ギリシアとローマ――古典古代の比較史的考察』河出書房新社、一九八八年。

第二章……『史潮』新一八号、一九八五年（原題　古典期アテナイの国家祭儀と地方祭儀――テスモフォリア祭について）。

第三章……『史潮』新九号、一九八一年（原題　古典期アテナイのエピクレーロス制度とオイコスの存続）。

第四章……『東京学芸大学紀要　第三部門　社会科学』第三八集、一九八六年（原題　研究ノート――古代ギリシアのアテナイにおける姦通法）。

第五章……弓削達・伊藤貞夫編『古典古代の社会と国家』東京大学出版会、一九七七年（原題　古典期アテナイにおける女性の地位と財産権）。

III

第一章……『歴史学研究』五九四、一九八九年（原題　古典期アテナイにおける市民にとっての他者――その他者認識の変容とトラシュブロスの第一決議）。

第二章……『西洋古典学研究』XL、一九九二年（原題　「反寡頭派戦争」の帰結とアテナイ社会――前四〇三年の「和解協定」をめぐって）。

第三章……書下し。

付　論……『ペディラヴィウム』二八、一九八八年。

■岩波オンデマンドブックス■

古代ギリシア社会史研究—宗教・女性・他者

1996年3月27日 第1刷発行
2014年1月10日 オンデマンド版発行

著 者 桜井万里子《さくらいまりこ》

発行者 岡本 厚

発行所 株式会社 岩波書店
〒101-8002 東京都千代田区一ツ橋2-5-5
電話案内 03-5210-4000
http://www.iwanami.co.jp/

印刷／製本・法令印刷


ISBN978-4-00-730085-1 Printed in Japan

# 神名・人名・ゲノス名索引

## 古 代 人 名

## 研究者名

# 史料索引

## 古典史料

## 碑　文

# 略　号　表

古典文献および古代の著作家については原則として *LSJ* に従った．
ただし，以下はその限りではない．

*AP*　*Athenaion Politeia*
Dem.　Demosthenes
*Hell.*　*Hellenica*
Plut.　Plutarchos
Thuc.　Thucydides
Xen.　Xenophon

定期刊行物、碑文・史料集、その他
*AJA*　*American Journal of Archaeology*
*AJP*　*American Journal of Philology*
*AC*　*L'antiquité classique*
*AM*　*Mitteilungen des deutschen archäologischen Instituts;* athenische Abteilung
*Arch. Ephem.*　*Archaiologike Ephemeris*
*BCH*　*Bulletin de Correspondance hellénique*
*BSA*　*Annual of the British School at Athens*
*CAH*　*Cambridge Ancient History*
*CPh*　*Classical Philology*
*CQ*　*Classical Quarterly*
*CR*　*Classical Review*
*DHA*　*Dialogues d'histoire ancienne*
*FGH*　F. Jacoby, *Die Fragmente der griechischen Historiker*, Berlin/Leiden, 1923-
*GRBS*　*Greek, Roman and Byzantine Studies*
*HSCP*　*Harvard Studies in Classical Philology*
*HThR*　*Harvard Theological Review*
*IG*　*Inscriptiones Graecae*
*JdI.*　*Jahrbuch des deutschen archäologischen Instituts*
*JHS*　*Journal of Hellenic Studies*
*LIMC*　*Lexicon Iconographicum Mythologiae Classicae*, Zürich/München, 1981-
*LS*　F. Sokolowski, *Lois sacrées des cités grecques*, Paris, 1969
*LSJ*　Liddle, Scott and Jones (eds.), *A Greek-English Lexicon*
*LSS*　F. Sokolowski, *Lois sacrées des cités grecques*, Supplément, Paris, 1962
*MAMA*　*Monumenta Asiae Minoris Antiqua*
ML　R. Meiggs and D. M. Lewis (eds.), *A Selection of Greek Historical Inscriptions to the End of the Fifth Century BC* (revised ed.), Oxford, 1988.
*PCG*　R. Kassel and C. Austin, *Poetae Comici Graeci*, New York / Berlin, 1984-

*RA* *Revue archéologique*
*RE* *Paulys Real-Encyclopädie*
*REA* *Revue des études anciennes*
*REG* *Revue des études grecques*
*SEG* *Supplementum Epigraphicum Graecum*
*SIG*³ W. Dittenberger (ed.), *Sylloge Inscriptionum Graecarum*, Leipzig, 1915-1924
*TAPA* *Transactions of the American Philological Association*
*TAPS* *Transactions of the American Philological Society*
Tod *A Selection of Greek Historical Inscriptions*, Vol. II, Oxford, 1948.
*ZPE* *Zeitschrift für Papyrologie und Epigraphik*

# 参考文献


J. K. Anderson (1961), *Ancient Greek Horsemanship*, Berkeley/Los Angeles.

A. Andrewes (1961), "Philochoros on Phratries", *JHS* 81, 1-15.

———(1970), *A Historical Commentary on Thucydides* IV.

A. Andrewes (1982), "Tyranny of Pisistratus", *CAH*² III-3.

M. F. Baslez (1984), *L'ẽtranger dans la Grẽce antique*, Paris.

L. Beauchet (1897), *L'histoire du Droit privẽ de la Rẽpublique athẽnienne* I, Paris.

J. G. Best (1969), *Thracian Peltasts and their Influence on Greek Warfare*, Groningen.

J. Bingen (1959), "Le dẽcret SEG X 64 (le Pirẽe, 413/2 ?)", *Revue Belge de Philologie et d'Histoire* 37, 31-44.

F. Bourriot (1976), *Recherches sur la nature du genos*, 2 vols., Paris.

A. C. Brumfield (1981), *The Attic Festivals of Demeter and their Relation to the Agricultural Year*, New York.

W. Burkert (1972), *Homo Necans, Interpretationen altgriechischen Opferriten und Mythen*, Berlin.

———(1977), *Griechischen Religion der archaischen und klassischen Epoche*, Stuttgart (*Greek Religion*, tr. by J. Raffan, Oxford, 1985).

G. Busolt und H. Swoboda (1926), *Griechische Staatskunde*, München.

P. Cartledge (1993), *The Greeks: A Portrait of Self and Others*, Oxford.

J. Casabona (1966), *Recherches sur le vocabulaire des sacrifices en Grẽce*, Aix-en-Provence.

M. B. Cavanaugh (1980), *Eleusis and Athens: Documents in Finance, Religion and Politics in the Second Half of the Fifth Century B. C.*, Diss., Cornell Univ.

G. L. Cawkwell (1976), "The Imperialism of the Thrasybulus", *CQ* 26, 270-277.

C. W. Clairmont (1970), *Gravestone and Epigram: Greek Memorials from the Archaic and Classical Period*, Mainz on Rhine.

———(1983), *Patrios Nomos; Public Burial in Athens during the Fifth and Fourth Centuries B. C.; The archaeological, epigraphic, literary and historical evidence*, Part I, II, London.

K. Clinton (1979), "*IG* I² 5, The Eleusinia, and the Eleusinians", *AJP* 100, 1-12.

———(1974), *The Sacred Officials of the Eleusinian Mysteries*, *TAPS*. n. s. 64. 3, Philadelphia.

———(1992), *Myth and Cult: The Iconography of the Eleusinian Mysteries*, Stockholm.

D. Cohen (1991), *Law, Sexuality, and Society: the enforcement of morals in classical Athens*, Cambridge.

J. N. Coldstream (1977), *Geometric Greece*, London.

W. R. Connor (1968), *Theopompus and Fifth-century Athens*, Cambridge, Mass.

———(1971), *The New Politicians of Fifth-century Athens*, Princeton.

G. Daux (1963), "La grande dẽmarchie: Un nouveau calendrier sacrificiel d'Attique (Erchia)", *BCH* 85, 603-634.

J. K. Davies (1971), *Athenian Propertied Families: 600-300 B. C.*, Oxford.
M. Detienne (1972), *Les jardins d'Adonis*, Paris (小刈米・鵜沢訳『アドニスの園』せりか書房, 1983).
L. Deubner (1932), *Attische Feste*, Berlin.
H. Diller (1961), "Die Hellenen-Barbaren-Antithese im Zeitalter der Perserkriege", *Entretiens sur l'antiquité classique* VII, Genève.
K. J. Dover (1974), *Greek Popular Morality in the Time of Plato and Aristotle*, Oxford.
S. Dow (1960), "The Athenian Calendar of Sacrifices: The Chronology of Nikomakhos' Second Term", *Historia* 9, 270-293.
———(1965), "The Greater Demarchia of Erchia", *BCH* 87, 180-212.
——— and R. F. Healey (1965), *A Sacred Calendar of Eleusis*, Cambridge.
K. Dowden (1980), "Grades in the Eleusinian Mysteries", *Revue de l'Histoire des Religions* 197, 409-427.
P. E. Easterling and J. V. Muir (1985), *Greek Religion and Society*, Cambridge.
V. Ehrenberg (1943), *The People of Aristophanes*, Oxford.
———(1960), *The Greek State*, Oxford.
W. Erdmann (1934), *Die Ehe im alten Griechenland*, München.
D. P. Feaver (1957), "Historical Development in the Priesthoods of Athens", *Yale Classical Studies* 15, 123-158.
W. S. Ferguson (1938), "The Salaminioi of Heptaphylai and Sounion", *Hesperia* 7, 2-74.
———(1944), "The Attic Orgeones", *HThR* 37, 61-104.
———(1949), "Orgeonika", *Hesperia*, Suppl. 8 (1949), 131-162.
J. V. Fine (1951), *Horoi: Studies in Mortgage, Real Security and Land Tenure in Ancient Athens*, *Hesperia*, Suppl. 9.
———(1983), *The Ancient Greeks: A Critical History*, Cambridge, Mass./London.
M. I. Finley (1951), *Studies in Land and Credit in Ancient Athens 500-200 B. C.: The Horos Inscriptions*, New Brunswick.
———(1977), *The World of Odysseus*², London (下田立行訳『オデュッセウスの世界』岩波文庫, 1994).
———(1983), *Economy and Society in Ancient Greece*, New York.
———(1983), *Politics in the Ancient World*, Cambridge.
———(1985), *Ancient History: Evidence and Models*, London.
H. Foley (ed.) (1994), *The Homeric Hymn to Demeter: Translation, Commentary, and Interpretative Essays*, Princeton, New Jersey.
P. Foucart (1914), *Les Mystères d'Éleusis*, Paris.
———(1919), "La fête des Éleusinia", *REG* 31, 190-207.
M. Gagarin (1981), *Drakon and Early Athenian Homicide Law*, New Haven/London.
T. W. Gallant (1982), "Agricultural System, Land Tenure, and the Reforms of Solon", *BSA* 77, 111-124.
R. Garland (1987), *The Piraeus*, London.
———(1992), *Introducing New Gods: The Politics of Athenian Religion*, Lon-

don.
P. Gauthier (1972), *Symbola*, Nancy.
———(1976), *Un Commentaire Historique des Poroi de Xénophon*, Genève/Paris.
L. Gernet (1921), "Sur l'épiklérat", *REG* 34 (1921), 337-379.
———(1955), *Droit et société dans la Grèce ancienne*, Paris.
———(1968), *Anthropologie de la Grèce antique*, Paris.
——— et M. Bizos (1924, 1926), *Lysias*, I-II, Paris.
G. Glotz (1928), *La cité grecque*, Paris.
A. W. Gomme (1925), "The Position of Women in the Fifth and Fourth Centuries B. C.", *CPh* 20, 1-25.
———(1956), *A Historical Commentary on Thucydides*, vols. I-III, Oxford.
——— and F. H. Sandbach (1973), *Menander: A Commentary*, Oxford.
F. Graf (1974), *Eleusis und die orphische Dichtung Athens in vorhellenistischen Zeit*, Berlin/New York.
A. J. Graham (1983), *Colony and Mother City in Ancient Greece*², Chicago.
B. P. Grenfell and A. S. Hunt (eds.) (1919), *Oxyrhynchus Papyri*, XIII, London.
R. Hägg (1983), *The Greek Renaissance of the Eighth Century B. C.: Tradition and Innovation, Proceedings of the Second International Symposium at the Swedish Institute at Athens, 1-5 June, 1981*, Stockholm.
———, N. Marinatos and G. C. Nordquist (eds.) (1988), *Early Greek Cult Practice, Proceedings of the Fifth International Symposium at the Swedish Institute at Athens, 26-29 June, 1986*, Stockholm.
E. Hall (1989), *Inventing the Barbarian: Greek Self-Definition through Tragedy*, Oxford.
A. R. W. Harrison (1968), *The Law of Athens: The Family and Property*, Oxford.
H. Hartog (1980), *Le miroir d'Hérodote: Essai sur la représentation de l'autre*, Paris (*The Mirror of Herodotus: The representation of the other in the writing of history*, tr. by J. Lloyd, Berkeley/Los Angeles/London, 1988).
P. Hartwig (1897), *Bendis; eine archaeologische Untersuchung*, Leipzig.
B. Haussoullier (1884), *La vie municipale en Attique*, Paris.
R. F. Healey (1962), "Eleusinian Sacrifices in the Athenian Law Code", *HSCP* 66, 256-259.
C. W. Hedrick (1991), "Phratry shrines of Attica and Athens", *Hesperia* 60, 241-268.
G. Herman (1987), *Ritualised Friendship and the Greek City*, London/New York/New Rochell/Melbourne/Sydney.
C. Hignett (1952), *A History of the Athenian Constitution*, Oxford.
A. Hönle (1972), *Olympia in der Politik der griechischen Staatenwelt von 776 bis zum Ende des 5. Jahrhunderts*, Bebenhausen.
S. Hornblower (1983), *The Greek World 479-323 B. C.*, London/New York.
E. Hruza (1892), *Beiträge zur Geshichte des griechischen und römischen Familienrechts, I, Die Ehebegründung nach attischen Recht*, Erlangen.
S. Humphreys (1978), *Anthropology and the Greeks*, London.
———(1993), *The Family, Women and Death: Comparative Studies*², Ann Arbor.

B. Isaac (1986), *The Greek Settlements in the Thrace until the Macedonian Conquest*, Leiden.
S. Isager and M. H. Hansen (1972), *Aspects of Athenian Society in the Fourth Century B. C.*, Odense.
F. Jacoby (1949), *Atthis*, Oxford.
M. Jameson (1960), "A Decree of Themistokles from Troizen", *Hesperia* 29, 198-223.
M. H. Jameson (1965), "Notes on the Sacrificial Calendar from Erchia", *BCH* 87, 154-172.
———, D. R. Jordan and R. D. Kotansky (1993), *A Lex Sacra from Selinous, GRB Monographs* 11, North Carolina.
L. H. Jeffery (1976), *Archaic Greece: the city-states c. 700-500 B. C.*, London.
J. W. Jones (1956), *The Law and Legal Theory of the Greeks*, Oxford.
R. Just (1989), *Women in Athenian Law and Life*, London/New York.
P. Karavites, "Spondai-Spendein in the Fifth Century B. C.", *AC* 53, 60-70.
C. Kerényi (1967), *Eleusis, Archetypal Image of Mother and Daughter*, New York.
P. Krentz (1982), *The Thirty at Athens*, Ithaca/London.
L. J. Th. Kuenen-Janssens, "Some notes upon the Competence of the Athenian Woman to Conduct a 'Transaction'", *Mnemosyne* ser. III. 9.
D. G. Kyle (1987), *Athletics in Ancient Athens*.
W. K. Lacey (1968), *The Family in Classical Greece*, London.
S. D. Lambert (1993), *The Phratries of Attica*, Ann Arbor.
T. Linders (1975), *The Treasurers of the Other Gods in Athens and their Functions*, Heisemheim am Glan.
J. H. Lipsius (1905-15), *Das attische Recht und Rechtsverfahren*, Leipzig.
T. C. Loening (1987), *The Reconciliation Agreement of 403/402 B. C. in Athens: its content and application*, Stuttgart.
T. Long (1986), *Barbarians in Greek Comedy*, Carbondale/Edwardsville.
R. Lonis (ed.) (1988), *L'etranger dans le monde grec: Actes du colloque organisé par l'Institut d'Etudes Anciennes, Nancy, mai 1987*, Nancy.
N. Loraux (1981), *Les enfants d'Athéna: idées athéniennes sur la citoyenneté et la division des sexes*, Paris.
D. McDowell (1962), *Andokides, On the Mysteries*, Oxford.
A. Mallwitz (1977), *Olympia und seine Bauten*, München.
P. B. Manville (1990), *The Origins of Citizenship in Ancient Athens*, Princeton.
R. Meiggs (1972), *The Athenian Empire*, Oxford.
J. D. Mikalson (1975), *The Sacred and Civil Calendar of the Athenian Year*, Princeton.
A. Momigliano (1975), *Alien Wisdom*, Cambridge.
A. Mommsen (1898), *Feste der Stadt Athen in Altertum, geordnet nach attischem Kalender*, Leipzig.
I. Morris (1987), *Burial and Ancient Society: The rise of the Greek city-state*, Cambridge.
C. Mossé (1983), *La femme dans la Grèce antique*, Paris.

O. Murray (1990), *Early Greece*, Stanford.
——(1990), *Sympotica: A symposium on the Symposion*, Oxford.
—— and S. Price (eds.) (1990), *The Greek City from Homer to Alexander*, Oxford.
G. E. Mylonas (1961), *Eleusis and the Eleusinian Mysteries*, Princeton.
M. P. Nilsson (1942), "Bendis in Athen", *From the Collection of Ny Carlesberg Glyptothek* 3 (1942), 169-188 (=*Opuscula Selecta*, III, Lund, 1960, 55-80).
——(1944), "Die eleusinischen Kulte der attischen Demen und das neue Sakralgesetz aus Paiania", *Eranos* 42, 70-76.
——(1951), *Cults, Myths, Oracles, and Politics in Ancient Greece*, New York.
——(1952), *A History of Greek Religion*², Oxford.
——(1961), *Greek Folk Religion*, New York.
——(1967), *Geschichte der Griechischen Religion* I², München.
J. H. Oliver (1935), "Greek Inscriptions 2", *Hesperia* 4, 5-32.
——(1950), *The Athenian Expounders of the Sacred and Ancestral Law*, Baltimore.
M. J. Osborne (1982-1983), *Naturalization in Athens*, I-IV, Brussel.
R. Osborne (1985), *Demos: The Discovery of Classical Attika*, Cambridge.
H. W. Parke (1977), *Festivals of the Athenians*, London.
R. Parker (1983), *Miasma: Pollution and Purification in Early Greek Religion*, Oxford.
——(1996), *Athenian Religion: A History*, Oxford.
A. C. Pearson (ed.) (1917), *The Fragments of Sophocles* II, Cambridge.
J. Pečírka (1966), *The Formula for the Grant of Enktesis in Attic Inscriptions*, Prague.
——(1976), "The Crisis of the Athenian Polis in the Fourth Century B. C.", *Eirene* 14, 5-29.
S. Pembroke (1965), "Last of the Matriarchs: A study in the inscriptions of Lycia", *Journal of the Economic and Social History of the Orient* 8, 212-247.
F. de Polignac (1984), *La naissance de la cité grecque*, Paris.
J. Pollard (1965), *Seers, Shrines and Sirens*, London.
S. B. Pomeroy (1975), *Goddesses, Whores, Wives and Slaves: Women in Classical Antiquity*, London.
H. Popp (1957), *Die Einwirkung von Vorzeichen Opfern und Festen auf die Kriegfuhrung der Griechen im 5. und 4. Jahrhundert v. Chr.*, Diss., Erlangen.
W. K. Pritchett (1979), *The Greek State at War*, III, Berkeley/Los Angeles/London.
W. Raeck (1981), *Zum Barbarenbild in der Kunst Athens im 6. und 5. Jahrhundert v. Chr.*, Bonn.
A. E. Raubitschek (1941), "The Heroes of Phyle", *Hesperia* 10, 284-295.
J. K. and A. E. Raubitschek (1982), "The Mission of Triptolemos", *Hesperia*, Suppl. 20, 109-117.
P. J. Rhodes (1981), *A Commentary on the Aristotelian Athenaion Politeia*, Oxford.
N. J. Richardson (1974), *The Homeric Hymn to Demeter*, Oxford.

G. Rougemont (1973), "La hiéroménie des Pythia et les《trêves sacrées》d'Éleusis, de Delphes et d'Olympie", *BCH* 97, 75-105.
D. Roussel (1976), *Tribut et cité*, Paris.
G. Roux (1979), *L'amphictionie, Delphes et le temple d'Apollon au IVᵉ siècle*, Lyon.
E. Ruschenbusch (1966), *ΣΟΛΩΝΟΣ ΝΟΜΟΙ*, Wiesbaden.
G. E. M. de Ste Croix (1970), "Some Observations on the Property Rights of Athenian Women", *CR* 30, 273-278.
M. Sakurai (1994), "The Eleusinian *Spondai* and the Delian League", *KODAI* 5, 27-36.
———(1995), "A New Reading in POxy XIII 1606 (Lysias, *Against Hippotherses*)", *ZPE* 109, 177-180.
D. M. Schaps (1979), *Economic Rights of Women in Ancient Greece*, Edinburgh.
P. Schmitt-Pantel (ed.) (1991), *Histoire des femmes en occident, I, L'antiquité*, Paris.
———(1992), *La cité au banquet: Histoire des repas publics dans les cités grecques*, Rome.
R. Seager (1967), "Thrasybulus, Conon and Athenian Imperialism, 396-386 B. C.", *JHS* 87, 95-115.
P. Siewert (1980), "Eine Bronze-Urkunde mit elischen Urteilen über Böoter, Thessaler, Athen und Thespiai", *Berichte über die Ausgrabungen in Olympia* 10, 228-248.
R. M. Simms (1975), "The Eleusinia in the Sixth to Fourth Centuries B. C.", *GRBS* 16, 269-279.
R. R. Simms (1988), "The Cult of the Thracian Goddess Bendis in Athens and Attica", *Ancient World* 18, 59-76.
E. Simon (1953), *Opfernde Götter*, Berlin.
A. Snodgrass (1980), *Archaic Greece*, London/Melbourne/Toronto.
F. Sokolowski (1959), "On the Rules Regulating the Celebration of the Eleusinian Mysteries", *HThR* 52, 1-7.
I. G. Spence (1993), *The Cavalry of Classical Greece: A Social and Military History*, Oxford.
C. G. Starr (1986), *Individual and Community: The Rise of the Polis, 800-500 B. C.*, New York/Oxford.
B. S. Strauss (1986), *Athens after the Peloponnesian War: Class, Factions and Policy, 403-386 B. C.*, London/Sidney.
R. S. Stroud (1971), "Theozotides and the Athenian Orphans", *Hesperia* 40, 280-301.
R. A. Tomlinson (1976), *Greek Sanctuaries*, London.
J. S. Traill (1975), *The Political Organization of Attica*, Princeton.
J. Travlos (1971), *The Pictorial Dictionary of Ancient Athens*, London.
C. Vatin (1970), *Recherches sur le mariage et la condition de la femme mariée à l'époque hellénistique*, Paris.
H. S. Versnel (1993), *Transition and Reversal in Myth and Ritual*, Leiden/New York/Köln, 228-288.

H. T, Wade-Gery (1958), *Essays in Greek History*, Oxford.
M. Walbank (1982), "The Confiscation and Sale by the Poletai in 402/1 B. C. of the Property of the Thirty Tyrants", *Hesperia* 51, 74-98.
F. R. Walton (1952), "Athens, Eleusis and the Homeric Hymn to Demeter", *HThR* 45, 105-114.
M. L. West (1978), *Hesiod: Works and Days*, Oxford.
D. Whitehead (1977), *The Ideology of the Athenian Metic*, Cambridge.
———(1986), *The Demes of Attica, 508/7-ca. 250 B. C.: a political and social study*, Princeton.
———(1986), "The 'Greater Demarchy' of Erchia", *Ancient World* 14, 57-64.
R. F. Willets (1967), *The Law Code of Gortyn*, Berlin.
H. J. Wolff (1944), "Marriage Law and Family Organization in ancient Athens: A Study on the Interrelation of Public and Private Law in the Greek City", *Traditio* 2, 43-95.
W. Wyse (1904), *The Speeches of Isaeus*, Cambridge.
B. Wyss, *Antimachi Colophonii Reliquiae*, Berlin, 1936 (repr. 1974).
F. I. Zeitlin (1984), "The Dynamics of Misogyny: Myth and Mythmaking in the Oresteia", J. Peradotto and J. P. Sullivan (eds.), *Women in the ancient World, The Arethusa Papers*, Albany, 159-194.

浅野勝正(1972)「古代ギリシアにおける所有権の性格にかんする一考察」『一橋論叢』67 - 3, 77-95.
エンゲルス, 戸原四郎訳(1965)『家族, 私有財産, 国家の起源』岩波文庫.
伊藤貞夫(1981)『古典期のポリス社会』岩波書店.
———(1985)「ポリス社会の身分構成について」『歴史と地理』357, 29-32.
———(1991)「一九八〇年代の古代ギリシア家族研究」『史学雑誌』100 - 4, 55-84.
———(1992)「アテネ人庶子の法的地位をめぐって——古代ギリシア史研究の一動向——」『史学雑誌』101 - 1, 70-98.
岩田拓郎(1962)「古典期アッティカのデーモスとフラトリア——「ヘカトステー碑文」の検討を中心として——」『史学雑誌』71 - 3, 1-48.
———(1962)「アテナイ人の「戸籍登録」について」『西洋古典学研究』X, 62-72.
———(1963)「ギリシアの土地制度理解のための一試論」『古代史講座』8, 10-17.
———(1969)「アテナイとスパルタの国制」『岩波講座世界歴史』1, 513-551.
———(1969)「*IG* II$^2$ 2776 の成立年代とその背景——ローマ帝政期下のアテーナイ社会経済史を研究するための手掛りとして——」秀村・三浦・太田編『古典古代の社会と思想』岩波書店, 195-231.
———(1974)「Demosthenes, XXXVI. 3 の解釈をめぐる二・三の問題——古代ギリシア「銀行」史の一断面——」『北大文学部紀要』22 - 1, 3-29.
ウェーバー, 渡辺・弓削訳(1967)『古代社会経済史』東洋経済新報社.
笠原匡子(1983)「宗教政策から見た前五世紀アテナイの対同盟政策」『西洋史論集』

12, 1-13.
栗原麻子(1993)「前四世紀アテナイの親族関係――イサイオスの法廷弁論を中心として――」『史林』76 - 4, 34-68.
サイード, 板垣・杉田監修, 今沢紀子訳(1986)『オリエンタリズム』平凡社.
桜井万里子(1979)「アテナイのエレウシス併合について」『東京学芸大学紀要』3 - 30, 201-209.
———(1984)「古代ギリシア・アーケイック期初期の植民活動 ギリシア人と先住民」『歴史と地理』345, 1-14.
———(1984)「エレウシスの秘儀とポリス市民」『史境』8, 29-37.
———(1986)「古代ギリシア女性史研究――欧米における最近の動向――」『歴史学研究』552, 33-45.
———(1994)「前五世紀アテナイの市民とメトイコイ――政治モラルのダブル・スタンダード――」『東京学芸大学紀要』3 - 45, 275-296.
R. シャルチエ, 福井憲彦訳(1992)『読書の文化史: テクスト・書物・読解』新曜社.
周藤芳幸(1994)「アッティカにおける「統合」と「連続」」『名古屋大学文学部研究論集(史学)』40, 51-75.
高畠純夫(1988)「古代ギリシアの外人観」弓削・伊藤編『ギリシアとローマ』河出書房新社, 301-325,
中井義明(1983)「コリントス戦争の原因」『立命館史学』4, 63-99.
中村純(1983)「ソクラテス裁判の政治的一側面――告発者アニュトスの意図をめぐって――」『西洋史研究』新 12, 43-48.
馬場恵二(1969)「アテナイにおける市民権と市民権詐称」秀村・三浦・太田編『古典古代の社会と思想』岩波書店, 154-162.
———(1969)「デロス同盟とアテナイ民主政」『岩波講座世界歴史』2, 16-44.
———(1987)「前六, 五世紀のエーゲ海北岸のトラキアとギリシア世界」『駿台史学』69.
藤縄謙三(1969)「ポリスの成立」『岩波講座世界歴史』1, 433-441.
———(1983)『歴史学の起源』力富書房.
細井敦子・桜井万里子・安部素子(1994)『リューシアース弁論選』大学書林.
前沢伸行(1977)「紀元前四世紀のアテナイの海上貿易」弓削・伊藤編『古典古代の社会と国家』東大出版会, 107-146.
———(1985)「ドラコンの殺人の法とアテナイ市民団」『法制史研究』35, 1-47.
マードック, 内藤莞爾監訳(1978)『社会構造・核家族の社会人類学』新泉社.
村川堅太郎(1963)『オリンピア』中公新書.
———(1986-1987)『村川堅太郎古代史論集』I, II, III, 岩波書店.
モース, 有地・伊藤・山口訳(1973)『社会学と人類学』I, 弘文堂, 258-328.
レヴィ = ストロース, 馬淵・田島監訳(1977)『親族の基本構造』番町書房.